先做人民的学生，<br>
再做人民的先生。

毛泽东

湖南第一师范学院红色学术文库·教育系列　　主　编　刘丽群

总　编　罗成翼
副总编　胡　穗　曹　兴

李文武
李含波
著

胸怀天下
与砺志笃行

湖南一师早期
学生群体研究
（1903—1927）

社会科学文献出版社
SOCIAL SCIENCES ACADEMIC PRESS (CHINA)

本书为国家社科基金教育学一般项目“百年中师文献整理及其当代启示研究”(BOA210048)阶段性成果

# 总　序

麓山脚下，湘江岸边，湖南一师，钟灵毓秀。

千年学府，百年师范，红色摇篮，作育英才！

在中国近现代教育史上，湖南第一师范文脉盛昌，人才辈出，涌现了许多赫赫有名的历史人物，创立了一系列影响中国历史进程的思想学说，为民族和国家培养了很多学贯中西、经天纬地的栋梁之材。其教育发展的历史与长沙、湖南乃至中国社会的历史进程紧密相随，休戚与共，可以说，湖南一师是中国近现代师范教育的先驱与典范。

湖南第一师范的前身为南宋时期创建的城南书院，书院虽历经朝代更替，但一直秉承"成就人才，传道济民"的教育宗旨，格心致本，化育英才。书院创立者张栻，师承湖湘学派开创者胡宏，发展理学，初步奠定湖湘学派规模，成为一代学宗，与其时的朱熹、吕祖谦合称"东南三贤"。南宋至晚清的城南书院，名师辈出，学者云集，以研习儒家经籍为主，间或议论时政，对湖南学术思想的发展有重要的影响，成为"昔贤过化之地，兰芷升庭，杞梓入室，则又湘中子弟争来讲学之区"。至清朝，道光皇帝给予嘉奖，亲书"丽泽风长"四字匾额榜于讲堂。此后，城南书院声名大振，成为湖南规模和影响最大的两所书院之一。

鸦片战争以后，国家多难，民族危机日益加重。城南书院为了济世救民，经世致用，着力培养实学人才。曾国藩、左宗棠、胡林翼、郭嵩焘、王闿运、张百熙等，或讲学于此，或求学于此。正如清代学者李彦章题城南书院："考古证今，致用要关天下事；先忧后乐，存心须在秀才时。"此联反映了城南书院由过去理学研习之所转变成关注民生、心忧天下的教育重地。

1903 年，湖南师范馆迁入城南书院，合并更名为湖南全省师范学堂。五四新文化运动前后，受新思想、新文化、新道德的影响，涌现出毛泽东、蔡和森、何叔衡、任弼时、李维汉、杨昌济、徐特立、孔昭绶、易培基等一批叱咤风云、卓乎人英的新民主主义革命者、无产阶级革命家、教育家。从此，中国民主革命和共产主义运动的红色种子在湖南第一师范生根发芽，"红色摇篮"成为其代名词。一代伟人、共和国创立者毛泽东，年轻时在湖南第一师范求学和工作。当时学校在校长孔昭绶主政下，"采最新民本主义规定教育方针"，以"人格教育、军国民教育、实用教育为实现救国强种唯一之宗旨"，强调人格和学识的全面培养，吸引了一大批有志青年前来求学。也是在这里，毛泽东和蔡和森、何叔衡、罗学瓒等人结为朋友，纵论国是、探求真理，逐渐积累了渊博的知识，具备了开阔的眼界和强健的体魄，立下了"改造中国与世界"的宏伟志向。

中华人民共和国成立后，古老而年轻的湖南第一师范焕发新的生机，在教育文化的形式和内涵上，美美与共，革故鼎新，开中国红色教育的先河，成为师范教育一道亮丽的风景线。

清末启蒙思想家龚自珍说："欲知大道，必先为史。"百年一师史是一部厚重的革命史、教育史，更是一部光荣的奋斗史。回顾湖南第一师范百余年教育的光辉历史，其办学理念之"新"，主要有三点。一是开放办学。湖南一师早期教育在本土与西方、传统与现代、保守与先进的碰撞和交锋中走向开放融合，放眼世界、对接社会、开放办学，这是其人才辈出的"外部土壤"。二是民主治校。湖南一师早期所推崇和践行的自觉、自动、自治，是其人才辈出的"内在机理"。三是"大家"执教。湖南一师早期会聚了一批胸怀"国之大者"的"大先生"群体，是其人才辈出的"源头活水"。

百廿喜回眸，学府更巍峨；盛世逢华诞，桃李沐春风！

适逢第一师范建校 120 周年，承蒙学界关心和学者耕耘，"湖南第一师范学院红色学术文库"丛书孕育而生，幸即付梓。此丛书旨在围绕"红色一师"建设重大任务，致力于湖南第一师范早期教育研究，建设红色学术文库，推进"红色一师"建设，擦亮"红色一师"名片。该丛书重在系统收集、整理、保存一师学人的红色学术成果，全面展示一师红色研究特色，传承和弘扬一师的红色学术思想与学术精神。

该丛书主要由湖南第一师范学院的教授、博士主持编撰，分思想政治、教育学等多个系列，分批出版，力求做到特色鲜明、资料翔实、分析严谨、深入浅出。丛书在编写上力求突出以下特点：一是研究内容的广泛性。丛书深入探究百年一师的办学思想、办学理念、课程体系、教学方法和师德师风等，努力寻找其办学过程中的"精神密码"。二是研究视角的多维性。丛书从政治学、教育学、历史学等角度，对湖南一师的早期教育、校长办学思想、教师群体、学生群体展开细致研究，描绘出一幅早期湖南一师兴办教育、积极改革、为国育才，学生崇道好学、敢为人先的生机勃勃、积极向上的历史画卷。三是研究方法的多元性。丛书利用档案、文集、日记、年谱、报刊、校史等第一手文献资料，将研究结论建立在翔实的史料基础之上，力图更多地用客观事实说话，用实际材料说话。因此，丛书凸显了湖南第一师范的教育特色、红色本色，值得一读。

"路漫漫其修远兮，吾将上下而求索。"

20 世纪初原清华大学校长梅贻琦说："所谓大学者，非谓有大楼之谓也，有大师之谓也。"湖南一师在百余年的师范教育进程中不仅涌现了许多大师级"大先生"，而且成长了一大批引领时代的学生，其影响及于整个近现代中国社会进程。1950 年，毛泽东在与校友叙旧时深情地回忆说："我没有正式进过大学，也没有到外国留过学，我的知识，我的学问，是在一师打下了基础。一师是个好学校。"湖南一师厚重的文化传统、光荣的革命传统和优良的教育传统，是中国共产党办学治校的宝贵财富，是落实立德树人根本任务的"传家宝"。

回望历史是为了更好地把握未来。新时代的师范院校，承担着培养大国良师的时代重任。静思细品湖南一师百余年的教育文化内涵，在新时代，我们更应该牢牢把握人才培养这一精神密码的实质内容，铭记立德树人的根本任务，以高目标引领人才培养方向；坚守为时代育人的担当使命，以高视野打开人才培养格局；践行以质量求发展的办学思想，以高标准保障人才培养质量，让湖南一师红色教育之光常亮。唯其如此，湖南一师的明天才会更加美好。这正是我们编著此丛书的目的。

罗成翼

2023 年 10 月 1 日

# 目　录

# 绪　论

创建于 1903 年的湖南第一师范学校，位于长沙城南门外的妙高峰，是湖南的一所中等师范学校，其前身为南宋时期创建的城南书院。这所师范学校是清末各种思想及力量进入湖南教育领域的结果。然而，正是这样一所看似普通的师范学校，却培育出了毛泽东、蔡和森、何叔衡、李维汉、张昆弟、陈昌等中国共产党的创建者、思想家，周鲠生、李剑农等著名学者，以及陈天华、袁国平、符定一、周世钊等一大批革命者、教育工作者。湖南一师的这群早期学生对现代中国的政治变革产生了深远影响。

一所看似普通的师范学校，何以能培育出如此众多的影响中国政治格局的人物？这群早期学子究竟有着怎样的家庭背景？他们在入学湖南一师前后接受了何种教育？他们在学校时参与了哪些活动？他们的思想是如何转变的？他们有着怎样的群体特征？这群学生又是如何分化的？这一切都是值得深入挖掘的问题。学界已出版了不少相关的优秀著作，但鲜有学者从群体的角度来对湖南一师的早期学生进行研究。故而本书通过梳理各种史料文献，试图从群体的角度对 1903 年至 1927 年湖南一师的学生群体做一考察。

本书第一章主要考察湖南一师创立的背景及相关的教育革新。17 世纪以来，英、法、德、美等西方国家先后发生产业革命，与此相伴的是教育改革及国家综合实力的提升，日本明治维新时期进行了大量的教育改革，其国家实力迅速增强。而中华民族面临内忧外患，清廷也进行了一些包括教育在内的变革。辛亥革命后，临时政府颁布了新式教育法令。湖南一师的教育进入了一个新的阶段。

本书第二章主要考察湖南一师早期学生群体的构成。湖南一师从 1903 年开始到 1911 年的九年时间内，校名从湖南师范馆、湖南全省师范学堂变更到湖南中路师范学堂；学制从优级选科、速成科、简易科等多种学制向本科统一学制过渡；人才培养从多层次目标转向培育小学教员单一目标；学校办学规模不断扩大，校长频繁更换。1912 年至 1922 年，时局动荡，校长频繁更换，湖南一师与湖南四师合并成新湖南一师，招生班级及学生人数逐渐增多，多时达五六百人。1922 年后，教育模式由双轨制转变为单轨制，招生地区扩大到湖南外省。1923 年，湖南一师招收女生，成为湖南最早实行男女同校的师范学校。1927 年上半年，湖南一师合并到湖南省立高级中学中，暂时离开公众的视野。

本书第三章主要考察湖南一师早期学子的家庭背景和教育背景。湖南一师早期主要为湖南本省培养小学教师，招生地域主要为湖南长沙、宝庆（今邵阳）、岳州（今岳阳）三个地区的 25 个县。来自这些地区的学子，有着不一样的家庭，或出身于农民家庭，或出身于教师家庭，或出身于亦医亦农的家庭，或出身于亦教亦医的家庭，或出身于商人家庭。虽然带有家庭的印记，但他们更多的突破了家庭的限制，成长为国家栋梁。由于湖南独特的人文环境，他们有的接受了传统教育，有的接受了新式教育，或传统、新式同时接受，其中有些学生还有科举时代的功名。此外，由于留学的兴起，湖南一师的早期学生也有不少人出国留学。

本书第四章主要考察湖南一师早期学生的自治等活动。湖南一师早期学子们除了规定的课堂学习之外，还大量参与学校组织的或学生自己组织的自治运动，如学友会、运动会、劳动会、工农商实习、童子军研究会、志愿军等，特别是 1917 年暑假毛泽东和萧子升的修学旅行、1917 年冬 1918 年春毛泽东和蔡和森的徒步旅行、对农村进行的调查，以及夜校的开设，极大地增强了学子们的实践能力，帮助他们深入了解社会，培育了他们的社会责任感。此外，学子们还组建普通社团和带有革命性质的组织和社团，创办改办各种刊物，宣传新思想。

本书第五章主要考察湖南一师早期学生的群体特征。湖南一师早期学子们有着极为优异的品质，他们勤奋刻苦，自动自治，既有良好的传统文化功底，又兼备西学思想；他们年轻时就心系家国，立下远大志向；他们既注重发展德智，又加强体育劳育；他们勇于实践，知行合一。而在救国救民的方式上，湖南一师早期学生群体又出现分化：一为主张通过教育来救国；一为主张先改造中国与世界，再改造教育。这两种主张都对现代中国产生了深远影响。

本书第六章主要考察湖南一师早期学生群体对当前教育的价值及启示。湖南一师早期学生群体之所以成为极为优秀的群体，是与当时先进的教育理念、教育模式、学校管理、师资队伍等因素分不开的，然而，这一切也离不开学子们自身刻苦用功等因素。虽时逾百年，仍对当前的学校管理、教师施教、学生求学等有较大的参考价值。

让我们回到百年前的长沙吧。城内从大地主公馆改造而来的湖南师范馆，开启了湖南新式师范教育的序幕。一群来自湖南农民、医生、商人等家庭的学子，构成了早期湖南一师的学生群体。他们入学时，内忧外患笼罩着中华大地，外强入侵，清廷朽能；其后武昌军兴，民国建立，革故鼎新，教育亦然；未几袁氏称帝，张勋复辟，军阀混战，南北割据。与此同时，诸家思潮蜂起，席卷神州。

而湖南一师的早期学子们，勤奋刻苦、自动自治，立足传统、中西兼备，心系家国、志向远大，德智并举、全面发展，勇于实践、知行合一，或选择教育以挽救中国，或立志革命以改造世界，树立了中华青年之新形象。

第一章

# 17世纪至民国时期世界格局的变化 及中国的变革

晚清民国时期，我国处于一个特殊的历史发展阶段，1840年、1856年发生两次鸦片战争，其间又发生太平天国运动，清政府处于内忧外患之中，因而在清政府的许可下，恭亲王奕䜣、曾国藩、李鸿章等人开始了洋务运动，以期学习西方来改变大清帝国危亡的颓势。而1894年开始的中日甲午战争加剧了这种颓势，于是维新运动登上了历史舞台，后虽失败，但不少观念已经深入人心。20世纪初，清政府改革教育，颁布了"壬寅学制"（1902）与"癸卯学制"（1903），1905年又宣布废除科举。然而，这一切均挽救不了大清帝国。1911年辛亥革命爆发，1912年清帝退位，历史走向了一个新的阶段。

## 第一节　17世纪至民国时期的世界格局

公元14世纪时，意大利开始出现资本主义萌芽。意大利的一些城市开始出现手工工场，特别是佛罗伦萨、威尼斯、热那亚，它们曾是欧洲最著名的手工业、商业与文化中心，毛纺织业与丝织业等极为发达。这些手工工场在一定程度上促进了各种技术的出现、改进与发展，而这些技术又伴随着机器的使用和改进。如纺织品促进纺织行业机器脚踏纺车、脚踏织布机等的出现、改进与推广，而纺织机器又促进了金属冶炼业和机械加工业等行业的发展，可谓环环相扣。而随着工厂主和商人等的经济实力提升，越来越多的人成为富人，他们逐渐远离平民，要求获得更多的权力和社会影响力。在这一系列复杂因素的影响下，社会阶层逐渐发生变化，出现了资产阶级。资产阶级为了维护自身的政治、经济利益，开始了与封建势力之间的斗争，资产阶级革命也应之而生，最终导致社会阶层及其关系发生了巨大的变化。[1]意识形态方面，腐败专制的天主教会一直统治着各国。16 世纪时，德国僧侣路德（Martin Luther）开启了新教改革，他认为以往人们所阐释的教义违背《圣经》本意，提出在上帝和《圣经》面前人人平等、俗权高于教权等。[2] 这些对教义的新解释席卷了欧洲，剥脱了教会的权力，在政治上打击了天主教会的神权统治。这些社会变革为产业革命奠定了基础。

## 一 西方产业革命及教育改革

### 1. 英国率先完成产业革命

在欧洲国家中，英国率先完成了资产阶级革命，历史进入了一个新的发展阶段。1733 年，凯伊（John Kay）发明飞梭，将织布效率提高一倍。1765 年前后，哈格里夫斯（James Hargreaves）发明了珍妮纺纱机，极大地提高了纺织效率，一名熟练织工使用珍妮纺纱机，纺出的纱线数量与八名妇女使用旧式机器纺出的纱线数量

---

① 宋则行、樊亢主编《世界经济史》（修订版）上卷，经济科学出版社，1998，第 9 页。
② 何炳松：《欧洲全史：从 5 世纪到 20 世纪》，台海出版社，2019，第 182～185 页。

相同。1768 年前后，阿克莱特（Richard Arkwright）制造了水力纺纱机，突破了纺纱用人力的这一限制。克朗普顿（Samuel Crompton）1779 年发明了"缪尔"纺纱机，利用这一纺纱机，可以纺出更细更结实且更便宜的纱线。1785 年，卡特赖特（Edmund Cartwright）制成了自动织布机，后经改进被普遍使用。这些大力促进了纺织行业的发展。与此同时，钢铁产业也飞速发展。钢铁需要从矿石中提炼，因而出现了许多改进炼铁的技术。1709 年，英国人达比（Abraham Darby）发明了用焦炭炼铁的方法，这样可以避免硫化物进入生铁中从而造成炼钢时降低钢的抗拉强度。1784 年，科特（Henry Cort）取得搅式炼铁法来获得熟铁的专利，后被广泛使用。1750 年，钟表匠亨茨曼（Benjamin Huntsman）使用坩埚高温熔化原料而获得钢。此外，其他行业也在发生变革。动力上，1776 年前后，瓦特（James Watt）改进的蒸汽机投入使用，1814 年，史蒂芬孙（George Stephenson）发明蒸汽机车，19 世纪 20 年代，英国铺设了世界上第一条铁路（从利物浦到曼彻斯特）。至此，英国基本上实现了机械化。[1]

教育上，英国有着悠久的历史，早期教育具有显著的宗教性、贵族性的特点。资产阶级革命后，教育出现了很大的改变，如教育管理由教会控制转向由当地教育当局控制，开启师范教育等；初等教育、中等教育、高等教育均出现了很大的变化，如引入自然科学等。[2] 而英国早在 1660 年就成立了皇家学会，这是世界上第一所科学院，虽然刚开始时没有固定场所和模式，由一些志同道合的科学家和自然哲学家组成，但其旨在推进自然科学技

---

① 〔美〕海斯、穆恩、韦兰：《世界史》（中），中央民族学院研究室译，生活·读书·新知三联书店，1975，第 854～891 页。

② 徐辉主编《简明外国教育史》，西南师范大学出版社，2020，第 50～60 页。

术的研究和发展。数百年来，皇家学会与科学精神促使英国出现了大批科学家，如牛顿（Isaac Newton）、卡文迪许（Henry Cavendish）、法拉第（Michael Faraday）、达尔文（Charles Robert Darwin）、焦耳（James Prescott Joule）、开尔文勋爵（William Thomson）、麦克斯韦（James Clerk Maxwell）、瑞利勋爵（Lord Rayleigh）、汤姆孙（Joseph John Thomson）等，英国成为名副其实的科技强国。

2. 法国、德国、美国等西方国家产业革命的完成

法国与英国几乎同时进行产业革命。由于技术发明对富国强民具有重要价值，因而英国于 1765 年至 1789 年通过了一系列法令，来禁止相关技术出口。然而，相关的技术工人与相关技术仍然源源不断流出英国本土。由于英法地缘相近，法国在西方众多国家中占尽优势。除了法国政府大力引进英国的先进技术外，英国还有许多技术人才如凯伊等人移居法国，虽然法国大革命时期曾有一段时间英法交恶，但英国 1825 年后又逐渐放宽了一些技术的出口限制，法国加强了技术引进。1830 年，超过 1300 名英国相关的技术人员在法国居住和工作。1848 年，法国进入产业革命最辉煌的年代。

在教育与人才方面，1635 年，法国成立法国科学院。大革命后，法国建立起中央集权的教育领导体制。1881 年法国颁布《费里法案》，规定初等教育免费。此外，1791 年法国颁布了世界上第一部专利法，保护知识产权。大革命后，政府重视科技人才，聘请科学家作为政府高级官员，提高了科学家的社会地位，政府又大力发展科学相关的教育，设立新式学校如巴黎高等师范学校（École Normale Supérieure）等来培育科技人才。此外，政府改造巴黎皇家植物院（1794）、巴黎科学院（1795）后出现了一批职业科学家。法国的思想启蒙运动，再加上这一系列的措施，

促使法国人才辈出，出现了达朗贝尔（Jean le Rond d'Alembert）、拉格朗日（Joseph-Louis Lagrange）、库仑（Charles-Augustin de Coulomb）、拉瓦锡（Antoine-Laurent de Lavoisier）、蒙日（Gaspard Monge）、拉普拉斯（Pierre-Simon marquis de Laplace）、傅立叶（Baron Jean Baptiste Joseph Fourier）、安培（André-Marie Ampère）、泊松（Simeon-Denis Poisson）、卡诺（Nicolas Léonard Sadi Carnot）等大批科学家，① 人才之众，科学成就之多，有赶超英国之势。② 最终，法国成为英国之后的近代科学中心。③

法国之后，德国崛起。德国原为农业国，然而，德国经过半个世纪的发展，基础科学发展水平达到了一个新的高度。德国化学家研究有机化学，带动了化学工业的发展，而这最终又推动了整个德国的崛起。化学工业的发展离不开化学家李比希（Justus von Liebig）及其学派的推动。李比希1822年留学法国，他不但学到了先进的化学知识，而且还在回到德国后建立了先进的实验室，并形成了一支强有力的科研队伍。李比希推动教学改革，用先进的实验室培育人才，德国的化学工业在他的带领下很快步入世界前列，其中染料工业更是跃居世界首位。此外，德国的其他基础科学如数学也发展迅猛。19世纪中后期，以哥廷根（Göttingen）为代表的

---

① André Weil，*Number Theory：An Approach Through History from Hammurapi to Legendre*（Basel：Stuttgart；Birkhäuser，1983）Chapter IV 中记载了一些数学家传记。中译本可见〔法〕韦伊《数论——从汉穆拉比到勒让德的历史导引》（胥鸣伟译，高等教育出版社，2010）第四章。

② 《科学技术概论》所引日本汤浅光朝研究表明，从1751年至1800年，英国取得重大项目37项，法国取得重大项目54项，从1801年至1850年，英国取得重大项目92项，法国取得重大项目144项。参见胡显章、曾国屏主编，李正风主持修订《科学技术概论》第二版，高等教育出版社，2006，第36页。

③ 徐辉主编《简明外国教育史》，西南师范大学出版社，2020，第63～73页。

数学学派，① 极大地促进了德国数学等自然科学的发展，培育了大批数学家以及科技人员。而且，德国在世界上率先实施"导师制"，开始培养研究生，又开设讨论班，使学生在教授指导下进行创造性研究。德国又创立了一些研究学院，规定高级科学家可以不受上课的限制而自由研究，这一系列的措施促使德国无论是在数学、化学工业、物理，还是在其他相关的技术领域中，均走在了世界前列。

德国的学术机构更是创建甚早，1695 年莱布尼茨（Gottfried Wilhelm Leibniz）就提出在柏林建立科学院，1700 年得到普鲁士国王腓特烈一世（Frederick I）的支持而最终建立。这些推动了德国基础科学的研究，使德国人才辈出。19 世纪至 20 世纪初，德国出现了库默尔（Ernst Eduard Kummer）、狄利克雷（Johann Peter Gustav Lejeune Dirichlet）、黎曼（Georg Friedrich Bernhard Riemann）、康托尔（Georg Ferdinand Ludwig Philipp Cantor）、克莱因、希尔伯特、外尔、爱因斯坦（Albert Einstein）、普朗克（Max Karl Ernst Ludwig Planck）、能斯特（Walther

---

① 哥廷根以数学研究而闻名世界。高斯（Johann Carl Friedrich Gauss）开启了哥廷根学派的辉煌时代，狄利克雷、黎曼继承了高斯的辉煌并将之发扬光大，而后克莱因（Felix Klein）、希尔伯特（David Hilbert）经过努力，将哥廷根学派打造成世界数学中心。许多著名数学家如雅可比（Carl Gustav Jacob Jacobi）、诺特（Emmy Noether）、外尔（Hermann Weyl）、库朗（Richard Courant）等均为哥廷根学派成员。有关史料可见数学家全集，如《狄利克雷数学论文集》（*Lejeune Dirichlet Mathematische Werke*，New York：Chelsea Publishing Company，1969）、《黎曼数学论文全集》（*Bernhard Riemann Gesammelte Mathematische Abhandlungen*，Berlin：Springer-Verlag，1991）、《克莱因数学论文全集》（*Felix Klein Gesammelte Mathematische Abhandlungen*，Berlin：Springer-Verlag，1973 Reprint）、《希尔伯特数学论文全集》（*David Hilbert Gesammelte Mathematische Abhandlungen*，Berlin：Springer-Verlag，1973 Reprint）、《外尔全集》（*Hermannn Weyl Gesammelte Mathematische Abhandlungen*，Berlin：Springer-Verlag，1968）等。

Hermann Nernst）等一大批科学家。德国一跃而成为英法之后的世界科技中心。根据诺贝尔奖获奖者人数统计，截止到 1920年，德国获得诺贝尔奖的有 20 余人，约等于英国、法国、美国获奖人数之和。20 世纪 30 年代希特勒（Adolf Hitler）上台，残酷迫害犹太人，哥廷根学派许多科学家或是犹太人或家属为犹太血统，他们在纳粹种族政策下纷纷出走其他国家特别是美国，从而造成德国科学地位逐渐降低，世界科技中心转移到美国。1943 年，德国哥廷根学派领袖人物希尔伯特在悲望中死去。

美国原为农业国家，南北战争后逐渐转变为工业国家。美国早期，除了 1752 年富兰克林（Benjamin Franklin）进行雷电实验、1831 年亨利（Joseph Henry）（与英国法拉第同时）发现感生电流外，几乎没有什么可称道的科技成果。然而，美国在引进技术等方面极为积极。由于欧洲战争等，许多发明家、科学家等移民美国，美国逐渐形成了有自己特色的体系。1787 年，宪法规定专有权；1790 年，专利法得到国会通过。1793 年，惠特尼（Eli Whitney）发明轧花机，将效率提高了 1000 倍，美国成为最大的棉花出口国。1797 年美国颁布犁的专利权。19 世纪 30 年代，美国出现了收割机、割草机、播种机等一系列农业机械，大为促进了美国农业的发展。交通方面，1830 年前后，美国第一条铁路通车，到 19 世纪 60年代，美国铁路总里程数是其他国家铁路里程数的总和。而在汽车行业方面，美国人福特（Henry Ford）1913 年发明汽车流水线，导致汽车价格骤降，汽车进入千家万户。美国人爱迪生（Thomas Alva Edison）建立了第一个工业实验室，美国从此走入了有自己特色的技术时代。19 世纪末 20 世纪初，美国工业生产总值跃居世界首位。

教育方面，美国教育在早期受英国教育的影响较大，后来逐渐形成自己的特色教育。随着经济的迅速发展，教育成效也越来越显著。[①] 19 世纪末，美国形成了完整的教育制度。20 世纪初，美国实现了人才培养本土化，其以美国著名数学家伯克霍夫（George David Birkhoff）为代表。伯克霍夫是美国第一位本土培养的世界著名数学家，他先后就读于哈佛大学（本科）与芝加哥大学［在数学家莫尔（E. H. Moore）指导下获得博士学位］。1915 年，伯克霍夫解决了庞加莱（Henry Poincaré）遗留下来的带有限制条件的三体问题，震惊了数学界。[②] 从此，美国走上了不派留学生到欧洲去学习也能在本土做出一流工作之路。特别是第二次世界大战后，许多大科学家如爱因斯坦、冯·诺依曼（John von Neumann）、外尔、阿廷（Emil Artin）、费米（Enrico Fermi）等涌入美国，更加推动了美国在科技方面的发展，美国成为名副其实的世界科技中心。

## 二 日本明治维新及其教育改革

西方在文艺复兴及工业革命时，日本正经历幕府时代，特别是江户幕府实行锁国政策，时间前后达 200 余年，直到 1867 年还政于明治天皇。日本邻近中国，受儒家文化影响极深，一直以中国为学习对象。在 1840 年至 1860 年先后发生的两次鸦片战争中，清政府签订条约，割地赔款。西方列强用枪炮打开礼仪之邦中国的大门，而此时日本幕府统治腐败、民不聊生。1853 年，美国海军闯入江户湾，迫使日本打开国门，在内外交困之下，日本

---

① 徐辉主编《简明外国教育史》，西南师范大学出版社，2020，第 89～99 页。
② George David Birkhoff, "The Restricted Problem of Three Bodies," *George David Birkhoff Collected Mathematical Papers I*,（New York：American Mathematical Society，1950），p. 682.

逐渐意识到要推翻幕府，向西方学习。明治维新后，日本国内局势仍然极为复杂，明治政府提出了"富国强兵"等政策。1872年，日本颁布了第一部教育法规——《学制》，日本开始了近代教育。日本一方面发展基础教育，鼓励儿童入学；另一方面又大力发展中等教育、师范教育。1877年，东京大学创立，这是日本第一所国立综合性大学。1879年，明治政府颁布《教育令》，规定儿童必须接受至少16个月的义务教育，后来又陆续将接受义务教育的年限扩展到三年、四年。1886年，明治政府又颁布《帝国大学令》《小学校令》《中学校令》，日本逐渐进入国家主义教育法制时期。

就科技方面而言，日本早就开始向西方学习。1872年，明治天皇（めいじてんのう）下令"废止和算，专习洋算"，日本开始学习西方数学。1877年，东京数学会成立，同年，东京大学理学部成立。1879年，学士院成立。明治维新后，日本大量派遣留学生留学德国、英国，学习数学与技术。其后，日本逐渐开始出现一流工作本土化这一现象。这尤其以数学家高木贞治为代表。高木贞治1898年留学德国，1901年回日本。1914年第一次世界大战爆发，当时由于信息不通，高木贞治无法与外界交流，然而却在日本本土完成了关于类域论（代数数论）的重要工作，开创了不出国而在本土也能做出世界一流成果的先例。[1] 高木贞治的事迹影响了许多日本年轻数学家，他们纷纷走出国门，留学德国，学成回日本后，一边研究，一边培养年轻数学家。在一代代数学家的努力下，日本的数学水平得到了很大的提高。20世纪30年代时，东京大学、京都大学等校的数学水平已经和欧洲顶级大学的数学水平相差

---

[1] 具体可见高木贞治论文集 *Teiji Takagi Collected Papers*（Second Enlarged Edition，Berlin：Springer，1970）中的相关论文。

无几。日本涌现了一批重要数学家如小平邦彦、伊藤清、广中平佑、岩泽健吉、谷山丰、永田雅宜、中山正、佐藤干夫、志村五郎等，还有物理学家如汤川秀树、朝永振一郎等。日本成为世界科技强国。

## 第二节　晚清时期的困境及变革、
## 　　　　辛亥革命及新式教育

### 一　晚清时期的困境及变革

在西方列强进行产业革命、大步发展的同时，中国正经历清康熙、雍正、乾隆、嘉庆、道光诸朝代，虽然康熙朝（1662～1722）时皇帝较为熟悉近代科技，[①] 但他并没有大力发展科技，相反还压制科技发展。清政府经过乾隆、嘉庆朝后，社会问题日益严重，白莲教起义（嘉庆元年至九年）、太平天国运动（咸丰元年至同治三年）、义和团运动（光绪二十五年前后）等此起彼伏。[②] 而西方列强经过产业革命后，积极向外扩张。中国地大物博且羸

---

① 康熙对天文、几何等自然科学（即所谓"格物"）较熟悉。《清史稿·圣祖本纪三》论云："圣祖仁孝性成，智勇天锡。早承大业，勤政爱民。经文纬武，寰宇一统，虽曰守成，实同开创焉。圣学高深，崇儒重道。几暇格物，豁贯天人，尤为古今所未觏。"（见赵尔巽等《清史稿》，中华书局，1977，第 305 页）又《清史稿·畴人传一·梅文鼎传》云："光地扈驾南巡，驻跸德州，有旨取所刻书籍回奏，光地匆遽未及携带，遂以所订《历学疑问》谨呈。奉旨：'朕留心历算多年，此事朕能决其是非，将书留览再发。'二日后，召见光地，上云：'昨所呈甚细心，且议论亦公平，此人用力深矣，朕带回宫中仔细看阅。'光地因求皇上亲加御笔，批驳改定，上肯之。"（见赵尔巽等《清史稿》，中华书局，1977，第 13948 页）
② 相关史实可见赵尔巽等《清史稿》（中华书局，1977），如白莲教可见《清史稿》列传一百四十九。

弱，自然就成了它们扩张的目标，最终导致爆发了两次鸦片战争。战争结束后，清政府被迫割地赔款。在此前后，邻邦日本经过明治维新，短短 20 年左右，于 1895 年打败清政府，迫使清政府签订《马关条约》。中国一步步沦为半殖民地半封建社会，民族危机日益深重。

为了改变这种危亡境况，一些政府官员及有识之士开始认识到有向西方学习的必要。早在 1842 年，魏源（1794～1857）就提出"以夷攻夷""师夷长技以制夷"的主张。[①] 随着形势的变化，清政府也采取了一些措施。清恭亲王奕䜣等创办京师同文馆，培育外交人才，同时也翻译相关的科技书籍。[②] 这一时期，开始广泛创设书院。1874 年，上海创设格致书院，1875 年建成，地点在公共租界北海路，由无锡人徐寿和英国人傅兰雅（John Fryer）发起。[③] 其后，许多地方上折请求兴办书院，如张汝梅、赵维熙等上折陕西创设格致实学书院等。[④] 与此同时，还出现了创办学堂的声

---

① 《海国图志叙》云："《海国图志》六十卷，何所据？一据前两广总督林尚书所译西夷之四洲志，再据历代史志及明以来岛志及近日夷图、夷语。钩稽贯串，创榛辟莽，前驱先路。大都东南洋、西南洋增于原书者十之八，大、小西洋、北洋、外大西洋增于原书者十之六。又图以经之，表以纬之，博参群议以发挥之。何以异于昔人海图之书？曰：彼皆以中土人谭西洋，此则以西洋人谭西洋也。是书何以作？曰：为以夷攻夷而作，为师夷长技以制夷而作。"见《魏源集》上册，中华书局，1976，第 207 页。
② 恭亲王等《奏设同文馆折》云，"查咸丰十年冬间，臣等于通筹善后章程内，以外国交涉事件必先识其性情"，又云，"欲悉各国情形必先谙其言语文字，方不受人欺蒙"。见舒新城编《中国近代教育史资料》上册，人民教育出版社，1981，第 115 页。
③ 舒新城编《中国近代教育史资料》上册，人民教育出版社，1981，第 67 页。
④ 张汝梅、赵维熙《陕西创设格致实学书院折》云："窃维世运之升降视乎人材，人材之振兴资于学校，书院者所以辅学校之不逮也。陕西为文献旧邦，名臣大儒史不绝书，我朝教泽涵濡二百余年，尤称极盛。"见舒新城编《中国近代教育史资料》上册，人民教育出版社，1981，第 68 页。

音。左宗棠请创设船政学堂,<sup>①</sup> 李鸿章请创设天津武备学堂,<sup>②</sup> 张之洞请创设陆军学堂、铁路学堂,<sup>③</sup> 盛宣怀请设天津中西学堂, 开办南洋公学。<sup>④</sup> 特别是中日甲午战争失败后, 维新派登上历史舞台, 他们除了政治上进行改革外, 在教育上也进行革新。1898 年京师大学堂的成立就是教育革新的结果。

---

① 左宗棠《详议创设船政学堂章程购器募匠教习折》云："一面开设学堂, 延致熟习中外语言文字洋师, 教习英法两国语言文字、算法、画法, 名曰求是堂艺局, 挑选本地资性聪颖粗通文字子弟入局肄习。"又云："兹局之设, 所重在学造西洋机器以成轮船, 俾中国得转相授受为永远之利也, 非如雇买轮船之徒取济一时可比。"见舒新城编《中国近代教育史资料》上册, 人民教育出版社, 1981, 第 128 页。

② 李鸿章《创设天津武备学堂折》云："臣查泰西各国, 讲究军事, 精益求精, 其兵船将弁必由水师学堂、陆营将弁必由武备书院造就而出; 故韬略皆所素裕, 性习使然。闻其武备书院, 学舍林立, 规模闳廓, 读书、绘图有所, 习艺、练技有所, 专选世家子弟、年少敏干者, 童而习之, 长则调入营伍, 由队目洊充将领, 非可一蹴几也。当其肄业之初, 生徒比屋而居, 分科传授, 其于战阵攻守之宜, 直视为身心性命之学, ⋯⋯尤为独擅胜场。我非尽敌之长, 不能制敌之命, 故居今日而言武备, 当以其人之道还治其人; 若仅凭血气之勇, 粗疏之材, 以与强敌从事, 终恐难操胜算。"见舒新城编《中国近代教育史资料》上册, 人民教育出版社, 1981, 第 132 页。

③ 张之洞《创设陆军学堂及铁路学堂折》云："窃臣创设自强新军, 延募德国将弁, 分派统带营哨各官, 业经将开办情形于本年十一月陈奏在案。窃惟整军御武, 将材为先, 德国陆军之所以甲于泰西者, 固由其全国上下无一不兵之人, 而其要尤在将领营哨各官, 无一不由学堂出身, 故得人称盛。今欲仿照德制, 训练劲旅, 非广设学堂实力教练, 不足以造就将材。"见舒新城编《中国近代教育史资料》上册, 人民教育出版社, 1981, 第 134 页。

④ 盛宣怀《拟设天津中西学堂章程禀》云："伏查自强之道, 以作育人才为本。求才之道, 尤宜以设立学堂为先。光绪十二年, 前任津海关道周馥禀请在津郡设立博文书院, 招募学生, 课以中西有用之学, 嗣因与税务司德璀琳意见不合, 筹款为难, 致将造成房屋抵押银行, 蹉跎十年, 迄未开办。可见创举之事, 空言易, 实行难, 立法易, 收效难。况树人如树木, 学堂迟设一年, 则人才迟起一年。日本维新以来, 援照西法, 广开学堂书院, 不特陆军海军将弁皆取才于学堂, 即今之外部出使诸员, 亦皆取材于律例科矣。制造枪炮开矿造路诸工, 亦皆取材于机器工程科地学化学科矣。仅十余年, 灿然大备。"见舒新城编《中国近代教育史资料》上册, 人民教育出版社, 1981, 第 138 页。

　　维新运动后，迫于内外形势，1901 年，清廷颁布兴学诏书，"除京师已设大学堂，应行切实整顿外，著各省所有书院，于省城均改设大学堂，各府及直隶州均改设中学堂，各州县均改设小学堂，并多设蒙养学堂"。① 各地兴学之风迅速蜂起。1902 年，清廷公布由张百熙等拟定的《钦定蒙学堂章程》《钦定小学堂章程》《钦定中学堂章程》《钦定高等学堂章程》《钦定京师大学堂章程》，此即著名的"壬寅学制"。"壬寅学制"是我国近代第一个系统完备的学制（包含师范教育），遗憾的是，"壬寅学制"未及实施便被废止。

　　1903 年 5 月，清廷令张之洞会同张百熙、荣庆重新厘定学堂章程。三人重订学堂章程并经清政府批准颁布，此即《奏定学堂章程》，史称"癸卯学制"。癸卯学制将教育分为三段七级：

　　　　第一段为初等教育，分为蒙养院、初等小学及高等小学三级；第二段为中等教育，只有中学堂一级；第三段为高等教育，分为高等学堂或大学预备科、分科大学及通儒院三级。除蒙养院半属家庭教育，殊非正式学堂外，儿童自七岁入小学，至三十岁通儒院毕业，合计二十五〔三〕年。自横的方面看，除直系各学堂外，另有师范教育及实业教育两系。师范教育分初级及优级两等，合计修学八年。实业教育除艺徒学堂及实业补习普通外，分初等实业、中等实业及高等实业三等，合计修学十五年。②

同年，清廷公布张百熙、荣庆、张之洞的《学务纲要》，指出"宜

① 朱有瓛主编《中国近代学制史料》第一辑下册，华东师范大学出版社，1986，第 776 页。
② 舒新城编《中国近代教育史资料》上册，人民教育出版社，1981，第 225～227 页。

首先急办师范学堂"，"此时惟有急设各师范学堂，初级师范以教初等小学及高等小学之学生；优级师范以教中学堂之学生及初级师范学堂之师范生"，"开通国民知识，普施教育，以小学堂为最要；则是初级师范学堂，造就教小学之师范生，尤为办学堂者入手第一义"，[①] 突出了师范教育的重要性。

"壬寅学制"与"癸卯学制"从立学宗旨、学校结构、课程设置等方面对师范教育做了规定，从而使师范教育有了一个可具体操作的模式。"癸卯学制"颁布后，各省纷纷开始设立学堂。其中，各省设高等师范如两江师范学堂（1905）、浙江官立两级师范学堂(1908)、湖南全省师范学堂（1903，1905 年设优级选科）、直隶北洋师范学堂（1906）、奉天师范学堂（1905）等。与高等师范的发展同时，中等师范也在逐渐发展。1896 年，南洋公学建立，设立师范院，开启了建立中等师范的尝试，如武昌师范学堂，通州师范学校，保定师范学堂，贵阳公立师范学堂，湖南中、南、西三路师范学堂等。1903 年，清政府颁布《奏定初级师范学堂章程》，提出：

> 设初级师范学堂，令拟派充高等小学堂及初等小学堂二项教员者入焉；以习普通学外，并讲明教授管理之法为宗旨；以全国人民识字日多为成效。[②]

设立初级师范学堂是为了培育初等小学堂、高等小学堂师资，《奏定初级师范学堂章程》又提出，初级师范学堂限定每个州县必须设立一所，考虑到刚开始创办时可能条件不足，可以先在省城设立，以后条件成熟了再扩展开来：

---

① 舒新城编《中国近代教育史资料》上册，人民教育出版社，1981，第 197～198 页。
② 舒新城编《中国近代教育史资料》中册，人民教育出版社，1981，第 665 页。

初级师范学堂为小学教育普及之基，须限定每州县必设一所。惟此时初办，可先于省城暂设一所；俟各省城优级师范学堂毕业有人，再于各州县以次添设。①

省城在设立初级师范学堂时，可应急而设立简易科，等各个条件成熟后，再根据具体情况裁撤简易科：

各省城初级师范学堂，当初办时，宜于教授完全学科外别教简易科，以应急需；俟完全学科毕业有人，简易科即酌量裁撤。②

各州县设立初级师范学堂时，可根据应急情况设立师范传习所。然后，选择省城中初级师范学堂简易科的优秀毕业生去担任传习所的教师：

各州县于初级师范学堂尚未齐设之时，宜急设师范传习所，择省城初级师范学堂简易科毕业生之优等者，分往传习。③

除了上述情况外，初级师范学堂还设置预备科及小学师范讲习所：

初级师范学堂除完全科及简易科外，并应添设预备科，及小学师范讲习所。④

① 舒新城编《中国近代教育史资料》中册，人民教育出版社，1981，第665页。
② 舒新城编《中国近代教育史资料》中册，人民教育出版社，1981，第665页。
③ 舒新城编《中国近代教育史资料》中册，人民教育出版社，1981，第665页。
④ 舒新城编《中国近代教育史资料》中册，人民教育出版社，1981，第666页。

《奏定初级师范学堂章程》还规定了初级师范学堂的科目，主要有修身、读经讲经、中国文学、教育学、历史、地理、算学、博物、物理及化学、习字、图画、体操 12 科。初级师范学堂重在教育学，这点与中学不同：

> 初级师范学堂完全科科目分为十二科：一、修身，二、读经讲经，三、中国文学，四、教育学，五、历史，六、地理，七、算学，八、博物，九、物理及化学，十、习字，十一、图画，十二、体操。视地方情形，尚可加外国语、农业、商业、手工之一科目或数科目。其加数科目者，系就各学生所长，各专课一科目，并非令一学生兼习数科目。
>
> 初级师范学堂，与中学堂入学学生学力相等，故学科程度亦大略相同；惟初级师范学堂著重在教育学，故特增此科，其钟点除经学外为最多；乃中学堂所无。且教幼童亦重习字，故习字列为专科。①

在章程公布前后，全国出现了不少中等师范学堂，如江苏师范学堂（1904）、浙江官立两级师范学堂、四川通省师范学堂（1905）、北洋师范学堂等。

## 二 辛亥革命及临时政府教育政策

清政府经历了辛酉政变、太平天国运动后，局势暂时平稳了下来。然而，随着中日甲午战争中清军的失败，列强加快了瓜分中国的步伐。1894 年，孙中山在檀香山成立兴中会，1895 年发动广州起义，1903 年发生"苏报案"，同年，华兴会成立。1904 年，光复

---

① 舒新城编《中国近代教育史资料》中册，人民教育出版社，1981，第 667 页。

会成立。1905 年，孙中山等成立中国同盟会。其后，革命党人又成立了一些组织，如共进会等。在各种复杂形势的推进下，1911年终于爆发了辛亥革命，革命党人推翻了清政府，于次年成立了中华民国临时政府。

中华民国临时政府成立后，对教育做了重大革新，蔡元培被任命为教育总长。蔡氏将教育分为两大类：一是隶属于政治者，一是超乎政治者。蔡氏《对于教育方针之意见》云：

> 教育有二大别：曰隶属于政治者；曰超轶乎政治者。专制时代（兼立宪而含专制性质者言之），教育家循政府之方针以立标准教育，常为纯粹之隶属政治者。共和时代，教育家得立于人民之地位以定标准，乃得有超轶政治之教育。①

蔡氏认为，以往教育常常隶属于政治，而今共和时代，必须得有超乎政治的教育，故其将教育分为两类。不仅如此，蔡氏还提出军国民主义、实利主义、德育主义、世界观、美育主义五育并重。其云：

> 五者，皆今日之教育所不可偏废者也。军国民主义、实利主义、德育主义三者，为隶属于政治之教育。（吾国古代之道德教育，则间有兼涉世界观者，当分别论之。）世界观、美育主义二者，为超轶政治之教育。②

蔡元培主持召开了临时教育会议，他提出废除读经、小学可以男女

---

① 蔡元培：《对于教育方针之意见》，载《蔡元培选集》，中华书局，1959，第8～15页。
② 蔡元培：《对于教育方针之意见》，载《蔡元培选集》，中华书局，1959，第8～15页。

同校、改革学制等措施。在蔡元培教育思想的基础上，临时政府教育部于 1912 年 9 月颁布了《教育宗旨令》《学校系统令》《小学校令》《中学校令》《大学令》《训各校生令》《注重尚武精神令》《师范教育令》《师范学校规程》等一系列教育法令。其中，9 月颁布的《师范教育令》更是明确规定了不同层次师范教育的目标：师范学校主要以培育小学师资为目的，高等师范学校主要以培育中学师资和师范学校师资为目的。《师范教育令》还明确提出了女子师范学校和女子高等师范学校等，而且这些学校的目标不一。《师范教育令》云：

> 第一条　师范学校以造就小学校教员为目的。
>
> 专教女子之师范学校称女子师范学校，以造就小学校教员及蒙养园保姆为目的。
>
> 高等师范学校以造就中学校、师范学校教员为目的。
>
> 女子高等师范学校以造就女子中学校、女子师范学校教员为目的。①

师范学校的设立分为几种情况。一般而言，师范学校均为省立，如果某一县有特殊事情需要设立师范学校，经由省行政长官报教育总长许可后，可以设立县立师范学校。如果是两个及以上的县需要设立师范学校，则可以联合设立师范学校。《师范教育令》云：

> 县因特别情事，依本令之规定，由省行政长官报经教育总长许可，得设立师范学校，为县立师范学校。
>
> 两县以上联合设立师范学校者，亦须依前项之规定。②

---

① 舒新城编《中国近代教育史资料》中册，人民教育出版社，1981，第 700～701 页。
② 舒新城编《中国近代教育史资料》中册，人民教育出版社，1981，第 701 页。

除此之外，如果私人满足条件，需要设立师范学校的，经省行政长官报教育总长许可后，还可以设立私立师范学校。《师范教育令》云：

> 私人或私法人依本令之规定，经省行政长官报告教育总长许可，得设立师范学校，为私立师范学校。①

一般来说，师范学校还会设立附属小学，高等师范学校会设立附属小学和附属中学，若为女子师范学校，还应设蒙养园。《师范教育令》云：

> 第十条　师范学校应设附属小学校，高等师范学校应设附属小学校、中学校。
>
> 女子师范学校于附属小学校外应设蒙养园，女子高等师范学校于附属小学校外应设附属女子中学校，并设蒙养园。②

此外，师范学校还附设小学校教员讲习科，女子师范学校附设保姆讲习科，高等师范学校（含女子）设立选科、专修科和研究科。《师范教育令》云：

> 第十一条　师范学校得附设小学校教员讲习科；女子师范学校，除依前项规定外，并得附设保姆讲习科。
>
> 高等师范学校、女子高等师范学校，得设选科、专修科、研究科。③

---

① 舒新城编《中国近代教育史资料》中册，人民教育出版社，1981，第701页。
② 舒新城编《中国近代教育史资料》中册，人民教育出版社，1981，第702页。
③ 舒新城编《中国近代教育史资料》中册，人民教育出版社，1981，第702页。

同年 12 月，教育部又公布了《师范学校规程》（1916 年 1 月修正），该规程极为重视世界观和人生观的培养，认为世界观和人生观是精神教育的本源；该规程重视体育，认为健全的精神必须有一个健全的身体作为支撑；该规程还提出重视陶冶性情，培育学生的"美感"和高尚的品格，重视学生养成自动能力。《师范学校规程》云：

　　一、健全之精神宿于健全之身体，故宜使学生谨于摄生，勤于体育。

　　二、陶冶情性、锻炼意志，为充任教员者之要务，故宜使学生富于美感，勇于德行。

　　三、爱国家、尊法宪，为充任教员者之要务，故宜使学生明建国之本原，践国民之职分。

　　四、独立博爱为充任教员者之要务，故宜使学生尊品格而重自治，爱人道而尚大公。

　　五、国民教育趋重实际，宜使学生明现今之大势，察社会之情状，实事求是，为生利之人而勿为分利之人。

　　六、世界观与人生观为精神教育之本，故宜使学生究心哲理而具高尚之志趣。

　　七、教授时常宜注意于教授法，务使学生于受业之际，悟施教之方。

　　八、教授上一切资料，务切于学生将来之实用，以克副高等小学校令暨国民学校令并施行规则之旨趣。

　　九、为学之道，不宜专恃教授，务使学生锐意研究，养成自动之能力。[1]

---

① 舒新城编《中国近代教育史资料》中册，人民教育出版社，1981，第 702～703 页。

中华民国临时政府颁布的这一系列政策，对民国及后世教育产生了深远的影响，使教育进入一个新阶段。而早期的湖南一师，由于校长孔昭绶等人很好地贯彻了蔡元培及教育部的教育思想，并结合本校的实际情况，锐意创新，其教育也进入了一个新阶段。

## 第三节　湖南的教育改革及湖南师范馆的建立

### 一　湖南的"经世致用"及教育改革

湖南有着独特的地理环境和人文精神。湖南位于中国的中部，在古代为楚地，有着浓郁的楚文化传统。楚地尊崇凤凰和火神祝融，[①] 崇拜巫术和鬼神，好祭祀，[②] 而且有"筚路蓝缕，以启山林"[③] 的开创精神。然而，自西周早期熊绎被周成王封为楚子，一直到西汉贾谊时期，湖南都被视为蛮荒之地。汉代贾谊受周

---

① 《史记·楚世家》云："楚之先祖出自帝颛顼高阳。高阳者，黄帝之孙，昌意之子也。高阳生称，称生卷章，卷章生重黎。重黎为帝喾高辛居火正，甚有功，能光融天下，帝喾命曰祝融。共工氏作乱，帝喾使重黎诛之而不尽。帝乃以庚寅日诛重黎，而以其弟吴回为重黎后，复居火正，为祝融。"见司马迁《史记》（五），中华书局，1959，第1689页。

② 《汉书·地理志下》云："楚地，翼、轸之分野也。今之南郡、江夏、零陵、桂阳、武陵、长沙及汉中、汝南郡，尽楚分也。周成王时，封文、武先师鬻熊之曾孙熊绎于荆蛮，为楚子，居丹阳。后十余世至熊达，是为武王，浸以疆大。后五世至严王，总帅诸侯，观兵周室，并吞江、汉之间，内灭陈、鲁之国。后十余世，顷襄王东徙于陈。楚有江汉川泽山林之饶；江南地广，或火耕水耨。民食鱼稻，以渔猎山伐为业，果蓏蠃蛤，食物常足。故呰窳偷生，而亡积聚，饮食还给，不忧冻饿，亦亡千金之家。信巫鬼，重淫祀。而汉中淫失枝柱，与巴蜀同俗。汝南之别，皆急疾有气势。江陵，故郢都，西通巫、巴，东有云梦之饶，亦一都会也。"见班固《汉书》（六），中华书局，1962，第1665～1666页。

③ 《左传·宣公十二年》："训之以若敖、蚡冒筚路蓝缕，以启山林"。可见孔颖达正义《左传正义》，台北艺文印书馆影印清嘉庆二十一年南昌府学刊《十三经注疏》本，2007，第393页。

勃、灌婴等排挤，就被谪贬至偏远蛮荒的湖南任长沙王太傅，因而自伤，撰《吊屈原文》。① 湖南在发展过程中，除了早期的楚文化特色外，唐宋以后又逐渐形成了独特的文化体系——湖湘文化。

宋周敦颐设立濂溪书院，渐开宋明理学之端。后来胡安国、胡宏父子继承周氏之学，重视实践。胡安国潜心研究《春秋》多年，他认为，"《春秋》经世大典，见诸行事，非空言比"，他又"思济艰难"，于是著《〈春秋〉传》以发挥之。② 胡安国之子胡宏亦关注经世，其云："口诵古人之书，目睹今日之事，心维天下之理，深考拨乱致治之术。"③ 胡氏又提倡知行合一，其云"学，即行也"，又云"学也，行之也，行之行之而又行之"，"学，行之上也，言之次也，教人又其次也"，④ 开启湖湘学统。而到了胡氏弟子张栻主城南书院、岳麓书院时，他提出"传道以济斯民"，又提倡"致知力行，互相发也。盖致知以达其行，而力行以精其知，工深力久，天理可得而明，气质可得而化也"，⑤ 湖湘之学渐大。清初，王夫之强调经世致用，主张"君子之道，力行而已"，⑥ "知而不行，犹无知也"，⑦ 影响极大。清中期，贺长

---

① 《吊屈原文序》云："谊为长沙王太傅，既以谪去，意不自得。及渡湘水，为赋以吊屈原。屈原，楚贤臣也。被谗放逐，作《离骚》赋，其终篇曰：'已矣哉！国无人兮，莫我知也。'遂自投汨罗而死。谊追伤之，因自喻。"可见萧统编，李善注《文选》，中华书局影印清胡克家重刻宋淳熙本《文选》，1977，第831～832 页。
② 《宋史·胡安国传》。可见脱脱《宋史》，中华书局，1985，第10074 页。
③ 《胡宏集》，中华书局，1987，第107～108 页。
④ 《胡宏集》，中华书局，1987，第46 页。
⑤ 《张栻集》，中华书局，2015，第994～995 页。
⑥ 王夫之：《船山全书》第 7 册，岳麓书社，1992，第998 页。
⑦ 王夫之：《船山全书》第 7 册，岳麓书社，1992，第408 页。

龄、魏源<sup>①</sup>等人发展了经世致用这一观念。贺长龄早年求学岳麓书院，他关注社会，认为要革除时弊、经世致用，在担任官员后，更是大力倡导经世致用。他聘请魏源为幕僚，委托魏氏编辑《皇朝经世文选》。魏源主张"披五岳之图，以为知山，不如樵夫之一足；谈沧溟之广，以为知海，不如估客之一瞥；疏八珍之谱，以为知味，不如庖丁之一啜"，<sup>②</sup> 他历时一年有余，整理选录经世文章2236篇，分为学术、治体、吏政、户政、礼政、兵政、刑政、工政八个门类，这些文章均符合他所谓的"书各有旨归，道存乎实用"的标准。魏氏之后，影响大者有曾国藩等人。1850年前后，太平天国起义。起义不到半年，就席卷清廷半壁江山，清廷只得颁旨奖励团练，以地方武装来对付太平天国。曾国藩受顾炎武经世思想影响极大，他认可顾氏"明道""救世""经世"的观点。曾氏认为："知一句便行一句，此力行之事也。"曾氏同时代左宗棠也持类似思想，"山居无事，正好多读有用之书，讲求世务。《皇朝经世文篇》、《五种遗规》两书，体用俱备，案头不可一日离也"，<sup>③</sup> "穷经

---

① 《清史稿》云："魏源，字默深，邵阳人。道光二年，举顺天乡试。宣宗阅其试卷，挥翰褒赏，名藉甚。会试落第，房考刘逢禄赋两生行惜之。两生者，谓源及龚巩祚。两人皆负才自喜，名亦相埒。源入赀为中书，至二十四年成进士。以知州发江苏，权兴化。二十八年，大水，河帅将启闭。源力争不能得，则亲击鼓制府，总督陆建瀛驰勘得免，士民德之。补高邮，坐迟误驿递免。副都御史袁甲三奏复其官。咸丰六年，卒。源兀傲有大略，熟于朝章国故。论古今成败利病，学术流别，驰骋往复，四座皆屈。尝谓河宜改复北行故道，至咸丰五年，铜瓦厢决口，河果北流。又保《筹鹾篇》上总督陶澍，谓：'自古有缉场私之法，无缉邻私之法。邻私惟有减价敌之而已。非裁费曷以轻本减价？非变法曷以裁费？'顾承平久，挠之者众。迨汉口火灾后，陆建瀛始力主行之。源以我朝幅员广，武功实迈前古，因借观史馆官书，参以士大夫私著，排比经纬，成《圣武记》四十余万言。晚遭夷变，谓筹夷事必知夷情，复据史志及林则徐所译西夷《四州志》等，成《海国图志》一百卷。他所著有《书古微》《诗古微》《元史新编》《古微堂诗文集》。"见赵尔巽等《清史稿》，中华书局，1974，第13429页。
② 《魏源集》上册，中华书局，1983，第7页。
③ 《左宗棠全集·书信》（一），岳麓书社，1996，第88页。

将以致用"。① 曾国藩与胡林翼、左宗棠、罗泽南、彭玉麟等一边发展湘勇，一边将这种经世思想进行军事实践。曾氏等人在晚年，与清廷相呼应，在地方上作为典型代表推动了洋务运动，"自强""求富"，大力引进西方先进科技，兴办军事工业，创办新式学校，培养翻译、军事、科技等人才，选送留学生出国深造。曾氏之后，倡导这种经世思想的还有谭嗣同、唐才常、杨昌济等人，而以杨昌济对毛泽东等人影响为最大。杨昌济认为，"博学、深思、力行三者不可偏废。博学、深思皆所以指导其力行也，而力行尤要"。②

　　1840 年爆发的鸦片战争和 1894 年爆发的中日甲午战争，在全国激起了革新运动。湖南亦紧跟时代潮流。张之洞在担任湖广总督时，支持康有为发起的"强学会"，并与湖南巡抚陈宝箴、湖南学政江标等人合作良好。江标强调经世致用，并以此标准来改造儒家书院。陈宝箴支持革新，在各界力量资助下，湖南兴办了时务学堂。梁启超、韩文举、欧榘甲、叶觉迈成为时务学堂教习，时务学堂引领了湖南知识分子。③ 此时，维新派也开始创办报纸，以宣传其维新主张。《湘报》的开办，使湖南大开维新风气。随着维新派的大力宣传，1898 年涌现了许多其他维新组织，这些新的维新组织又提出了许多新观念，如倡导婚姻改革、简化婚仪等。

　　然而，湖南的这些改革，遭到了王先谦④、叶德辉等人的反

---

① 《左宗棠全集·家书·诗文》，岳麓书社，1987，第 406 页。
② 王兴国编《杨昌济文集》，湖南教育出版社，1983，第 365 页。
③ 《清史稿·陈宝箴传》云："湘俗故暗塞，宝箴思以一隅致富强，为东南倡，先后设电信，置小轮，建制造枪弹厂，又立保卫局、南学会、时务学堂。延梁启超主湘学，湘俗大变。又疏请厘正学术及练兵、筹款诸大端，上皆嘉纳，敕令持定见，毋为浮言动，并特旨褒励之。"见赵尔巽等《清史稿》，中华书局，1974，第 12741 页。
④ 王先谦（1842～1917），字益吾，湖南长沙人，同治进士，曾任江苏学政，晚年主讲思贤讲舍，担任岳麓书院、城南书院院长，著述丰富，有《诗三家义集疏》《荀子集解》《尚书孔传参正》《汉书补注》等。王氏担任学政期间，组织学人刊刻《皇清经解续编》，收录清人经学著作 209 种，共 1430 卷。

对。王先谦刚开始时是支持湖南维新改革的，但后来越来越觉得维新改革已经步入危险境地，于是开始反击。王先谦向巡抚陈宝箴提出警告，岳麓书院学生请愿，要求解除梁启超职务，这些行为造成了时务派的反击，双方进行了激烈的争论。随着保守派压力的增大，维新派开始分裂。谭嗣同、皮锡瑞、熊希龄等陆续离开了时务学堂。1898年9月，慈禧镇压了维新运动。随后，清廷开始清理湖南的革新派势力，时务学堂改名求实书院，《湘报》停刊。[①] 由于对上层阶级的失望，唐才常等人发动了一次反抗清廷的起义，最后起义失败，唐才常被杀。[②] 这些现实最终促使维新派转向暴力革命。湖南最终形成了以王先谦等人为代表的保守派和逐渐转向于暴力革命的维新派。湖南的教育改革就是在这种形势下进行的。[③]

虽然保守派主张维持传统价值观念，并得到了时任巡抚俞廉三的支持，但新式学堂和西式课程等逐渐深入人心，新式学堂等在全国各地不断涌现出来。1902年至1903年，清廷就教育改革颁布了壬寅学制和癸卯学制，[④] 提出所有的儒家书院都要改变，省级书院改为大学堂，州府一级的书院改为中学堂，县级书院改为小学堂。

----

[①] 《清史稿·陈宝箴传》云："疏上而太后已出训政，诛四京卿，罪及举主，宝箴去官，其子主事三立亦革职，并毁湘学所著《学约》《界说》《札记》《答问》诸书。"见赵尔巽等《清史稿》，中华书局，1974，第12742页。

[②] 《清史稿·唐才常传》云："唐才常，字佛尘。少与嗣同齐名，称'浏阳二生'，两湖学堂高材生也。闻嗣同死，忧愤，屡有所谋，每言及德宗，常泣下。二十六年，两宫出狩，才常阴结富有会谋举事，号勤王，将攻武、汉。被获，慷慨言无所隐，请就死，遂杀之。"见赵尔巽等《清史稿》，中华书局，1974，第12747页。

[③] 〔美〕刘力妍：《红色起源：湖南第一师范学校与中国共产主义的创建（1903～1921）》，王毅译，河南大学出版社，1919，第16～18页。

[④] 具体内容可见舒新城编《中国近代教育史资料》中册（人民教育出版社，1981）第三节至第八节的相应部分。

尽管这些改革中残留有大量读经、讲经等传统课艺，<sup>①</sup>但毕竟加入了新的元素。

## 二 湖南的教育发展及湖南师范馆的建立

清末时期，湖南开办了许多中小学堂。1902 年成立了长沙县小学，招生名额 40 名；同年，创设普通中学——麓山高等学堂。随后，创立的学校越来越多。1902 年至 1904 年，长沙、宝庆、岳州、常德、衡州、永州、郴州、辰州、沅州、永顺、澧州、桂阳均设立中学堂，还有明德中学（1903）、广益中学（原名惟一学堂，1905）、周南女学堂（1905）以及教会学校等。虽然如此，但由于小学过少，加之湖南人口较多，故需要设立其他形式的学校，来解决就学这一问题。<sup>②</sup>于是"半日学堂"应运而生。半日学堂是清末设置的一种推行识字教育的机构，专门招收失学儿童和贫寒子弟，不论年龄，免除学费，采取半日学习、半日谋生的方式进行，每天授课三小时。时任湖南巡抚赵尔巽<sup>③</sup>下令开办半日学堂，其云：

> 为晓谕事：照得民智不开，由于读书识字者少，由于贫民之无力者多，古者八岁入小学，各国既设幼稚园，又设徒弟盲哑贫民各学校，所以全国人民无一不识字，法至善也。□中国

---

① 如《奏定高等小学堂章程》中规定，"修身"讲《四书》之要义，以朱注为主，以切于身心日用为要，读有益风化之古诗歌。"读经讲经"第一年读《诗经》，每日约读一百二十字；第二年读《诗经》《书经》，每日约读一百二十字；第三年读《书经》《易经》，每日约读一百二十字；第四年读《易经》及《仪礼》节本，每日约读一百二十字。这些与传统科举制度时读书基本相同。具体可见舒新城编《中国近代教育史资料》中册，人民教育出版社，1981，第 432～434 页。
② 冯象钦、刘欣森、孟湘砥主编《湖南教育简史》，岳麓书社，2004，第 104～105 页。
③ 赵尔巽（1844～1927），辽宁铁岭人，清同治年间进士，历任安徽等省按察使、甘肃等省布政使、湖南巡抚、湖广总督等职，后总纂《清史稿》。

文化最先，教育未备，近日创兴各学校，大都便于优裕求名之士，而未计及贫苦食力之家。于是里巷儿童，随意嬉戏，字义不能识，礼法不能娴，其佳者小贸营生，往往智慧不开，昧于远计，其劣者日流非僻，甘陷刑章，种种败德，罔不由之。本部院轸念民依，倡捐款项，现仿天津办法，先于省会创办半日学堂十所。开办后，逐渐加增，并推至外府厅州各乡村普遍设立，此举专为贫家幼童无力读书者而设。凡八岁以上，十六岁以下幼童，准由保人送至提调办公处报名，听候择期开学。每日入学半日，认字习算并及应对进退各礼节，择其优者送入蒙小学堂，余则听其谋生，勉为良善。惟贫民不知就学益处，各绅商人等务必勉力广劝，令其就学，庶几人人识字，人人治礼，教育普及之法，其基本于此乎。除扎行学务处外，合行出示晓谕，为此示谕城乡内外各处人等知悉，如有贫家子弟无力就学者，即劝令赶紧报名，听候挑选入学，毋违特示。[1]

赵氏认为，我国古代有着优秀教育传统，小孩八岁就开始入小学读书，而国外设置了幼稚园、盲哑学校等，从而使其国人识字。我国教育还不够完备，虽然清末时期兴办了不少学校，但大多数均有利于条件优越的家庭，贫穷之家无法享受该便利，因而，为了让社会经济地位低下的贫民子弟有教育机会，很有必要开设这种半日学堂。继长沙之后，湖南各府、州、县陆续设立了半日学堂，至1907年，湖南全省半日学堂的数量达到576所。此外，湖南的女子教育也走在前列，1903年，湖南创办湖南第一女学堂，随后，

---

[1] 1905年，端方将半日学堂改为初等小学，见陈浴新《清末湖南官办初级教育的雏形》，载中国人民政治协商会议湖南省委员会文史资料研究委员会编《湖南文史资料选辑》第20辑，湖南人民出版社，1986，第11~12页。

淑慎女学、影珠女学、湖南西路女学等相继创办。① 到了民国时期，湖南全省创立了多所学校，以 1916 年为例（见附录 1：湖南全省教育一览表），专门学校中，有高等师范 1 所，政法学校 3 所，工业学校 1 所，商业学校 1 所；中学及师范学校中，中学有 48 所，师范学校 17 所，师范讲习所 13 所；实业学校与职业学校中，甲种工业学校 4 所，乙种工业学校 4 所，甲种农业学校 4 所，乙种农业学校 4 所，甲种商业学校 2 所，乙种商业学校 3 所，职业学校 23 所；高等小学校 412 所；各县国民学校 5705 所。②

上述教育发展中最重要的一种就是师范教育的发展。由于全国新式学堂的不断涌现，大量新型教师的需求就与日俱增。从而，以培育新型教师为目标的学校就应运而生。湖南在这种全国兴办师范以培育新型教师为目标的形势下，也开始建立相应的师范学校。湖南当时的师范教育主要有五种形式：一是优级师范选科，二是初级师范，三是师范简易科或预备科，四是师范讲习科，五是师范速成科。③ 湖南一师在建立、发展过程中，囊括了上述五种师范形式。湖南一师发源于宋代所设的城南书院，宋代时学子就风从张栻于城南书院，"昔贤过化之地，兰芷升庭，杞梓入室，则又湘中子弟争来讲学之区也"。④ 元代时，城南书院被废除为寺庙。明代正德二年（1507），吴世忠⑤、

① 冯象钦、刘欣森、孟湘砥主编《湖南教育简史》，岳麓书社，2004，第 105 页。
② 湖南省立第一师范学校：《湖南省立第一师范学校志》，内部刊物，1918，表第三。
③ 方克刚：《湖南中路师范史略》，载中国人民政治协商会议湖南省委员会文史资料研究委员会编《湖南文史资料选辑》第 20 辑，湖南人民出版社，1986，第 74 页。
④ 转引自《湖南第一师范学校校史》编写组编《湖南第一师范校史（1903—1949）》，上海教育出版社，1983，第 1 页。
⑤ 吴世忠，字懋贞，江西金溪人。明弘治三年进士，授兵科给事中，历任光禄少卿、尚宝司卿、大理少卿、右金都御史等职。多次上书兴水利、复常平等事情，后逐寇失利，引疾而归。见张廷玉《明史》，中华书局，1974，第 4910～4912 页。

陈凤梧[1]议论修复城南书院之事。明嘉靖四十二年（1563），翟台[2]又"筑室三楹"，进行了一些修复，但很快就停止了。清代乾隆年间，杨锡绂将其迁入长沙城内。道光年间时，又被迁回原地，刘崐等人多次修复。陈本钦、孙鼎臣、何绍基[3]等人多次来城南书院讲学。《湖南省立第一师范学校志》云：

> 《易》曰："穷则变，变则通，通则久。"自唐虞三代，兴学制，各不同。汉以后，太学之制兴，而养士之意寖失。宋设书院，虽足救一时之弊，历元明清，复日遁于空疏，而弊愈甚，复废书院而设学校。综数千年是非得失之林，不独见人才之消长，即国家之兴亡系焉。本校之设，原宋城南书院。按《一统志》及《旧城南志》，宋张子南轩家潭州时，建城南书院

---

① 陈凤梧，江西泰和人，字文鸣，号静斋。明弘治九年进士。授刑部主事，历湖广提学佥事、河南按察使等。刊刻《仪礼注疏》等经典。

② 《泾县志》云："翟台，字思平，号震川。少颖异，博览群书。嘉靖己未成进士，授长沙推官。务先教化，行乡约，明正学，除强暴，革宿弊，理冤狱，升南车驾司主事，编黄船清芦课。寻告归，筑室考溪，偕同志兴复水西书院，发明姚江之学，而不专主良知之说，大要以六经为训，以力行为先。其示学者，则曰：'学莫先于辩，志莫大于识，性莫要于致，知莫贵于敦，行莫切于本，业莫急于会文，而于穷理居敬之功谆谆焉。'所著有《考溪集》、《水西答问》诸书。年七十余，卒于家，祀乡贤。"洪亮吉总纂，李德淦主修《泾县志》（下），黄山书社，2008，第773～774页。

③ "何绍基，字子贞，道州人，尚书凌汉子。道光十六年进士，选庶吉士，授编修。绍基承家学，少有名。阮元、程恩泽颇器赏之。历典福建、贵州、广东乡试，均称得人。咸丰二年，简四川学政。召对，询家世学业，兼及时务。绍基感激，思立言报知遇，时直陈地方情形，终以条陈时务降归。历主山东泺源、长沙城南书院，教授生徒，勖以实学。同治十三年，卒，年七十又五。绍基通经史，精律算。尝据《大戴记》考证《礼经》，贯通制度，颇精切。又为《水经注刊误》。于《说文》考订尤深。诗类黄庭坚。嗜金石，精书法。初学颜真卿，遍临汉、魏各碑至百十过。运肘敛指，心摹手追，遂自成一家，世皆重之。所著有《东洲诗文集》四十卷。"可见赵尔巽等《清史稿》，中华书局，1974，第13436～13437页。

于南门外妙高峰之阳以居。四方学者一时海内从风，人才多于
是出。吁！何其盛也。泊元废为寺，明正德中，议修复。嘉靖
中，翟台筑室三楹，旋圮。清乾隆中，杨锡绂迁城内。道光
初，左辅复迁今地，刘崐等屡修之。且有陈本钦、孙鼎臣、何
绍基辈，先后讲学其中，奈士日梏于科举之习而不能自振，书
院遂为世诟病。光绪末，赵尔巽毅然奏废之，即其地设今师范
学校。未几，清亦随书院以俱废，又何其衰也。昔马氏首撰
《学校志》，尝详述历代学校之制，而书院即载其中，可知书院
即学校之一。迨书院不能举学校之实，乃不得不变而通之。此
书院之所以当废，而谈学校者又不可不鉴其失，而循名以资其
实也。①

1903 年 2 月，湖南师范馆建立，王先谦任馆长。招收学生 60 名，课程
除了传统读经（《周礼》《左传》《礼记》等）外，还有数学等理科课
程，这标志着湖南近现代师范教育的正式确立。赵尔巽任湖南巡抚后，
将城南书院改为湖南全省师范学堂，刘棣蔚②被任命为监督。1904 年，
湖南分路办学，设立中路师范（主要为长沙、宝庆、岳州三府）、南路
师范（主要为衡州、永州二府，郴、桂阳二州）、西路师范（主要为常
德、辰州、沅州、永顺四府，澧、靖二州，南州、永绥、凤凰、乾州、
晃州五厅），11 月，湖南全省师范学堂改为湖南中路师范学堂。此时间
前后，湖南还创建了其他几所师范学校。③ 1902 年，朱其懿、熊希

---

① 湖南省立第一师范学校:《湖南省立第一师范学校志》，内部刊物，1918，纪第二。
② 刘棣蔚，1880 年生，湖南龙阳（今常德汉寿）人。1902 年留学日本，学习蚕桑。1903 年回湖南参与回湘留学生活动。
③ 除了第二师范学校、第三师范学校外，还有 1912 年由宋教仁创建的湖南公立二女师。二女师后改名湖南省立二女师、湖南第四师范学校，1914 年与湖南公立第一师范学校合并，组建为湖南省立第一师范学校。

龄在衡阳创建西路师范讲习所①，1904 年，南路师范学校创立，曾熙出任督学。② 1905 年，谭延闿主持湖南一师工作，参考日本学制进行教学改革，制定出了一套当时较为先进且结合时局形势的湖南一师教学模式。这种带有浓厚日式学制的一师培养模式一直沿用到1922 年前后，直到全省学制改为美式学制为止。1911 年辛亥革命爆发，湖南一师被迫停办数月。复学后，1912 年 2 月改名为湖南公立第一师范学校，学校采用临时政府的教育政策进行教学改革。1914 年 3 月，与湖南第四师范学校合并，改名湖南省立第一师范学校，其发展梗概可见《湖南省立第一师范学校志》：

> 清季改制，兴学堂，而不能救亡，及今又六七年。闻者盖寡，所学非欤？才果难欤？非也。学所以储拨乱之才，而丧乱频仍，反使人失学，不亦重可慨乎！湖南兴学自巡抚俞廉三立师范馆始，王先谦主之，犹书院也。未几，廉三去，赵尔巽抚湘，改城南书院为师范学堂，山长曰监督，委之刘棣蔚，时光绪二十九年也。明年，戴展诚代刘，而分路办学之议起。长、宝、岳三府为中路，不别建学堂。此遂改为中路师范焉。展诚，常德人。巡抚端方乃奏派郭立三，奉行部草而已。及谭延闿来代，陋其前规，因参用倭制。科举适于其年废，三府之士，争学师范，而学额亦加广矣。后刘人熙、瞿宗铎相继为监督。宣统二年三月，饥民焚抚署，及于城南，房舍、图书皆成灰烬，生徒数百，仅以身免。四月，宗铎引退，王达来，谋修复。不可即成，赁屋以居，至是诸生失学已数月矣。三年，王凤昌代达。九月朔日，革命军起，诸生又散归。民国改元，谭

---

延闿为湖南都督，名曰第一师范学校，监督曰校长，文启焘充校长，而新舍适成，遂迁焉。费金五万，式参西洋，高朗宏敞，焕然改观，独未修礼堂，颓垣断壁如故也。启焘任事半年，曾沛霖代之。沛霖未一年，孔昭绶代之，乃为将军汤芗铭所忌，几不免于祸，辞去，教务长朱振黄代之。未几，张干继任，即圣庙废址建礼堂。干辞，武绍程继之。五年，尹集馨继之。是时，袁世凯称帝，湘人兴讨叛之师，汤芗铭出走，刘人熙为督军，彭政枢来任事，瑜月辞。昭绶复为校长。先是，昭绶走日本，颇多考究，又感于国事益非，慨然有振起学务之志，顾欿绌而才疏，未能行什之一二，仅以知耻训诸生，端齐趋向，定为教之旨。励行谊，讲武术，重职业而已，心兹内疚。旋南北衅构，湘为战场，警报时闻，弦诵未绝，及不得已始令归。吁！湘固遭厄，斯校尤甚。昭绶独再值之，亦不幸矣。兹篇所著，但举梗概，而其年月与夫细目，则于大事表详之。若筹画已定，阻兵未行，待之异日者，著于当篇。世之览者，思夫因革之故，或亦有慨于斯也乎。[1]

湖南一师的建立，是近代中国教育的一个缩影，是中国教育由传统教育走向现代教育的标志之一，是国内与国外、保守与变革等多种力量较量的结果。湖南一师的创立与办学，有着浓厚的湖南经世致用本土特色，又参照着日本、美国等国家的学制，目标分明，为中国基础教育输出了一大批合格的"小学教员"，同时，又为中国革命培育了一大批革命者，这些革命者和教育者们，均为改造中国做出了自身特殊的贡献。

---

① 湖南省立第一师范学校：《湖南省立第一师范学校志》，内部刊物，1918，纪第二。

第二章

# 湖南一师早期学生群体的构成

在陈宝箴、黄遵宪的支持下，谭嗣同等人创办了时务学堂，梁启超及康有为弟子为学堂教习。时务学堂后来虽然被改为求实书院，但此时维新思想已经深入人心。清政府于 1901 年被迫宣布"实行新政"，教育方面主要体现在制定了"壬寅学制""癸卯学制"。湖南在全国推行"废科举、兴学校"等"新政"措施的大环境下，也开始兴办新式学堂。而新学堂需要教师，师范教育就自然而然出现了。时任湖南巡抚俞廉三[①]于 1903 年 2 月创办了湖南师范馆，开启了湖南兴办师范的新潮。

## 第一节　不同时段的学生群体

### 一　湖南师范馆及湖南中路师范学堂时期的学生群体

湖南师范馆于 1903 年 2 月创立，地点位于长沙城内的黄泥塅。其后开始招生，得长沙、宝庆、岳州学生共 60 人，编成速成一班。

---

① 俞廉三，生卒不详，浙江绍兴人，1894 年出任湖南按察使，1896 年任山西布政使，1898 年任湖南布政使，戊戌政变中陈宝箴被罢湖南巡抚，俞廉三升任湖南巡抚，1903 年调任山西巡抚。

由于师范馆的教育模式沿袭旧制，为士绅及学生所反对，最终师范馆停办，王先谦辞职，学生也随之被遣散。1903年冬，时任湖南巡抚俞廉三出任山西巡抚，赵尔巽继任。赵氏思想上属于革新派，不似俞廉三等人那样守旧，他于1903年11月上奏朝廷，将城南书院改为湖南全省师范学堂，改山长为监督，并由刘棣蔚担任监督一职。赵氏的上奏得到了朝廷许可。刘棣蔚接管了湖南师范馆原来的资产，将原有被遣散的速成科第一班60人重新召回，同时，用新的办学思想、管理方式、课程设置等来组建新的师范学堂——湖南全省师范学堂。湖南全省师范学堂标志着湖南师范教育的正式开始。该年度在校学生班级为一个班（名录见表2-1），其人数为60人。

表2-1　速成科第一班名录（共113人）

| 马象雍 | 文怀亮 | 文宏薄 | 文允 | 王铭涛 | 王丕成 | 由梓材 | 田景曦 |
|---|---|---|---|---|---|---|---|
| 冯士偶 | 帅盛震 | 向培瑞 | 向佐周 | 邓基鉴 | 朱世昂 | 伍炳瑞 | 吴英翰 |
| 吴景鸿 | 刘善渥 | 刘辅宜 | 刘翰 | 刘岳嵩 | 刘锡庆 | 刘民安 | 许泽沅 |
| 许树勋 | 何炜 | 沉明煦 | 余焕然 | 李炎炎 | 李光第 | 李汝梅 | 李君海 |
| 李毓苏 | 李树桑 | 李德藩 | 李树楚 | 李维翰 | 严毓汉 | 肖振鹏 | 张翼云 |
| 张钟俊 | 张书献 | 张家玠 | 张耆 | 张宏铨 | 张人镜 | 张锡琨 | 邱才英 |
| 易克臬 | 易翔 | 周延干 | 周贺生 | 宗维寅 | 孟昭涵 | 陈天华 | 陈国泰 |
| 陈逢元 | 欧阳球 | 罗黼国 | 杨凤穆 | 杨毓衡 | 杨雄飞 | 胡挹琪 | 胡荣甲 |
| 胡镇奎 | 胡振文 | 胡孔彰 | 贺赐荣 | 贺霖霖 | 姚汝梅 | 姚景梅 | 段士(土)奇 |
| 段祖澍 | 侯元臣 | 赵先勋 | 钟声铿 | 钟鼎勋 | 钟才镂 | 袁华甲 | 袁华耀 |
| 徐中鹄 | 敖金森 | 晏孝远 | 晏才杰 | 唐锡寿 | 郭志任 | 郭凌明 | 章霖清 |
| 梁炳森 | 梁系登 | 崔盛唐 | 黄恭寿 | 彭上品 | 彭兆璜 | 彭探桂 | 曾沅 |
| 舒修序 | 蒋镕 | 蒋国棠 | 蒲国霖 | 雷恺 | 谢煜樟 | 詹泽霖 | 鲁颂平 |
| 蔡趦 | 熊钟麟 | 谭传恺 | 谭凌云 | 颜锡厓 | 蹇龙章 | 戴启琨 | 魏联奎 |
| 廖维勋 | | | | | | | |

　　注：《校志》记载该班级仅有学生60人，而此表学生人数达到113人，二者不符。当是校史未载肄业学生，此外，校友录根据毕业生回忆记载，一定程度上也记载不全。后所列各班学生名录办有此问题，不再赘述。

　　资料来源：湖南省第一师范学校：《湖南省第一师范校友录（1903～2003）》，内部刊物，2003，第1页。

1904 年 2 月，监督刘棣蔚辞职，由戴展诚接任。该年度开始招收全省各县的学生共 130 名，招生规模较 1903 年有所扩大。《湖南省立第一师范学校志》云：

> 正月，增招学生数十名，分甲乙两班授课。未几，刘棣蔚辞职，聘戴展诚①继任。十月，考取各县咨送学生数十名，未入堂，路界问题起，改名中路师范学堂。戴展诚辞职，巡抚端方奏请郭立山②继任。③

该年度一共有两次招生。第一次招生是在正月，招生人数有数十人，所招的学生分为两个班；第二次招生在十月，招生的人数为数十人，这批学生因当时湖南发生分路办学的议论等原因而尚未入校。据《湖南省立第一师范学校志》记载，该年度的学生班次主要有速成科第一班（60 人）、速成科第二班（70 人）、速成科第三班（60 人）。④ 招生科别全部为速成科（第二班、第三班名录见表 2-2 与表 2-3）。该年度在校学生的人数达到 190 人，与 1903 年相比，招生规模新增两倍多。从 1904 年开始，湖南师范招生开

---

① 戴展诚，常德柳叶湖人，清同治年间出生，1935 年去世。"公车上书"后被赐进士，散馆分发湖南辅助陈宝箴推行新政，与熊希龄、梁启超、谭嗣同创办时务学堂。1902 年自费留学日本。见满大启《清末翰林戴展诚小传》，载中国人民政治协商会议常德市鼎城区委员会文史资料研究委员会编《常德县文史资料》第 6 辑，内部刊物，1990，第 212～215 页。

② 郭立山（1870～1927），字复初，号复斋，湖南湘阴人，郭嵩焘族侄。清光绪二十九年（1903）进士，授翰林院编修，任侍讲。1904 年为端方举荐任湖南中路师范正监督。

③ 湖南第一师范学校：《湖南省立第一师范学校志》，内部刊物，1918，民国纪元以前年表。

④ 而据《湖南省第一师范校友录（1903～1993）》所列 1904 年招收之速成科二班（人数为 113 人）、三班（人数为 46 人）情况来看（总数为 159 人），与《湖南省立第一师范学校志》（1918）中"大事表"记载有出入，"大事表"记载速成科二班人数为 70 人、速成科三班人数为 60 人（总数 130 人）。

始分路进行，长沙属于中路，辖长沙、宝庆、岳州三府，湖南全省师范学堂改名为湖南中路师范学堂。湖南巡抚端方[①]上奏朝廷，任命郭立山为监督。

表 2-2　速成科第二班名录（共 113 人）

| 丁南薰 | 万民乐 | 文启蠡 | 文斐 | 王世晋 | 王临渚 | 王鍫 | 王作宾 |
|---|---|---|---|---|---|---|---|
| 王仪彬 | 王振翰 | 方凤翔 | 邓澍煌 | 邓镜 | 邓继平 | 史犹龙 | 朱德英 |
| 朱峻赠 | 刘武 | 刘通三 | 刘辅定 | 刘明镜 | 刘定宗 | 许甘霖 | 向洪范 |
| 向莹 | 向玉楷 | 吴迪康 | 吴兆熊 | 吴静 | 何国瑜 | 何人 | 何国琦 |
| 何国琮 | 何中莹 | 何炳麟 | 何俊 | 苏绳祖 | 苏世杰 | 沈炳政 | 李德九 |
| 李纶怀 | 李词源 | 李家祥 | 李续 | 李钧声 | 余辉涛 | 余殿邦 | 陈正昌 |
| 陈启明 | 陈宗渊 | 陈希翰 | 张弁群 | 张振新 | 张曷魁 | 张景涛 | 张化之 |
| 张世模 | 邵振玑 | 杨廷杰 | 杨冕 | 杨光翰 | 杨荣植 | 罗炳沄 | 罗远耀 |
| 易荣膺 | 周正江 | 周扬峻 | 周景颐 | 周先镒 | 钟伟 | 姚廷铎 | 姚鹏图 |
| 段杏蘘 | 晏泽瀛 | 袁毓煌 | 袁樾林 | 唐显度 | 唐炳英 | 唐剑 | 唐义际 |
| 夏铭鼎 | 龚伦柄 | 梁元藻 | 梁岱锷 | 常国钢 | 黄如夔 | 黄文彬 | 黄本沅 |
| 符定一 | 庹文柱 | 彭兆龙 | 彭延烘 | 彭觐圭 | 彭福焘 | 彭印霞 | 曾龄瑞 |
| 曾楚珩 | 曾纪骧 | 傅念恃 | 傅作揖 | 覃泽寰 | 谢佐 | 蒋先烈 | 蔡蒙 |
| 廖燮 | 廖正玑 | 廖燮勋 | 廖鸿武 | 熊振湘 | 滕文昭 | 颜星莹 | 薛祁龄 |
| 欧阳中黄 | | | | | | | |

资料来源：湖南省第一师范学校：《湖南省第一师范校友录（1903～1993）》，内部刊物，1993，第 2 页。

---

[①] 《清史稿·端方传》云："端方，字午桥，托忒克氏，满洲正白旗人。由荫生中举人，入赀为员外郎，迁郎中。光绪二十四年，出为直隶霸昌道。京师创设农工商局，征还，管局务，赏三品卿衔。上劝善歌，称旨。除陕西按察使，晋布政使，护巡抚。两宫西幸，迎驾设行在。调河南布政使，擢湖北巡抚。二十八年，摄湖广总督。三十年，调江苏，摄两江总督。寻调湖南。颛志兴学，资遣出洋学生甚众。"赵尔巽等：《清史稿》，中华书局，1974，第 12786 页。

表 2-3　速成科第三班名录（共 46 人）

| 文俊猷 | 文振铎 | 王猷 | 王毓坤 | 王之翰 | 卢骏勋 | 刘家杞 | 刘人鉴 |
|---|---|---|---|---|---|---|---|
| 刘道凝 | 任裕鼎 | 任维藩 | 肖翰屏 | 邹永煌 | 李砚田 | 李兆彝 | 李映庚 |
| 李宗彭 | 李荫嘉 | 李卓 | 陈增珥 | 陈绩 | 扶俊 | 张承启 | 罗元鲲 |
| 罗视仁 | 杨思九 | 周方舆 | 周乃金 | 郑孙治 | 饶衍 | 姚昌 | 敖谦吉 |
| 徐柏梁 | 袁镇湘 | 唐鹏达 | 陶忠清 | 凌盛鸣 | 郭若伟 | 梁鋆 | 曹作奎 |
| 曾寿彝 | 曾鑫铸 | 喻丙炎 | 谭炳鉴 | 潘起炎 | 颜昌祺 |  |  |

资料来源：湖南省第一师范学校：《湖南省第一师范校友录（1903～1993）》，内部刊物，1993，第 2 页。

　　1905 年，湖南省正式按中路（长沙、宝庆、岳州三府）、西路（常德、辰州、沅州、永顺四府，澧、靖二州，南州、永绥、凤凰、乾州、晃州五厅）、南路（衡州、永州二府，郴、桂阳二州）三路办学、招生。该年度，湖南一师监督更换频繁，先后由郭立山、陈树藩①、谭延闿②三人担任。谭延闿于该年 8 月接替陈树藩担任监督，开始修建校舍和礼堂，扩大了学校的规模，同时，他又参考日本学制，对湖南一师进行学制改革，从此一直到 1920 年前后，湖南一师十余年均采用日本学制。③ 1905 年度的招生较 1904 年新增

---

① 陈炳焕（1860～1920），字树藩，晚号注凡，湖南湘阴人。清光绪三十一年（1905）创办湘阴县第一所县立高等小学堂。历任湖南中路师范学堂监督、湖南省财政司司长、湖南省财政厅厅长等。见湖南图书馆编《湖南古旧地方文献书目》，岳麓书社，2012，第 752 页。

② 谭延闿（1880～1930），字组庵，号无畏、切斋，湖南茶陵人。1902 年中举，1904 年中进士，返湖南办学。1912 年任湖南都督。1913 年发表讨袁世凯宣言。1915 年参与护国运动。1916 年复职湖南省省长兼督军。1922 年再次加入国民党。1928 年任南京国民政府主席，后转行政院院长。谭氏为民国时期著名政治家、书法家。

③ 清末时期，中国教育受日本影响很大，且不少相关人士有留日背景，故早期教育主要借鉴日本教育模式。

一倍有余，[①]《湖南省立第一师范学校志》云：

> 正月考取学生一百零八名，编为文科理科各一班。七月，
> 考取学生一百八十六名。因校舍不敷，未入堂。八月，郭立山
> 辞职，谭延闿继任。[②]

该年度招生分为两次。正月招生一次，七月招生一次，招生模式有
所变化，开始实行文理分科的招生制度。正月所招的文科、理科学
生编为优级选科第一班、第二班。[③] 该年度在校学生的总班级有速
成科第一班、第二班、第三班，优级选科第一班、第二班。其中速
成科第一班派遣刘武等人留学日本，考虑到速成科第二班入学晚且
为今后派遣留学生工作做准备的缘故，从速成科第二班中选拔了刘
通三等 30 名学生作为预备留学生。《湖南省立第一师范学校
志》云：

> 正月送速成科第一班学生刘武[④]等十一名游学日本，送第

---

① 1904 年招生 130 人，1905 年正月招生 108 人，七月招生 186 人，两次招生共
294 人，为 1904 年 130 人的两倍多。虽然 1905 年七月所招"未入堂"，但仍应
算为该年度招生范围内。

② 湖南第一师范学校：《湖南省立第一师范学校志》，内部刊物，1918，民国纪元
以前年表。

③ 《湖南省立第一师范学校志》（1918）之《大事表》记载该年度仅有速成科，优
级选科第一班、第二班，并无其他班级，又速成科为往年所有，而文科理科两
班为新招，故此两班即优级选科第一班、第二班。

④ 刘武（1883～1957），字策成，湖南新邵县花桥乡田心村人。1903 年留学日
本，后加入同盟会，与孙文、黄兴、蔡锷交往。1913 年，任湖南省驻省邵
阳中学校长。1941 年，在湖南省立工业专科学校任教授国文。刘氏著有
《庄子集解内篇补正》一书，与王先谦《庄子集解》一同收录于中华书局
《新编诸子集成》中。

二班学生刘通三等卅余名入游学预备科。①

自 1902 年前后，清政府鼓励出洋游学，② 各省均按清政府指令派遣留学生，湖南也不例外。俞廉三担任湖南巡抚时，就按照清廷指令，在湖南省选拔了 12 名学生留学日本（名录见表 2-4），留学时长为期 6 个月。这些学生均为"年未满三十而志虑忠纯，识量通达者，无论举贡生员"，他们具有良好的传统文化功底且都有功名。③

表 2-4　选拔学生名录

| 姓名 | 籍贯 | 身份 | 留学国家 | 姓名 | 籍贯 | 身份 | 留学国家 |
|---|---|---|---|---|---|---|---|
| 俞诰庆 | 善化 | 举人 | 日本 | 李致桢 | 龙阳 | 举人 | 日本 |
| 龙纪官 | 湘乡 | 附生 | 日本 | 胡元倓 | 湘潭 | 拔贡 | 日本 |
| 俞蕃同 | 善化 | 监生 | 日本 | 朱杞 | 湘乡 | 附生 | 日本 |

---

① 湖南第一师范学校：《湖南省立第一师范学校志》，内部刊物，1918，大事表。

② 此前后派遣留学生的奏折文件有总理各国事务衙门《奏遵议遴选生徒游学日本事宜片》(1899)、《奏遵议出洋学生肄业实学章程折》(1899)，外务部《奏议复派赴出洋游学办法章程折》(1902)，张之洞《筹议约束鼓励学生章程折》(1903)等。派遣留学生固然好，但还有不少人也认为这些学生毕竟年轻，没有阅历，不一定能达到朝廷对派遣留学生富国、御辱的期望，于是，1903 年 11 月，张百熙、荣庆、张之洞以上奏请求奖励官员出外游学，因为这些官员有很多经历，能够有针对性地去咨询、考察，回国后可根据国外考察来解决国内问题。其云："再查今年自备资斧出洋游学学生，多年少未学、不明事理之人，于时局实在情形，办事艰难之故，毫无阅历。故嚣然不靖，流弊甚多。若已入仕途之人，类多读书明理，循分守法，如内而京堂、翰林、科道、部属，外而候补道以下等官，无论满汉，择其素行端谨、志趣远大者，使之出洋游历，分门考察，遇事咨询，师人之长，补己之短，用以开广见闻，增长学识，则实属有益无弊。其能亲入外国学堂留学者尤善。职官出洋游历游学者众，不独将来回国后任使之才日多，而在洋时与本国游学生渐相稔习，灼知其品谊才识，何人为学行兼修之士，何人为乖张不逞之徒，异时以类相求，黑白确有明证。且力持正论之人日多，则邪说诐词，势自孤而不敌，学生嚣张之气，亦必自默为转移。若高爵显秩，亦令出洋游历，则其凭借既崇，展布愈广，为效尤为宏巨。"这在一定程度上反映出当时派遣留学生的真实目的，而且更能反映出统治阶级对于扭转时局的紧张、急迫。舒新城编《中国近代教育史资料》上册，人民教育出版社，1981，第 187 页。

③ 游学期间，每人发游学费 400 元，另发银 50 两，作为赡养家室之费。

| 姓名 | 籍贯 | 身份 | 留学国家 | 姓名 | 籍贯 | 身份 | 留学国家 |
|------|------|------|----------|------|------|------|----------|
| 王履辰 | 长沙 | 举人 | 日本 | 刘佐楫 | 醴陵 | 廪生 | 日本 |
| 仇毅 | 湘阴 | 监生 | 日本 | 汪都亮 | 善化 | 廪生 | 日本 |
| 颜可驻 | 湘乡 | 廪生 | 日本 | 陈润霖 | 新化 | 附生 | 日本 |

资料来源：湖南省志编纂委员会编《湖南省志》第 1 卷《湖南近百年大事记述》（第二次修订本），湖南人民出版社，1980，第 194～195 页。

因此，1905 年派遣学生出洋留学仍然是实行清政府派遣留学生的指令，派遣的学生人数（共 11 名）与 1903 年俞廉三派遣的人数（共 12 名）基本相同，而第二年预备留学的人数增加到了 30 名。该年度除了上述派遣留学生与留学预备外，其他学生均正常毕业。《湖南省立第一师范学校志》云，"六月，速成科第一班杨冕等卅余名毕业"。[①] 其中，毕业生杨冕等人后来在相应的岗位上为国家做出了不少贡献。

1906 年 8 月，谭延闿辞职，由副监督贝允昕代理。贝允昕为湖南浏阳人，早年从其舅父刘人熙读书，与谭嗣同友善，后游学湖北、天津、河北、广东等省。戊戌变法后，贝氏于 1904 年入日本法政大学留学，学成回国。谭氏辞职后，贝氏以副监督代理监督月余，10 月，其舅父刘人熙[②]担任监督，贝氏以副监督及教务长佐之。刘人熙早年肄业于长沙城南书院，1902 年秋在广

---

① 湖南第一师范学校：《湖南省立第一师范学校志》，内部刊物，1918，大事表。而据方克刚《湖南中路师范史略》云"同年六月，速成科第一班杨冕（即端六）等三十二名毕业"，此次毕业 32 名。中国人民政治协商会议湖南省委员会文史资料研究委员会编《湖南文史资料选辑》第 20 辑，湖南人民出版社，1986，第 74 页。

② 刘人熙（1844～1919），字艮生，号蔚庐，湖南浏阳人。清同治六年（1867）解元，光绪三年（1877）进士，曾任湖南教育总会会长、湖南省都督府民政司司长。1914 年创办船山学社，1915 年任湖南督军兼省长。著有《蔚庐日记》（稿本）、《蔚庐亥子集》（1913 年铅印本）、《蔚庐诗稿》等。见寻霖、龚笃清编著《湘人著述表》，岳麓书社，2010，第 240～241 页。

西担任课吏馆馆长兼营务处会办。刘氏在任上时就倡导经世致用，整肃吏治，培育人才，1907 年春返回湖南就任湖南中路师范学堂监督，1912 年辞去民政司司长职务后，他呈文上请都督府拨款成立船山学社，最终于 1914 年成立船山学社，后又搜集、出版王夫之未刊手稿等，并编辑出版《船山学报》等。[①] 这些对船山学说的传播对青年毛泽东有重大影响。[②] 刘氏就任监督后，保留了谭延闿时期的办学成果，扩建校舍，将文科改为历史地理科，理科改为物理化学科。该年度全校学生的科别主要分为速成科、优级选科、预科、简易科四类，其中速成科有三个班（即速成科第四班、速成科第五班、速成科第六班），优级选科有两个班（即优级选科第一班、优级选科第二班），预科有两个班（即预科第三班、预科第四班），简易科有两个班（即简易科第一班、简易科第二班），班级总数为九个班。该年度入校人数为 310 人，而在校人数在 410 人左右。其中 310 人中包含 1905 年 7 月所招的 186 名学生，但是这 186 名学生因 1905 年"校舍不敷"而未进校，直到 1905 年"正月，拨款建筑礼堂及南楼"，"九月，工竣"，才"招集旧取学生百八十六名入堂，编为豫（预）科两班、速成科一班"。[③] 该年度学生毕业的情况是，"六月，速成科第四、第五班学生罗元鲲等卅八名毕业"（名录见表 2-5、表 2-6），而"八月，简易科学

---

① 湖南省地方志编纂委员会编《湖南省志》第 30 卷《人物志》上册，湖南人民出版社，1992，第 523~524 页。

② 青年毛泽东受到船山思想的影响。1921 年，毛泽东、何叔衡等还在船山学社内创办湖南自修大学，培育了大批革命志士。见肖家实《长沙解放前后的船山学社》，载湖南省教育史志编纂委员会编《湖南近现代名校史料》，湖南教育出版社，2012，第 2923 页。

③ 湖南第一师范学校：《湖南省立第一师范学校志》，内部刊物，1918，大事表。

生方维夏等八十八名毕业"。[①] 速成科与简易科学生毕业的时间稍有前后之差。从入学人数来看，该年度入学 310 人，约等于 1905 年入学人数 108 人的三倍，入学人数剧增。人数剧增的一个重要原因是废除科举。早在 1898 年，康有为就上书请求废除八股取士而改用

表 2-5　速成科第四班名录（共 69 人）

| 丁嘉谟 | 文开泰 | 文运英 | 邓寅亮 | 卢之纲 | 左海 | 尤泽南 | 许德英 |
|---|---|---|---|---|---|---|---|
| 许宗岳 | 向师奇 | 刘荣祺 | 刘鸣华 | 刘柱桐 | 刘炎光 | 刘镜秋 | 刘益藩 |
| 伍元㮣 | 任治 | 陈亮鸿 | 陈昉周 | 陈献生 | 吴起凡 | 连鼎鑫 | 连钟岳 |
| 李雄 | 李瑞麟 | 李建 | 李葛韩 | 李培桂 | 李先孚 | 张鸿鬶 | 张盖 |
| 张炳珪 | 张自振 | 杜元熙 | 肖之望 | 汪道钧 | 易垂象 | 易彪 | 欧阳岳 |
| 欧阳薰 | 周启洛 | 周康 | 周立隆 | 周效伯 | 周昕 | 罗昭弗 | 罗崇善 |
| 饶裕 | 段荣松 | 柳潜 | 施镇湘 | 晏宽 | 夏资勋 | 柴树云 | 梁苑 |
| 黄衍䕽 | 黄锡卣 | 黄人玠 | 龚业强 | 龚从龙 | 曾闿甲 | 粟彬 | 甯锡光 |
| 蒋希镇 | 雷应锷 | 能泽黄 | 谭柄铨 | 戴土毅 | | | |

资料来源：湖南省第一师范学校：《湖南省第一师范校友录（1903～1993）》，内部刊物，1993，第 2～3 页。

表 2-6　速成科第五班名录（共 27 人）

| 文辉 | 方志 | 甘阜堃 | 刘楚三 | 刘兆鸿 | 张维 | 何人凤 | 李衷席 |
|---|---|---|---|---|---|---|---|
| 李徽 | 李锐 | 李调匀 | 欧阳榘 | 易孔翼 | 易士斌 | 杨之琦 | 胡曷 |
| 姚小崇 | 梁卓球 | 阎步瀛 | 黄天骥 | 黄俊 | 彭光炜 | 彭蕃 | 彭国俊 |
| 彭琦 | 葛鼎三 | 魏振翼 | | | | | |

资料来源：湖南省第一师范学校：《湖南省第一师范校友录（1903～2003）》，内部刊物，2003，第 2 页。

---

① 湖南第一师范学校：《湖南省立第一师范学校志》，内部刊物，1918，大事表。与《湖南省第一师范校友录（1903～1993）》《湖南省第一师范校友录（1903～2003）》记载有出入。

策论取士，<sup>①</sup> 同年，梁启超等也上书请求变通科举。<sup>②</sup> 1901 年，张之洞、刘坤一等请求变通政治人才。<sup>③</sup> 1903 年 11 月，张百熙、荣庆、张之洞又上折请求递减科举、注重学堂。<sup>④</sup>

---

① 康有为《请废八股试帖楷法试士改用策论析》云："臣窃惟今变法之道万千，而莫急于得人才；得才之道多端，而莫先于改科举。今学校未成，科举之法，未能骤废，则莫先于废弃八股矣。夫八股之无用，臣即业八股以窃科第者也，从其业之既久，知其害之尤深，面对未详，敢为我皇上先陈之。"又云："若夫今者万国交通，以文学政艺相竞，少不若人，败亡随之。当此绸缪未雨之时，为兴学育才之事，若追亡救火之急，犹恐其不能以立国也；而乃以八股试多士，以小题枯困截搭缚人才，投举国才智于盲瞽，惟恐其稍为有用之学，以为救时之才也，不亦反乎？然则中国之割地败兵也，非他为之，而八股致之也。故臣生平论政，尤痛恨之。"又云："从此内讲中国文学，以研经义国闻掌故名物，则为有用之才；外求各国科学，以研工艺物理政教法律，则为通方之学。"舒新城编《中国近代教育史资料》上册，人民教育出版社，1981，第 36～39 页。

② 梁启超等《公车上书请变通科举折》云："为国事危急，由于科举乏才，请特下明诏，将下科乡会试及此后岁科试，停止八股试帖，推行经济六科，以育人才而御外侮，伏乞代奏事。窃顷者强敌交侵，割地削权，危亡发发，人不自保。皇上临轩发叹，天下扼腕股忧，皆以人才乏绝，无以御侮之故，然尝推求本原，皆由科第不变致之也。"又云："夫《易》尚穷变，《礼》观会通，今臣工频请开中西学堂，皇上频诏有司开京师大学堂矣"，"皇上抚有四万万之民，倍于欧罗巴全洲十六国之数，有雷霆万钧之力，转移天下之权，举天下之人，而陶冶成才以御侮，兴治在一反掌间耳，奚惮而不为哉？"舒新城编《中国近代教育史资料》上册，人民教育出版社，1981，第 39～42 页。

③ 张之洞、刘坤一《筹议变通政治人才为先折》云："窃谓中国不贫于财而贫于人才，不弱于兵而弱于志气。人才之贫，由于见闻不广，学业不实；志气之弱，由于苟安者无履危救亡之远谋，自足者无发愤好学之果力，保邦致治，非人无由。谨先就育才兴学之大端，参考古今，会通文武，筹拟四条：一曰设文武学堂，二曰酌改文科，三曰停罢武科，四曰奖劝游学。"舒新城编《中国近代教育史资料》上册，人民教育出版社，1981，第 47 页。

④ 张百熙、荣庆、张之洞《奏请递减科举注重学堂折》云："窃惟奉旨兴办学堂，已及两年有余，而至今各省学堂仍未能多设者，经费难筹累之也。公款有限，全赖民间筹捐。然经费所以不能捐集者，由科举未停，天下士林谓朝廷之意并未专重学堂也。"又云："入学堂者恃有科举一途为退步，既不肯专心向学，且不能恪守学规。况科举文字，每多剽窃；学堂功课，务在实修"，"窃思就事理而论，必须科举立时停罢，学堂办法方有起色，学堂经费方可设筹"。同时建议，"从下届丙午科起，每科递减中额三分之一，暂行试办。一面照现定各学堂章程从师范学堂入手，责成各省实力举行，认真整顿。至第三年壬子科应减尽时，尚有十年。计其时京外各省开办学堂已过十年以外，人才应已辈出"。参见舒新城编《中国近代教育史资料》上册，人民教育出版社，1981，第 59～60 页。

鉴于国内的复杂原因，清廷终于 1905 年 8 月颁布诏书，下令停止科举，广建学堂：

> 著即自丙午科为始，所有乡会试一律停止，各省岁科考试亦即停止。其以前之举贡生员分别量予出路，及其余各条，均著照所请办理。总之学堂本古学校之制，其奖励出身亦与科举无异。历次定章，原以修身读经为本。各门科学，又皆切于实用。是在官绅申明宗旨，闻风兴起，多建学堂，普及教育，国家既获树人之益，即地方亦与有光荣。经此次谕旨，著学务大臣迅速颁发各种教科书，以定指归而宏造就。并著责成各该督抚实力通筹，严饬府厅州县赶紧于城乡各处遍设蒙小学堂，慎选师资，广开民智。①

清政府停罢科举，又大力提倡兴办学堂，广开民智，大力选拔师资，且强调学堂是古代学校之制度，故而士人转而争报师范，最终造成报考师范人数剧增。

该年度招生较往年又有了较大变化，即除了招收速成科之外，还招收了简易科两个班（即简易科第一班、第二班）。简易科为谭延闿担任湖南中路师范学堂监督时所招收。谭氏在妙高峰上创立简易师范学堂，将其依附于湖南中路师范学堂，② 招收、培养学生共87人。③ 简

---

① 舒新城编《中国近代教育史资料》上册，人民教育出版社，1981，第65～66页。
② 简易师范学堂相继改为中路公学、公学第一中学、妙高峰中学。
③ 《湖南第一师范校史》编写组编《湖南第一师范校史（1903～1949）》，上海教育出版社，1983，第5页。然据《湖南第一师范校史（1903～1949）》之说，"招收、培养学生一届84人"，《湖南省第一师范校友录（1903～2003）》中简易科名录有87人，《湖南省立第一师范学校志》云有"八十八名毕业"，方克刚《湖南中路师范史略》云："七月，简易科方维夏等八十六名毕业（由教职员捐俸设立，原在妙高峰上）"，四种说法在人数上有出入，当以《湖南省立第一师范学校志》为是，《湖南第一师范校史（1903～1949）》、《湖南省第一师范校友录（1903～2003）》、方克刚《湖南中路师范史略》均有缺失。

易师范学堂的创立，是湖南创建私立师范学校的肇端。简易科学生于该年度 8 月毕业："八月，简易科学生方维夏等八十八名毕业。"[①]（名录见表 2-7）

**表 2-7　简易科名录（共 87 人）**

| 王锐 | 王震 | 王印斌 | 方维夏 | 方肇东 | 艾锦涛 | 申悦庐 | 米申庠 |
|---|---|---|---|---|---|---|---|
| 朱树斌 | 向有定 | 伍善薰 | 任震楚 | 刘昌佑 | 刘诚 | 刘家鄮 | 刘自荣 |
| 安澜 | 向劢 | 成人凤 | 师锡祺 | 吴炯 | 陈锦章 | 陈鸿猷 | 陈国俊 |
| 何树源 | 何镇藩 | 何金铸 | 张耀球 | 张日桧 | 张开铭 | 李瀚基 | 李代楷 |
| 李人爽 | 李基业 | 李鸿浏 | 李藩屏 | 李树文 | 李宗陶 | 李柄 | 李惠迪 |
| 肖蔚文 | 肖振曦 | 余信芳 | 余干芳 | 严午 | 欧阳昂 | 易漱林 | 杨凤翔 |
| 周翰 | 周大熏 | 周伯荣 | 周廷玉 | 周书年 | 周式南 | 周为侃 | 岳恒健 |
| 单寿熙 | 罗承燮 | 贺振铎 | 胡光泽 | 胡士培 | 胡瞻范 | 饶崇若 | 徐世龙 |
| 唐鑫 | 唐傅太 | 唐靖澜 | 唐景尧 | 殷培基 | 夏用康 | 高汝鉴 | 银树模 |
| 章宗藩 | 黄泽蒸 | 黄杰麟 | 程恕 | 蒋涤泉 | 谢梦元 | 谢锡金 | 谢亚屏 |
| 谢鹏万 | 詹道信 | 楚润 | 谭绍岳 | 谭恩溥 | 谭宝铨 | 谭培元 |  |

资料来源：湖南省第一师范学校：《湖南省第一师范校友录（1903～2003）》，内部刊物，2003，第 2 页。

1907 年，刘人熙仍为学校监督。在校学生数为 194 人，[②] 学生有速成科第六班，优级选科第一班、第二班，预科第三班、第四班，一共五个班级，其中，速成科第六班于该年年末毕业："十二月，速成科第六班郑浔等六十八名毕业。"[③] 1906 年 6 月，学部颁布了《订定优级师范选科简章》，将选科课目分为本科和预科，预科一年毕业，本科二年毕业。本科又细分为"历史地理本科""理

---

① 见湖南省立第一师范学校《湖南省立第一师范学校志》，内部刊物，1918，大事表。
② 湖南省立第一师范学校：《湖南省立第一师范学校志》，内部刊物，1918，大事表。
③ 湖南省立第一师范学校：《湖南省立第一师范学校志》，内部刊物，1918，大事表。

化本科""博物本科""数学本科"。① 因而，湖南一师在1907年根据学部颁布的《优级师范选科简章》进行了相应的修订，"七月，照学部《师范选科章程》，改文科为历史地理科，理科为物理化学科"。② 要说明的是，该年度只编了"历史地理本科"和"理化本科"（名录见表2-8至表2-10），至于"博物本科"和"数学本科"到了1908年才编定。

### 表2-8 "永久一"班名录（共28人）

| 江光武 | 刘辅章 | 刘璧 | 刘兴权 | 张声焕 | 李调萧 | 李日荃 | 李卓 |
|---|---|---|---|---|---|---|---|
| 闵基巩 | 周鉴 | 周昕振 | 杨宣治 | 杨光焜 | 杨壬甲 | 郑景元 | 罗鼎 |
| 罗骏 | 胡炳燊 | 郭志仁 | 郭浚明 | 唐芬若 | 曹玠 | 曹璜 | 龚树芳 |
| 彭毅 | 蔡敖 | 熊炳元 | 熊梦鳌 | | | | |

注："永久班"是相对于"速成班"而言的。"速成"意即通过压缩学习时间，在较短时期内学成毕业；而"永久"有长久之义，故"永久班"是指学制较长的培养模式，其在较长一个时期内学成毕业，级别要高于"速成"，其内涵与"优级"类似。该班应为博物本科和数学本科的合班，也可视为分出"历史地理本科"和"理化本科"后剩下的，此时还未进一步细分。年份当为1907年。

资料来源：湖南省第一师范学校：《湖南省第一师范校友录（1903～2003）》，内部刊物，2003，第4页。

### 表2-9 "永久一文"班名录（共45人）

| 马卓 | 文徽典 | 邓云鹏 | 王壮猷 | 方克刚 | 毛刃翔 | 田见龙 | 朱振黄 |
|---|---|---|---|---|---|---|---|
| 刘家瓒 | 刘劲 | 向瑞书 | 师吉 | 师锡玠 | 任雄飞 | 任雅南 | 吴洞 |
| 李滉 | 李剑农 | 汪度 | 宋光策 | 肖尚 | 汤鹜 | 陈达三 | 张卓荤 |
| 杨珏 | 杨开育 | 杨开墿 | 贺莹 | 贺应庚 | 徐宪立 | 晏才骅 | 唐祥霁 |
| 梁锡光 | 黄英 | 黄宗晋 | 黄明浚 | 傅范 | 喻绍勋 | 程土晋 | 董彪 |
| 游日愍 | 翟霈 | 熊非龙 | 缪育南 | 谭觉民 | | | |

注："永久一文"实际上即"历史地理本科"。

资料来源：湖南省第一师范学校：《湖南省第一师范校友录（1903～2003）》，内部刊物，2003，第4页。

---

① 舒新城编《中国近代教育史资料》中册，人民教育出版社，1981，第697～700页。
② 湖南省立第一师范学校：《湖南省立第一师范学校志》，内部刊物，1918，大事表。

### 表 2-10    "永久一理"班名录（共 51 人）

| 王制 | 王国鼎 | 方员 | 方昶 | 左启佑 | 申日午 | 朱耀南 | 寻伯光 |
|---|---|---|---|---|---|---|---|
| 刘端冕 | 刘家声 | 刘谦 | 刘运衢 | 刘楚乔 | 刘钺 | 刘光一 | 刘一鹗 |
| 任杰 | 江家型 | 张有晋 | 张干 | 汤濩 | 李昌佑 | 李寅涛 | 陈锐 |
| 炟□ | 易纬 | 罗健仁 | 罗教铎 | 周敦厚 | 周维桢 | 欧阳泰 | 杨开庆 |
| 杨宣泽 | 林兆鹏 | 林范豪 | 祖泽遐 | 晏孝任 | 唐土繡 | 唐恒储 | 黄闿智 |
| 黄则徐 | 黄云 | 龚齐叙 | 曾广碱 | 童文豹 | 董璋 | 廖载英 | 廖鸿夏 |
| 谭绍槩 | 颜莹 | 魏泽忠 | | | | | |

注："永久一理"即"理化本科"。

资料来源：湖南省第一师范学校：《湖南省第一师范校友录（1903～2003）》，内部刊物，2003，第 4 页。

1908 年 11 月，刘人熙辞职，继任者为瞿宗铎。[①] 该年度全校在校学生共有四个班级，其中预科两个班，优级选科两个班。该年"六月，预科两班毕业"，于是只剩下选科两个班级。学校按照 1906 年学部颁布的《订定优级师范选科简章》，将这两个班级"编为博物、数学两班"，在学制和科目上正式完成了"历史地理本科""理化本科""博物本科""数学本科"的分类。按《湖南省第一师范校友录（1903～1993）》所载，"博物本科"班有学生 52 人，"数学本科"班有学生 36 人（名录见表 2-11、表 2-12）。

### 表 2-11    "永久二博"班名录

| 邓中枢 | 邓南杰 | 王铸群 | 王暤 | 王子朴 | 王祜 | 王鹏万 | 王范 |
|---|---|---|---|---|---|---|---|
| 帅桓 | 危善继 | 吉亮勋 | 孙子翘 | 许君飏 | 刘光棣 | 刘世菉 | 刘国干 |
| 李昌铭 | 李华邦 | 李作溓 | 李元 | 李泽棠 | 李庚盘 | 李应銮 | 陈赞雍 |
| 陈应柄 | 张其楷 | 易炳蔚 | 易培彝 | 林雯 | 林振华 | 范震 | 欧复修 |

① 瞿宗铎（1867～1933），字琳生，湖南湘阴文家乡人。求学于两湖书院、武昌时务学堂，后留学日本，入早稻田大学攻读法学，经黄兴介绍加入同盟会。归国后，主要从事教育工作。历任南京留守府参议及湖北沙市审判厅厅长、两湖学院教习、湖南督学兼中路师范教务长、监督等职。其生平简历可见周勃《外祖父瞿宗铎墓志铭》，载《周勃文集》，长江出版社，2019，第 716 页。

续表

| | | | | | | | |
|---|---|---|---|---|---|---|---|
| 罗教煜 | 杨开治 | 钟钟山 | 胡汉藩 | 胡之卓 | 段衡 | 晏炳乾 | 唐德斌 |
| 凌美 | 梁季良 | 湛南杰 | 彭炳奎 | 彭湖 | 彭运斌 | 傅真权 | 蒋善藩 |
| 谢文邑 | 熊焱 | 熊人杰 | 黎尚鎏 | | | | |

资料来源：湖南省第一师范学校：《湖南省第一师范校友录（1903～2003）》，内部刊物，2003，第5页。

表 2-12 "永久二数"班名录

| | | | | | | | |
|---|---|---|---|---|---|---|---|
| 文游夏 | 石琢玉 | 卢忱毅 | 朱邦鉴 | 朱宇鉴 | 向焯 | 许濬汉 | 刘自明 |
| 刘藜光 | 邱鹏万 | 肖骏 | 肖宝瓒 | 肖衡俊 | 李竞戎 | 李昌离 | 杜端 |
| 陈斋虞 | 陈声钰 | 陈鼎彝 | 陈自明 | 陈典 | 张本 | 杨纯礼 | 杨冏 |
| 罗正纬 | 胡寅亮 | 贺集校 | 袁镇中 | 梁荣 | 梁铸球 | 黄体乾 | 彭壮猷 |
| 彭义枯 | 谭特 | 谭柄锷 | 瞿行健 | | | | |

资料来源：湖南省第一师范学校：《湖南省第一师范校友录（1903～2003）》，内部刊物，2003，第5页。

1909年，瞿宗铎任监督。该年度在校学生共有四个班级，科别班级则有优级选科第一班，初级本科第一部第二班，预科第三班、预科第四班。该年度新入校学生人数为225人（其中本科97人，预科128人），毕业121人，总在校人数为200人。《湖南省立第一师范学校志》云，"二月，博物、数学两科转入优级师范学堂肄业，其文辉等廿三人作为简易科毕业。六月，史地科李剑龙等四十五名、理化科廖载英等五十三名毕业"，又云，"七月，照部定《初级师范规程》，考取本科学生九十七名，预科学生百二十八名"。[①] 该年度下学期，监督瞿宗铎将速成班、简易科、优级选科改成单一的五年制（其中预科一年）师范本科。从此，湖南一师成为以"造就小学教员为目的"的一所中

---

① 湖南第一师范学校：《湖南省立第一师范学校志》，内部刊物，1918，大事表。

等师范学校。

1910 年 4 月，长沙发生饥民大暴动。起因是 1909 年湖南洞庭湖地区水灾，而同时长沙、湘潭等地旱灾，成千上万的灾民涌入长沙，豪绅地主和投机商人囤积居奇，米价暴涨。黄桂荪因攒钱、借钱尚且赶不上米价暴涨，一家愤然跳水而死。黄家自尽引起了巨大的震动，饥民们请愿无果并遭枪击，忍无可忍之际，便一夜之间抢光了"城厢碓房堆栈之米"，并捣毁了巡抚衙门、外国领事馆、洋行和教堂。[①] 湖南中路师范学堂遭到焚毁，学校被迫停课，5 月，瞿宗铎迫于形势而引退。继任者为地理专家王达。[②] 王氏继任监督后，在惜阴街（长沙城内）设立事务所，筹备学校事宜，8 月租赁试馆为校舍而使学生复学，后又请款建校舍。该年度在校学生共四个班级，分别为本科第一部第一班、第二班，预科第三班、第四班，总在校人数为 200 人。

1911 年 2 月，王达辞去监督一职，王凤昌[③]继任。10 月 11日夜，武昌起义爆发，起义军迅速掌控了武汉三镇，黎元洪被推为总督。武昌起义后 12 天，湖南、陕西率先响应，江西、山西、云南接踵其后，两个月内，全国 15 个省纷纷宣布脱离清廷而独立。1912 年 1 月 1 日，中华民国临时政府成立，孙中山被推举为临时大总统。2 月 12 日，清帝溥仪宣布退位。武昌起义

---

① 可见文斌《1910 年长沙饥民抗暴见闻》，载饶怀民、〔日〕藤谷浩悦编《长沙抢米风潮资料汇编》，岳麓书社，2001，第 282 页。
② 王达（1872～1927），湖南长沙人。早年就读岳麓书院，后专心西学，探求救国救民，从杨守敬学习舆地治学。与黄兴等同学，鼓吹革命。著有《订正增补中国地理教科书》（1901 年刻本）、《中国地理教科书》（1904 年刻本）、《善化县地理课程》（1906 年刻本）、《外国地理教科书》（1907 年刻本）、《地理课程》（1908 年刻本）、《地理五大洲讲义》（民国铅印本）。见寻霖、龚笃清编著《湘人著述表》，岳麓书社，2010，第 82 页。
③ 王凤昌，1865 年生，卒年不详，湖南宁乡人。1908 年任宁乡师范学校监督。1915 年任湖南公立商业专门学校校长。

后，学校停课。王凤昌于 12 月辞职，由文启蠡接任。该年度在校学生共有本科第一部第一班、第二班、第三班、第四班，预科第五班、第六班六个班级，新招学生 82 人，"八月，考取本科学生八十二名，编为乙一、乙二两班，其原有学生编为甲一、甲二两班，原有预科学生编为丙一、丙二两班"。[①] 学生在校总人数为 252 人。

总之，湖南一师从 1903 年到 1911 年这九年内变更极大：学校校名更换三次（湖南师范馆、湖南全省师范学堂、湖南中路师范学堂），其中还夹杂着废改城南书院；在学制上经历了从多形式学制（优级选科、速成科、简易科、预科）向统一学制（预科、本科）的过渡，此时间段后期，按照《订定优级师范选科简章》，出现了"历史地理本科""理化本科""博物本科""数学本科"四类（具体变迁情况见表 2-13）；人才培养目标由多层次目标（优级选科培

表 2-13 民国纪元以前年表（清光绪二十九年至宣统三年）

| 时期 | 校名 | 职员 | | 科别 | 学生班次 | | | 入校人数 | 在校班次 |
|---|---|---|---|---|---|---|---|---|---|
| 清光绪廿九年 | 师范馆 | 馆长王先谦 监督刘棣蔚 | | 速成科 | 第一班 | | | 六〇 | 一 |
| 清光绪三十年 | 师范馆改名中路师范学堂[②] | 监督 | 戴展诚 郭立山 | 速成科 | 第 | 一班 | | （见前） | 三 |
| | | | | | | 二班 | | 七〇 | |
| | | | | | | 三班 | | 六〇 | |
| 清光绪卅一年 | 中路师范学堂 | 监督 | 郭立山 谭延闿 | 速成科 | （见前） | | | 一〇八 | 四 |
| | | | | 优级选科 | 第 | 一二 | 班 | | |

---

① 湖南第一师范学校：《湖南省立第一师范学校志》，内部刊物，1918，大事表。

② 此处有误。"中路师范学堂"应为"湖南全省师范学堂"。湖南师范馆于 1903 年 12 月改名湖南全省师范学堂，1904 年 11 月改名为湖南中路师范学堂。

续表

| 时期 | 校名 | 职员 | 科别 | 学生班次 | | | 入校人数 | 在校班次 |
|---|---|---|---|---|---|---|---|---|
| 清光绪卅二年 | 中路师范学堂 | 监督 谭延闿 刘人熙 | 速成科 | 第 | 四五六 | 班 | 三一〇 | |
| | | | 选科 | 第 | 一二 | 班 | | |
| | | | 预科 | 第 | 三四 | 班 | | |
| | | | 简易科 | 第 | 一二 | 班 | | |
| 清光绪卅三年 | 中路师范学堂 | 监督刘人熙 | 速成科 | 第六班 | | | | 五 |
| | | | 选科 | 第 | 一二 | 班 | | |
| | | | 预科 | | 三四 | | | |
| 清光绪卅四年 | 中路师范学堂 | 监督 刘人熙 瞿宗铎 | 选科 | （见前） | | | | 四 |
| 清宣统元年 | 中路师范学堂 | 监督瞿宗铎 | 选科 初级本科第一部 | 第 | 一二 | 班 | 二二五 | 四 |
| | | | 预科 | 第 | 三四 | 班 | | |
| 清宣统二年 | 中路师范学堂 | 监督 瞿宗铎 王达 | 本科第一部 | 第 | 一二 | 班 | | 四 |
| | | | 预科 | 第 | 三四 | 班 | | |
| 清宣统三年 | 中路师范学堂 | 监督王凤昌 | 本科第一部 | 第 | 一二三四 | 班 | | 四 |
| | | | 预科 | 第 | 五六 | 班 | 八二 | |

资料来源：湖南省立第一师范学校：《湖南省立第一师范学校志》，内部刊物，1918，大事表。

育初级师范学堂及中学堂教员管理员、速成科培育小学教员）逐渐转向单一目标（培育小学教员）；学校规模不断扩大，在校学生人数常年达到 200 人左右，而 1906 年学生人数竟达到九个班级；校长频繁更换，频繁程度达到了九年十换（一位馆长，王先谦称为馆长、九位监督），而且每位监督任期均不长，最短者三个月（刘棪蔚），最长者也才两年（刘人熙），具体见表 2-14。

表 2-14  湖南一师历任校长及其具体任期时间（1903～1912）

| 姓名 | 职务 | 具体任期 | 校名 |
|------|------|----------|------|
| 王先谦 | 馆长 | 1903 年 2 月至 1903 年 12 月 | 湖南师范馆 |
| 刘棪蔚 | 监督 | 1903 年 12 月至 1904 年 2 月 | 湖南全省师范学堂 |
| 戴展诚 | 监督 | 1904 年 2 月至 1904 年 11 月 | 湖南全省师范学堂 |
| 郭立山 | 监督 | 1904 年 11 月至 1905 年 2 月 | 湖南中路师范学堂 |
| 陈树藩 | 监督 | 1905 年 2 月至 1905 年 9 月 | 湖南中路师范学堂 |
| 谭延闿 | 监督 | 1905 年 9 月至 1906 年 8 月 | 湖南中路师范学堂 |
| 贝允昕 | 代理监督 | 1906 年 8 月至 1906 年 10 月 | 湖南中路师范学堂 |
| 刘人熙 | 监督 | 1906 年 11 月至 1908 年 11 月 | 湖南中路师范学堂 |
| 瞿宗铎 | 代理监督<br>监督 | 1908 年 11 月至 1909 年 6 月<br>1909 年 7 月至 1910 年 5 月 | 湖南中路师范学堂 |
| 王达 | 监督 | 1910 年 5 月至 1911 年 2 月 | 湖南中路师范学堂 |
| 王凤昌 | 监督 | 1911 年 2 月至 1911 年 12 月 | 湖南中路师范学堂 |
| 文启矗 | 校长 | 1912 年 2 月至 1912 年 7 月 | 湖南公立第一师范学校 |

资料来源：《湖南第一师范学校校史》编写组编《湖南第一师范校史（1903～1949）》，上海教育出版社，1983，第 248 页；方克刚《湖南中路师范史略》"一九〇六年八月谭辞职后，以副监督贝允昕代理"，可见中国人民政治协商会议湖南省委员会文史资料研究委员会编《湖南文史资料选辑》第 20 辑，湖南人民出版社，1986，第 75 页。

## 二  民国元年至1921年的学生群体

南京临时政府成立后，蔡元培被任命为教育总长。以蔡氏为首的教育部革新了教育，1912 年 9 月至 12 月，教育部颁布了

《师范教育令》《师范学校规程》等一系列教育法令。这一系列教育法令提倡美感教育、重视学生体魄等教育思想，这些思想对湖南一师的教育产生了深远的影响。辛亥革命后，谭延闿被任命为湖南都督，而湖南一师于 1911 年短暂停课四个月后，于 1912 年 2 月复课。谭延闿将湖南中路、西路、南路三路师范学堂分别改名为湖南第一、第二、第三师范学校。1912 年 2 月，湖南中路师范学堂正式改名为湖南公立第一师范学校，监督改称为校长，湖南醴陵人、一师校友文启焜①被任命为湖南一师校长。在长沙饥民暴动中被焚毁的校舍复建完成，湖南一师迁回原来的校址。该年 7 月，校长文启焜辞职，由曾沛霖②继任。该年度在校学生科别仅有本科第一部，一共有五个班级（1911 年共有六个班 190 人，复课时将原有甲一班、甲二班合并为一个班，从而，六个班就改编成了五个班级），这五个班级分别为第 1 班、第 2 班、第 3 班、第 4 班、第 5 班（各班名录见表 2-15 至表 2-19）。同年 8 月，新招收插班学生 40 名。该年度无毕业生。全校学生人数达到 230 人。

表 2-15　本科第一部第 1 班名录（1913 年 12 月毕业）

| 马颂芬 | 马环 | 仇钟南 | 仇世帮 | 四珍 | 毕杰 | 刘世珍 | 刘尚义 |
|---|---|---|---|---|---|---|---|
| 刘取元 | 刘羽林 | 刘宝坤 | 任伟 | 王嘉猷 | 任兴楚 | 成本嘉 | 米泽群 |
| 陈奎生 | 陈镜清 | 李中一 | 李舜生 | 李同赓 | 李邦涛 | 李香尊 | 肖道藩 |
| 肖家笃 | 肖若兰 | 肖杰 | 肖健龙 | 宋叔良 | 邹今熊 | 杨潜德 | 杨维钧 |

① 文启焜（1878～1925），字湘芷，湖南醴陵人。1904 年毕业于湖南师范馆速成科 2 班，后入京师大学堂。著有《文湘芷先生遗集》（民国铅印本）、《湘灾记略》（与傅增湘合撰）等。
② 曾沛霖（1878～1939），号泽溥，湖南洞口人。毕业于濂溪书院，后留学日本东京高等师范学校。回国后历任湖南省立第一师范学校校长、湖南省教育委员、北京高等师范学校与湖南大学教授等。见洞口县地方志编纂委员会编《洞口县志》，中国文史出版社，1992，第718～719页。

续表

| 杨恂 | 杨开业 | 杨开宪 | 张希良 | 张世英 | 张光柄 | 张戒兰 | 钟国陶 |
|---|---|---|---|---|---|---|---|
| 范华杰 | 周长源 | 周毓璜 | 周静 | 易首乾 | 胡济道 | 饶运乾 | 涂焕谷 |
| 袁忠 | 袁国梓 | 袁庶钦 | 唐梧同 | 唐吉武 | 唐吉 | 晏忠苑 | 秦自然 |
| 谌人浚 | 谌亚伯 | 粟守中 | 谢遗直 | 谢国信 | 谢光五 | 曾广照 | 鲁服周 |
| 廖兢优 | 熊焜甫 | 熊祖鬻 | | | | | |

资料来源：湖南省第一师范学校：《湖南省第一师范校友录（1903～1993）》，内部刊物，1993，第 3 页。

**表 2-16　本科第一部第 2 班名录（1915 年 6 月毕业）**

| 万宗毕 | 邓绍原 | 文士员 | 向重英 | 向光国 | 刘年寿 | 李镜 | 李焕章 |
|---|---|---|---|---|---|---|---|
| 李实 | 肖荣慈 | 肖谦 | 陈家坤 | 陈子达 | 陈作梅 | 陈显褒 | 陈逸珊 |
| 陈寿彝 | 陈昌 | 邹奠安 | 冷湘清 | 杨开陲 | 杨宗源 | 杨传杰 | 林建高 |
| 万宗毕 | 邓绍原 | 文士员 | 向重英 | 向光国 | 刘年寿 | 李镜 | 李焕章 |
| 罗元燮 | 张熙 | 张尚斌 | 张广钧 | 胡学谦 | 胡封纶 | 夏笃材 | 徐杞 |
| 钱鸿翼 | 黄志贤 | 曹志明 | 曾国英 | 曾广璋 | 蒋隆峨 | 蒋涛 | 童锡琮 |
| 彭烘 | 楚中元 | 熊焕湘 | 谭有式 | 潘藻 | | | |

资料来源：湖南省第一师范学校：《湖南省第一师范校友录（1903～1993）》，内部刊物，1993，第 3 页。

**表 2-17　本科第一部第 3 班名录（1915 年 6 月毕业）**

| 王鹏万 | 贝昌坚 | 任恢国 | 寻本干 | 成定之 | 杨世昌 | 杨叙策 | 杨超 |
|---|---|---|---|---|---|---|---|
| 陈绍林 | 陈敦楷 | 肖（萧）三 | 肖旭东 | 李春华 | 吴耀 | 张模 | 张正坤 |
| 张曙初 | 张其雄 | 罗子璞 | 胡定襄 | 胡念僧 | 宫廷璋 | 陶忠恫 | 陶纪伦 |
| 徐钰礼 | 曹振 | 黄俊杰 | 彭庆鋆 | 曾令威 | 谬家琪 | | |

资料来源：湖南省第一师范学校：《湖南省第一师范校友录（1903～1993）》，内部刊物，1993，第 3 页。

**表 2-18　本科第一部第 4 班名录（1915 年 12 月毕业）**

| 王世珍 | 孔殷 | 龙建勋 | 左宗潮 | 卢涌芬 | 汤振鹏 | 成仁 | 孙子达 |
|---|---|---|---|---|---|---|---|
| 肖经钟 | 肖锦湘 | 郑涛 | 吴堃 | 吴起鹤 | 吴质斌 | 陈杰 | 余长茂 |
| 李凤翔 | 李绍仙 | 杨启干 | 杨彪 | 张大光 | 张彤 | 罗四维 | 罗正谊 |

| 周远驭 | 周绪宏 | 周世濂 | 赵正学 | 易世珍 | 胡志祥 | 胡湘杰 | 陶诗衡 |
|---|---|---|---|---|---|---|---|
| 郭家泽 | 贾仕杰 | 黄纲荫 | 黄纬 | 黄泽霖 | 黄笃杰 | 黄守堤 | 姚达 |
| 姚世杰 | 曾广藩 | 曾济湘 | 谢本宜 | 熊汉屏 | 谭祖尧 | 戴镇藩 | 瞿干 |
| 瞿本岳 | | | | | | | |

资料来源：湖南省第一师范学校：《湖南省第一师范校友录（1903～1993）》，内部刊物，1993，第 4 页。

表 2-19　本科第一部第 5 班名录（1915 年 12 月毕业）

| 丁经纬 | 万人标 | 马大良 | 王槐三 | 王之声 | 王彬 | 邓家鄂 | 邓鸿逵 |
|---|---|---|---|---|---|---|---|
| 申居正 | 孙世杰 | 刘书标 | 刘润生 | 刘本良 | 刘大让 | 伍秉中 | 许谦 |
| 邹新儁 | 邹敏树 | 李传伦 | 李鸿钰 | 肖让钧 | 何华球 | 张光湘 | 张华轩 |
| 张达材 | 张超 | 周光焘 | 周绍勃 | 周钦圭 | 周藻 | 罗璋 | 胡立章 |
| 夏清和 | 常俊杰 | 曾庆宜 | 曾绍麟 | 喻俊杰 | 简学郑 | 廖政祥 | |

资料来源：湖南省第一师范学校：《湖南省第一师范校友录（1903～1993）》，内部刊物，1993，第 4 页。

1913 年 4 月，校长曾沛霖辞职，由具有民主教育思想的孔昭绶[①]继任。孔氏毕业于湖南优级师范学堂，后留学日本政法大学。他执行蔡元培教育思想与南京临时政府的教育改革法令，对湖南一师进行全面改革。他提出用严格的制度来管理一师，并主持制定了考查学生学业、体格、操行等方面的一整套制度。他又调整师资队伍，聘用方维夏、王邦模、杨昌济、徐特立、饶伯斯（美国人）、费尔廉（德国人）等为学校教员。同时，他还提倡学生自治、自动，创立技能会，加强对学生课外活动的指导。他组建附属小学，完善了学校

---

① 孔昭绶（1876～1929），字明权，号竞存，湖南浏阳人。孔氏以秀才身份保送入湖南优级师范。1913 年任湖南第一师范校长，后因反对袁世凯，东渡日本避难，入日本法政大学学习。1916 年 9 月再任湖南一师校长。孔氏对湖南一师进行教育改革，被称为"民主教育的先驱"。

的教学与生活设施。该年度在校学生原有本科第一部第 1 班、第 2 班、第 3 班、第 4 班、第 5 班共五个班级，"八月，考取第六七两班预科学生百廿名（原名丁一、丁二班）"，这两个班级为预科，共 120 人（各班名录见表 2-20、表 2-21），故该年度一共有七个班级，全校人数达到 350 人。该年度 12 月，本科第一部第 1 班学生"刘世珍等五十七名毕业"，这是湖南一师于辛亥革命后最早毕业的本科班级。1913 年 12 月，孔昭绶辞职，被迫流亡，离开湖南一师，教务长朱振黄代理。[①] 孔氏离开的原因是，1913 年，袁世凯部汤芗铭进攻湖南，谭延闿退出湖南，汤部开始大肆镇压与屠杀。孔昭绶极为反感袁氏统治，为汤芗铭所忌，汤氏派遣军队捉拿孔昭绶，孔氏只能被迫离开一师。孔氏离开湖南一师后，前往日本留学。

表 2-20　本科第一部第 6 班名录（1918 年 6 月毕业）

| 马孝锡 | 王图远 | 王孝进 | 王德元 | 邓贤佑 | 叶兆祯 | 包泽兰 | 刘修䴥 |
|---|---|---|---|---|---|---|---|
| 肖业同 | 肖学湘 | 邹彝鼎 | 杨振衡 | 宋柱南 | 李荣 | 李慕熊 | 李旦冀 |
| 陈王前 | 言荣冠 | 张昆弟 | 张锦标 | 张先谟 | 欧阳栋 | 罗声发 | 周煌 |
| 周诵华 | 周庭藩 | 姜兆龙 | 钟华国 | 郭镇华 | 唐德鑫 | 袁尊弼 | 曹照鑫 |
| 曹典从 | 黄受松 | 彭道良 | 彭荣芳 | 彭运昌 | 熊廷杰 | 熊汉光 | 熊宏海 |
| 谭贡璆 | 蔡和森 | 欧阳灵泽 | 欧阳梅生 | | | | |

资料来源：湖南省第一师范学校：《湖南省第一师范校友录（1903～1993）》，内部刊物，1993，第 4 页。

表 2-21　本科第一部第 7 班名录（1918 年 6 月毕业）

| 马耀湘 | 邓英华 | 邓德元 | 方蔚 | 宁纯宦 | 左林 | 刘继向 | 刘沐 |
|---|---|---|---|---|---|---|---|
| 刘焕然 | 刘宜民 | 伍臣 | 向渊淳 | 吕遇文 | 孙慕韩 | 杨清 | 肖振汉 |

---

① 可见湖南省立第一师范学校《湖南省立第一师范学校志》（1918）中"校章纪"等相关部分。其中各班人数与《湖南省第一师范校友录（1903～1993）》的记载有出入。

续表

| 肖蔚然 | 李长极 | 李声濒 | 李泽荣 | 张增益 | 罗驭雄 | 林中鹤 | 岳德威 |
|--------|--------|--------|--------|--------|--------|--------|--------|
| 贺梯 | 洪远猷 | 祝澄清 | 钟才谋 | 唐际昌 | 黄益智 | 黄祖度 | 盛鸣麒 |
| 龚启萃 | 曹应龙 | 曾克诚 | 彭踪亮 | 谢华 | 熊科易 | 谭宝缙 | 谭先烈 |

资料来源：湖南省第一师范学校：《湖南省第一师范校友录（1903～1993）》，内部刊物，1993，第 4 页。

1914 年初，朱振黄为湖南一师代理校长，任职时间前后仅三个月左右。该年度，湖南公立第一师范学校与湖南公立第四师范学校合并，2 月，省署令将省立第四师范学校并入，改名省立第一师范学校，委张干[①]为校长。张干担任新一师校长期间，保持并扩大了孔昭绶的教学改革成果。张干提出"公诚勤俭"为校训，又提出"注重人格教育与生活教育"。第一师范学校在合并第四师范学校的时候，也接受了第四师范学校的学生 307 人，其中有毛泽东、何叔衡等人。"三月，接收第四师范简、预两科六班学生共三百零七名，合原有学生，改编为本科四级两班、三级两班、预科五班、讲习科三班"，8 月又新招两个预科班，"八月，招收第十一二班预科学生九十四名"，[②] 这些学生共为 12 个班，分别是本科第一部第 2 班、第 3 班、第 4 班、第 5 班，预科第 8 班、第 9 班、第 10 班、第 11 班、第 12 班（各班名录见表 2-22 至表 2-26），讲习班三个班，入校学生数达到 401 人，总人数达 591 人之多。

---

① 张干（1884～1967），字次仑，湖南新化人，1903 年考入湖南中路优级师范，1908 年毕业时获"举人"称号，1914 年任湖南一师校长。见中国人民政治协商会议湖南省委员会文史资料研究委员会编《湖南文史资料》第 28 辑，湖南人民出版社，1987，第 46 页。

② 见湖南省立第一师范学校《湖南省立第一师范学校志》（1918）。

**表 2-22　第一部第 8 班名录（1918 年 6 月毕业）**

| 毛泽东 | 王熙 | 王汝霖 | 邓光岳 | 田土清 | 田仁尊 | 陈拔萃 | 肖珍元 |
|---|---|---|---|---|---|---|---|
| 肖镇湘 | 李文明 | 李端纶 | 李育年 | 杨杰臣 | 张超 | 邹蕴真 | 孟宪慈 |
| 罗学瓒 | 罗翊吾 | 罗芳桐 | 周世钊 | 贺果 | 贺汝威 | 胡穆烈 | 胡光仙 |
| 胡德光 | 姜心培 | 夏明服 | 曾正邦 | 曾枢 | 童国安 | 廖衡 | |

资料来源：湖南省第一师范学校：《湖南省第一师范校友录（1903～1993）》，内部刊物，1993，第 4 页。

**表 2-23　第一部第 9 班名录（1918 年 6 月毕业）**

| 王承运 | 叶才机 | 伍洲 | 刘澹 | 刘代昆 | 庄伯严 | 陈赞治 | 陈进科 |
|---|---|---|---|---|---|---|---|
| 何光耿 | 李子健 | 李景寿 | 李名振 | 李宜灏 | 李衡 | 李仕勤 | 肖庆藩 |
| 杨昌明 | 张世荣 | 张承安 | 张盛珊 | 奉国明 | 胡师管 | 饶大可 | 钟吉斋 |
| 郭毅饮 | 唐富言 | 曹六铺 | 曹强 | 斐俊 | 雷元 | 雷双如 | |

资料来源：湖南省第一师范学校：《湖南省第一师范校友录（1903～1993）》，内部刊物，1993，第 4 页。

**表 2-24　第一部第 10 班名录（1918 年 6 月毕业）**

| 毛文炳 | 刘能师 | 陈隋 | 陈山含 | 连捷 | 杨俊 | 李腾芳 | 肖世华 |
|---|---|---|---|---|---|---|---|
| 何式模 | 张之道 | 林世谱 | 周召南 | 单传世 | 柳宗陶 | 胡日旺 | 贺乘时 |
| 候昌国 | 徐忠琰 | 郭周瑶 | 夏树模 | 黄增荣 | 黄走超 | 曾以鲁 | 曾传烈 |
| 彭国干 | 谭入玄 | 廖廷璇 | 蔡元远 | 潘晓岳 | | | |

资料来源：湖南省第一师范学校：《湖南省第一师范校友录（1903～1993）》，内部刊物，1993，第 5 页。

**表 2-25　第一部第 11 班名录（1919 年 6 月毕业）**

| 邓树荣 | 邓星镡 | 文仙桂 | 左襄斅 | 叶翔凤 | 刘肇龙 | 刘明仰 | 吕启述 |
|---|---|---|---|---|---|---|---|
| 许筱山 | 朱振钦 | 朱若璋 | 刘志雄 | 刘维世 | 陈章 | 陈书农 | 吴炳燐 |
| 吴廷干 | 李继祯 | 李元恺 | 沈绍新 | 张时复 | 张举贤 | 周名第 | 袁子桂 |
| 夏自昭 | 龚汉龙 | 曹德藩 | 黄贻泽 | 黄廷端 | 彭修龄 | 喻恒 | 焦位中 |
| 蒙怀德 | 廖才书 | 谭邦光 | | | | | |

资料来源：湖南省第一师范学校：《湖南省第一师范校友录（1903～1993）》，内部刊物，1993，第 5 页。

### 表 2-26　第一部第 12 班名录（1919 年 6 月毕业）

| 文泽清 | 王洪波 | 邓毓坤 | 方中 | 皮国杰 | 左宗彝 | 刘照藜 | 刘光演 |
|---|---|---|---|---|---|---|---|
| 汤启泽 | 邱守诚 | 肖序词 | 李汉超 | 李鸿越 | 李厚涛 | 李学涛 | 李文炜 |
| 杨绍秉 | 杨俭家 | 吴孝逵 | 张锦华 | 张功葵 | 罗荣 | 罗宗翰 | 罗泽熙 |
| 欧阳涛 | 周道友 | 周传秀 | 周维新 | 易利宾 | 唐延举 | 夏殖民 | 夏时 |
| 黄乾生 | 黄仁靖 | 曹邦训 | 粟耀廷 | 蒋俊 | 彭家煌 | 谢蔚云 | 谭德成 |
| 熊科营 | 薛瑞麐 | 薛世纶 | | | | | |

资料来源：湖南省第一师范学校：《湖南省第一师范校友录（1903～1993）》，内部刊物，1993，第 5 页。

该年度 7 月，讲习科三个班级的"何瞻岵[①]等百六十三人毕业"。[②] 讲习科各班名录见表 2-27 至表 2-29。讲习科三个班级从该年度 3 月转入，改编入学，合并后在校学习时间仅有四个月左右，时间较短。

### 表 2-27　讲习科第 1 班（1914 年 7 月毕业）

| 文镇江 | 文博古 | 甘振鑫 | 刘鑫 | 刘锬 | 刘光汉 | 刘负图 | 吴炽 |
|---|---|---|---|---|---|---|---|
| 吴俊 | 陈诵芳 | 陈元恺 | 陈肇修 | 陈炳焕 | 何侯鄹 | 何叔衡 | 肖蔚 |
| 吴本颖 | 李蔚文 | 李志超 | 李飞黄 | 辛崇注 | 杨仁煌 | 杨孔坛 | 张泽南 |
| 张秀芳 | 张兆祥 | 张馨吾 | 周尚堃 | 郑经 | 郑兆兰 | 胡干 | 姚宏济 |
| 钟灵 | 洪志道 | 徐树棠 | 夏鼎新 | 郭荣汉 | 唐容观 | 唐志琛 | 黄泽樟 |
| 黄允文 | 梁星庚 | 梅先开 | 彭子桢 | 谢赞襄 | 谢桂森 | 谢鑫尧 | 詹耀昌 |
| 廖岳湘 | 谭琦 | 谭琴 | | | | | |

资料来源：湖南省第一师范学校：《湖南省第一师范校友录（1903～2003）》，内部刊物，2003，第 9 页。

---

① 何瞻岵即何叔衡。何叔衡（1876～1935），字玉衡，学名瞻岵（或作瞻岵），湖南宁乡人，中共一大代表，中国共产党创始人之一。
② 《湖南省第一师范校友录（1903～1993）》所记载的讲习科三个班人数总和为 164 人，具体可见表 2-27（共 51 人）、表 2-28（共 55 人）、表 2-29（共 58 人），这与《湖南省立第一师范学校志》所载 163 人有 1 人之差，原因在于《湖南省立第一师范学校志》只记载了毕业的学生名录，不记录肄业或退学的学生名录，而《湖南省第一师范校友录（1903～1993）》既记录了毕业的，也记录了肄业或退学的学生，如陈天华肄业，后去日本，《湖南省立第一师范学校志》未见记载，而《湖南省第一师范校友录（1903～1993）》有记载。

表 2-28　讲习科第 2 班（1914 年 7 月毕业）

| 王克生 | 王龙生 | 卢平怡 | 石声清 | 田宗棠 | 刘长庚 | 刘庚飏 | 刘祖邦 |
|---|---|---|---|---|---|---|---|
| 刘楚桢 | 任策奇 | 何济元 | 杨承谟 | 杨大章 | 李益 | 李萌春 | 李尊 |
| 李昌济 | 李炎 | 李泽寰 | 李祖材 | 李师铎 | 李凤林 | 余树德 | 陈雅翰 |
| 陈蒉瑞 | 陈时夏 | 陈传辉 | 张毓煊 | 张开云 | 张如愚 | 张东铭 | 周人恺 |
| 周瑞珍 | 林国屏 | 赵本然 | 贾重庆 | 郭光璧 | 曹鑫藻 | 黄磊 | 黄博鹏 |
| 盛隆机 | 蒋绍琬 | 曾省身 | 曾三省 | 谢自申 | 谢文炳 | 游裔储 | 蓝采焕 |
| 窦鼎新 | 蔡焕枢 | 谭识时 | 廖聘三 | 颜垚 | 樊炳旸 | 樊淦 | |

资料来源：湖南省第一师范学校：《湖南省第一师范校友录（1903～2003）》，内部刊物，2003，第 9 页。

表 2-29　讲习科第 3 班（1914 年 7 月毕业）

| 丁纪熙 | 马守成 | 文仲孟 | 文止戈 | 邓华峰 | 邓廷禄 | 王森然 | 王振亚 |
|---|---|---|---|---|---|---|---|
| 方广勤 | 艾薰华 | 卢见龙 | 石梁 | 白铭三 | 田奇勋 | 刘泽幽 | 刘树藩 |
| 华少春 | 向志福 | 向为鹤 | 向文锦 | 汤新 | 朱缉熙 | 朱润楚 | 朱海清 |
| 何阆烈 | 何焕章 | 李藩湘 | 李为桢 | 吴澧兰 | 陈烘范 | 张家圭 | 张赓生 |
| 赵登庸 | 赵柳江 | 罗绍箕 | 罗瀛 | 罗英才 | 杨德坤 | 范景纯 | 奉秉钧 |
| 明海东 | 林国华 | 姚元吉 | 袁忠亚 | 徐振华 | 黄鹄举 | 黄崇庸 | 黄济世 |
| 曹维新 | 曹震 | 蒋宗诩 | 彭兴治 | 彭定经 | 谢雄林 | 廖家枸 | 廖承谦 |
| 蔡熙昌 | 欧阳日新 | | | | | | |

资料来源：湖南省第一师范学校：《湖南省第一师范校友录（1903～2003）》，内部刊物，2003，第 9 页。

1915 年，校长为张干。该年年中时，湖南一师发生了驱逐校长张干的学潮。[①] 起因是该年度上学期末时，省议会规定从秋季开始，每位师范生要缴纳 10 元学杂费，或云此为校长张干讨好当局而为，一方面 10 元钱数目不小，另一方面原四师学生合并后要多读半年书，在这些因素综合作用下爆发了这次学潮。"七月，张干辞职，

---

① 又称为"驱张运动"，此与 1920 年前后驱逐张敬尧的"驱张运动"不同。

武绍程①继任"，张干离开湖南一师，校长由武绍程接任。该年度在校人数共 472 人，科别为本科第一部、第一部预科，一共 11 个班，其中本科第一部第 6、7、8、9、10、11、12 班共 352 人，预科第 13、14 班共 120 人。该年度有两批学生毕业，一批是 6 月毕业，"六月，第二、第三班学生夏笃材等七十二名毕业"，一批是 12 月毕业，"十二月，第四、第五班学生谭祖尧等八十八名毕业"，两批一共毕业 160 名学生。该年度又新录取预科学生 120 名，分为两个班级，"八月，考取第十三、十四班预科学生一百二十名"（名录见表 2-30、表 2-31）。②

表 2-30　第一部第 13 班名录（1915 年入学，1920 年 12 月毕业）

| 王国雄 | 王宪纶 | 王寿椿 | 王钰充 | 毛贤玮 | 刘抱义 | 刘明俨 | 刘鸿彩 |
|---|---|---|---|---|---|---|---|
| 向泰岳 | 吴鸢凤 | 肖集贤 | 苏维世 | 陈绍平 | 陈国器 | 何石笙 | 何巍 |
| 何庸方 | 杨峰琳 | 杨运泉 | 张国基 | 张祖砚 | 易翱 | 周意悭 | 周毅 |
| 欧阳泽 | 周瑞璜 | 周笃祐 | 贺西丰 | 胡世忠 | 俞立德 | 高绍廉 | 夏祖昀 |
| 唐镒 | 唐文渊 | 聂昭良 | 曹中和 | 黄钟鸣 | 彭铭信 | 童珍才 | 曾镇湘 |
| 蒋竹如 | 喻科进 | 雷玉堂 | 缪昆山 | 魏显烈 | 戴伟 | | |

资料来源：湖南省第一师范学校：《湖南省第一师范校友录（1903～1993）》，内部刊物，1993，第 5 页。

表 2-31　第一部第 14 班名录（1915 年入学，1920 年 12 月毕业）

| 邓昭度 | 申自明 | 白瑜 | 包泽华 | 朱时清 | 刘德隆 | 刘宜型 | 刘国祯 |
|---|---|---|---|---|---|---|---|
| 刘惠畴 | 刘长龄 | 李虞佐 | 李春荣 | 李世杰 | 李承光 | 陈维岳 | 余国禧 |
| 肖肃成 | 杨翼经 | 杨寿秋 | 杨传继 | 何健 | 邹耀南 | 罗维纪 | 罗万象 |
| 罗世英 | 罗才劭 | 易克櫵 | 易子通 | 周道弘 | 周丙炎 | 周柏祥 | 周镜清 |

---

① 武绍程（1876～1947），字明道，号淡溪，湖南溆浦县人。1902 年考入北京京师大学堂，1909 年入国立京师优级师范大学。1914 年后，历任长沙兑泽中学、省立第一师范学校校长、湖南省教育司代理司长、热河省教育厅厅长等职。晚年回溆浦，历任县图书馆馆长、中学校长、县教育局长等职，积极发展乡村教育，使溆浦县的小学数量由 131 所增加到 200 余所。见怀化大辞典编辑委员会编《怀化大辞典》，改革出版社，1995，第 774 页。

② 见湖南省立第一师范学校《湖南省立第一师范学校志》，内部刊物，1918，民国纪元以来月表。与《湖南省第一师范校友录（1903～1993）》记载有出入。

续表

| 姜瑞瑜 | 祝昌阅 | 姚际虞 | 钟秀 | 莫猷 | 徐道南 | 高希舜 | 凌壁如 |
|------|------|------|------|------|------|------|------|
| 郭君倬 | 黄纲钦 | 黄守巍 | 黄麟 | 康新亮 | 梁鉴唐 | 曹上珍 | 彭国材 |
| 傅斌 | 蒙建功 | 廖时旸 | 谭陶 | | | | |

资料来源：湖南省第一师范学校：《湖南省第一师范校友录（1903～1993）》，内部刊物，1993，第5页。

  1916年，校长更变频繁，1月，武绍程辞职，尹集馨继承，尹集馨主校数月又辞职，8月，尹集馨辞职，彭政枢①继任，而彭氏主校仅一月便去职。1915年12月12日，袁世凯称帝，改中华民国为中华帝国，称1916年为洪宪元年。12月25日，蔡锷、唐继尧、李烈钧等人通电全国，宣布云南独立，武力讨伐袁世凯，史称护国运动。谭延闿参与了护国运动并谋夺湖南统治权。1916年5月，汤芗铭被迫宣布"湖南独立"。6月6日，袁世凯死。黎元洪任大总统。8月，黎元洪任命谭延闿为湖南省省长兼督军。②谭氏上任后，任命孔昭绶为湖南一师校长，9月，彭政枢辞职，孔昭绶继任，孔氏进一步发展了湖南一师的教育。该年度新招学生有本科第二部、本科第一部及其预科，"二月，考取第二部学生三十一名"；"八月，考取第十五班学生三十余名"，"取入本科第一部第十五班预科学生二十余名"，又测试投考预科学生；9月25日，"补取本科第一部第十五班预科及第二部第一班学生共二十余名"，"补试投考预科及第二部学生"。该年度也有学生退学或学生病故发生，如该年底"十二月三日，令逾限学生袁风扬等退学，九日，令第二部学生颜学源退学，十二日，十一班学生饶曕在校病故"。总计该年在校学生科

---

① 彭政枢，字菽原，湖南桂阳人。与刘人熙等创办船山学社，1915年与刘人熙、廖名缙创办《船山学报》。著有《醉竹山房诗集》（民国长沙船山学社铅印本）。
② 湖南省地方志编纂委员会编《湖南省志》第30卷《人物志》上册，湖南出版社，1992，第701～705页。

别为本科第一部、第一部预科、第二部，一共 11 个班，其中本科第一部有第 6 班、第 7 班、第 8 班、第 9 班、第 10 班、第 11 班、第 12 班、第 13 班、第 14 班共九个班 386 人，第一部预科第 15 班共 60 人（名录见表 2-32），第二部第 1 班共 31 人（名录见表 2-33）。其中第二部第 1 班毕业。到 10 月时，新旧学生一共 11 个班，总计 477 人。[①]

表 2-32　第一部第 15 班名录（1916 年入学，1921 年 6 月毕业）

| 王伯仁 | 王功炯 | 邓英 | 邓中宇 | 庄严 | 匡文明 | 米超群 | 刘泽 |
|---|---|---|---|---|---|---|---|
| 刘应鉴 | 刘恨仙 | 朱国杰 | 邱希尼 | 李镇兵 | 李海洲 | 李漠栋 | 李邦杰 |
| 李俊 | 李浚泉 | 陈冯云 | 陈士菜 | 陈润棠 | 陈清河 | 杨学深 | 杨仲澍 |
| 张忘成 | 张炎尊 | 易升恒 | 周超 | 罗卓雄 | 罗正海 | 胡良铨 | 胡希亮 |
| 贺土瑜 | 贺铭湘 | 郭镇中 | 徐济时 | 徐运生 | 徐枬 | 袁铸仁 | 晏运槐 |
| 曹振先 | 章俊 | 黄厚禧 | 黄锡恭 | 蒋昨非 | 程星龄 | 葛良周 | 谢昭城 |
| 蔡协民 | 廖光烈 | 廖际钧 | 谭浡兴 | | | | |

资料来源：湖南省第一师范学校：《湖南省第一师范校友录（1903～1993）》，内部刊物，1993，第 5 页。

表 2-33　第二部第 1 班名录

| 邓定人 | 邓常序 | 成湘 | 江扬光 | 刘振湘 | 李维汉 | 李英翰 | 李佑纯 |
|---|---|---|---|---|---|---|---|
| 李安湜 | 李世仪 | 李训 | 肖先其 | 陈洪 | 陈维新 | 杨隆维 | 欧阳麟 |
| 周祜 | 姚承绂 | 徐谷冰 | 袁鹤臬 | 黄炳藩 | 黄大培 | 符安峰 | 曾广煌 |
| 喻光亿 | 谭之道 | 谭心龙 | 廖立常 | 潘俊五 | 黎升洲 | | |

资料来源：湖南省第一师范学校：《湖南省第一师范校友录（1903～2003）》，内部刊物，2003，第 8～9 页。

　　1917 年，校长仍为孔昭绶。该年度，班级名称有重大改变，2 月，"奉省署令，改正班次名称，将前毕业甲乙丙五班改为第一至第五班，现三级一班改为第六班，以次至第十五班"，从此，湖南

---

[①]　可见湖南省立第一师范学校《湖南省立第一师范学校志》，内部刊物，1918，民国纪元以来月表。与《湖南省第一师范校友录（1903～1993）》《湖南省第一师范校友录（1903～2003）》记载有出入。

一师班级以数字命名，不再使用甲乙丙丁等天干命名。该年 7 月，第二部学生毕业，"七月三日，本科第二部第一班学生李维翰[①]等三十名毕业"，8 月时，又新招两个班级，"八月，取本科第一部第十六、十七班预科学生一百二十名。九月，补入预科生匡怀瑾等五名，合新旧学生，共十二班，计五百七十余人"。本科第一部第 16 班、第 17 班名录见表 2-34、表 2-35。该年度也有学生退学、降级的情况，如"一月一日，令十五班学生李克俊退学。十日，令逾限学生赵榕生、陈增萼退学"，"三月二日，令十三班学生张炎等降入第十五班预科，廿二日，令十五班预科学生田步云退学"，"四月十七日，令逾限学生周天健退学"，"五月，二十六日令逾限学生谢希胡退学，令逾限学生李克筠等降级留学"，"十一月，令逾限学生张镇廷等退学"，"十二月十二日，令逾限学生祝澄清等假期内赶补功课，以免降级"，退学、降级学生不在少数。[②] 在当年湖南一师学生总数不多的情况下，还有数位学生需要退学、降级，这种现象在一定程度上说明了当时湖南一师教育管理、对学生要求之严格。

表 2-34　第一部第 16 班名录（1917 年入学，1922 年 6 月毕业）

| 邓冕南 | 王秉乾 | 尹维垣 | 皮文光 | 刘学至 | 刘延干 | 孙百熙 | 朱香国 |
|---|---|---|---|---|---|---|---|
| 匡怀瑾 | 陈纲 | 陈作为 | 陈振兴 | 肖省吾 | 肖海涵 | 肖乃昌 | 何国祯 |
| 何彰善 | 李裕祺 | 李镇埜 | 杨章成 | 杨玉怀 | 杨承知 | 张作富 | 张中理 |
| 张崲 | 易湘杰 | 易维桐 | 易维阳 | 孟庆焕 | 金锷 | 柳德海 | 贺自强 |
| 胡世珍 | 唐声铭 | 唐咨虞 | 唐竹轩 | 夏曦 | 夏大纶 | 夏昌言 | 徐俊 |
| 袁名榜 | 曹广轮 | 曹秉乾 | 黄孝钺 | 黄果存 | 黄择贤 | 黄治仁 | 曾雄镇 |
| 曾广荃 | 曾照垁 | 彭钟宝 | 彭钟泽 | 彭湘甲 | 葛光运 | 傅昌熙 | 谭孝仲 |
| 谭印铨 | 黎书涟 | 黎树龙 | 戴星占 | | | | |

资料来源：湖南省第一师范学校：《湖南省第一师范校友录（1903~2003）》，内部刊物，2003，第 6 页。

---

① 李维翰即李维汉（1896~1984），湖南长沙县人，无产阶级革命家。
② 见湖南省立第一师范学校《湖南省立第一师范学校志》，内部刊物，1918，民国纪元以来月表。与《湖南省第一师范校友录（1903~2003）》记载有出入。

**表 2-35　第一部第 17 班名录（1917 年入学，1922 年 6 月毕业）**

| | | | | | | | |
|---|---|---|---|---|---|---|---|
| 方进高 | 方奎 | 尹昆河 | 毛舜琴 | 韦建勋 | 王德树 | 刘让经 | 刘国尹 |
| 刘昌峨 | 刘贤垼 | 孙景孝 | 伍开榜 | 向以礼 | 阮心潭 | 吴千芝 | 吴焕 |
| 李恭家 | 李岳青 | 李洪度 | 李长羲 | 杨自福 | 杨炳焜 | 邹德彝 | 易薄生 |
| 易湘澧 | 张祭生 | 张纯荪 | 林干 | 周易乾 | 周寰轩 | 罗球 | 单圣时 |
| 单传烈 | 贺汉藩 | 贺振鸿 | 贺永仁 | 钟重民 | 姚景福 | 秦汉桢 | 凌俊泽 |
| 殷修来 | 徐佩珩 | 徐德嶙 | 徐友乐 | 唐登爵 | 唐盛 | 袁跃龙 | 袁礼让 |
| 符镇岳 | 黄杰 | 黄师敌 | 谢昶 | 谢南岭 | 曾德怿 | 傅道齐 | 蒋义武 |
| 喻焕生 | 谭国栋 | 刘谭玉书 | | | | | |

资料来源：湖南省第一师范学校：《湖南省第一师范校友录（1903～2003）》，内部刊物，2003，第 6 页。

1918 年，校长又出现变更。年初至 8 月，校长为孔昭绶。9 月时，出于对时局的顾虑以及身体不适等原因，孔昭绶辞职，后于 1929 年病故。校长职务由文徽典[①]继任。同年，湖南政治形势发生变化。3 月，张敬尧被段祺瑞政府任命为湖南督军兼署湖南省省长。张氏在湖南期间，实行残酷统治，镇压学生运动，封闭《湘江评论》，亲日卖国，激起湖南发起"驱张运动"，张于 1920 年退出湖南。[②] 该年年初时，学生人数与 1917 年下半年人数相同，为 571 人，"一月，合新旧学生共十二班，计五百七十余人"。到了 6 月时，五个班毕业，"六月，第六、七、八、九、十共五班学生一百七十余名毕业"，在校总人数为 400 人左右。该年度也有少数学生异动情况，"一月，十班曾传甲在校病故，同学追悼""二月十五日，令逾限学生刘应鑑退学。给学行最优学生刘修艳等褒状""三月九日，令患病学生邓毓坤退学"，学生异动既有病故，又有退学、奖励。[③]

---

① 文徽典，湖南宁乡人，毕业于湖南中路师范优级选科。
② 谭仲池主编《长沙通史（现代卷）》，岳麓书社，2016，第 65～68 页。
③ 湖南省立第一师范学校：《湖南省立第一师范学校志》，内部刊物，1918，民国纪元以来月表。

1918 年第一次世界大战结束，巴黎和会决定日本继承德国在中国山东的主权，北洋政府准备接受这一决定，在和约上签字，最终导致 1919 年 5 月 4 日北京学生举行游行示威，这场运动迅速波及全国，史称五四运动。5 月 7 日，长沙各校学生游行，湖南一师尤为突出。由于国内外时局变化极大，湖南省内亦如此，在这种情况下，湖南一师的办学更加困难，校长更换频繁，文徽典与覃泽寰①先后担任校长，文氏任期一年半，而覃氏任期只有六个月。1919 年仅新招收了一个班级，即第一部第 18 班（名录见表 2-36）。同年 6 月，本科第一部第 11 班、第 12 班两个班级毕业。除去毕业的两个班级，在校学生班级为本科第一部第 13 班、第 14 班、第 15 班、第 16 班、第 17 班、第 18 班，一共六个班级，总人数约为 360 人。

**表 2-36　第一部第 18 班名录（1919 年 8 月入学，1924 年 6 月毕业）**

| | | | | | | | |
|---|---|---|---|---|---|---|---|
| 方廷俊 | 王肇基 | 毛达恂 | 邓蔚梅 | 向良榆 | 米楚枡 | 匡光照 | 孙传策 |
| 刘云龙 | 刘丙炎 | 刘廷驷 | 刘南翔 | 李天锡 | 李英 | 陈泽 | 张文学 |
| 张懋绪 | 易蔚文 | 罗毅 | 段修政 | 胡峥嵘 | 胡质臣 | 饶长卿 | 徐鑫龄 |
| 徐恕 | 唐盈珊 | 郭璘 | 莫庸 | 符澂 | 黄寄庐 | 曾声涛 | 曾先爱 |
| 曾庆宜 | 曾昭礼 | 蒋砚田 | 熊绍粟 | 谭云山 | | | |

资料来源：湖南省第一师范学校：《湖南省第一师范校友录（1903～2003）》，内部刊物，2003，第 6 页。

1920 年，张敬尧被驱逐，谭延闿任湖南督军兼省长，谭氏接受杨树达等人建议，成立教育委员会，易培基②为委员并兼任湖南一师校长。易氏上任后，改组学校教职员工，聘请匡互生、周谷

---

① 覃泽寰，湖南宁乡人，国家主义派（即青年党），1919 年前后与黄中、曾广钧、叶德辉组织"保张（敬尧）团"。
② 易培基（1880～1937），字寅村，号鹿山，湖南长沙人。早年毕业于湖南优级师范学校（即湖南省立第一师范学校前身），后入湖北方言学堂。毕业后留学日本，其间加入同盟会。回国后参加武昌起义。1913 年至 1920 年，在湖南长沙主要从事教育工作。1920 年任湖南教育委员会委员长、湖南省立第一师范学校校长。

城、彭静宜等人任职一师，又邀请杜威、罗素、章太炎、蔡元培来校进行学术演讲。此外，易氏又开放女禁，鼓励女生就读湖南一师，湖南一师成为湖南首次招收女生的师范学校。[①] 该年度新招收四个班级，即本科第一部第 19 班、第 20 班，本科第二部第 2 班、第 3 班（名录见表 2-37 至表 2-40）；同年度 12 月，本科第一部第 13 班、第 14 班两个班级毕业，在校学生班级为第 15 班、第 16 班、第 17 班、第 18 班、第 19 班、第 20 班以及本科第二部第 2 班、第 3 班，一共八个班级，总人数约为 340 人。由于国内外时局的影响，该校学生参与学潮较多，排在湖南长沙学校的首位。

**表 2-37　第一部第 19 班名录（1920 年入学，1925 年 6 月毕业）**

| 方卓 | 王国泰 | 王聘贤 | 邓一鹏 | 石上渠 | 左维 | 左天锡 | 朱锡紫 |
|---|---|---|---|---|---|---|---|
| 向良枚 | 匡礼隆 | 刘定耆 | 刘大栋 | 何瀛洲 | 何建勋 | 李道宗 | 李振寰 |
| 李祖莲 | 李友梅 | 陈启载 | 陈敦懋 | 肖湘 | 肖乃丰 | 杨虓 | 杨世刚 |
| 张玑衡 | 周旻 | 罗士韦 | 宛方舟 | 郑炳交 | 胡孔殷 | 胡碧农 | 秦员泰 |
| 唐庆超 | 晏曷初 | 郭方近 | 莫运乾 | 童文达 | 黄正五 | 黄象春 | 梁政训 |
| 曾昭惠 | 谢甲南 | 熊亨让 | 熊凤腾 | 黎尚曙 | 魏锦军 | | |

资料来源：湖南省第一师范学校：《湖南省第一师范校友录（1903～2003）》，内部刊物，2003，第 6 页。

**表 2-38　第一部第 20 班名录（1920 年入学，1925 年 6 月毕业）**

| 马永定 | 乂安平 | 方典康 | 方严 | 石镇寰 | 刘寿祺 | 刘鼎 | 刘克明 |
|---|---|---|---|---|---|---|---|
| 刘用章 | 伍灵珊 | 朱运禄 | 阳之理 | 何介生 | 李秉钧 | 李代鄂 | 李才秧 |
| 李镇寰 | 李敦愈 | 李汝肾 | 陈壮民 | 肖之桢 | 肖自成 | 易后庚 | 周柏瑾 |
| 周洋 | 张五常 | 张羣汉 | 张祖书 | 罗书陶 | 欧阳晖 | 胡农 | 钟鼎 |
| 徐韵梅 | 徐知林 | 徐士奎 | 黄国典 | 龚桂枝 | 龚启宗 | 雪腾宇 | 曹鳌 |
| 傅由秋 | 傅定升 | 傅昌迄 | 彭士灏 | 彭家友 | 彭绍吾 | 童步衢 | 蒋玉清 |
| 蓝世铠 | 潘蔚蓝 | | | | | | |

资料来源：湖南省第一师范学校：《湖南省第一师范校友录（1903～2003）》，内部刊物，2003，第 6～7 页。

---

① 具体可见本章第二节"早期湖南一师的男女同校"。

**表 2-39　第二部第 2 班名录（1920 年秋入学）**

| 卢斌 | 刘畴西 | 刘光起 | 刘炳黎 | 刘岳森 | 刘域 | 陈炳光 | 闵起寰 |
|---|---|---|---|---|---|---|---|
| 肖韶 | 郑汉 | 柳仲一 | 项正华 | 袁旦初 | 郭一予 | 黄铁如 | 盛先民 |
| 曾一贯 | 谭祝华 | 颜长毓 | 戴华声 | | | | |

　　资料来源：湖南省第一师范学校：《湖南省第一师范校友录（1903～2003）》，内部刊物，2003，第 9 页。

**表 2-40　第二部第 3 班名录（1920 年秋入学）**

| 丁荣熹 | 于汉雯 | 文世荣 | 尤良训 | 王笃忠 | 王梁 | 王坤猷 | 宁时卓 |
|---|---|---|---|---|---|---|---|
| 汤忠苾 | 刘铺滨 | 刘义 | 刘光 | 刘邵岢 | 刘树滋 | 刘一华 | 刘青云 |
| 朱芳徽 | 向五九 | 肖先琪 | 邹宗智 | 宋方藩 | 何其隆 | 严峻 | 徐履谷 |
| 陈琳 | 陈志鸿 | 吴俊岑 | 李耘芜 | 李华实 | 张宗灿 | 张前壤 | 张莹 |
| 罗孝惠 | 罗震霞 | 易大明 | 赵涛生 | 谈继森 | 郭亮 | 黄熙耀 | 黄树权 |
| 曾广修 | 彭文允 | 谢洪涤 | 熊运椅 | 裴懿 | | | |

　　资料来源：湖南省第一师范学校：《湖南省第一师范校友录（1903～2003）》，内部刊物，2003，第 9 页。

　　1921 年，学校招收本科第一部第 21 班、第 22 班（名录见表 2-41、表 2-42），而且招生不限于中路，本科第二部还招收了三名湖北学生，招生地域扩大到湖南以外。该年度本科第一部第 15 班，本科第二部第 2 班、第 3 班毕业。在校学生班级为第一部第 16 班、第 17 班、第 18 班、第 19 班、第 20 班、第 21 班、第 22 班，共七个班级，人数为 335 人。

**表 2-41　第一部第 21 班名录（1921 年入学，1926 年 1 月毕业）**

| 丁建周 | 王永 | 王蔚佐 | 王师 | 王用宾 | 田德辉 | 孙作藩 | 孙永康 |
|---|---|---|---|---|---|---|---|
| 刘阴仁 | 刘子载 | 刘敌 | 刘志学 | 刘兼一 | 向宝肾 | 向哲富 | 成耀珍 |
| 吴崐 | 吴俅 | 陈德辅 | 陈绍帙 | 沈立三 | 肖鸿逵 | 邹鲁 | 李钧钦 |
| 言昭信 | 何铭鼎 | 周衡 | 周光显 | 周惠卿 | 周国光 | 周延举 | 郑耀南 |

| 赵晃 | 姜凤文 | 贺士锷 | 贺高格 | 段炳森 | 袁也烈 | 贾襄汉 | 徐俊升 |
| 徐克矩 | 高大球 | 谢善继 | 曾履谦 | 曾义浮 | 谭吉谦 | 彭继刚 | 彭兴德 |
| 熊玉瑞 | 蔡泽颖 | 潘光延 | | | | | |

资料来源：湖南省第一师范学校：《湖南省第一师范校友录（1903～2003）》，内部刊物，2003，第 7 页。

表 2-42　第一部第 22 班名录（1921 年入学，1926 年 1 月毕业）

| 王瑾 | 方克纯 | 邓白 | 叶蓁 | 成叔璋 | 朱琨 | 任书 | 全世檀 |
| 刘忠 | 刘显枌 | 刘显煌 | 肖述凡 | 吴尧风 | 吴光远 | 吴飞鹏 | 何明大 |
| 何学宜 | 何家奎 | 李乐生 | 李漾仙 | 陈建明 | 沈缉光 | 杨素民 | 杨培根 |
| 杨汉谦 | 周舫 | 周景绅 | 罗尚熙 | 张恒升 | 郑汉川 | 段世希 | 钟化鹏 |
| 莫炳圭 | 唐庆鉴 | 袁焕 | 黄品盘 | 黄志尚 | 曹国宾 | 曹石清 | 曹竹轩 |
| 喻义 | 喻日演 | 蒋爵桂 | 谢文熙 | 雷衍初 | 谭晚成 | 谭耘麓 | 潘华国 |
| 薛南劲 | 戴树梅 | | | | | | |

资料来源：湖南省第一师范学校：《湖南省第一师范校友录（1903～2003）》，内部刊物，2003，第 7 页。

总之，该时期内变动较多，主要表现如下：一是随着时局的动荡，人事变迁频繁，校长频繁更换（见表 2-43）；二是学校合并，湖南一师与湖南四师合并组建新的湖南一师；三是招生班级及学生人数逐渐增多，多的时候学生达五六百人左右；四是班级命名趋于正规化，学生入学及毕业也属正常化，学校只存在本科第一部以及预科、本科第二部；五是校志首次详细记载了学生病故、退学、降级等现象。从侧面来看，此时期的湖南一师确实是一所学风严肃、对学生学业和体质要求严格的学校，也反映出湖南一师制度化管理学校的成果。

表 2-43　湖南一师历任校长及其具体任职时间表（1912～1922）

| 姓名 | 职务 | 任职时间 | 校名 |
| --- | --- | --- | --- |
| 文启矗 | 校长 | 1912 年 2 月至 1912 年 7 月 | 湖南公立第一师范学校 |
| 曾沛霖 | 校长 | 1912 年 7 月至 1913 年 4 月 | 湖南公立第一师范学校 |
| 孔昭绶 | 校长 | 1913 年 4 月至 1914 年 1 月 | 湖南公立第一师范学校 |

| | | | |
|---|---|---|---|
| 朱振黄 | 代理校长 | 1914 年 1 月至 1914 年 3 月 | 湖南公立第一师范学校 |
| 张干 | 校长 | 1914 年 3 月至 1915 年 8 月 | 湖南省立第一师范学校 |
| 武绍程 | 校长 | 1915 年 8 月至 1916 年 2 月 | 湖南省立第一师范学校 |
| 尹集馨 | 校长 | 1916 年 2 月至 1916 年 8 月 | 湖南省立第一师范学校 |
| 彭政枢 | 校长 | 1916 年 8 月至 1916 年 9 月 | 湖南省立第一师范学校 |
| 孔昭绶 | 校长 | 1916 年 9 月至 1918 年 9 月 | 湖南省立第一师范学校 |
| 文徽典 | 校长 | 1918 年 9 月至 1920 年 2 月 | 湖南省立第一师范学校 |
| 覃汉寰 | 校长 | 1920 年 2 月至 1920 年 7 月 | 湖南省立第一师范学校 |
| 易培基 | 校长 | 1920 年 7 月至 1924 年 1 月 | 湖南省立第一师范学校 |

资料来源：《湖南第一师范校史》编写组编《湖南第一师范校史（1903～1949）》，上海教育出版社，1983，第 248～249 页。

## 三 1922年至1927年的学生群体

在教育上，五四运动之前，湖南一师由谭延闿参照日本学制进行改革，因此受日本影响较大。[1] 五四运动以后，受美国教育思想影响较大。[2] 湖南一师在学制年限、课程设置、教学方法等方面均有重要变化。学制上，1922 年前，本科第一部仍然延续之前的学制五年（其中预科为一年，本科为四年），招收地域仍然为湖南省中路（长沙、宝庆、岳州）22 个县的高小毕业生；本科第二部学制为一年，招收四年制中学毕业生。到了 1922 年后，学制发生重

---

① 据一些学者统计，从 1901 年到 1939 年中国留日学生为 12000 人，参加 1912 年教育部教育政策制定的人员中有 60 多人有留日背景，许多校长、教育工作者都曾留日，湖南一师校长如孔昭绶也多次被迫流亡日本，这些均是不可忽视的因素。此可见〔美〕费正清编《剑桥中国晚清史（1800～1911 年）》（下），中国社会科学院历史研究所编译室译，中国社会科学出版社，1985，第 362 页；田正平主编《中国教育通史（中华民国卷）》（上），北京师范大学出版社，2013，第 46 页。

② 19 世纪末 20 世纪初，以杜威为代表的实用主义教育思潮形成，而五四运动前后，中国教育也顺应世界潮流，特别是经过杜威弟子如胡适以及其他教育家的宣传，杜威大量的教育著作及理论输入中国，实用主义教育思想达到全盛期。

大变化，教育部于 1922 年 11 月 1 日颁布《学校系统改革令》，对中等师范学校，取消预科，学制改为六年，与当年美国同类学校学制相同。《学校系统改革令》云：

（十一）初级中学施行普通教育，但得视地方需要，兼设各种职业课

（十二）高级中学分普通、农、工、商、师范、家事等科。但得斟酌地方情形，单设一科或兼设数科

又云：

（十七）师范学校修业年限六年

（十八）师范学校得单改后二年或后三年，收受初级中学毕业生

（十九）师范学校三年得酌行分组选修制

（二十）为补充初级小学教员之不足，得酌设相当年限之师范学校或师范讲习科①

湖南一师从 1922 年后采用该学制。

1922 年是学制改革的第一年，校长为易培基。湖南一师该年招生两个班，即第一部第 23 班、第 24 班，共 98 人，还招收了 1 名朝鲜学生（名录见表 2-44、表 2-45）；同年度 6 月，第 16 班、第 17 班毕业。全校在校学生班级为第 18 班、第 19 班、第 20 班、第 21 班、第 22 班、第 23 班、第 24 班，共七个班级，人数约为 330 人。

① 李友芝等：《中国近现代师范教育史资料》2 册，内部刊物，1983，第 267 页。

表 2-44　第一部第 23 班名录（1922 年入学，1927 年毕业）

| 尹锡藩 | 尹澎涛 | 王德明 | 方谦 | 文萃耕 | 文士龙 | 文科世 | 邓隆震 |
|---|---|---|---|---|---|---|---|
| 仇自如 | 安邦 | 刘世训 | 刘正光 | 汤镇球 | 汤镇华 | 陈维干 | 肖玑 |
| 李秉彝 | 李绍基 | 李兆英 | 李发政 | 杨自寿 | 杨维藩 | 余文武 | 余明鉴 |
| 何奉藻 | 邹植璜 | 邱德政 | 周汇吉 | 周逯 | 周理魁 | 罗起肃 | 易齐尚 |
| 郝德藩 | 姜运开 | 钟同夏 | 胡鸿禄 | 夏维城 | 袁显权 | 袁国平 | 袁振宇 |
| 聂克刚 | 黄宗柟 | 黄笃宇 | 曹植材 | 蒋秀琨 | 葛汉生 | 熊运桐 | 谭诸先 |

注：该班应为 1922 年招收入学。

资料来源：湖南第一师范学院：《湖南第一师范校友录（1903～2003）》，内部刊物，2003，第 7 页。

表 2-45　第一部第 24 班名录（1922 年入学，1927 年毕业）

| 文郁 | 王应能 | 王谦三 | 王杰 | 邓成云 | 甘匡华 | 刘文 | 刘家杰 |
|---|---|---|---|---|---|---|---|
| 刘世宜 | 刘济坤 | 朱岳峙 | 危登湘 | 谷德夫 | 宋顺和 | 陈子明 | 狄汉城 |
| 吴修旦 | 肖宗仁 | 杨大震 | 李梦庚 | 李为德 | 李敦霞 | 何汉文 | 郑良 |
| 张祖俭 | 张四维 | 张毅任 | 张运昌 | 易贤祠 | 周贤 | 周人杰 | 周曙初 |
| 周命新 | 庞人佩 | 林泽礼 | 胡贤焕 | 段德昌 | 钟镇南 | 徐骏 | 敖泽霖 |
| 夏庚贵 | 秦骥勋 | 龚耀南 | 喻名森 | 谢月峰 | 蒋作藩 | 蒋锡宠 | 曾庆章 |
| 谭孝枬 | 戴钟衡 | | | | | | |

注：该班应为 1922 年招收入学。

资料来源：湖南第一师范学院：《湖南第一师范校友录（1903～2003）》，内部刊物，2003，第 7 页。

　　1923 年 6 月，中国共产党第三次全国代表大会召开，会议决定共产党员以个人身份加入国民党，以实现国共合作。同年，谭延闿、赵恒锡两军相战，谭延闿败退。一师校长仍为易培基。该年度仅招生一个班级，即第一部第 25 班，共 54 人（名录见表 2-46）。全校在校学生班级为第一部第 18 班、第 19 班、第 20 班、第 21 班、第 22 班、第 23 班、第 24 班、第 25 班，共八个班级，总人数为 384 人。该年度没有班级毕业。招生的一个重要变化是，湖南一师 1923 年开始招收女生，实行教育男女同校，如原全国妇联书记处书记曹孟君即为当年所招女生。[①] 此外，因全国反帝反军阀运动风起云涌，湖南一师学生运动也随之日益发展。

表 2-46 第一部第 25 班名录（1923 年入学）

| | | | | | | | |
|---|---|---|---|---|---|---|---|
| 毛臻瑞 | 邓逢琦 | 王晓楼 | 田德生 | 刘化驯 | 刘健 | 刘冠文 | 任应芳 |
| 陈毅 | 陈志连 | 何自强 | 何辅汉 | 沈祖儒 | 汪敷昇 | 肖勳元 | 肖业钊 |
| 李敦宗 | 李逸 | 李森林 | 李秉勋 | 李翰嗣 | 李才沃 | 李振芬 | 张承参 |
| 张昊 | 张福田 | 罗烈 | 欧阳焕 | 欧阳濂 | 周永枯 | 周斌 | 周萌欧 |
| 周春白 | 胡典钦 | 饶振常 | 段泽全 | 夏绍虞 | 袁慨 | 郭藩 | 黄北屏 |
| 黄熙寿 | 盛雨生 | 常鑫 | 彭燮元 | 彭永年 | 彭嘉 | 童光焘 | 喻正名 |
| 鲁道 | 蔡志衡 | 谭镇宇 | 谭守虞 | 蔡馨 | 戴保衡 | | |

资料来源：湖南省第一师范学校：《湖南省第一师范校友录（1903～2003）》，内部刊物，2003，第 7 页。

1924 年，由于谭延闿的败退，校长易培基被迫辞职，奔赴广州担任大元帅府顾问。赵恒惕亲信李济民[②]继任一师校长。由于对李济民不满，学生开始罢课，绝食抵抗。"李济民唯恐当不成校长，影响他自己的前程。亲自去找一师校友会及学生自治会的负责人，要求帮助解决问题。于是，自治会主席集中同学意见向李提出条

[①] 曹孟君（1903～1967），先后就读于梨江女校，1920 年入湖南省立第一女子师范，后入周南女校、福湘女校，1923 年，湖南省立第一师范开始实行男女同校，招收女生。曹孟君和周南女校一起交白卷的同学，冲破旧礼教的束缚，考入湖南省第一师范学校，后退学。见黄慧珠《曹孟君传略》，载中国人民政治协商会议全国委员会文史资料研究委员会《文史资料选辑》编辑部编《文史资料选辑》（合订本）第 17 册，中国文史出版社，1989，第 68～69 页。而据《湖南第一师范学院校史（1903～1949）》，曹为本科第一部第 21 班学生，《校史》记载有误。

[②] 李济民，字次仙，湖南沅陵人，生卒不详，北京大学哲学系毕业。1924 年 1 月任湖南省教育会图书馆馆长，并兼湖南省立第一师范学校校长。同年 11 月辞去馆长职务。20 世纪 40 年代曾任国民党沅陵县县长、国民党国防部档案管理处处长。见沈小丁《湖南近代图书馆史》，岳麓书社，2013，第 73 页。

件，一切照易校长的成规办事：学术研究自由，信仰自由，期终教师去留采纳学生意见，伙食由同学监厨。李为缓和同学们的情绪，表示只要即日复课，可以通融。李遂聘请曾经留学法国的一师老校友李维汉担任公民课，同学们对李老师表示欢迎。由是风波平息，弦歌不辍。"① 最终李济民被驱逐，彭一湖②继任校长。彭氏热爱教育，为人正直，他关爱学生，在学生中有很高的威望。该年度招生两个班级，即本科第一部第 26 班与第 27 班，一共 111 人（名录见表 2-47、表 2-48）。该年 6 月，本科第一部第 18 班毕业，在校学生班级为第 19 班、第 20 班、第 21 班、第 22 班、第 23 班、第 24 班、第 25 班、第 26 班、第 27 班，共九个班级，人数约为 460 人。

### 表 2-47　第一部第 26 班名录（1924 年入学）

| 毛永谅 | 龙履端 | 朱清富 | 刘邴 | 刘立三 | 刘骥 | 汤友耕 | 汤镇民 |
|---|---|---|---|---|---|---|---|
| 汪洋 | 李金煌 | 李国华 | 李国廉 | 李炳葵 | 李炳辉 | 邱楚良 | 陆海平 |
| 杨烈启 | 杨翊生 | 陈尚志 | 陈泽远 | 肖先萌 | 肖乃华 | 肖九重 | 周燮年 |
| 周桂生 | 周振汉 | 张机 | 张五美 | 张军 | 林芳声 | 林尊生 | 袁式勋 |
| 袁守文 | 唐有章 | 莫庆云 | 晏岭先 | 黄绍康 | 梁源俊 | 常建 | 程衣志 |
| 曾叔明 | 谢序仁 | 蒋德桐 | 蒋连生 | 潘培湘 | | | |

资料来源：湖南省第一师范学校：《湖南省第一师范校友录（1903～2003）》，内部刊物，2003，第 8 页。

---

① 姜凤文：《六十年前在第一师范的学习生活》，载中国人民政治协商会议湖南省宁乡县北区政协文史资料委员会编《宁乡文史资料》第 5 辑，内部刊物，1988，第 72 页。

② 彭一湖（1887～1958），原名礼，字忠恕，别号蠡，湖南岳阳人。早年毕业于岳州金鹗书院，后加入同盟会，从事革命活动。1913 年赴日本入早稻田大学攻读政治经济学。1918 年回国后先后任上海《晨报》编辑，北京政法专门学校教授，《时事月刊》总编辑，《国民日报》主笔，湖南省法制编纂委员会委员，湖南第一范学校校长。后加入国民党。1935 年任衡山实验县县长。1945 年后，与黄炎培等发起成立"民主建国会"。可见刘美炎主编，湖南省岳阳市政协文史资料委员会编《岳阳籍原国民党军政人物录》（《岳阳文史》第 10 辑），内部刊物，1999，第 338～340 页。

表 2-48　第一部第 27 班名录（1924 年入学）

| 于恢 | 于绍谦 | 万剑非 | 王壁联 | 王国钊 | 方觉民 | 邓光霁 | 甘泽 |
|---|---|---|---|---|---|---|---|
| 田三丘 | 田石纯 | 汤荣汉 | 刘汉人 | 刘毓崧 | 刘浩 | 刘杰 | 刘光耀 |
| 刘丙仁 | 任锷荣 | 阮昌镕 | 沈代润 | 李步云 | 李国健 | 李诚合 | 李一源 |
| 李清明 | 李枝芬 | 李桃蹊 | 李用之 | 陈兢先 | 陈应珖 | 陈戉 | 肖日生 |
| 肖树琪 | 邹序星 | 吴琼瑶 | 吴立康 | 汪宗锡 | 谷希孟 | 张映亭 | 张德培 |
| 娄品璋 | 罗坤华 | 罗国英 | 林楚贤 | 欧阳涛 | 欧云 | 胡祖球 | 胡周琢 |
| 胡安涛 | 胡湘圭 | 赵则三 | 赵德美 | 段吉顺 | 段梦辉 | 侯庆元 | 柏辅仁 |
| 唐虔 | 黄观涛 | 黄宗度 | 黄宾 | 符鹤皋 | 谢治熙 | 蒋先启 | 雷腾峰 |
| 雷栋吉 | 谭阴南 | | | | | | |

资料来源：湖南省第一师范学校：《湖南省第一师范校友录（1903～2003）》，内部刊物，2003，第 8 页。

1925 年，学潮四起。1920 年，《湖南通俗报》在毛泽东、何叔衡、谢觉哉、熊瑾玎、周世钊等人的努力下，针砭时弊，大受欢迎。1921 年 5 月，赵恒惕以该报过激为由使之停刊整改。后该报为赵氏所用，刊登反动思想而被进步学生（包含一师学生）于 1925 年砸坏报馆。校长彭一湖辞职未果。该年度招生两个班级，即第一部第 28 班、第 29 班，共 114 人（名录见表 2-49、表 2-50）。此次招生，除了中国学生外，还有海外学生，如第 29 班有南洋华侨学生李禄寿、李益立、李益隆、黄怀信、薛俊炎、陈祁祁（女）等，湖南一师的影响扩展到海外。该年度 6 月，第一部第 19 班毕业，在校学生班级为第一部第 20 班、第 21 班、第 22 班、第 23 班、第 24 班、第 25 班、第 26 班、第 27 班、第 28 班、第 29 班，共十个班级，总人数为 525 人。

表 2-49　第一部第 28 班名录（1925 年入学）

| 王业柏 | 王伟能 | 王儒珍 | 方振 | 仇兴 | 石铿 | 宁伯修 | 刘萃楠 |
|---|---|---|---|---|---|---|---|
| 刘辅汉 | 刘先祥 | 刘竹筠 | 刘德连 | 匡经骧 | 成本杭 | 吕骥 | 肖树猷 |
| 肖焕璧 | 陈云鹤 | 陈振球 | 陈潘哲 | 陈永钥 | 吴之雍 | 吴立康 | 张德培 |
| 张光前 | 旷钟灵 | 邹新藻 | 宋伯修 | 何子圭 | 李一源 | 李百川 | 易孝先 |

续表

| 罗士铮 | 罗国英 | 杨伯辉 | 杨敬年 | 饶孟虎 | 胡然 | 胡良翊 | 高晓岚 |
|---|---|---|---|---|---|---|---|
| 袁绥邦 | 秦中 | 唐兰芳 | 曹维甫 | 曹惠湘 | 黄稚云 | 黄静修 | 龚柏桂 |
| 彭时 | 彭定民 | 程明初 | | | | | |

资料来源：湖南省第一师范学校：《湖南省第一师范校友录（1903～2003）》，内部刊物，2003，第8页。

**表 2-50　第一部第 29 班名录（1925 年入学）**

| 丁敏修 | 邓醒愚 | 方海清 | 王远筹 | 冯先芳 | 刘贻仁 | 刘建义 | 刘毓崧 |
|---|---|---|---|---|---|---|---|
| 刘华芳 | 刘定 | 刘鼎 | 向隅 | 肖霞生 | 肖光安 | 肖安亚 | 肖延熹 |
| 李锐 | 李子芳 | 李禄寿 | 李益立 | 李滋生 | 李超 | 李日升 | 李鸿仪 |
| 李绥之 | 李翼庭 | 沈希麈 | 陈六鳌 | 陈本仪 | 陈声达 | 陈廷钧 | 杜立生 |
| 吴傲 | 张绳祖 | 张光裕 | 罗耻厓 | 罗权 | 金玉振 | 周明鉴 | 周彦 |
| 贺德深 | 姚贵明 | 段萍若 | 钟冠英 | 夏贤言 | 夏纬 | 徐麓崇 | 唐家桢 |
| 黄海 | 黄鼎青 | 黄恩寿 | 黄家政 | 黄怀信 | 曾纪谦 | 曾广兰 | 傅英奇 |
| 谢学安 | 程道南 | 蓝智峰 | 谭坤林 | 谭伯坚 | 薛俊炎 | 欧阳士其 | |

注：表中只出现了部分南洋学生名录，如李禄寿、李益立、黄怀信、薛俊炎，而未见李益隆、陈祁祁（女），当为《湖南省第一师范校友录（1903～2003）》收录不全所致。

资料来源：湖南省第一师范学校：《湖南省第一师范校友录（1903～2003）》，内部刊物，2003，第8页。

1926 年 1 月，由于学生砸坏《湖南通俗报》报馆，校长彭一湖无法应对上面的追究，故辞职，王凝度继任校长。8 月，熊梦飞接任校长（见表 2-51）。该年度因为师范学校要并入高级中学而停招。

1927 年上半年，湖南长沙、常德、衡阳的师范学校与男女高中合并，组建湖南省立高级中学，设立教育科，湖南一师原有四年级第 23 班与第 24 班（共 98 人），三年级第 25 班（共 54 人），二年级第 26 班与第 27 班（共 112 人）并入高级中学教育科，而一年级第 28 班与第 29 班（共 113 人）并入初级中学，教育模式由日本式的普通中学与师范分开的双轨制转变为美国式的单轨制。湖南一师开办 20 年左右的中等师范教育暂时消失在公众视野。湖南一师从 1919 年至 1927 年这九年办学时间内，一共培养了 764 人（16 个班级，不包含转入省立高级中学师范科在校肄业的五个班共 278 人）。[①] 这些毕业生中有许多人成为革命志士、教育界知名人士，如郭亮、段德昌等为革命烈士，吕骥等为教育界知名人士。

**表 2-51　湖南一师历任校长及其具体任职时间（1922～1927）**

| 姓名 | 职务 | 任职时间 | 校名 |
|---|---|---|---|
| 易培基 | 校长 | 1920 年 7 月至 1924 年 1 月 | 湖南省立第一师范学校 |
| 李济民 | 校长 | 1924 年 1 月至 1924 年 8 月 | 湖南省立第一师范学校 |
| 彭一湖 | 校长 | 1924 年 8 月至 1926 年 1 月 | 湖南省立第一师范学校 |
| 王凝度 | 校长 | 1926 年 1 月至 1926 年 8 月 | 湖南省立第一师范学校 |
| 熊梦飞 | 校长 | 1926 年 8 月至 1927 年 1 月 | 湖南省立高级中学师范部 |

资料来源：《湖南第一师范校史》编写组编《湖南第一师范校史（1903～1949）》，上海教育出版社，1983，第 249～250 页。

1928 年 3 月 10 日国民政府公布《中学暂行条例》，正式宣布高级中学中设立普通师范：

> 第二条：中学分为初级中学及高级中学，修业年限各三年，但依设科性质得定为初级四年高级二年。初级中学得单设之，高级中学应与初级中学并设，但有特别情形时得单设之。
>
> 第三条：初级中学实施普通教育，但得视地方需要兼设各种职业科。
>
> 第四条：高级中学分设普通师范、农业、工业、商业、家事各科，但得依地方情形单设一科或兼设数科。[②]

---

① 《湖南第一师范校史》编写组编《湖南第一师范校史（1903～1949）》，上海教育出版社，1983，第 147 页。

② 李友芝等：《中国近现代师范教育史资料》2 册，内部刊物，1983，第 280 页。

中等师范学校正式退出公众视线。然而，省府又因考虑到开设师范的必要性，于是重新开始规划恢复中等师范学校。1929 年 1 月，谢祖尧被任命为一师校长，筹备开学事宜。筹备极为迅速，湖南一师于该年 3 月又开始上课了。这样，暂停了一年左右的湖南一师又复校了。从全国范围来看，一些地区也恢复了一些中等师范学校，终于，在中等师范附设于高级中学五年后，国民政府于 1932 年 12 月 17 日公布了《师范学校法》并附《师范学校规程》，再次确立了师范的独立地位。《师范学校法》和《师范学校规程》规定中等师范学校是"严格训练青年身心，养成小学健全师资之场所"，修业时限为三年。其云：

> 第一条：师范学校，应遵照中华民国教育宗旨，及其实施方针，以严格之身心训练，养成小学之健全师资。
>
> 第二条：师范学校，得附设特别师范科，幼稚师范科。
>
> 第三条：师范学校，修业年限三年，特别师范科修业年限一年，幼稚师范科修业年限二年，或三年。[①]

总之，从地缘上来看，早期学生生源地基本上以湖南中路为主，后期逐渐扩大到湖南全省其他各县。从招收学生的来源来看，本拟从长沙、宝庆、岳州三府逐渐扩大到全省 75 县，但因 1904 年开始以中路、西路、南路三路办学，故一师的招生地区就固定为中路长沙、宝庆、岳州三府的长沙、湘阴、浏阳、醴陵、湘潭、宁乡、益阳、湘乡、攸县、安化、茶陵、宝庆、新化、武冈、新宁、城步、岳阳、平江、临湘、华容等 20 余县，而西路常德、辰州、沅州、永顺、澧州、靖州、南州、永绥、凤凰、乾州、晃州，南路衡州、永州、郴

---

① 李友芝等：《中国近现代师范教育史资料》2 册，内部刊物，1983，第 324 页。

州、桂阳等均不招生。《湖南省立第一师范学校志》云：

学区

清光绪末，湖南建置三路师范，以城南书院为中路师范学堂。三路者，长沙、宝庆、岳州三府为中路；常德、辰州、沅州、永顺四府，澧、靖二州，南州、永绥、凤凰、乾州、晃州五厅为西路；衡州、永州二府，郴、桂阳二州为南路，学区因之。而本校领州县都二十有一。民国建元，罢府州厅，悉为县，县治同城者并省于是，易邵阳为宝庆，巴陵为岳阳，善化省入长沙。本校学区仍领有长沙、湘阴、浏阳、醴陵、湘潭、宁乡、益阳、湘乡、攸县、安化、茶陵、宝庆、新化、武冈、新宁、城步、岳阳、平江、临湘、华容，都二十县。民国三年五月，湖南行政公署定三路师范为省立第一、第二、第三师范学校，以全省七十五县平均分配，以茶陵割隶南路，而西路之沅江、南县、靖县、绥宁、会同、通道六县来属本校，所领都县二十有五。继以分配错迕，学者不便之。六年四月，修正湖南省立师范入学条例，以靖、绥、会、通四县还隶第二师范，茶陵仍来属。于是本校领有中路二十县外，益以沅江、南县，都二十有二县。为学区表附后。

学区变更表

民国三年以前学区

长沙，湘阴，浏阳，醴陵，湘潭，宁乡，益阳，湘乡，攸县，安化，茶陵，宝庆，新化，武冈，新宁，城步，岳阳，平江，临湘，华容。

民国三年以后学区

长沙，湘阴，浏阳，醴陵，湘潭，宁乡，益阳，湘乡，攸县，安化，宝庆，新化，武冈，新宁，城步，岳阳，平江，临湘，华容，南县，沅江，靖县，绥宁，会同，通道。

民国六年改定学区

长沙，湘阴，浏阳，醴陵，湘潭，宁乡，益阳，湘乡，攸县，安化，茶陵，宝庆，新化，武冈，新宁，城步，岳阳，平江，临湘，华容，南县，沅江。①

虽然招收学生所在的学区不足三分之一，但相对来说，这些县均为人口大县，人口总数占全省人口的二分之一。② 因而，由于学生人数众多，他们学成回原籍后，可为当地培育人才、传播知识、开化民智。这种情况持续到 1912 年至 1913 年，学生学区范围仍然是长沙、宝庆、岳州三府二十县。到了 1914 年，情况有所变化，因湖南省署分配调整，一师学区范围扩大到 25 个县，但最终因交通不便，实际学区仍然为 22 个县。而湖南一师本科二部和讲习科的学生则来源于全省。1919 年后，招生范围情况又有新的变化。从1921 年开始，扩大招生范围，1921 年招收了 3 名湖北学生，1922年招收了 1 名朝鲜学生，1925 年前后还招收了 6 名南洋华侨学生，他们为薛俊炎、李益立、李益隆、黄怀信、李禄寿、陈祁祁（女）等。③ 不仅如此，湖南一师还于 1922 年开始招收女生，首开湖南师范学校招收女生之先河。总的说来，省外或国外的生源人数极少。

从湖南本省来看，招生也呈现一定的规律。以 1918 年的湖南一师为例，已经毕业的学生中，生源地为长沙的 38 人，湘阴 21人，浏阳 25 人，湘潭 17 人，湘乡 23 人，宁乡 33 人，益阳 22 人，

---

① 湖南第一师范学校：《湖南省立第一师范学校志》，内部刊物，1918，纪第二。

② 湖南第一师范学校：《湖南省立第一师范学校志》，内部刊物，1918，纪第二。

③ 《湖南第一师范校史》编写组编《湖南第一师范校史（1903～1949）》，上海教育出版社，1983，第 160 页。

宝庆 19 人，新化 25 人，武冈 16 人，其他都少于 10 人（见表 2-52）。不难看出，学生生源分布在长沙、湘潭、湘乡、宝庆这条带上，而从肄业在校的学生人数来看，长沙 42 人，湘阴 20 人，浏阳 23 人，湘潭 24 人，湘乡 26 人，宁乡 24 人，益阳 32 人，宝庆 21 人，新化 17 人，武冈 23 人，与上述情况相差不大，不同的是平江 28 人，醴陵 19 人，攸县 21 人，有所增加（见表 2-53），而且第 16 班有江西籍学生 1 人。这种分布与当时这些地区的经济环境和民智开化有莫大的关系。长沙属于省城，经济基础好，消息灵通自不待言。而清咸丰、同治间曾国藩组建湘军，湘军士绅较多来自湘潭、湘乡、宝庆等一带，战争结束后，不少湘军回到原籍。这些湘军由于征战有一定的财富，也有一定的阅历，在"放马南山、刀枪入库"、回到原籍后，他们在外征战所带来的这些阅历和财富就无形中对当地的经济发展、开化民智起到了一定的催化作用。

**表 2-52　毕业学生籍贯统计**

| 县名 | 本科第一部 | | | | | 本科第二部 | 讲习科 | | | 统计 |
|---|---|---|---|---|---|---|---|---|---|---|
| | 一班 | 二班 | 三班 | 四班 | 五班 | 一班 | 一班 | 二班 | 三班 | |
| 长沙 | 四 | 二 | 八 | 一二 | 二 | 五 | | 五 | | 三八 |
| 湘阴 | 八 | 一 | 三 | 五 | 二 | | 二 | | | 二一 |
| 浏阳 | 四 | 三 | 七 | 三 | 四 | 二 | 二 | | | 二五 |
| 醴陵 | | 四 | | | 一 | 一 | | | | 六 |
| 攸县 | | 一 | | | 五 | | 二 | | | 五(八) |
| 湘潭 | 一 | 一 | 二 | 九 | 二 | | | | 一 | 一七 |
| 湘乡 | 二 | 五 | 三 | 三 | 五 | 二 | | | 二 | 二三 |
| 宁乡 | 八 | 五 | 四 | 五 | 三 | 四 | 一 | 一 | 二 | 三三 |
| 益阳 | 五 | 九 | | | 二 | | | | 二 | 二二 |
| 安化 | 一 | | | 一 | | | 一 | 三 | | 六 |
| 茶陵 | 一 | | | | | 四 | | | | 八 |

续表

| 县名 | 本科第一部 | | | | | 本科第二部 | 讲习科 | | | 统计 |
|---|---|---|---|---|---|---|---|---|---|---|
| | 一班 | 二班 | 三班 | 四班 | 五班 | 一班 | 一班 | 二班 | 三班 | |
| 岳阳 | | | 一 | | 一 | | | | 一 | 三 |
| 平江 | | 一 | 一 | 二 | 一 | | | 一 | 二 | 八 |
| 临湘 | 一 | | | | | 一 | 一 | | | 四 |
| 华容 | | 一 | | | | | 一 | 一 | 一 | 四 |
| 宝庆 | 七 | 四 | | 二 | 三 | | | 二 | 一 | 一九 |
| 新化 | 一一 | 四 | 一 | 四 | 二 | | | 三 | | 二五 |
| 武冈 | 四 | 四 | | | 六 | | | 一 | 一 | 一六 |
| 新宁 | | | | 一 | 一 | | | | 一 | 三（四） |
| 城步 | | | | | | | | 一 | | 一 |
| 南县 | | | | | | 一 | 一 | | 一 | 三 |
| 沅江 | | | | | | | | 二 | | 二 |
| ○会同 | | | | | | | | 二 | 一 | 三 |
| ○衡阳 | | | | 一 | | 一 | | 三 | 一 | 七 |
| ○桂阳 | | | | | | 二 | 二 | | | 六 |
| ○零陵 | | | | | | 二 | | 一 | 一 | 四 |
| ○永兴 | | | | | 一 | 一 | 三 | | | 五 |
| ○郴县 | | | | | | 一 | 三 | | | 四 |
| ○永顺 | | | | | | 一 | | | 二 | 三 |
| ○石门 | | | | | | 一 | | 二 | 一 | 四 |
| ○常德 | | | | | | | 一 | | 一 | 二 |
| ○东安 | | | | | | | 二 | 一 | | 三 |
| ○蓝山 | | | | | | | 一 | 二 | | 三 |
| ○新田 | | | | | | | 一 | 一 | | 二 |
| ○汉寿 | | | | | | | 二 | | | 二 |
| ○芷江 | | | | | | | 一 | | 一 | 二 |
| ○绥宁 | | | | | | | 二 | 二 | | 四 |
| ○道县 | | | | | | | 二 | | | 二 |
| ○衡山 | | | | | | | 一 | 一 | 一 | 三 |
| ○耒阳 | | | | | | | 二 | 一 | 二 | 五 |
| ○鄞县 | | | | | | | 一 | | 一 | 二 |

续表

| 县名 | 本科第一部 | | | | | 本科第二部 | 讲习科 | | | 统计 |
|---|---|---|---|---|---|---|---|---|---|---|
| | 一班 | 二班 | 三班 | 四班 | 五班 | 一班 | 一班 | 二班 | 三班 | |
| ○澧县 | | | | | | | 一 | | | 一 |
| ○宁远 | | | | | | | 一 | | 一 | 二 |
| ○永明 | | | | | | | 一 | 一 | | 二 |
| ○祁阳 | | | | | | | 一 | 一 | | 二 |
| ○宜章 | | | | | | | | 三 | | 三 |
| ○资兴 | | | | | | | | 三 | 一 | 四 |
| ○慈利 | | | | | | | | | 二 | 三 |
| ○保靖 | | | | | | | | 二 | 二 | 四 |
| ○安仁 | | | | | | | | | 二 | 二 |
| ○嘉禾 | | | | | | | | | 二 | 二 |
| ○桑植 | | | | | | | | | 二 | 二 |
| ○沅陵 | | | | | | | | 一 | 一 | 二 |
| ○永绥 | | | | | | | | 一 | 一 | 二 |
| ○乾城 | | | | | | | | | 二 | 二 |
| ○桂东 | | | | | | | | | 一 | 一 |
| ○临澧 | | | | | | | | | 三 | 三 |
| ○晃县 | | | | | | | | | 二 | 二 |
| ○古丈 | | | | | | | | | 二 | 二 |
| ○桃源 | | | | | | | | | 二 | 二 |
| ○泸溪 | | | | | | | | | 一 | 一 |
| ○常宁 | | | | | | | | | 一 | 一 |
| ○通道 | | | | | | | | | 一 | 一 |
| ○汝城 | | | | | | | | | 三 | 三 |
| ○麻阳 | | | | | | | | | 二 | 二 |
| ○黔阳 | | | | | | | | | 二 | 二 |
| ○叙浦 | | | | | | | | | 一 | 一 |
| ○安乡 | | | | | | | | | 一 | 一 |
| 统计 | 五七 | 四五 | 三〇 | 四九 | 三九（四二） | 二九 | 四八 | 五六 | 五七（五八） | 四一〇（四一四） |

注：现非本学区之各县均识以圈。表中原数据有误之处在其后注正确数据。

资料来源：湖南第一师范学校：《湖南省立第一师范学校志》，内部刊物，1918，表第三。

表 2-53　肄业学生籍贯统计

| 县名 | 班次 | | | | | | | | | | | | 统计 |
|---|---|---|---|---|---|---|---|---|---|---|---|---|---|
| | 六 | 七 | 八 | 九 | 十 | 十一 | 十二 | 十三 | 十四 | 十五 | 十六 | 十七 | |
| 长沙 | 六 | | | 一 | 二 | 二 | 四 | 六 | 七 | 六 | 四 | 八 | 四二（四六） |
| 湘阴 | 二 | 四 | | | | 二 | 二 | 一 | 三 | 一 | 二 | 三 | 二〇 |
| 浏阳 | 三 | | 二 | | | 二 | 二 | 二 | 三 | 三 | 四 | 三 | 二三 |
| 醴陵 | 三 | 一 | | | | 二 | 一 | 一 | 三 | 二 | 三 | 三 | 一九 |
| 攸县 | 四 | | | | 一 | 一 | 三 | 三 | | 三 | 二 | 二 | 二一 |
| 湘潭 | 五 | | 二 | 一 | | | 三 | 三 | 二 | 三 | 二 | 二 | 二一（二四） |
| 湘乡 | 三 | 二 | 二 | | 一 | 三 | 一 | 三 | | 三 | 三 | 三 | 二六 |
| 宁乡 | 三 | 三 | 二 | | | 二 | | 二 | 二 | 六 | 一 | 三 | 二四 |
| 益阳 | 三 | 四 | | 二 | | 一 | 五 | 三 | 三 | 三 | 三 | 四 | 三二 |
| 安化 | 四 | | | | 一 | 一 | 四 | 二 | 三 | 三 | 二 | 二 | 二一（二二） |
| 茶陵 | 四 | 二 | 一 | 二 | 一 | | | | | 三 | 三 | 一 | 一七 |
| 岳阳 | 一 | 一 | | | 一 | | | | | 一 | 一 | | 五 |
| 平江 | | 五 | | | | 二 | 二 | 三 | 四 | 二 | 三 | 五 | 二八 |
| 临湘 | | 一 | | | | 二 | | | 三 | 三 | 三 | 四 | 二一 |
| 华容 | 二 | | | | 一 | | | | | 三 | 二 | | 一〇 |
| 宝庆 | 一 | 二 | 一 | | | 二 | 三 | 三 | 二 | 四 | 二 | | 二一 |
| 新化 | | 二 | 一 | | | 二 | 二 | 三 | | | 二 | 四 | 一七 |
| 武冈 | 一 | 五 | | | 二 | 三 | | 二 | 二 | 二 | 三 | 二 | 二三 |
| 新宁 | | 一 | | | | | | | | 二 | 三 | 二 | 八 |
| 城步 | | 一 | | 一 | | 一 | | | | | 二 | | 六 |
| ○会同 | | 一 | | 一 | 一 | | 一 | 一 | | 一 | | | 六 |
| ○沅陵 | | | 一 | 二 | | 一 | | | | | | | 四 |
| ○衡山 | | | | | | | | | | | | 一 | 二 |
| ○靖县 | | | | | | | 二 | | | | | | 二 |
| ○绥宁 | | | | | | 四 | 二 | | 二 | 一 | | | 九 |
| ○临澧 | 一 | | | 一 | | | | | | | | | 二 |
| ○衡阳 | 一 | | | | | | | | | | | | 一 |
| ○汉寿 | | | 二 | | | | | | | | | | 二 |
| ○东安 | | | 二 | | | | | | | | | | 二 |
| ○慈利 | | | 一 | 一 | | | | | | | | | 二 |
| ○祁阳 | | | 一 | | | | | | | | | | 一 |
| ○桑植 | | | 一 | 一 | | | | | | | | | 二 |

续表

| 县名 | 班次 | | | | | | | | | | | | 统计 |
|---|---|---|---|---|---|---|---|---|---|---|---|---|---|
| | 六 | 七 | 八 | 九 | 十 | 十一 | 十二 | 十三 | 十四 | 十五 | 十六 | 十七 | |
| ○常德 | | | 一 | | | | | | | | | | 一 |
| ○郴县 | | | 一 | 一 | | | | | | | | | 二 |
| ○酃县 | | | 一 | | | | | | | | | | 一 |
| ○石门 | | | 一 | | 一 | | | | | | | | 二 |
| ○泸溪 | | | 一 | | 一 | | | | | | | | 二 |
| ○永明 | | | 一 | | | | | | | | | | 一 |
| ○耒阳 | | | | 一 | | | | | | | | | 一 |
| ○永顺 | | | | 二 | | | | | | | | | 二 |
| ○桃源 | | | | 二 | | | | | | | | | 二 |
| ○宁远 | | | | 二 | | | | | | | | | 二 |
| ○嘉禾 | | | | 一 | | | | | | | | | 一 |
| ○大庸 | | | | 一 | | | | | | | | | 一 |
| ○溆浦 | | | | 一 | | | | | | | | | 一 |
| ○汝城 | | | | 一 | | | | | | | | | 一 |
| ○黔阳 | | | | 一 | | | | | | | | | 一 |
| ○桂阳 | | | | 二 | | | | | | | | | 二 |
| ○资兴 | | | | 一 | | | | | | | | | 一 |
| ○麻阳 | | | | | 一 | | | | | | | | 一 |
| ○江华 | | | | | 二 | | | | | | | | 二 |
| ○临武 | | | | | 一 | | | | | | | | 一 |
| ○宜章 | | | | | 一 | | | | | | | | 一 |
| ○乾城 | | | | | 一 | | | | | | | | 一 |
| ○安乡 | | | | | 一 | | | | | | | | 一 |
| ○道县 | | | | | 一 | | | | | | | | 一 |
| ○龙山 | | | | | 一 | | | | | | | | 一 |
| ○澧县 | | | | 二 | | | | | | | | | 二 |
| ○桂东 | | | | | | | | | | | | | 一① |
| ○江西 | | | | | | | | | | | 一 | | 一 |

注：现非本学区之各县均识以圈。表中原数据有误之处在其后括注正确数据。

资料来源：湖南第一师范学校：《湖南省立第一师范学校志》，内部刊物，1918，表第三。

---

① 表中未列人数，但统计人数为一人，据此可知表中当有疏漏数字。

## 第二节　早期湖南一师的男女同校

女性与男性一样接受教育，是妇女解放的一个重要标识，纵观国内外历史，女性去学校接受教育，经历了一个曲折的历史发展过程。而湖南一师在湖南师范院校中首开女禁，招收女生来校学习，进行教育改革，成为湖南教育界乃至全国教育界中的一段佳话。

### 一　男女同校的发展历史

清末，在开办新式教育时，所招收学生均为男生，并无女生。这无论是从 1902 年颁布的《钦定蒙学堂章程》《钦定小学堂章程》《钦定中学堂章程》《钦定高等学堂章程》，还是从 1903 年公布的《奏定初等小学堂章程》《奏定高等小学堂章程》《奏定中学堂章程》《奏定优级师范学堂章程》《奏定高等学堂章程》等都可以看出来。而 1903 年公布的《奏定初级师范学堂章程》更是明言公共场所不便于设立女子学校：

> 外国初级师范学堂，除男子初级师范学堂外，有女子初级师范学堂；有一师范学堂而学生分男女并教者。但中外礼俗不同，未便于公所地方设立女学，止可申明教女关系紧要之义于家庭教育之中。[①]

虽然国外既有女子师范学校，也有男女同校的师范学校，但中国与外国礼俗不同，如果要实行女子教育，也只能选择一些重要的问题在家庭中实行教育。

---

① 舒新城编《中国近代教育史资料》中册，人民教育出版社，1981，第 666 页。

实际上，早在 1897 年时，梁启超就呼吁要设立女子学堂，《倡设女学堂启》云：

> 夫男女平权，美国斯盛。女学布濩，日本以强。兴国智民，靡不始此。三代女学之盛，宁必逊于美日哉？遗制绵绵，流风未沫，复前代之遗规，采泰西之美制，仪先圣之明训，急保种之远谋。海内魁杰，岂无恫游民土番之害者欤？傀傀窭溺，宁忍张目坐视而不一援手欤？仁而种族，私而孙子，其亦仁人之所乐为有事者也！天下兴亡，匹夫有责，昌而明之！推而广之！乌乎！是在吾党也矣！①

梁氏认为，美国、日本之所以强盛，有一个原因是男女均能接受教育。我国古代有很好的女子教育，而且不比日美弱，这种良好的传统应当恢复。然而，梁氏所呼吁的这一举措在十年后才有所进展。1907 年，清廷学部公布了《奏定女子小学堂章程》《奏定女子师范学堂章程》，明确提出女子学校，女子在公共场所可接受教育。《奏定女子小学堂章程》云：

> 第一节 女子小学堂以养成女子之德操与必须之知识技能并留意使身体发育为宗旨。
>
> 第二节 女子小学堂与男子小学堂分别设立不得混合。
>
> 第三节 女子小学堂分为女子初等小学堂女子高等小学堂，两等并设者名为女子两等小学堂。
>
> 第四节 女子初等小学堂使七岁至十岁者入之，女子高等

---

① 舒新城编《中国近代教育史资料》下册，人民教育出版社，1981，第 790 页。

小学堂使十一岁至十四岁者入之。①

该章程不仅提出了女子教育的宗旨，还明确了女子接受教育的年龄阶段，同时，也将男女教育严格分开。1912 年 9 月，临时政府教育部公布《师范教育令》，也明确提出在公共场所实行女子教育，其云：

师范学校以造就小学校教员为目的。

专教女子之师范学校称女子师范学校，以造就小学校教员及蒙养园保姆为目的。

高等师范学校以造就中学校、师范学校教员为目的。

女子高等师范学校以造就女子中学校、女子师范学校教员为目的。②

《师范教育令》明确规定，既要设立女子师范学校，以培育小学教师、幼儿园教师，还要设立女子高等师范学校，以培育女子中学校和女子师范学校师资。这一点较"壬寅学制"和"癸卯学制"有了很大的进步，但仍然是男女有别，男子在一般的学校接受教育，女子在女子学校接受教育。而真正实现男女同校的只有小学校。1912年 1 月 19 日颁行《普通教育暂行办法》，提出"初等小学校可以男女同校"，③ 同年 9 月 28 日公布的《小学校令》云：

初等小学校之教学科目为修身、国文、算术、手工、图画、唱歌、体操；女子加课缝纫。④

---

① 舒新城编《中国近代教育史资料》下册，人民教育出版社，1981，第 792～793 页。
② 舒新城编《中国近代教育史资料》中册，人民教育出版社，1981，第 700～701 页。
③ 李友芝等：《中国近现代师范教育史资料》4 册，内部发行，1983，第 1535 页。
④ 李友芝等：《中国近现代师范教育史资料》2 册，内部发行，1983，第 149 页。

又云：

> 高等小学校之教学科目为修身、国文、算术、本国历史、
> 地理、理科、手工、图画、唱歌、体操；男子加课农业，女子
> 加课缝纫。[①]

儿童阶段可以允许男女同校，年龄稍长就不允许。随着新文化
运动与五四运动的发展，男女平权的讨论极为激烈，深入人心，而
男女同校也有了真正的进展。1919 年前后，邓春兰致信北京大学校
长蔡元培，请求北京大学接受女性进补习班，得到蔡元培的肯定，
她又请愿争取大学开放女禁。1920 年，王兰向北京大学教务长陶孟
和提出到哲学系听课，得到许可。从 1920 年开始，有王兰、邓春
华、韩恂华、赵懋芸、赵懋华、杨寿璧、程勤若、奚浈、查晓园等
人去北京大学听课。[②] 继北京大学之后，北京高等师范学校、南京高
等师范学校、南开大学、河北大学等相继招收女生。除了大学之外，
中学也相继出现男女同校的现象，1920 年 9 月，北京等地女校学生
向教育部请愿，要求女校与男校平等，教育部未置可否，但男女同
校已成必然趋势。1921 年，北京高等师范学校附属中学首开招收女
生的风气，随之湖南长沙岳云中学、广东执信学校也开放招收女生。
1922 年，全国又出现六所中学实行男女同校。同年 11 月 1 日，教育
部颁布《学校系统改革令》，开始实行初等教育、中等教育、高等教
育的单轨制，不再区分男女。[③] 女性教育进入一个新的时代。

---

① 李友芝等：《中国近现代师范教育史资料》2 册，内部发行，1983，第 149 页。
② 徐彦之：《北京大学男女共校记》，《少年世界》（上海 1920）第 1 卷第 7 期，
1920 年，第 36～47 页。
③ 李友芝等：《中国近现代师范教育史资料》2 册，内部发行，1983，第 264～
268 页。

## 二 早期湖南一师的男女同校

湖南一师是所有中等师范学校中较早实现男女同校的学校。记载其男女同校的具体时间的有三则材料。一是《湖南第一师范校史（1903～1949）》，其认为湖南一师从 1921 年开始招收女生（第 21班），其云：

> 一师从 1921 年第 21 班开始招收女生，这是当年轰动一时的新事物，是反封建的最显著、最突出的措施，曾引起了湖南教育界乃至社会各界的很大震动。当新招来的女同学入校与男同学在一起学习时，很多人经常在教室外面观看，在市民中传为奇谈。但时间久了，便习以为常。后来，中等学校男女同校的风气在整个湖南也逐渐传播开来了，终于形成了制度。在招收女生、男女同校这项改革中，易培基校长起了带头作用。他把自己的女儿易漱萍首先送到学校学习。一师第一次招收的女学生中，后来一部分人成了党的妇女干部。如解放后担任全国妇联书记处书记的曹孟君同志，就是当年一师第一次招收的第21 班的女生。①

二是黄慧珠《曹孟君传略》，其提出湖南一师 1923 年开始实行男女同校，招收女生，其云：

> 1923 年，湖南省立第一师范开始实行男女同校，招收女生。孟君和周南女校一起交白卷的同学，冲破旧礼教的束缚，

① 《湖南第一师范校史》编辑部编《湖南第一师范校史（1903～1949）》，上海教育出版社，1983，第 160 页。

考进了省立第一师范学校。校长易培基发扬"五四"精神，在校内提倡科学，主张民主，使孟君在这里呼吸到一些自由的空气。她开始阅读《民国日报》、《新青年》、《觉悟》等进步报刊，以及《复活》、《父与子》、《傀儡家庭》等文艺名著，参加了同学们组织的思想、学术讨论，开始了她的思想启蒙时期。①

三是 1924 年的《妇女周报》第 23 号所载石清《湖南省立第一师范男女同校底经过》一文，提出湖南一师男女同校为 1922 年下半年，其云：

> 这几年来，中国讲妇女问题的人，渐渐地多起来了。讲得最热闹的，尤其是男女同校，妇女参政等问题。这种运动是很需要的。我们当然要说那是很好的现象，然而纸上谈兵，是不行的。不然，理论自理论，事实自事实，所以我们不能离开事实去讲理论。若是只做些高调的文章，而不从实际上去着手，终不能有达到目的的一天。
>
> 长沙省立第一师范底办事人，都是热心实际上的妇女运动的。同时又为打破"男女授受不亲，七岁不同席"等的谬误起见，便毅然决然地实行男女同校了。民国十一年，湖南全省师范开联席会议，一师提议男子师范招收女生，这个议案，当即通过，呈请省政府拨款经费实行，省政府却轻轻地以"经费支绌，应暂缓行……"等话一笔批销。然而一师办事人，以男女同校为现代妇女解放唯一的急务，仍独为其难，于是年下期招

---

① 黄慧珠：《曹孟君传略》，载中国人民政治协商会议全国委员会文史资料研究委员会《文史资料选辑》编辑部编《文史资料选辑》（合订本）第 17 册，中国文史出版社，1989，第 68~69 页。

收女旁听生二十余名，按照程度高下，编级授课，到现在，已
将近一年了。①

　　根据上述三种记载，湖南一师当为1922年下半年开始招收女生旁
听，实行男女同校，而1923年曹孟君报考湖南一师时，湖南一师
早已允许了男女同校这种行为，故黄慧珠《曹孟君传略》记载
"1923年，湖南省立第一师范开始实行男女同校，招收女生"云
云，《湖南第一师范学校史（1903～1949）》记载应当有误。

　　至于当年男女同校的具体情况，石清《湖南省立第一师范男女
同校底经过》记载得很详细，石文主要从生活、求学、交际三个方
面来展开，其云：

　　　　就我个人观察到的，分作三项，叙述于下：（一）生活方
面；（二）求学方面；（三）交际方面。②

首先是生活方面，因为男同学全部住校，教职工也多有住校，因此
将本校同学会会址开辟为女生宿舍，并聘任指导员，女生宿舍生活
设施并不完善。女生伙食是自费的，一学期交20元大洋，吃饭地
点在宿舍，与男同学分开。此外，女生不怎么进行体育运动，石
文云：

　　　　生活方面，范围很广，我限于时间，只能抽象地稍写一点
出来，并分为下列几项：

---

① 石清：《湖南省立第一师范男女同校底经过》，《妇女周报》第23号，1924年1
月23日，第1～2版。
② 石清：《湖南省立第一师范男女同校底经过》，《妇女周报》第23号，1924年1
月23日，第2版。

（一）居住　一师范校因校舍不十分广阔，男同学皆住校，教职员亦多留堂，所以不得不另辟一女生寄宿舍，舍址即本校同学会的会址。又专聘任一位女生指导员，指导伊们一切事宜。宿舍距学校不过四十丈远，所以伊们来上课，也不觉得困难。至于设备一方面，学校里限于经费，不能算得十分完善。

（二）会食　伊们的膳费是自备的，每人于入学之先，预缴本期膳宿费洋二十元，伊们的火食是请厨夫包办的。当然，伊们吃饭在宿舍，不与我们一起的。

（三）运动　讲到运动，我不禁替伊们担忧。本来，自治会体育科，为伊们便利运动起见，另辟一篮球场于寄宿舍之前坪，预备伊们运动的。然而伊们运动的，竟寥若晨星，及至散假，还是一个簇簇新新的篮球交还体育科，今年上期，将冬季运动篮球取销〔消〕，设立夏季运动球场四个，使同学自由组织，以八人为一组。当报名之时，伊们也有二组，我以为伊们定要来锻炼身体了，谁知竟大谬不然，伊们仅来练习过二三次，便不练习了，并且有绝对不运动的。[①]

至于求学方面，男生和女生基本上不交谈，上课时女生集中坐在一起，从不更换座位，自修时女生也是集中在另一边，与男生隔开。女生的自修比男生要勤奋，其成绩也不比男生差。女生参与了学校的社团，主要是崇新学社、飞鸟社、文学研究会、史地学会、英语学会、美术研究会，其中以参与崇新学社的人数为最多，这也在一定程度上反映出马克思主义对时人的影响力之大。其余学社如明社、儿童文学研究会、小学教育研究会等无一人参加。对于美术，

---

[①]　石清：《湖南省立第一师范男女同校底经过》，《妇女周报》第23号，1924年1月23日，第2版。

女生很上心，学校图画教室陈列展览的作品有一半为女生作品。然而，女生的手工成绩相比美术来说，需要进步的空间还很大。石文云：

> 求学方面，现在要讲到求学方面来了。伊们求学，真比男同学勤快得多。所以伊们的功课，多不弱于男同学，并且多有比男同学更优胜的。现在分几项来说：
>
> （一）上课　我们能够与伊们一同读书的，就在这个地方，不过也是很隔阂的。学校里本来编定伊们坐前面的，后来有几位同学，眼睛是近视的，所以他们要坐在头排，伊们也就让了。然而伊们总是只和同性交谈，从不与男同学接谈。即使有之，也不过一二次的例外，有时只有一个女同学来上课，伊情愿闷坐，绝不与男同学接谈，坐〔座〕位也是伊们几个坐在一块，从不杂乱的。从开学日起，到散假日止，伊们从不更换坐〔座〕位的。
>
> （B）自修　一师校采用自治分区制，将全校分为七区。女同学的寄宿舍，照例编为八区。我们的自修室与寝室，是在一块儿的，所以自修，伊们也与我们隔开的，完全不能交换个性。至于伊们的勤惰，我略微知道一点，因为我有一位同学，比较别的同学，与伊们接近的机会多些，所以时常到伊们自治区域里去。据我的朋友说，伊们的自修，比我们勤恳得多了，下了课回去，就做自修工夫，绝不荒废光阴的。伊们的课程所以不劣于男同学，这也是绝大的原因。
>
> （C）各学会加入的踊跃　一师校学会之多，恐怕占湖南各学校之首，这并不是我过事夸张，事实确是如此。现在列表于下，并注明伊们加入各学会人数。

| 名称 | 女同学加入人数 | 会的宗旨 | 会员总数 |
|---|---|---|---|
| 崇新学社 | 十二人 | 马克斯〔思〕主义 | 五十余人 |
| 明社 | | 安那其主义 | 四十余人 |
| 飞鸟社 | 三人 | 文艺 | 十六人 |
| 儿童文学研究会 | | 儿童文学 | 十余人 |
| 工学会 | | 工读主义 | 十余人 |
| 文学研究会 | 二人 | 文学 | 三十余人 |
| 俄文学会 | | 俄语 | 六十余人 |
| 国语学会 | | 国语 | 四十余人 |
| 音乐作曲研究会 | | 音乐作曲 | 十余人 |
| 史地学会 | 二人 | 史地 | 二十余人 |
| 日文学会 | | 日语 | 六十余人 |
| 英语学会 | 二人 | 英语 | 二十余人 |
| 美术研究会 | 七人 | 美术 | 三十余人 |
| 小学教育研究会 | | 小学教育 | 十余人 |

　　这个表是将各学会都属在上面，来比较比较，看伊们研究学术的兴味，其中以崇新学社为最多，于此我们可见伊们研究主义的兴味了。然而儿童文学研究会，音乐作曲研究会，小学教育研究会等，竟没有一人加入，未免引为遗憾。

　　（D）美术　一师校的图画，从十一年起，完全改授西洋画，女同学善于美术的占大多数，引为伊们细心研究，所以对于美术一科，很多使人欣美的地方，图画教室所陈列的图画成绩品，有一半是伊们的。拿手工与图画来比较，则相差太远了，手工成绩几乎没有好的。我希望女同学对于手工，也与图画一样的发展。①

---

① 石清：《湖南省立第一师范男女同校底经过》，《妇女周报》第 23 号，1924 年 1 月 23 日，第 2 版。其中"（一）上课"应作"（A）上课"，以与后面"（B）自修"等相应，此处保留原文，未做改动。

关于男女同学之间的交往，还是有不少不自然之处，"交际一事，实在难说，因为男女开始解放，终不免有不自然之处，正好似一个已经缠过足的女子，骤然放足，终不及天足者的自然"。交往主要有"私人交际"和"会场的交际"。"私人交际"基本上是同乡或亲友交往比较多：

> 或者是同乡的，或者是亲友，比较不相关的同学，自然多有些交际的机会，以我一个人而论，既没有同乡的女同学，而又不善于交际，真有"老死不相往来"之概。①

"会场的交际"则虽然男女同学有交往的机会，但男女同学交往极少：

> 各学会开会，或自治会办公的时候，男女同学当然有交际的机会了。但是，终限于少数同学，大多数人总没有交际的机会。交际最有机会的，以各学会为最多，一来是同志，二来时常开会，三来有切实讨论的机会，自然而然地不见隔阂了。②

而对于女同学的健康，则认为她们健康欠佳，有的还患有难治之症：

> 固然，女性的身体要比男性柔和些，生理上也有些不同，但是，伊们并不只是柔和，确是不健全。同学二十余人中，依我的观察，有六七个有病的，内中有一二个，患的还是肺病。③

---

① 石清：《湖南省立第一师范男女同校底经过》，《妇女周报》第23号，1924年1月23日，第2版。
② 石清：《湖南省立第一师范男女同校底经过》，《妇女周报》第23号，1924年1月23日，第2版。
③ 石清：《湖南省立第一师范男女同校底经过》，《妇女周报》第23号，1924年1月23日，第2版。

此外，该文还认为"女子智力与男子同等"，而且"女性善于交际"：

> 女性说话，声音常特别嘹亮，谈话常井井有序，并且伊们偶然与男同学交际时，态度个个都是很好的。①

而且"女性较男性可亲"：

> 但以我这一年来的观察，却得其反，伊们对于什么人，都不加以妒嫉之心，尤其对于小孩子，是极力的爱护，对于同学，总是现出两颊的笑容。②

总之，早期湖南一师开了招收女生之风气。虽然男女同校时，存在男女同学之间交往较少、女同学手工尚需进步、几位女同学健康欠佳等情况，但更多的是发现男女智力同等且女性学习勤奋、积极接触先进思想（马克思主义）、可亲、善于交际等优点，这一切对湖南的早期女性教育以及后来普遍的男女同校，乃至马克思主义的传播做出了重要贡献。

---

① 石清：《湖南省立第一师范男女同校底经过》，《妇女周报》第 23 号，1924 年 1 月 23 日，第 3 版。
② 石清：《湖南省立第一师范男女同校底经过》，《妇女周报》第 23 号，1924 年 1 月 23 日，第 3 版。

第三章

# 湖南一师早期学生群体的家庭与教育

湖南一师早期学生来自不同的家庭，而每个人又有不同的教育经历，家庭出身与早期教育造就了这些人物不同的性格和对社会的不同认识。这些重要因素，促使很多人最终走向了不同的目标，还有一些人走向了另外一条道路。但不管选择如何，均呈现了他们当年对中国前途命运的一种思考。考察他们的家庭背景与教育背景，有助于分析他们性格的形成及成长道路上的人生转变。

## 第一节　早期湖南一师学生的家庭背景

湖南一师早期学生的家庭背景有很大的差异。他们有的出身富裕家庭，有的出身贫困家庭；有的来自医生家庭，有的来自商人家庭。也有不少人家庭情况复杂，有的既从事教师职业，又从事医生职业；有的家庭既务农，又行医。整体上来说，这些学生大多数来自湖南的农业县区，虽然湖南一师实行免费教育，但由于条件所限，能够通过湖南一师严格招考的贫民子弟极少。许多家庭在职业上相对较为复杂，而且许多学生还接受了良好的教育。下面我们在所掌握的史料基础上举例分析。

## 一　农民家庭

### 1. 不太富裕的农民家庭

湖南一师早期学生不少出身不太富裕的农民家庭，如 1903 年入学一师的文怀亮就出身农民家庭。桂堂《文怀亮烈士》云：

> 文怀亮，字经酉，宁乡县同文镇人。一八七一年出生于一个农民家庭。他是前清县学生员，毕业于湖南师范馆。[①]

桂氏指出文怀亮出身农民家庭，而湖南省革命烈士传编纂委员会所编《三湘英烈传》（第 5 卷）更为详细，其云：

> 文怀亮家境贫寒，父母以卖豆腐为生。因为他是幼子，父母还愿意送他入塾读书，不过要和三个哥哥一样轮流挑豆腐到街上去卖。他哥哥卖豆腐往往要半天，有时要卖到下午才能回来；而他则将豆腐给熟人送上门去，很快就卖完了，一点也不耽误课读的时间。由于学有功底，后又考取湖南优级师范学堂。因受资产阶级民主革命的影响，他响应同盟会"驱除鞑虏，恢复中华，建立民国，平均地权"的号召，于 1908 年加入同盟会。回宁乡后，任云山学堂堂长，并锐意进行教育改革。首先，他联络省县开明士绅，呈报巡抚批准，将校产划归学堂管理，扩充经费来源，〔;〕其次，他大力提倡新学，以课堂教学代替过去书院式的点读和日课；再次，他在云山附设平民学校，吸收附近贫苦农民子弟免费入学；

---

① 桂堂：《文怀亮烈士》，载宁乡人民革命史编写组《宁乡人民革命史》，湖南人民出版社，1983，第 266 页。

还有是呈准县署将水云寺产移作云山校产，扩建校舍，添造校具，扩大云山学堂规模。接着，玉潭学堂也照样办理，使办新学堂初步在宁乡形成风气，奠定了宁乡教育事业的良好基础。[①]

不但指出文氏家境贫寒，其父母以卖豆腐为生，还描述了文氏兄弟一起卖豆腐的情形。虽然文氏家中不太宽裕，但其父母至少在经济上还是可供文怀亮上学的。再如 1919 年入学的蒋砚田，其家亦与文家类似，易德林、康新民《蒋砚田》云：

> 蒋砚田，又名蒋宏根，曾用蒋云禄化名。1898 年 2 月 19 日生，宝庆县（今邵阳县中和乡红湾村）人。他有四弟一妹，全靠父亲打工、抬轿和母亲卖豆腐，维持生活。他七岁入塾读书，高小毕业后，曾弃学务农。1919 年秋，他二十一岁时，得族房资助，考入湖南省立第一师范学校。1923 年，加入社会主义青年团，1925 年，参加中国共产党。[②]

蒋氏家中兄弟姐妹多，靠其父打工、抬轿、母亲卖豆腐为生，生活不易，但基本上还是供应蒋氏读完高小。

除了文氏、蒋氏这些家庭尚可供应读书的外，还有一些学生家境较为贫寒，无力供读，这些学子后来在得到家族或亲友资助下才有读书的机会，如后来成为一师校长的张干正是如此。苏绍如《我所知道的张干先生》云：

---

① 湖南省革命烈士传编纂委员会编《三湘英烈传》第 5 卷，湖南出版社，1989，第 186 页。

② 易德林、康新民：《蒋砚田》，载湖南省革命烈士传编纂委员会编《三湘英烈传》第 4 卷，湖南人民出版社，1988，第 187 页。

　　张干先生，字次苍〔仑〕，新化县大同镇西冲黄土墈（今新邵县坪上区坪上乡）人。生于 1884 年 11 月 12 日，1967 年 1 月 22 日在长沙病逝，终年 83 岁。

　　张干先生出身清贫，自幼丧父，兄弟二人与母亲相依为命，常常过着上餐不接下餐的日子，7 岁，就上山捡柴、看牛、割草。每当经过塾馆时，他就要躲在外面听一阵。8 岁，碰上了一位好心的塾师，向族长们游说，资助他读书。

　　入塾以后，塾师发现他聪慧过人，勤奋好学，就因材施教，并作特殊辅导。在学习中，显出了他的才华，获得了族长们的器重，决定从族产中再拿出一点钱资助他深造。这只不过是杯水车薪，不解决问题。他的哥哥张攸风，看到弟弟学习成绩优异，心中乐开了花。为了继续供弟弟读书，他学会了打豆腐的手艺。1903 年 8 月，张干考入湖南中路优级师范，选修物理、化学两科。修业 5 年半，获师范举人称号。1908 年 3 月毕业后，留校任教。[①]

张干年幼丧父，上餐不接下餐，还干过上山捡柴、看牛、割草等事情，家里无法供其上学，后来得到张氏家族资助才得以入学，但这还不能彻底解决问题，其兄长还得打豆腐供读。再如 1908 年入学的李云杭，亦由亲友资助上学。孙海林主编的《湖南第一师范名人谱（1903～1949）》云：

　　李云杭（1894—1969），字舜生。湖南湘阴人。教育教学专家。1908 至 1913 年就读于湖南第一师范本科第 1 部第 1 班。后于

---

① 苏缙如：《我所知道的张干先生》，载中国人民政治协商会议湖南省委员会文史资料研究委员会编《湖南文史资料》第 28 辑，湖南人民出版社，1987，第 46 页。张干 1903 年入学似有误，似应为 1905 年，见后表 3-1 中注释。

1918 年任一师附小主任教员，1927 年任一师附小教导主任。

父早丧，由二姐抚养并供送读小学至工业学校预科及湖南一师（时称湖南中路师范学堂）。[①]

李氏父亲早年去世，家庭情况不佳，由二姐抚养并供其上学，直至进入湖南一师，其家之艰难可想而知。

除了上述情况外，还有一种情况，即家中有土地，经济情况一般，如 1913 年入学（1914 年转入一师）的贺果，严怪愚《忆贺曼真老人》云：

贺曼真，原名模，字范钦，湖南邵东县樌江乡马王塘人。生于 1879 年 3 月 16 日，1967 年夏逝世，享年 89 岁。兄弟 4 人，老人居长。二弟巨钦，务农。三弟贺果，号培真，湖南第一师范学校毕业，与毛泽东同班同学。曾赴法国勤工俭学，与周恩来同在一个马列主义学习小组。时中国北洋军阀向法国政府借款，留学法国的学生推 104 人为代表极力阻止，培真即代表之一，被法国政府押送回国。回国后，即从事共产党的工作。现为全国政协委员，贵州省政协副主席。四弟贺楷，号抱真，即国际闻名音乐家贺渌汀先生，全国政协常委、全国文联副主席及全国音协副主席。

父生春，自耕农，得祖产三亩半，辛勤劳动一生。[②]

贺氏之父贺生春为自耕农，分有祖产三亩半，加上辛勤劳动，得以

---

① 孙海林主编，湖南省第一师范学校编《湖南第一师范名人谱（1903～1949）》，内部刊物，2003，第 190 页。

② 严怪愚：《忆贺曼真老人》，载中国人民政治协商会议邵阳市委员会文史资料研究委员会编《邵阳市文史资料》第 10 辑，内部刊物，1988，第 239 页。

供贺果上学。贺氏兄弟巨钦务农，由此可见贺氏家中经济条件一般。

2. 富裕的农民家庭

一师学子除了有许多出身于家境一般的农民家庭外，还有不少出身于富裕的农民家庭，如 1903 年入学一师的罗元鲲，其家为富裕农民。罗训森《中华罗氏通谱》（第 2 册）云：

> 罗元鲲，号瀚溟，湖南省新化人。1882 年出生于新化县敦信团利乡（今洋溪镇）寨边村的一个富裕农民家庭。他自幼聪明好学，14 岁即考入湖南新化县实业学堂。1898 年因病肆业后，一边在家乡授徒，一边自修，终在 1903 年"师范教育创设"之时，考取湖南省立第一师范的前身——湖南全省师范学堂（次年改为湖南中路师范学堂）。1906 年底，从中路师范学堂毕业，"成绩冠首，监督谭延闿留其在堂服务，不就而归"。[①]

罗氏出身于富裕农民家庭，而且罗氏在因病肆业实业学堂后，一边授徒，一边自修，可见其经济条件较为不错。又如 1913 年入学（1914 年转入一师）的毛泽东，其家亦为富农。中共中央文献研究室所编《毛泽东年谱（1893～1949）》云：

> 祖父毛恩普，字寅宾，一生贫苦，勤劳厚道。父亲毛贻昌，字顺生，原为贫农，曾因负债被迫当兵多年。他治家谨严，善于经营，由贫农变为中农，后又成为富农。他性情暴躁，对子女要求严厉。母亲文氏（文七妹），勤俭持家，敦厚慈祥，和善好施，乐于助人。胞弟毛泽民、毛泽覃，继妹毛泽建。[②]

---

① 罗训森主编《中华罗氏通谱》第 2 册，中国文史出版社，2007，第 927 页。
② 中共中央文献研究室编《毛泽东年谱（1893～1949）》上卷，中央文献出版社，2013，第 1 页。

毛泽东家庭原来为贫农，后因其父善于经营，治家严谨，从贫农变成了中农，最后又变成了富农。毛泽东入学一师时，家中经济条件较为富裕。

## 二　手工业者家庭

有些学生来自手工业者家庭，如 1922 年入学一师的袁国平，他就来自手工业工人家庭。《新四军和华中抗日根据地人物辞典》（上）云：

> 袁国平（1906～1941），原名袁幻成，又名袁裕，字醉涵，笔名最寒。1906 年 5 月 26 日生于湖南省宝庆县梅神村袁家台村（今属邵东县）的手工业工人家庭。[①]

又湖南省革命烈士传编纂委员会所编《三湘英烈传》（第 6 卷）云：

> 袁国平，原名袁裕，字醉涵，曾用笔名最寒。1906 年 5 月 26 日生，宝庆（邵阳）东范家镇（今属邵东县）人。六岁读私塾，后入宝庆循程小学。他聪颖好学，又见义勇为，乐于助人。同学袁磊明家境困难，交不起学费，他就向学校建议，准许袁磊明半工半读，即课余干些擦拭教室煤油灯罩等事，免去袁的学杂费负担。在他的多方帮助之下，袁磊明得以支撑到毕业。但他自己家里也同样贫困，特别在他读小学时，父亲不幸病逝，使得他刚读完小学也不得不辍学在家，帮助哥哥弹棉花以维持生计。[②]

---

① 中国新四军和华中抗日根据地研究会编《新四军和华中抗日根据地人物辞典》（上），中共党史出版社，2016，第 9 页。
② 湖南省革命烈士传编纂委员会编《三湘英烈传》第 6 卷，湖南出版社，1990，第 194 页。

袁家以弹棉花为业，袁国平六岁启蒙读书，虽然"聪颖好学"，但后因父亲病逝，家庭贫困而不得不中途辍学，帮助其兄长以弹棉花维持生计。

## 三　教师家庭

湖南一师有不少学生出身于教师家庭，有些因为家境贫寒，有些因为家庭变故，最终均靠他人资助上学。如 1903 年入学的陈天华，就是因家境贫寒而靠族人周济上学。《湖南省志》第 30 卷《人物志》（上册）云：

> 陈天华，原名显宿，字星台，亦字过庭，别号思黄，清新化县人。生于光绪元年（1875）。母早逝，父为塾师。陈天华 5 岁即随父读书，后家境贫寒，乃营小卖以自给，仍然好学不辍。……
>
> 光绪二十一年（1895），陈天华随父迁居新化县城，仍以提篮叫卖为生。后经族人周济，得入资江书院附读。[①]

董尚《陈天华传》所附《陈天华年谱》亦云：

> 1875 年　出生。陈天华，原名显宿，字星台，亦字过庭，别号思黄，出生于湖南新化县知方团（今荣华乡栗树凤阳坪），父亲陈善。
>
> 1879 年　5 岁。陈天华跟随父亲启蒙。
>
> 1883 年　9 岁。陈天华年少聪颖，已经能熟读《左传》，

---

① 湖南省地方志编纂委员会编《湖南省志》第 30 卷《人物志》上册，湖南出版社，1992，第 679 页。

常向人借阅史籍之类的书籍，尤其喜欢读传奇小说和民间说唱弹词。

1884 年　10 岁。陈天华母亲去世。

1895 年　21 岁。因生计所迫，陈天华跟随年近七十的父亲陈善到新化县城谋生，在资江书院借住。陈天华以提篮叫卖为生。

1896 年　22 岁。经族人周济，陈天华得以进入新化资江书院读书。①

虽然陈天华之父陈善为私塾教师，陈天华也从小随父启蒙，但由于父亲年迈，陈母去世，家境贫寒，陈天华不得不"以提篮叫卖为生"，最后得家族资助才得以上学。又如 1903 年入学的周鲠生，情况也颇为类似。周氏之女周如松所撰《周鲠生先生传略》云：

> 我父亲是湖南长沙人，原名周览，一八八九年出生于一个贫寒的教书先生家庭。他四岁丧母，十岁丧父，幸我祖父生前深受家馆东主苏先烈（当时的长沙知府）的敬重，孤儿得以留在苏家家馆中继续伴读。由于他聪慧过人，苏先烈对他十分器重。在他十三岁时，由苏先烈保举应试并考取秀才，以文章出众而名列案首，成为当时湖南省科举中的佳话，有"神童"之称。②

周氏出身于私塾教师家庭，年幼时父母去世，因父亲与私塾东家、长沙知府苏先烈关系不错，周鲠生才有机会继续"伴读"，后来苏

---

① 董尚：《陈天华传》，北京时代华文书局，2016，第 145～148 页。
② 周如松：《周鲠生先生传略》，载于北京图书馆《文献》丛刊编辑部、吉林省图书馆学会会刊编辑部编《中国当代社会科学家》第 5 辑，书目文献出版社，1983，第 153 页。

先烈又保举周氏考取秀才（周氏成年后，苏先烈又为周氏媒人）。
又戴安儒《毛泽东的老师——何炳麟》云：

> 何炳麟，别号迥程，1877 年 6 月 27 日（农历五月十七
> 日）出生在炎陵县（原酃县）中村乡龙塘村一个乡村教师家
> 庭。7 岁入蒙馆念书，后在本族的龙门书院及在县城梅岗书院
> 学习，1900 年参加衡州府试，考取了秀才。翌年考入武昌文
> 普学堂，1902〔1903〕年转学入湖南师范馆。1903 年考取官
> 费留日生，进东京工业学校电气科学习。1908 年 10 月回国
> 后，应聘在湖南高等实业学堂、省立优级师范堂、湖南第一师
> 范、长郡中学任教。他编写的《几何图学教科书》在 1910 年
> 出版，被长沙各中学采用为教材，名噪一时，故称何炳麟是湖
> 南制图教学的开山祖。[1]

何氏也出身教师家庭。

## 四 既从医又务农的家庭

有些学生家庭既从事农业生产，也从事医生等行业，一般而
言，这种家境都相对较好。如 1903 年入学的文启矗，就来自一个
既从医又务农的家庭。文席谋《回忆先父文湘芷的一生》云：

> 先父文启矗，字定源，号湘芷，祖居湖南省醴陵县（市），
> 生于前清光绪四年六月十一日（1878 年 7 月 10 日）。根据我祖
> 籍醴陵石羊族谱，为北宋名臣文彦博（1006～1097）之后，北

---

① 中国人民政治协商会议湖南省炎陵县委员会编《炎陵文史》第 7 辑，内部刊
物，2010，第 96 页。

宋时迁江西，明初始迁醴陵，到我父为32代，世代多务农。我伯祖父元辅，天资优异，靠自学成为当时县中有名的儒生，著有《礼文汇》等书，刊印于当世。可惜去世很早，家道由此中落。我祖父元选，字香圆，号瑞菊，因子女众多，日食困难，率领儿辈垦田筑室。那时山坡地还很多，开垦的田地例无田赋，一家男耕女织，日向小康。我祖父兼习医术，活人济世，地方声誉极高，乡人尊称为菊四公。我祖母出自本乡陈氏，聪明能干，贤淑慈祥，辅助她丈夫，且带着儿女媳妇纺纱绩麻、操持家务。我父在这样的环境长大，童年大部分时间在家开设的药业中协助检药及制药。直到他14岁那年，要求放弃药业，立志专心读书，以求上进，获得祖父同意，从此改变了他的一生。[①]

文家家道中落，文父带领家人开垦山坡地，男耕女织，生活越来越好，又加上文父行医，家中还开设有药业，文母带领儿媳纺纱绩麻，因此整体上属于经济情况较好的家庭。再如 1913 年入学（1914 年转入一师）的周世钊，其家庭情况也颇为类似：

> 周世钊（1897.3.12～1976.4.20），字惇元，又名敦元、东园。教育家。湖南宁乡人，出生于石子冲（离韶山冲 15 公里处）的一个农民家庭。父亲周润生，为人平和忠厚，原先开过药店，行过医，后改为务农。母亲是位慈祥、略通文墨的家庭妇女。周世钊兄弟姊妹有 7 人，他排行第 6，是惟一的知识分子。
>
> 周世钊 7 岁时，他父亲亲自教他读诵《大学》、《中庸》、

---

① 文席谋：《回忆先父文湘芷的一生》，载于中国人民政治协商会议湖南省醴陵市委员会文史资料工作委员会编《醴陵文史》第 7 辑，内部刊物，1990，第 4 页。

《论语》、《孟子》。他读四书和《三字经》、《千字文》等，都达到了背诵的程度。10 岁时，上小学读书。1913 年春天到 1918 年夏天，周世钊在湖南第四师范和第一师范修业了五年半。此间，与毛泽东同学。[①]

周世钊出生于农民家庭，但周父当过医生，开过药店，虽然后来务农，应属于家庭经济条件尚好的情况。[②] 其父亲亲自教授《大学》《中庸》《论语》《孟子》等，也属于知识分子。

## 五 既从教又从医的家庭

还有一些家庭，既从事农业生产，又从事教师职业，同时还行医，这类家庭也属于经济条件较为宽裕的情况。李剑农家庭即为此情况。萧致治《李剑农传略》云：

> 李剑农的家庭，在他出世前，曾经有过一番盛衰荣辱的变化。他的曾祖父是个大地主，但去世较早。曾祖父死时，祖父年龄尚幼，一切由伯祖父当家作主。而伯祖父是一个缺少管家经验的公子少爷。由于不会经理，田产很快被卖得精光。到他的祖父十五六岁时，家境日益贫困，变成了缺吃少穿的贫农，

---

① 周溯源编著《毛泽东评点古今人物》（修订版）（下），上海人民出版社，2012，第 196 页。

② 而《湖南省长沙师范学校校志（1912～1992）》所载《周世钊》认为周氏出身于贫困农民家庭，其云："周世钊，字惇元，号东园，男，光绪二十四年（1898 年）农历二月出生于宁乡县东湖塘炭子冲一户贫困的农民家庭。1913 年春，由宁乡选送到湖南第四师范入预科第一班学习；次年春，四师并入第一师范，与毛泽东同学六年。在校期间，任学友会文学部长，首批参加新民学会。1919 年，任《湖南通俗报》编辑。1921 年秋，考入南京东南大学，习教育和文学。"似不准确。见长沙师范学校校志编写委员会编写《湖南省长沙师范学校校志（1912～1992）》，湖南教育出版社，1993，第 125 页。

书也读不起了。幸亏得到外祖母家的援助，才渐次有所好转，慢慢由贫农上升到自给自足的中农经济水平。到他的父亲李梅丰一代，因为父亲教书兼行医，有点收入，大哥李福生从小劳动，又置买了些田地，家庭恢复到富农的地位。他的大哥长期从事农业生产，直到七十二三岁，还亲自下田耕种。到了李剑农手里，再买了一些田地。解放前，家中有山田四五十亩，交由他的侄儿管理，已变成一个小地主了。[①]

李氏祖上为大地主，后来遭受变故，家境变得贫困。但因外祖家中支持，李剑农之父教书且行医，又有兄长从事农业，购田置地，最终成为经济较为宽裕的家庭。

## 六　商人家庭

有些学生父祖从事商业，家境较好，如早年入学一师的魏焕吾（1906 年入学一师），即来自商人家庭。《湖南第一师范名人谱（1903～1949）》记载：

> 魏焕吾（1886—1961），字振翼，号焕吾。湖南岳阳市人。教育教学专家。1906 年 8 月至 1909 年 7 月，就读于湖南第一师范（时称湖南中路师范学堂）速成第 5 班。
>
> 世居岳阳市，父以贩布为业，初系行商，颇有积蓄，遂开店于南门外十字街，1920 年张敬尧溃退岳阳，魏家遭劫掠而停业。魏焕吾 6 岁入私塾，1904 年考取秀才。初入私塾时尚感兴趣，后学八股文，病其拘束，闻康梁倡议变法，长沙设有

---

① 萧致治：《李剑农传略》，载晋阳学刊编辑部编《中国现代社会科学家传略》第 3 辑，山西人民出版社，1983，第 206～207 页。

时务学堂，欲投考，不料百日维新失败，时务学堂被查封，求
学愿望成为梦幻。当时受《新民丛报》、《清议报》的影响，觉
非入学校不可。至 1906 年秋考取长沙中路师范学堂，受业于
主张变法的皮锡瑞老师门下。①

魏家经商，以贩卖布匹为业，且"颇有积蓄"，还自家开店，当属
于家境较好的情况。再如方克刚（1907 年入学一师），情况稍有不
同，但也较为类似。《湖南省志》第 30 卷《人物志》（下册）记载：

> 方克刚，字筱川，号阙庄，1884 年（清光绪十年）2 月生
> 于平江县长寿街。早年曾以授徒为业，旋学商贾四年。1907
> 年入长沙经正学堂学习，不久被录取中路师范（又改为湖南优
> 级师范）。毕业后，时值中路中学创设于妙高峰，1914 年（民
> 国 3 年）改名私立妙高峰中学，他接任校长，任职 30 年。②

方克刚自己早年以当教师为业，后来经商四年。此外，方家也经
商，《湖南省志》第 30 卷《人物志》（下册）云：

> 汤芗铭督湘时，学校津贴费锐减。为解决经费困难，他四
> 处奔走筹募，并将父亲经商积蓄捐出。③

从此条记载可见，方氏之父也从事商业，且有一定积蓄。方克刚弃

---

① 孙海林主编，湖南省第一师范学校编《湖南第一师范名人谱（1903~1949）》，内
　部刊物，2003，第 56 页。
② 湖南省地方志编纂委员会编《湖南省志》第 30 卷《人物志》下册，湖南出版
　社，1995，第 110 页。
③ 湖南省地方志编纂委员会编《湖南省志》第 30 卷《人物志》下册，湖南出版
　社，1995，第 110 页。

教从商，很大可能也受其经商家境环境影响。

1911 年后入学一师的学生，也有属于从商家庭的，如 1913 年入学第四师范、1914 年转入第一师范的柳宗陶，其家为木材商，《三湘英烈传》（第 8 卷）云：

> 柳宗陶，又名二吾，字加蔼，1894 年（清光绪二十年）12 月 1 日生，湘乡县城关镇（今为湘乡市）人。父亲柳吉顺，是个木材商。1910 年，他考入湘乡东山高等小学堂，与毛泽东一起编入戊班，后来又在湖南省立第一师范同学。
>
> 1918 年夏，他在一师毕业，一度去湘阴任教，后回到湘乡，仍以教学为业。[1]

再如 1924 年前后入学一师的音乐家吕骥，其家庭亦经商：

> 1909 年 4 月 23 日，吕骥出生在湘潭县城一个中产家庭，从小受到良好的教育，祖父以经商养家，从事生铁生意，家中拥有 60 亩田产，可说算得上丰实充裕。之后，由于几个伯父染上恶习，酗酒、吸食鸦片，家庭经济情况日益恶化，到吕骥出生时只剩下了约 30 亩土地，这些田地在当时成为吕家最主要的生活来源。[2]

吕氏祖父从事生铁生意，且有田亩，属于较为富裕的家庭，虽后来遭受变故，只剩 30 亩土地，亦能部分地维持生计。

---

① 湖南省革命烈士传编纂委员会编《三湘英烈传》第 8 卷，湖南人民出版社，1991，第 284 页。

② 李蒲星编著《湘籍近现代文化名人·音乐家卷》，湖南师范大学出版社，2011，第 182~183 页。

## 七　政府职员及其他家庭

有些学生来自政府职员的家庭，如蔡和森之父为小职员。《中共党史人物传：精选本·先驱卷》云：

> 蔡和森，湖南湘乡县永丰镇（今属双峰县）人。原双姓蔡林，名龢仙，字润寰，号泽膺，学名彬。1895 年 3 月 30 日生于上海。蔡家世代以经营"永丰辣酱"出名。祖父蔡寿菘，早年考过秀才未中，曾在曾国藩的湘军中任职，后被遣散回家，仍以经营"永丰辣酱"为业，生活颇为富裕。父亲蔡蓉峰承业后，因不善经营，家业逐渐衰落。1890 年，他把铺面租给别人，自己带着妻子前往上海，凭借岳家与曾国藩女婿聂辑椝的亲戚关系，在聂当总办的江南制造总局谋得了一个小职位。蔡和森就诞生在这里。[1]

蔡氏祖上从事商业，世代经营"永丰辣酱"，且其祖父在曾国藩湘军中任过职，生活较为富裕。后来有所衰落，蔡父谋得江南制造总局的职位，属于商业和政府小职员的家庭。

此外，还有一些情况，如李惠迪出身武秀才家庭，这种家庭不便于计入上述几种情况之中，但可视为是有功名的家庭。李于什、李于仕《追忆父亲李惠迪》云：

> 1893 年 11 月 12 日，父亲出生在长沙县东乡跳马涧坳子塘，小时在家放过牛，以后到私塾读书。因祖父是个武秀才，

---

[1]　中国中共党史人物研究会编《中共党史人物传：精选本·先驱卷》，中共党史出版社，2010，第 666 页。

他便随父习武。①

诚然，上述划分只是根据当前所掌握的史料来做的一番粗略分析，可能尚有未尽之处，但基本上刻画出了这群湖南一师早期学生群体的家庭情况，这群学生家庭背景极不相同，简明情况可见表3-1与表3-2。

表3-1　1911年前入学之部分学生统计

| 姓名 | 生卒年份 | 入学年份 | 入学年龄 | 科别 | 家庭背景 |
|---|---|---|---|---|---|
| 文怀亮 | 1871～1927 | 1903 | 32 | 速成科第1班 | 农民（卖豆腐为生） |
| 陈天华 | 1875～1905 | 1903 | 28 | 速成科第1班 | 父为塾师 |
| 周鲠生 | 1889～1971 | 1903 | 14 | 湖南师范馆 | 教师 |
| 文启鸓 | 1878～1925 | 1903 | 25 | 速成科第2班 | 医生 |
| 何炳麟 | 1877～1966 | 1903 | 26 | 速成科第2班 | 乡村教师 |
| 李剑农 | 1880～1960 | 1904 | 24 | 优级选科 | 父为塾师 |
| 张秉文 | 1880～1964 | 1904 | 24 | 优级选科 | 耕种为生 |
| 符定一 | 1877～1958 | 1904 | 27 | 速成科第2班 | 知识分子 |
| 向劼 | 1885～1957 | 1905 | 20 | 简易师范 | 商人 |
| 张干 | 1884～1967 | 1905② | 21 | 优级师范 | 兄卖豆腐为生，半工半读 |
| 方维夏③ | 1880～1936 | 1906 | 26 | 简易科 | 小康家庭，父为清修生 |
| 魏焕吾 | 1886～1961 | 1906 | 20 | 速成科第5班 | 商人 |

---

① 李于什、李于仕：《追忆父亲李惠迪》，载湖南省体育文史办公室编《湖南体育史料》第4辑，内部刊物，1984，第7页。

② 苏缙如《我所知道的张干先生》认为张干1903年考入湖南中路优级师范，修业五年半，1908年3月毕业，其云："1903年8月，张干考入湖南中路优级师范，选修物理、化学两科。修业5年半，获师范举人称号。1908年3月毕业后，留校任教。"苏氏为张氏任省省立第一临时中学师范部时的学生。而据《湖南省立第一师范学校志》(1918)，1905年"正月考取学生一百零八名，编为文科理科各一组"，理科即物理、化学，1903年尚未有优级师范，故苏氏之说当有误，张干入学应为1905年。

③ 方氏之生年1880年及家庭背景引自方大铭、曹继肖《方维夏》，载胡华主编、中共党史人物研究会编《中共党史人物传》第46卷，陕西人民出版社，1991，第216页。该书中记载方维夏1908年入学，与《湖南第一师范名人谱(1903～1949)》不一致，见该书第219页。

续表

| 姓名 | 生卒年份 | 入学年份 | 入学年龄 | 科别 | 家庭背景 |
|---|---|---|---|---|---|
| 罗元鲲 | 1882~1953 | 1906 | 24 | 速成科第 3 班 | 富裕农民家庭 |
| 李惠迪 | 1893~1952 | 1907 | 14 | 简易科 | 父为武秀才 |
| 李云杭 | 1894~1969 | 1908 | 14 | 本科第一部第 1 班 | 父早丧，由二姐抚养、供读 |
| 文士员 | 1893~1965 | 1910 | 17 | 本科第一部第 2 班 | 幼家贫，族人资助就学 |
| 徐钰礼 | 1897~1968 | 1910 | 13 | 本科第一部第 3 班 | 开明绅士 |
| 吴起鹤 | 1892~1969 | 1910 | 18 | 本科第一部第 4 班 | 书香世家，小康家庭 |
| 萧子升 | 1894~1976 | 1911 | 17 | 本科第一部第 3 班 | 书香世家，父为教育家 |

资料来源：孙海林主编，湖南省第一师范学校编《湖南第一师范名人谱（1903~1949）》，内部刊物，2003。

### 表 3-2　1911 年后入学之部分毕业生统计

| 姓名 | 生卒年份 | 入学年份 | 入学年龄 | 科别 | 家庭背景 |
|---|---|---|---|---|---|
| 萧三 | 1896~1983 | 1912 | 16 | 本科第一部第 3 班 | 书香世家，父为教育家 |
| 蔡和森 | 1895~1931 | 1913 | 18 | 本科第一部第 6 班 | 政府职员 |
| 毛泽东 | 1893~1976 | 1913 | 20 | 本科第一部第 8 班 | 农民家庭 |
| 贺果 | 1893~1970 | 1913 | 20 | 本科第一部第 8 班 | 农民家庭 |
| 柳宗陶 | 1894~1939 | 1913 | 19 | 本科第一部第 10 班 | 父为木材商人 |
| 彭家煌 | 1898~1933 | 1915 | 17 | 本科第一部第 12 班 | 贫寒农民家庭 |
| 夏曦 | 1901~1936 | 1917 | 16 | 本科第一部第 16 班 | 私塾教师家庭 |
| 方奎 | 1897~1970 | 1917 | 20 | 本科第一部第 17 班 | 家贫，11 岁随父亲种田 |
| 蒋砚田 | 1898~1930 | 1919 | 21 | 本科第一部第 18 班 | 父亲打工、抬轿，母亲卖豆腐 |
| 方壮猷 | 1902~1970 | 1919 | 17 | | 幼年随祖母讨饭 |
| 郭亮 | 1901~1928 | 1920 | 19 | 本科第二部第 3 班 | 塾师家庭 |
| 刘子载 | 1905~1972 | 1920 | 15 | 本科第一部第 21 班 | 父以提泥鳅、卖柴炭为生 |
| 袁也烈 | 1899~1976 | 1921 | 22 | 本科第一部第 21 班 | 父为秀才，以教书种田为业 |
| 肖述凡① | 1901~1926 | 1921 | 20 | 本科第一部第 22 班 | 世代务农 |

---

① 也作"萧述凡"，见《湖南第一师范名人谱（1903~1949）》，第 265 页。

续表

| 姓名 | 生卒年份 | 入学年份 | 入学年龄 | 科别 | 家庭背景 |
|---|---|---|---|---|---|
| 谢善继 | 1903～1980 | 1921 | 18 | 本科第一部第21班 | 祖辈务农，兼营商业 |
| 向五九 | 1902～1927 | 1921 | 19 | 本科第二部第3班 | 制伞为业 |
| 袁国平 | 1906～1941 | 1922 | 16 | 本科第一部第23班 | 父袁九洞，小手工业者，靠弹花维持生计 |
| 袁月斋 | 1903～1927 | 1923 | 20 | 本科第一部第21班 | 父亲袁良佑，农民 |
| 吕骥 | 1909～2002 | 1924 | 16 | 本科第一部第28班 | 祖父经商养家，父秀才 |
| 向隅 | 1912～1968 | 1925 | 13 | 本科第一部第29班 | 小学教员 |

资料来源：孙海林主编，湖南省第一师范学校编《湖南第一师范名人谱（1903～1949）》，内部刊物，2003；王政明：《萧三传》，四川文艺出版社，1992；新宁县县志编纂委员会编《新宁县志》，海南出版社，1995；杨牧、袁伟良主编《黄埔军校名人传》下册，河南人民出版社，2005；李传补：《袁月斋烈士生平述略》，载中国人民政治协商会议湖南省隆回县委员会文史资料研究委员会编《隆回文史资料》第3辑，内部刊物，1988。

此外，《湖南省立第一师范学校志》也记载了1917年8月入学的预科第16班、第17班学生的家庭职业情况（见表3-3）。由此可见，该统计表在记录学生家庭职业情况时，职业分类仍然按照古代"士""农""工""商"四民来分，只不过加了"宦""医"两种。从统计表可看出，学生出身"士""农""商"家庭的比例高，而"士""农"尤高，出身"宦""医"家庭的比例较少，特别是，没有学生出身"工"这种家庭。诚然，这种分法与上述分类在名头上看似不同，实则相同。

表3-3　学生家庭职业统计（1917年8月）

| 班别＼职业 | | 士 | 农 | 工 | 商 | 宦 | 医 |
|---|---|---|---|---|---|---|---|
| 预科 | 十六 | 三一 | 一六 | | 一一 | 一 | 一 |
| | 十七 | 二三 | 二二 | | 一四 | 一 | |
| 统计 | | 五四 | 三八 | | 二五 | 二 | 一 |
| 百分比算 | | 四五 | 三二 | | 二一 | 二 | 一 |

注：原表中百分比算一栏之和为101%，未改动。

资料来源：湖南第一师范学校：《湖南省立第一师范学校志》，内部刊物，1918，表第三。

湖南一师的早期学子们带有浓郁的"乡土气息"，虽然上述划分稍显粗略，但由于湖南属于农业大省，学子们的家庭看上去似乎区别较大，却都与农业有联系，他们思想较为保守，坚信儒家道统，又由于湖南经世致用的独特传统，湖南一师学子们在思想大转变后仍留有自身家庭的痕迹。

## 第二节　湖南一师早期学生的教育背景

湖南一师早期学生在入学前，其所受的教育会因时代不同而不同。20 世纪初是我国教育从传统教育逐渐走向新式教育的一个分水岭。传统教育中，学生学习的内容主要为四书五经、科举制艺等。由洋务运动一直到戊戌变法及以后参照国外教育体系而创设的教育（包括建立的学堂、学校以及课程体系等）与传统教育有很大的不同，为与传统教育区别，我们统称为新式教育（不区分清末癸卯学制与民国教育）。[①] 湖南一师的早期学生们，有的学生接受的全是传统私塾教育；有的学生接受的全是新式教育；有的学生既接受过传统教育，又接受过新式教育；还有的学生既接受其他教育，又接受了传统教育。这些教育既丰富了他们的人生阅历，又对他们的人生产生了深远影响。下面通过相关史料举例来说明，详细内容可见表 3-4、表 3-5。

### 一　传统教育

湖南一师绝大多数早期学生在入学湖南一师前，都进入过私塾读书，或至亲戚家读书，或在与之有一点关系的人家中读书，接受传统私塾教育。如 1903 年入学的周鲠生，《周鲠生先生传略》云：

---

① 虽然刚开始这些新式教育也夹杂了很大分量的读经课程，但在课程设置等方面有了革新。

　　他四岁丧母，十岁丧父，幸我祖父生前深受家馆东主苏先
烈（当时的长沙知府）的敬重，孤儿得以留在苏家家馆中继续
伴读。①

周氏早年不幸，父母去世早，幸运的是由于其父深受长沙知府苏先
烈敬重，在其父亲去世后，苏家允许其在家中伴读，诚然，学习的
内容还是传统科举制艺那套。又如 1903 年入学的文怀亮，其为清
末县学生员，② 因县学生员专指科举时代通过考试合格后入县学读
书的学生，因而文氏自然接受的也是传统教育。1904 年入学的李
剑农也是如此，《李剑农传略》云：

　　李剑农的少年时代，是在旧式的书斋中度过的。早年他在
家乡的私塾里念书，稍长到邵阳城里的县设书院就学。研读的
内容不外经史古籍，学习的是科举制艺那一套，走的原是一条
读书做官的老路。③

又《李剑农先生学术年表》云：

　　1896 年（光绪二十二年）
　　在家乡私塾及县设书院研读经、史、子、集，学习科举制
艺，至 1903 年。由于天资聪颖，学习刻苦，为其日后奠立了

---

① 周如松：《周鲠生先生传略》，载于北京图书馆《文献》丛刊编辑部、吉林省图书馆
　学会会刊编辑部编《中国当代社会科学家》第 5 辑，书目文献出版社，1983，第
　153 页。
② 桂堂：《文怀亮烈士》，载宁乡人民革命史编写组《宁乡人民革命史》，湖南人
　民出版社，1983，第 266～269 页。
③ 萧致治：《李剑农传略》，载晋阳学刊编辑部编《中国现代社会科学家传略》第
　3 辑，山西人民出版社，1983，第 207 页。

牢固的治学基础。①

李氏早年在私塾、县城书院读书，主要研读的是经史子集，学习的仍然是科举制艺，经史子集以及科举制艺均是典型的传统教育。1904 年入学的张秉文，"其父以耕种为业。10 岁方入乡间私塾读书，旋值 1895 年大旱，田里颗粒无收，又废读两载。之后在乡继续读书"。② 1904 年入学的钟钟山，"自幼读私塾"，③ 接受的也是传统教育。此外，还有 1905 年入学的向忾：

> 向忾（1885—1957）字宽度。湖南衡山人。美术教育家。1905〔年〕至 1906 年，就读于湖南第一师范所属简易师范（时称湖南中路师范学堂所属湖南全省简易师范学堂）。
>
> 幼多病，12 岁才正式就学，15 岁读完五经四书及古文诗赋若干篇，并看完《纲鉴易知录》。16 岁，其父因所设盐店歇业，无力延师，命其努力自修，兼教弟侄书。其自修课程除浏览"经史子集"及《时务通考》诸书外，临写《玄秘塔》帖三年未辍。尤喜作画，曾自辟小园，杂植花木，花开即以写生。同时研究形学，悉得抽象之远近法。又得骈文论画一篇，为画山水要诀，极意研求，颇有所得，乃于练习花鸟之余兼习山水。其时作品虽尚幼稚，然在当时同辈中，书画已微有声誉。
>
> 1905 年，取〔娶〕妻成氏，同时考取湖南高等学堂。旋

---

① 萧致治：《李剑农先生学术年表》，载李剑农《中国近百年政治史》，商务印书馆，2017，第 652 页。

② 孙海林主编，湖南省第一师范学校编《湖南第一师范名人谱（1903~1949）》，内部刊物，2003，第 40 页。

③ 孙海林主编，湖南省第一师范学校编《湖南第一师范名人谱（1903~1949）》，内部刊物，2003，第 50 页。

即转入湖南中路师范学堂简易科，1906 年毕业。①

向氏 15 岁读完四书五经及古文诗赋若干篇，后又读完《纲鉴易知录》等。努力自修时也是浏览经史子集，临柳公权《玄秘塔》，这些是典型的传统教育。再如 1910 年入学的吴起鹤：

> 吴起鹤（1892—1969）号翔皋。湖南宁乡人。教材出版、发行专家。1910〔年〕至 1915 年，就读于湖南第一师范本科第 1 部第 4 班。
>
> 出生〔于〕书香世家。家庭小康，三代均为教师。8 岁从父读四书五经。1910 年考入湖南一师（时称湖南中路师范学堂），1915 年从湖南一师毕业后，在一师附小任教两年，后任中学教员。②

吴氏出身小康家庭，又是书香世家，八岁就随从父亲读四书五经，其所受教育也是典型的传统教育。又如 1913 年入学的周世钊，接受的也是传统教育：

> 周世钊 7 岁时，他父亲亲自教他读诵《大学》、《中庸》、《论语》、《孟子》。他读四书和《三字经》、《千字文》等，都达到了背诵的程度。③

---

① 孙海林主编，湖南省第一师范学校编《湖南第一师范名人谱（1903～1949）》，内部刊物，2003，第 29～30 页。
② 孙海林主编，湖南省第一师范学校编《湖南第一师范名人谱（1903～1949）》，内部刊物，2003，第 202 页。
③ 周溯源编著《毛泽东评点古今人物》（修订版）（下），上海人民出版社，2012，第 196 页。

周氏七岁开始读《大学》《中庸》《论语》《孟子》四书，又读《三字经》《千字文》，并且均能背诵，《三字经》、《千字文》以及四书是传统教育中发蒙阶段必读书，而且还是按此秩序进行。还有1913年入学的何叔衡：

> 5岁丧母，7岁开始看牛、割草、砍柴，并做些田间农活。12岁至22岁，断断续续读私塾8年。26岁参加科举考试，中秀才，拒绝入县衙任职，在乡村教了5年私塾。除讲解五经四书，主要教授楚辞、唐宋诗词，还向学生讲述岳飞、文天祥的事迹和鸦片战争、太平天国等历史事件。[①]

何叔衡年少时干农活，后来接受私塾教育，前后达八年，26岁参加科举考试，并中了秀才。这些均为典型的传统教育模式。又如1919年入学的谭云山，"少年时代在祖父及塾师的启蒙下打下了国学基础"，[②] 接受的也是传统私塾教育。

## 二 新式教育

除上述进入私塾读书接受传统教育的情况外，还有一些学生，他们在入学湖南一师前，接受的是新式教育，而非那种私塾教育。如1908年入学的李云杭，入学湖南一师前，他进入小学学习，小学毕业后又在工业学校就读，这是典型的新式教育：

> 李云杭（1894—1969）字舜生。湖南湘阴人。教育教学专

---

① 孙海林主编，湖南省第一师范学校编《湖南第一师范名人谱（1903～1949）》，内部刊物，2003，第205页。

② 孙海林主编，湖南省第一师范学校编《湖南第一师范名人谱（1903～1949）》，内部刊物，2003，第283页。

家。1908〔年〕至1913年就读于湖南第一师范本科第1部第1班。后于1918年任一师附小主任教员，1927年任一师附小教导主任。

父早丧，由二姐抚养并供送读小学至工业学校预科及湖南一师（时称湖南中路师范学堂）。①

1919年入学的毛达恂，在入学湖南一师前，曾入学徐特立创办的五美高小，而五美高小免费吸收贫苦子弟读书，抛弃了私塾教育中的旧方法，完全实行新制度、采用新教材进行教学，故毛氏接受的也是新式教育。《湖南近现代名校史料》（3）云：

> 长沙县五美中学，前身为五美高等小学堂，位于长沙县江背镇（原五美乡）特立村观音塘。
>
> **创建**
>
> 1913年秋，毛泽东同志的老师、伟大的无产阶级革命家和教育家徐特立同志在长沙县五美乡（今江背镇）观音庙创办五美高等小学堂（简称"五美高小"），免费吸收贫苦子弟入学。五美高小摈弃私塾教学中的旧方法，实行新制度，采用新教材，是长沙县最早办起来的一所乡村初级小学校。
>
> ......
>
> **办学成绩**
>
> 在徐特立的苦心经营和精心指导下，五美高小成为当时一所革命的学校。在徐特立之后，熊瑾玎、蒋长卿等共产党人先后担任校长，继续坚持徐老的革命精神，治理学校，培养出了

---

① 孙海林主编，湖南省第一师范学校编《湖南第一师范名人谱（1903～1949）》，内部刊物，2003，第190页。

熊为华、张义质、黄彝、毛达恂、赵则三等大批优秀共产党员和革命志士。[①]

又如 1921 年入学湖南一师的刘子载，出身贫苦农民家庭，8 岁进入县初级小学学习，后进入高级小学学习，最后又进入乙种工业学习：

> 刘子载（1905—1972），1905 年 4 月 21 日出生在新宁县金石镇三角塘一个贫苦农民家庭。8 岁进县初级小学，12 岁考入县立高等小学，后考入县立乙种工业学校。1921 年秋，考入湖南省第一师范学校，结识毛泽东等共产党人，受到器重，被选为湖南学生自治会委员，积极参与了驱赶军阀赵恒惕的斗争。1925 年 9 月，经中共党组织介绍进武昌大学读书，当年冬加入中国共产主义青年团，1926 年转为中国共产党党员，历任武昌大学党支部书记、武昌学联主任、湖北省青联主任、共青团湖北省委候补委员、湖北省委秘书。[②]

初级小学、高等小学、乙种工业学校，这些均为新式教育。除了上述进入新式学堂、学校接受教育的情况外，还有一种特殊的新式教育，即由革命家设立的革命学校。湖南一师有一些学生在入学一师前，接受的是革命教育，如 1923 年入学的方觉民，就读于毛泽东创办的湖南自修大学及其附设湘江中学两所革命学校，接受的全是革命教育，也是新式教育，《湖南第一师范名人谱（1903～1949）》云：

> 方觉民（1906—1989）湖南新化人。民主人士、教育专家。

---

① 湖南省教育史志编纂委员会编《湖南近现代名校史料》（3），湖南教育出版社，2012，第 2633～2634 页。

② 刘继德：《湖南刘氏源流史》卷 2，天津科学技术出版社，2010，第 58 页。

1923〔年〕至 1927 年，就读于湖南第一师范本科第 1 部第 27 班。

青少年时期具有强烈的爱国热情。1921 年，毛泽东创办湖南自修大学，附设湘江中学。他先后在这两所革命学校就读，并认识了毛泽东、何叔衡、李维汉等老一辈无产阶级革命家，多次聆听毛泽东的报告，深受其影响。1923 年冬，毛泽东在自修大学作题为"东方文化"的报告，李维汉指定他作记录。1927 年从湖南一师毕业，回到新化任鼎新小学教师。该校由原黄埔军校教育长、代理校长方鼎英创办，并任名誉校长。不久，他受到方鼎英的赏识和器重，委任他〔被委任〕为该校校长。从 1929〔年〕至 1949 年，他先后在该校专任或兼任校长达 21 年之久。[①]

## 三 既有传统教育，又有新式教育

湖南一师还有一部分学生在入学一师前既接受过传统私塾教育，又接受过新式教育。如 1903 年入学的陈天华，《历代爱国文学家评传》云：

> 父亲陈善是个乡村塾师。少年时代家境贫寒，他一边替人放牛，一边随父读书。因天资聪颖，又刻苦好学，九岁时即能熟读《左传》，被乡邻称为"神童"。他尤其爱好文学作品，常常模仿《西游记》、《三国演义》、《封神榜》等写成通俗小说或山歌小调，情感充沛，流利畅达。[②]

---

① 孙海林主编，湖南省第一师范学校编《湖南第一师范名人谱（1903～1949）》，内部刊物，2003，第 155 页。
② 龚世俊、蔡永贵、李宁主编《历代爱国文学家评传》，宁夏人民出版社，2010，第 198 页。

陈氏早年随父亲读书，熟读《左传》等传统经典，同时又多读文学经典，这些均是典型的传统教育。《历代爱国文学家评传》又云：

> 1896 年至 1897 年间，陈天华随父亲住进了县城。他一面沿街叫卖以维持生活，一面在资江书院藏书馆借书学习。书院里有 24〔二十四〕史，他尤其爱读。……黄遵宪、梁启超、谭嗣同等在湖南创办刊物、学堂，宣传变革思想，培养变法新人。经过考试，陈天华被录取为时务学堂外课生。①

1896 年至 1897 年，借阅二十四史，也是传统教育。由于湖南是戊戌变法的一个重要省份，陈氏受维新思想影响，后又进入时务学堂成为外课生，这是新式教育。同为 1903 年入学的杨端六，"7 岁入私塾，后入善化学堂"。② 善化学堂为经学家皮锡瑞主持，是新学办学。1903 年入学的何炳麟，年少时在父亲任教的私塾蒙馆里接受传统私塾教育，后又进入梅岗书院学习，读的也是经史百家，1900 年考取了秀才，有了功名，这些均为传统私塾的典型。后其又入武昌辅文普通学校，再入一师，后又留学日本。可见何氏接受的教育是传统教育和新式教育的混合。《著名教育家何炳麟先生事略》云：

> 何炳麟先生，名周台，别号述程。一八七七年（清光绪三年）农历五月十七日，诞生于鄞县中村乡龙塘村。少年时在父亲执教的蒙馆里念书。稍长，随兄考进县城梅岗书院。以发奋

---

① 龚世俊、蔡永贵、李宁主编《历代爱国文学家评传》，宁夏人民出版社，2010，第 198～199 页。
② 孙海林主编，湖南省第一师范学校编《湖南第一师范名人谱（1903～1949）》，内部刊物，2003，第 32 页。

好学，于经史百家之书，初有心得。一九○○年参加衡阳府试，录取秀才。次年考进武昌辅文普通学校。一九○二年入湖南范馆。一九○三年八月，他抱着科学救国思想，东渡日本，进工业学校电气科学习。一九○八年十月，回国省亲，被人诬告为刘道一报仇而回国行刺。抵湘后被扣留，以至滞居省垣，未能再去日本。旋接办电报局邮电学校，并开办省电话局。同时在湖南省高等学堂、省立优级师范任教。一九○九年二月邀集刘光前、邓国勋、唐瞻云等十五人，共捐资二千五百元，创办南路公学。一九一二年改校名为湖南第二公学。是年七月，校长唐云辞职，何炳麟不避艰难，毅然挑起校长重担，一九一四年改名为湖南私立岳云中学，何炳麟继任校长，直至解放。[①]

1913年入学的毛泽东，其入学一师前所接受的教育极为丰富，既有很长时间的传统教育，又有新式教育，还有军事训练等。《毛泽东年谱（1893～1949）》云：

### 1902年　九岁

**春**　从唐家圫外祖父家回韶山，入南岸下屋场私塾读书，启蒙教师邹春培。先读《三字经》，接着读《幼学琼林》、《论语》、《孟子》、《中庸》、《大学》。毛泽东记忆力强，能够口诵心解，很快领悟。在学了一些字以后，父亲便要他习珠算，并给家里记账。

### 1904年　十一岁

**秋**　到韶山关公桥私塾读书，塾师毛咏薰。

---

① 中国人民政治协商会议湖南省酃县委员会文史资料研究委员会编《酃县文史资料》第1辑，内部刊物，1987，第205页。

**1905 年 十二岁**

**春** 就读于韶山桥头湾、钟家湾私塾，塾师周少希。

……

**1906 年 十三岁**

**秋** 到韶山井湾里私塾读书，塾师毛宇居。在这所私塾里，继续读四书五经，并开始练习书法。毛泽东不很喜欢读经书，喜欢读中国古代传奇小说，特别喜欢读反抗统治阶级压迫和斗争的故事，曾读过《精忠传》、《水浒传》、《三国演义》、《西游记》、《隋唐演义》等。

**1907 年—1908 年**

**十四岁—十五岁**

停学在家务农。白天同成年人一起在田间劳动，晚间替父亲记账。虽然辍学，仍继续读书，读当时能找到的一切书籍，常常读到深夜。……

**1909 年 十六岁**

**秋** 复学，在韶山乌龟颈私塾就读，塾师毛简臣。

……

**1910 年 十七岁**

**春** 到韶山东茅塘一位秀才毛麓钟家里读书。选读《纲鉴类纂》、《史记》、《汉书》等古籍，还读一些时论和新书。[①]

在 9 岁至 17 岁这一时间段内，毛泽东基本上在家乡接受传统教育，同时也接触了许多新思想。此后，毛泽东逐渐进入新式学校接受新式教育。1910 年秋毛泽东考入湘乡县立东山高等小学堂

---

① 中共中央文献研究室编《毛泽东年谱（1893～1949）》上卷，中央文献出版社，2013，第 2～8 页。

读书，1911 年春考入湘乡驻省中学堂读书，后不久又参加了新军。1912 年退出新军，继续求学，先后报考警察学堂、肥皂制造学校、法政学堂、商业学堂、公立高级商业学校。其中在公立高级商业学校学习一个月，感到不满意，又以第一名成绩考入湖南全省高等中学校（后改名省立第一中学），[①] 这是新式教育。1916 年入学本科第二部的李维汉，七岁开始跟随父亲入私塾读书，接受传统的私塾教育，1909 年进入养正小学学习。《中共党史人物传：精选本·政治经济建设卷》云：

> 李维汉，原名厚儒，字和笙，又名罗迈，笔名罗夫、佳水、镜松。1896 年 6 月 2 日诞生在湖南省长沙县尊阳乡（今高桥乡）八斗冲一个清贫的知识分子家庭。后来迁居阳家园子。父亲李运楷，字幼筠，一生以教书为业。……
>
> 7 岁起，李维汉开始跟父亲读私塾。1909 年入养正小学。1910 年进清泰乡作民学校，和邹彝鼎、陈启民、任弼时等是不同班次的同学。1912 年，李维汉考进半工半读的长沙湘军工厂艺徒学校。李维汉开始学翻砂，后当铸工。和同学张昆弟、邹彝鼎很要好，后因领导反对工厂总办，都被迫退学。张昆弟、邹彝鼎考入湖南省第一师范，李维汉因没有正式文凭，未能投考。1914 年，18 岁的李维汉求学无门，生活清苦，常常每天只吃一顿饭，先后在县城华正小学和美算补习学校听课。1915 年他父亲受聘到一所中学教国文，他随父亲补习国文，业余和假期则跟二哥打袜子，据他后来回忆说，这一年学习、生活很充实，得益不浅。1916 年春，李维汉借用同乡一

---

① 中共中央文献研究室编《毛泽东年谱（1893～1949）》上卷，中央文献出版社，2013，第 8～12 页。

个同学的文凭，考入湖南省第一师范学校第二部。1917 年暑期以优异成绩毕业，留在一师附小教书。[①]

李维汉入学湖南一师前，既入过私塾，又入过养正小学，清泰乡作民学校以及长沙湘军工厂艺徒学校，后面这些均为新式教育。《从一大到十七大》（第 2 册）亦持同样观点：

> 李维汉，1896 年 6 月生于湖南省长沙县高桥乡八斗冲。谱名厚儒，字和笙，曾取名罗迈，笔名有罗夫、佳水、镜松等。父亲一生以教书为生，母亲则是典型的家庭妇女。先时李家曾有百亩多田地，但因经营红茶生意亏本，到李维汉出生时家产已无，唯靠父亲教私塾的微薄收入以维持生计。七岁随父亲入私塾，后在乡、县接受新式教育。经过几年学徒、工徒生活后，1916 年春考入湖南省立第一师范学校第二部。[②]

1913 年入学的刘绍樵，七岁就发蒙读书，读的是其父亲开设的私塾，接受传统教育，后来去"福音堂"学堂学习，由于"福音堂"是外国人在华所设教会学校，主要教授英文、算术、医学、圣经等，故刘氏又接受了新式教育，最后又回归传统教育，在私塾馆攻读经世致用之学。《湖南第一师范名人谱（1903～1949）》云：

> 7 岁时启蒙〔于〕其父开设的塾馆，随后转入乔口"福音堂"学堂学习，继又在宿儒陈正斋的塾馆攻读经世致用之学。

---

① 中国中共党史人物研究会编《中共党史人物传：精选本·政治经济建设卷》（中），中共党史出版社，2010，第 141 页。
② 张静如主编《从一大到十七大》第 2 册，万卷出版公司，2012，第 148 页。

由于父母的严厉督导，师长的循循善诱，加上自己的勤奋好学，所以学业成绩优异，属文作诗，词清句丽，用意新颖，惹人瞩目。[①]

1918 年入学的王湖，"6 岁入私塾，11 岁进观澜小学，14 岁考入蓼湄中学"，[②] 又 1919 年入学的李佑如，"7 岁入私塾，13 岁进新学堂"，[③] 也是典型的先接受传统教育，后又接受新式教育。1922 年入学的刘振国，"8 岁入塾读书，12 岁后，就读于易家祠小学和醴陵大樟高等小学"，[④] 1922 年入学的安邦，"少时先后就读于本地私塾和益阳县立高等小学（原龙洲书院）"，[⑤] 接受的教育均是传统教育和新式教育。再如 1924 年入学的吕骥，经历了多层次学习，五六岁时由母亲启蒙，学习的内容是古典诗词，典型的传统教育，《湘籍近现代文化名人·音乐家卷》云：

> 他的启蒙教育是在五六岁时母亲教读古典诗词开始的，教材则取自于父亲遗留下来的《唐诗三百首》以及杜甫、白居易等人的诗集，还有《古文词类纂》等。[⑥]

---

① 孙海林主编，湖南省第一师范学校编《湖南第一师范名人谱（1903～1949）》，内部刊物，2003，第 180 页。
② 孙海林主编，湖南省第一师范学校编《湖南第一师范名人谱（1903～1949）》，内部刊物，2003，第 138 页。
③ 孙海林主编，湖南省第一师范学校编《湖南第一师范名人谱（1903～1949）》，内部刊物，2003，第 194 页。
④ 孙海林主编，湖南省第一师范学校编《湖南第一师范名人谱（1903～1949）》，内部刊物，2003，第 183 页。
⑤ 孙海林主编，湖南省第一师范学校编《湖南第一师范名人谱（1903～1949）》，内部刊物，2003，第 172 页。
⑥ 李蒲星编著《湘籍近现代文化名人·音乐家卷》，湖南师范大学出版社，2011，第 184 页。

吕氏 1915 年时其母将其送入私立女子小学读书，后又进入高等小学、长郡中学，这些均是新式学校，接受的是新式教育。《湘籍近现代文化名人·音乐家卷》云：

> 1915 年母亲将吕骥送进了湘潭城内的新式学校——私立自得女子小学读书，丰富的课余生活不仅培养了他对音乐的爱好，也逐渐显示出了他在音乐方面过人的才能。1919 年，吕骥初小毕业，考入了湘潭县立第一高等小学。……1923 年秋他考入长沙长郡中学学习。……1924 年，吕骥又考入湖南省第一师范学习。[①]

## 四 其他形式

除了上述情况外，湖南一师早期学生中还有一部分既接受了传统私塾教育，还接受了其他教育。例如，1904 年入学的符定一，幼年时跟随姑父学习经营商业，后来又去学习木工，最后才入私塾读书，唐世凡《文字学家符定一传略》云：

> 符定一，字宇澄，号悔庵，1878 年农历十一月十九日出生于衡山县瓦铺子罗家塘（今属湘潭县），其时家境贫寒。符幼年曾在其姑父家学经营商业，因每进餐时要为姑父接饭碗添饭，符不满，竟将姑父之饭碗丢落于地，奔回家里。回家后，其父送他学木工，每次到师父家，他即腹痛甚剧，几天不进食，遂辍学木工返家。他极好学，其父见他聪颖，即送至叔父家学习。叔父是私塾教师，悯其志，授以十三经文选，均能背诵。在叔

---

① 李蒲星编著《湘籍近现代文化名人·音乐家卷》，湖南师范大学出版社，2011，第 182~185 页。

父私塾就读数年后，考入衡阳府师范学堂。毕业后考入北京京师大学堂学习英语。符在校勤奋好学，成绩较优秀。[1]

又如 1906 年入学的方维夏，先入经馆学习，后辍学在家，一边学做农活，一边自学，后来又从堂伯父学习刑名。《中共党史人物传》云：

> 方维夏 "性聪慧"，6 岁开始随父读书。父亲去世后，母亲又送他到长寿街经馆入学。14 岁辍学在家，一面自学，一面跟佃户学农活。他继承了父亲为人正直的品格，却不愿再走父亲追求科举入仕、扬名显亲的老路。他向往陶渊明 "不为五斗米折腰"，"采菊东篱下，悠然见南山" 的气节和生活；一心想做一个不随流俗，不入污泥的 "雅士"。他家屋场周围有翠竹环绕，遂自号 "竹雅"，意即竹林中的雅士。三年后，原同窗学友邀他同赴 "岁考"，他拒绝应试。为此，招来族中一些长辈的非议，被斥为 "不承父志"。在县衙门当刑名师爷的堂伯方仁阶闻讯后，特从县城赶回长寿街，要方维夏到县衙补个 "学习文案" 的差使。方维夏开始坚不同意，后经母亲苦劝，只得从命。[2]

1907 年入学的李惠迪，因父亲为武秀才，故其从小跟随父亲习武，同时进入私塾接受传统教育，《长沙市志》云：

> 李惠迪，原名宗陶，号由之，善化县坳子塘（今属长沙县

---

① 中国人民政治协商会议湖南省委员会文史资料研究委员会编《湖南文史资料》第 28 辑，湖南人民出版社，1987，第 80 页。
② 胡华主编，中共党史人物研究会编《中共党史人物传》第 46 卷，陕西人民出版社，1991，第 217 页。

跳马乡）人，清光绪十九年（1893）生。父为武秀才，从小随父习武并入私塾就读，15 岁入湖南中路师范学堂（后为省立一师）。1912 年毕业后留校任附小体育教员，又先后在修业小学、武昌旅鄂中学、中华大学、大麓中学、甲农等校任体育教员。[①]

总之，湖南一师早期学生群体具有深厚的传统教育背景，他们或持续接受教育，或边从事农业边接受教育，或边经商边接受教育，以内容而论，主体为传统教育，这一切坚定了他们的儒家道统信念，尤其是 1912 年前入学的学生群体更是如此，而 1912 年及以后入学的学生群体，既有接受传统教育的，又有接受新式教育的。特别是 1919 年后入学的一些学生，更多地接触、接受了革命教育（见表 3-4、表 3-5）。有儒家道统信念的他们，在湖南这个农业大省深受传统农业社会的影响，但同时他们又受到来自王夫之、魏源、曾国藩、贺长龄、杨昌济等人经世致用思想的深刻影响。而省城长沙开放，有许多新观念，加之中国当时危机深重，促使学子们深入思考，寻找挽救国家危亡和树立新道德之路。这种保守与开放、救亡与致用的矛盾体经过酝酿，终于形成了教育救国和改造世界两种道路。

表 3-4　入学湖南一师前部分学生所受教育统计（1903～1911 年入学）

| 姓名 | 生卒年份 | 入学年份 | 入学年龄 | 科别 | 入学湖南一师前所受教育 |
|---|---|---|---|---|---|
| 文怀亮 | 1871～1927 | 1903 | 32 | 速成科第 1 班 | 传统教育(清末县学生员) |
| 陈天华 | 1875～1905 | 1903 | 28 | 速成科第 1 班 | 5 岁随父读书,后入资江书院附读。1898 年入新化求实学堂。1900 年入岳麓书院 |

① 长沙市志编纂委员会编《长沙市志》第 16 卷，湖南人民出版社，2002，第 237～238 页。

续表

| 姓名 | 生卒年份 | 入学年份 | 入学年龄 | 科别 | 入学湖南一师前所受教育 |
|---|---|---|---|---|---|
| 周鲠生 | 1889～1971 | 1903 | 14 | 湖南师范馆 | 长沙知府家中伴读 |
| 文斐 | 1872～1943 | 1903 | 31 | 速成科第2班 | 早年就读于长沙城南书院 |
| 文启蠡 | 1878～1925 | 1903 | 25 | 速成科第2班 | 渌江书院读书 |
| 杨冕 | 1885～1966 | 1903 | 18 | 速成科第2班 | 7岁入私塾，后入善化学堂 |
| 何炳麟 | 1877～1966 | 1903 | 26 | 速成科第2班 | 1901年入武昌辅文普通学堂，开始接触数学、理化、博物等新课，受到近代科学的启蒙教育。1903年转学长沙 |
| 李剑农 | 1880～1960 | 1904 | 24 | 优级选科 | 幼读私塾 |
| 张秉文 | 1880～1964 | 1904 | 24 | 优级选科 | 10岁入乡间私塾读书 |
| 符定一 | 1877～1958 | 1904 | 27 | 速成科第2班 | 幼年学经商营业，学木工，后入私塾，学十三经、文选 |
| 钟钟山 | 1882～1970 | 1904 | 22 | 博物科 | 自幼读私塾 |
| 罗鼎 | 1887～1979 | 1904 | 17 | 优级选科 | 1903年入长沙明德学堂 |
| 向劼 | 1885～1957 | 1905 | 20 | 简易师范 | 12岁正式就学，15岁读完四书五经及古文诗赋若干篇，看完《纲鉴易知录》 |
| 罗教铎 | 1886～1951 | 1905 | 19 | 优级选科 | 12岁获生员资格，17岁中举人 |
| 孙克基 | 1892～1968 | 1905 | 13 | 湖南中路师范学堂 | 幼年读私塾7年 |
| 张干 | 1884～1967 | 1905 | 21 | 优级师范 | 出身清贫，塾师游说族长们资助他入私塾读书 |
| 方维夏① | 1880～1936 | 1906 | 26 | 简易科 | 早岁在平江县衙从堂伯父学刑名 |
| 申悦庐 | 1884～1970 | 1906 | 22 | 简易科 | 幼入私塾 |
| 魏焕吾 | 1886～1961 | 1906 | 20 | 速成科第5班 | 6岁入私塾 |

---

① 方氏之生年1880年及家庭背景引自方大铭、曹继肖《方维夏》，载胡华主编，中共党史人物研究会编《中共党史人物传》第46卷，陕西人民出版社，1991，第216页。该书中记载方维夏于1908年入学，见第219页。

续表

| 姓名 | 生卒年份 | 入学年份 | 入学年龄 | 科别 | 入学湖南一师前所受教育 |
|---|---|---|---|---|---|
| 罗元鲲 | 1882～1953 | 1906 | 24 | 速成科第 3 班 | 14 岁即考入湖南新化县实业学堂 |
| 方克刚 | 1884～1946 | 1907 | 23 | 史地科第 1 班 | 早年授徒为业,后学商贾 4 年,1907 年入长沙经正学堂学习 |
| 李惠迪 | 1893～1952 | 1907 | 14 | 简易科 | 从小随父习武并入私塾就读 |
| 李云杭 | 1894～1969 | 1908 | 14 | 本科第一部第 1 班 | 小学、工业学校预科 |
| 文士员 | 1893～1965 | 1910 | 17 | 本科第一部第 2 班 | 幼家贫,族人资助就学 |
| 徐钰礼 | 1897～1968 | 1910 | 13 | 本科第一部第 3 班 | 私塾① |
| 吴起鹤 | 1892～1969 | 1910 | 18 | 本科第一部第 4 班 | 8 岁从父读四书五经 |
| 萧子升 | 1894～1976 | 1911 | 17 | 本科第一部第 3 班 | 私塾学馆苦读八个春秋,后入东山学堂 |

资料来源:孙海林主编,湖南省第一师范学校编《湖南第一师范名人谱 (1903～1949)》,内部刊物,2003,第 21～264 页。

表 3-5 入学湖南一师前部分学生所受教育统计 (1912～1927 年入学)

| 姓名 | 生卒年份 | 入学年份 | 入学年龄 | 科别 | 入学湖南一师前所受教育 |
|---|---|---|---|---|---|
| 萧三 | 1896～1983 | 1912 | 16 | 本科第一部第 3 班 | 私塾学馆苦读 8 年,后入东山学堂 |
| 蔡和森 | 1895～1931 | 1913 | 18 | 本科第一部第 6 班 | 传统教育,革命教育 |
| 毛泽东 | 1893～1976 | 1913 | 20 | 本科第一部第 8 班 | 1902～1907 年读私塾, 1909～1910 年读私塾, 1910 年入湘乡县立东山高等小学堂,1911 年入湘乡驻省中学堂,1912 年入湖南全省高等中学校,1913 年春入第四师范 |

① 徐硕如:《我的父亲徐灼礼》,载中国人民政治协商会议湖南省宁乡县北区政协文史资料委员会编《宁乡文史资料》第 6 辑,内部刊物,1989,第 136 页。

续表

| 姓名 | 生卒年份 | 入学年份 | 入学年龄 | 科别 | 入学湖南一师前所受教育 |
|---|---|---|---|---|---|
| 周世钊 | 1898～1976 | 1913 | 15 | 本科第一部第 8 班 | 7 岁时，父亲教读四书 |
| 田士清 | 1893～1970 | 1913 | 20 | 本科第一部第 8 班 | 幼时由父教读。15 岁入益阳县立龙洲高等小学堂，1913 年入省立第四师范 |
| 刘绍樵 | 1894～1927 | 1913 | 19 | 本科第一部第 7 班 | 7 岁启蒙父设私塾，后入乔口"福音堂"学堂，又入私塾 |
| 李声澥 | 1897～1951 | 1913 | 16 | 本科第一部第 7 班 | 自幼随父课读 |
| 李柏荣 | 1893～1969 | 1913 | 20 |  | 1912 年入驻省邵阳中学，1913 年转入宝庆五属联合中学 |
| 何叔衡 | 1876～1935 | 1913 | 37 | 讲习科第 1 班 | 12 岁至 22 岁，陆续读私塾 8 年。26 岁中秀才。后在乡村教私塾 5 年 |
| 刘汉之 | 1897～1928 | 1915 | 18 | 本科第一部第 13 班 | 幼年随父读书，后就读临湘高小、长沙甲种工业学校 |
| 黎生洲 | 1894～1985 | 1915 | 21 | 本科第二部第 1 班 | 8 岁入私塾，13 岁辍学，后入长沙县立师范学校 |
| 刘悔余 | 1900～1928 | 1916 | 16 |  | 高级小学，县城中学 |
| 匡非非 | 1892～1928 | 1916 | 24 | 本科第一部第 15 班 | 先读私塾，后入小学堂 |
| 任景芳 | 1895～1931 | 1916 | 21 |  | 8 岁读私塾，后入岳郡联中 |
| 李维汉 | 1896～1984 | 1916 | 20 | 本科第二部第 1 班 | 1909 年入养正小学，1910 年入清泰乡作民学校，1912 年入长沙湘军工厂艺徒学校 |
| 夏曦 | 1901～1936 | 1917 | 16 | 本科第一部第 16 班 | 幼年就读于益阳县立龙洲高等小学堂 |
| 方奎 | 1897～1970 | 1917 | 20 | 本科第一部第 17 班 | 18 岁进高小，20 岁考入湖南一师 |
| 王湖 | 1900～1927 | 1918 | 18 |  | 6 岁入私塾，11 岁入观澜小学，14 岁入蓼湄中学 |

| 姓名 | 生卒年份 | 入学年份 | 入学年龄 | 科别 | 入学湖南一师前所受教育 |
|------|---------|---------|---------|------|----------------------|
| 李兆甲 | 1899～1934 | 1918 | 19 | | 私塾、高小 |
| 毛达恂 | 1906～1959 | 1919 | 13 | 本科第一部第18班 | 1919年毕业于徐特立创办的五美高小 |
| 方壮猷 | 1902～1970 | 1919 | 17 | | 1916年入湘潭县振铎高等小学堂 |
| 李佑如 | 1901～1928 | 1919 | 18 | 本科第一部第18班 | 7岁入私塾，13岁进新学堂 |
| 谭云山 | 1898～1982 | 1919 | 21 | 本科第一部第18班 | 少年时代在祖父及塾师的启蒙下打下了国学基础 |
| 刘畴西 | 1897～1935 | 1920 | 23 | | 1912年入长沙县第四高等小学，1918年入长郡中学 |
| 刘子载 | 1905～1972 | 1920 | 15 | 本科第一部第21班 | 8岁进县初级小学，12岁考入县立高等小学，后考入县立乙种工业学校 |
| 李友梅 | 1905～1958 | 1920 | 15 | 本科第一部第19班 | 9岁启蒙私塾，后入小学、长沙兑泽中学、上海浦东中学 |
| 方金山 | 1904～1931 | 1921 | 17 | | 平江县城高等小学 |
| 何汉文 | 1904～1982 | 1922 | 18 | 本科第一部第24班 | 6岁入私塾读经史9年，15岁入高等小学 |
| 安邦 | 1903～1932 | 1922 | 19 | 本科第一部第23班 | 先后入本地私塾、益阳县立高等小学 |
| 刘振国 | 1906～1930 | 1922 | 16 | | 8岁入私塾，12岁后先后入小学、高小 |
| 方觉民 | 1906～1989 | 1923 | 17 | 本科第一部第27班 | 毛泽东创办的湖南自修大学及其附设湘江中学 |
| 曹孟君 | 1903～1967 | 1923 | 20 | 本科第一部第21班 | 梨江女校，先后调换五所中学，湖南省立第一女子师范，周南女校 |

| 姓名 | 生卒年份 | 入学年份 | 入学年龄 | 科别 | 入学湖南一师前所受教育 |
|------|----------|----------|----------|------|------------------------|
| 吕骥 | 1909～2002 | 1924 | 16 | 本科第一部第28班 | 五六岁时母亲教读古典诗词，1915年入新式学校（私立自得女子小学），1919年入湘潭县第一高等小学，1923年入长郡中学 |
| 向隅 | 1912～1968 | 1925 | 13 | 本科第一部第29班 | 小学，并学习二胡、月琴等 |

资料来源：孙海林主编，湖南省第一师范学校编《湖南第一师范名人谱（1903～1949）》，内部刊物，2003，第137～289页。

## 第三节　早期学生入学湖南一师前后的科举功名

　　湖南一师许多早期学生出生于清末时期，那时科举还未取消，他们中有不少人曾就读于传统私塾、书斋，参加过科举考试，获得了进士、举人等封建时代的功名，清廷虽然于1905年取消了科举，但仍然对学业优异者奖励以功名，而这些学子进入湖南一师后，也因自己的努力获得了这些奖励。这是特殊时代的一种特殊情况，但也在一定程度上反映出湖南一师学子的优秀。

### 一　科举制度及清末对师范生的相关奖励

　　我国延续千年的科举制度创始于隋朝。公元581年，隋文帝杨坚创立隋朝，结束了南北分割近三百年的历史。隋文帝开皇七年（587），朝廷设立秀才、明经、进士三科以取士。《隋书·高祖本纪》云：

七年春正月癸巳，有事于太庙。乙未，制诸州岁贡三人。①

开皇十八年（598）又云：

> 秋七月壬申，诏以河南八州水，免其课役。丙子，诏京官五品已上，总管、刺史，以志行修谨、清平干济二科举人。②

此即科举之始。隋炀帝即位后，科举渐渐制度化，牛弘与刘炫的对话较为详细地展示了这点，《隋书·儒林传·刘炫传》云：

> 炀帝即位，牛弘引炫修律令。高祖之世，以刀笔吏类多小人，年久长奸，势使然也。又以风俗陵迟，妇人无节。于是立格，州县佐史，三年而代之，九品妻无得再醮。炫著论以为不可，弘竟从之。诸郡置学官，及流外给廪，皆发自于炫。弘尝从容问炫曰："案《周礼》士多而府史少，今令史百倍于前，判官减则不济，其故何也？"炫对曰："古人委任责成，岁终考其殿最，案不重校，文不繁悉，府史之任，掌要目而已。今之文簿，恒虑覆治，锻炼若其不密，万里追证百年旧案，故谚云'老吏抱案死'。古今不同，若此之相悬也，事繁政弊，职此之由。"弘又问："魏、齐之时，令史从容而已，今则不遑宁舍，其事何由？"炫对曰："齐氏立州不过数十，三府行台，递相统领，文书行下，不过十条。今州三百，其繁一也。往者州唯置纲纪，郡置守丞，县唯令而已。其所具僚，则长官自辟，受诏

---

① 魏征等：《隋书》，中华书局，1973，第25页。
② 魏征等：《隋书》，中华书局，1973，第43页。

赴任，每州不过数十。今则不然，大小之官，悉由吏部，纤介
之迹，皆属考功，其繁二也。省官不如省事，省事不如清心。
官事不省而望从容，其可得乎？"弘甚善其言而不能用。①

隋炀帝前，"往者州唯置纲纪，郡置守丞，县唯令而已。其所具僚，
则长官自辟，受诏赴任，每州不过数十"，到了隋炀帝时，"今则不
然，大小之官，悉由吏部，纤介之迹，皆属考功"，选拔人才已经
制度化。唐灭隋后，唐继承并健全了科举制度，《新唐书·选举志
上》云：

唐制，取士之科，多因隋旧，然其大要有三。由学馆者曰
生徒，由州县者曰乡贡，皆升于有司而进退之。其科之目，有
秀才，有明经，有俊士，有进士，有明法，有明字，有明算，
有一史，有三史，有开元礼，有道举，有童子。而明经之别，
有五经，有三经，有二经，有学究一经，有三礼，有三传，有
史科。此岁举之常选也。其天子自诏者曰制举，所以待非常之
才焉。②

考试科目主要为经史，科目众多，有秀才、明经、俊士、进士、明
法、明字、明算、一史、三史、开元礼、道举、童子十二大类，其
中明经又分为五经、三经、二经、学究一经、三礼、三传、史科七
种。又《唐六典·吏部尚书》亦云：

凡诸州每岁贡人，其类有六：一曰秀才，二曰明经，三曰

① 魏征等：《隋书》，中华书局，1973，第1721页。
② 欧阳修、宋祁：《新唐书》，中华书局，1975，第1159页。

进士，四日明法，五曰书，六曰算。[①]

科举制度的施行，为取士开辟了一条新的路径，普通人也可以像官员一样报名参加考试，通过这种公开、统一的考试，来实现自己的才华和志向，科举制度在很大程度上纠正了魏晋以来由世家大族垄断的取士偏误，选拔了一些有才学的寒门士子，对社会进步和教育起到了一定的推动作用。唐之后，宋元明清也采用科举取士。由于科举制度本身发展到后期已经僵化，流于形式，特别是晚清时期因受外国列强压迫而亟须选拔新式人才、举办新式教育，科举受到了许多批评，清政府于 1905 年宣布，从 1906 年起停开科举，而取代科举的是借鉴日本等国家的新式教育。

然而，尽管清政府于 1905 年宣布取消科举，但在科举取消前后，清政府对于学习考试合格尤其是成绩优异者，均会给予一定的奖励（可以视为功名），这种奖励主要是给予学生生员、举人、进士等身份。1902 年，清政府颁布《钦定京师大学堂章程》，其中第四章"学生出身"就明确规定了学生学成可取得相应的身份，其云：

> 第一节　恭绎历次谕旨，均有学生学成后赏给生员、举人、进士明文。此次由臣奏准，大学堂豫备、速成两科学生卒业后，分别赏给举人、进士。今议请由小学堂卒业者先由本学堂总理教习考过后，送本府官立中学堂复加考验如格，由中学堂给予附生文凭，留堂肄业，并准其一体乡试。若有不及格者，或留中学堂补习数月，或仍送回小学堂补习，均待补习完竣复考后再予出身。其中学堂卒业生，送本省官立高等学堂考验如格，由高等学堂给予贡生文凭，其不及格者令补习如例。

---

① 李林甫等：《唐六典》，中华书局，1992，第 44 页。

高等学堂卒业生，由本学堂总理教习考过后，送京师大学堂复考如格，由管学大臣带领引见，候旨赏给举人，并准其一体会试。其不及格者，令补习如例。大学堂分科卒业生，由本学堂教习考过后，再由管学大臣复考如格，带领引见，候旨赏给进士。其举人、进士均应给予文凭。至京师大学堂现办之豫备、速成两科卒业生，应照臣筹办大概情形原奏办理。

第二节 现办速成科仕学馆人员，应俟三年卒业，由教习考验后，管学大臣复考如格，择尤保奖，予以应升之阶，或给虚衔加级，或咨送京外各局所当差，统俟临时量才酌议。

第三节 现办速成科师范馆学生，今定俟四年卒业，由教习考验后，管学大臣复考如格，择尤带领引见。如原系生员者准作贡生，原系贡生者准作举人，原系举人者准作进士，均候旨定夺，分别给予准为各处学堂教习文凭。①

大学堂预备科、速成科的学生学成后，分别奖给举人和进士。小学堂毕业并复考合格者，给予附生身份，若不及格者再补习，复习合格后再给予附生身份。中学堂毕业且复考合格者，给予贡生身份，不合格者再补习，如补习合格者再给予贡生身份。高等学堂毕业且复考合格者，给予举人身份，不合格者再补习，补习合格者给予举人身份。大学堂毕业且复考合格者，给予进士身份。速成科仕学馆人员毕业且复考合格，则给予晋升之路，要么给虚衔加级，要么送京外各局当差。速成科师范馆学生毕业且复考合格，则给予教习文凭。特别是章程中对师范做了特殊说明，其云：

第四节 师范出身一项，系破格从优以资鼓励。各省师范

---

① 舒新城编《中国近代教育史资料》中册，人民教育出版社，1981，第555～556页。

卒业生，亦得与京师大学堂师范生一律从优，惟由贡生卒业，应予作为举人，由举人卒业应予作为进士者，均须由各该本省督抚咨送京师大学堂复加考验，其及格者由管学大臣奏请带领引见，候旨赏给出身；不及格者，如例留堂补习；其过劣者咨回原省，以杜冒滥。①

该章程明确提出要对师范给予从优鼓励，各省的师范毕业生与京师

---

① 舒新城编《中国近代教育史资料》中册，人民教育出版社，1981，第556页。此后又罗列了七条相关政策，有关各种人员的学习事项及文凭。"第五节　凡原系进士者，不必再入高等学堂肄业，概归仕学馆学习，卒业后照章办理；原系举人者，不必再入中学堂肄业，如愿入高等学堂者，卒业后送京师大学堂复考及格，加给学堂举人文凭，并奏明给予内阁中书衔，毋庸带领引见。原系贡生者，不必再入小学堂肄业，如愿入中学堂者，卒业后由本省官立高等学堂复考及格，加给学堂贡生文凭，并奏明给予国子监学正学录衔。原系附生者，如入小学堂肄业，卒业后由本府官立中学堂复考如格，加给学堂附生文凭，并奏明给予训导衔。所有贡生附生奏给虚衔，统由各学堂呈报本省督抚年终汇奏。此条为专从科举出身之生员举人进士而设，其入学堂后，应试取进中式者，不用此例。第六节　凡在堂肄业学生，均准其照例应乡会试；于给假之日，由学堂按照路途远近予以期限，中式者若干日，不中式者若干日，均不得逾期辍业。违者开除学籍。第七节　凡在学堂肄业之廪增附生，均咨明本省学政免其岁试，其应行科考之各项生监，统于乡试之年，由本学堂分别咨送应试，概免录科，以免耽误学业。至中小学堂肄业之文童，遇岁科试，应准其径送院试，其府县试一律免考。取进之后，仍到堂肄业。其由学堂请假赴考之期限，照第六节办理。第八节　所有各项附生贡生举人进士文凭，统由京师大学堂刊板印造，盖用关防，略如部照之式。其贡生以下文凭，颁发各省应用。每岁于年终，将给过文凭之贡生附生姓名籍贯年貌三代，册报京师大学堂查核，并报礼部存案。第九节　凡得过各项文凭者，如有违犯国家一切科条，应得追缴处分者，贡生以下，由各省追缴文凭后，咨报京师大学堂存案；举人以上奏明办理。第十节　学生每一等级，或三年卒业，或四年卒业，届时须切实考验，合格者方可给予文凭。其有已至年限尚须补习者，有屡考下第必须斥退者，均由总理教习考验，分别去留，任意毋滥。第十一节　各项学生，由本学堂总理教习考验合格之后，该总理及教习须出具切结；将来本府官立中学堂，本省高等学堂及京师大学堂复考之日，如察有冒滥，即将原考验之总理及教习分别议处。轻者罚减薪赀〔资〕，重者分别黜革。如此，则总理及教习考验之时不敢含混，即教习授课之日亦不敢疏虞；实于防弊之中兼寓督课之意，庶为取士最公最严之法。"

大学堂师范生一样，均要优待。1904 年 1 月 13 日，清政府又颁布
了《奏定师范学堂毕业奖励章程》，其中"优级师范学堂毕业奖励"
对优级师范毕业生的功名奖励做了明确的规定，其云：

> 考列最优等者，作为师范科举人，以内阁中书尽先补用，
> 并加五品衔，令充中学堂、初级师范学堂及程度相当之各项学
> 堂正教员。俟义务年满，以应升之阶，分别京外、分部、分省
> 遇缺即补。
>
> 考列优等者，作为师范科举人，以中书科中书尽先补用，
> 令充中学堂、初级师范学堂及程度相当之各项学堂正教员。俟
> 义务年满，以应升之阶，分别京外、分部、分省遇缺即补。
>
> 考列中等者，作为师范科举人，以各部司务补用，令充中
> 学堂、初级师范学堂及程度相当之各项学堂正教员。俟义务年
> 满，以应升之阶，分别京外、分部、分省尽先补用。
>
> 考列下等者，给及格文凭，令充中学堂及程度相当之各项
> 学堂付〔副〕教员，或高等小学以下各项学堂正教员。俟义务
> 年满，作为师范科举人，奖给中书科中书衔。
>
> 考列最下等者，给修业文凭，暂时准充高等小学以下各项
> 学堂付〔副〕教员。
>
> 凡考列下等、最下等者，如在备有年级之学堂，准其留学
> 补习一年，再行考试奖励。
>
> 考列最优等、优等、中等之毕业生，原有官职，不愿就毕
> 业奖励者，准其呈明以原官原班用，一律令充各项学堂正教
> 员。俟义务年满，以应升之阶分别京外、分部、分省尽先
> 补用。
>
> 考列最优等、优等、中等之毕业生，义务年满，不愿就京
> 职者，准其呈明以应升外职照章办理。

自费毕业生，各按所考等第比照办理。①

该奖励一共分为最优等、优等、中等、下等、最下等五等。最优等、优等、中等均作为师范科举人，其中最优等又加五品衔。他们可以直接作为正教员，还可以作为遇缺即补的候补官员。下等给予及格文凭，可充当副教员，而最下等仅给修业文凭，只能暂时充当副教员。而"初级师范学堂毕业奖励"也规定了相应的学业奖励，其云：

> 考列最优等者，作为师范科贡生，以教授用，并加六品衔，令充小学堂及程度相当之各项学堂正教员。俟义务年满，以应升之阶尽先补用。考列优等者，作为师范科贡生，以教谕用，令充小学堂及程度相当之各项学堂正教员。俟义务年满，以应升之阶尽先补用。考列中等者，作为师范科贡生，以训导用，令充小学堂及程度相当之各项学堂正教员。俟义务年满，以应升之阶尽先补用。考列下等者，给及格文凭，令充小学堂及程度相当之各项学堂副教员。俟义务年满，作为师范贡生，奖给训导衔。考列最下等者，但给修业文凭。凡考列下等、最下等者，如在备有年级之学堂，准其留堂补习一年，再行考试，按等奖励。考列最优等、优等、中等之毕业生，原有官职，不愿就毕业奖励者，准其呈明以原官原班用，一律令充各项学堂正教员。俟义务年满，以应升之阶分别京外尽先补用。选用自费毕业生，各按所考等第，比照奖励。②

可以看出，初级师范奖励与优级师范奖励类似，其奖励也是分为最

---

① 李友芝等：《中国近现代师范教育史资料》1册，内部刊物，1983，第63～64页。
② 杨学为、朱仇美、张海鹏主编《中国考试制度史资料选编》，黄山书社，1992，第495页。

优等、优等、中等、下等、最下等五等，其中最优等、优等、中等均为师范科贡生，分别被称为教授、教谕、训导，教授领六品衔，这三种均充当学堂正教员。下等者，给及格文凭，充作副教员，最下等者，只给修业文凭。除此之外，清政府还一同颁布了"优级师范选科及初级师范简易科毕业奖励"，对优级师范选科和初级师范简易科毕业生的功名身份进行了规定，其云：

> 优级师范选科（此项选科，指按照学部咨行章程办理。所收学生，系曾由师范简易科毕业，及在中学堂有二年以上之学力，或先入预科再入本科二年毕业者言之），毕业考列最优等者，比照优级师范中等奖励办理。考列优等、中等者，比照优级师范下等奖励办理。均令充中学堂及程度相当之各项学堂付〔副〕教员。考列下等者，给及格文凭，准充小学堂及程度相当之各项学堂付〔副〕教员。考列最下等者，给修业文凭。
>
> 初级师范简易科（此项简易科，指由官设立，年限在二年以上，成绩优者言之），毕业考列最优等者，比照初级师范中等奖励办理。考列优等者，比照初级师范学堂下等奖励办理。均令充小学堂及程度相当之各项学堂付〔副〕教员。考列中等者，准充小学堂及程度相当之各项学堂付〔副〕教员。考列下等者，给及格文凭。考列最下等者，给修业文凭。自费毕业生，各按等第照章办理。[①]

优级师范选科毕业生功名身份对应优级师范，只是级别比优级师范下降了两等，优级师范选科最优等奖励只对应优级师范的中等，优级师范选科的优等和中等对应于优级师范的下等奖励。优级师范选

---

① 李友芝等：《中国近现代师范教育史资料》1册，内部刊物，1983，第64页。

科的下等、最下等与优级师范的下等、最下等相同。初级师范简易科奖励之于初级师范，正同优级师范选科之于优级师范。

## 二　湖南一师早期学生入学前的科举功名

湖南一师早期学生中，有不少人参加过科举考试，而且不少人还有科举功名。他们或为生员、或为秀才、或为举人。如 1903 年入学湖南师范馆（湖南一师前身）的文斐，入学前他为清朝附生[①]，何友发整理《文斐》云：

> 文斐（1872～1943），字牧希，醴陵东堡土埠桥人。清附生。早年求学于长沙城南书院。光绪〔二〕十九年（1903）入湖南师范馆学习，毕业后改入湖南中路师范。光绪三十一年春东渡日本，留学东京铁道学院。同年秋，由黄兴介绍加入同盟会。次年冬，萍浏醴起义爆发，文斐等回国应援，刚抵湘，而起义已失败，复避走日本，继续在东京铁道学校学习。光绪三十四年，文斐毕业归国，任渌江中学堂监督、湖南铁道学堂教务长。[②]

文氏早年为附生，后求学于湖南师范馆及日本东京铁道学院。又如1903 年入学湖南一师的文怀亮，入学前是生员。桂堂《文怀亮烈士》云：

> 文怀亮，字经酉，宁乡县同文镇人。一八七一年出生于一

---

① 附生为科举制度中的生员之一。明朝时，府州县三学除了廪膳生员、增广生员外，设立了一种附属于廪膳生员和增广生员之外的生员，称为附生。
② 何友发整理《文斐》，载中国人民政治协商会议湖南省醴陵市委员会文史资料委员会编《醴陵文史》第 8 辑（纪念辛亥革命八十周年专辑），内部刊物，1991，第 82 页。

个农民家庭。他是前清县学生员，毕业于湖南师范馆。[①]

文怀亮为县学生员，与文斐类似。而 1903 年入学湖南一师的国家法学家周鲠生，其入学前为秀才。周氏之女周如松《周鲠生先生传略》云：

> 我父亲是湖南长沙人，原名周览，一八八九年出生于一个贫寒的教书先生家庭。他四岁丧母，十岁丧父，幸我祖父生前深受家馆东主苏先烈（当时的长沙知府）的敬重，孤儿得以留在苏家家馆中继续伴读。由于他聪慧过人，苏先烈对他十分器重。在他十三岁时，由苏先烈保举应试并考取秀才，以文章出众而名列案首，成为当时湖南省科举中的佳话，有"神童"之称。[②]

周氏由长沙知府苏先烈保举应科举考试成为秀才。再如文启鑫，其子文席谋《回忆先父文湘芷的一生》云：

> 在 1899 年便以高名字〔次〕通过县的〔考试，〕翌年去省城长沙考上秀才。这是前清科举制度下的起码功名，〔先父〕渐渐在县中建立相当名望，并结交同辈士子与名流，如傅熊湘、袁雪安、卜世藩等。
>
> 随后，先父获得县中公费名额，即所谓增补童生，在县城渌江书院继续读书，准备参加举人考试。……

---

① 桂堂：《文怀亮烈士》，载于宁乡人民革命史编写组《宁乡人民革命史》，湖南人民出版社，1983，第 266 页。
② 周如松：《周鲠生先生传略》，载于北京图书馆《文献》杂志编辑部、吉林省图书馆学会会刊编辑部编《中国当代社会科学家》第 5 辑，书目文献出版社，1983，第 153 页。

先父于 1908 年京师大学堂毕业后授举人，分发邮传部。[①]

文氏 1900 年在长沙考取秀才，随后被增补为廪生，1903 年入学湖南师范馆，1908 年京师大学堂毕业后被授予举人。而大学堂毕业成绩优异者被授予举人，正是上述清政府所颁布的毕业奖励政策。而何炳麟入学湖南一师前，于 1900 年考取秀才。《湖南省志》云：

> 何炳麟，号迥程，1877 年（清光绪三年）6 月生于鄞县中村龙塘。1900 年考取秀才。1902 年入湖南师范馆。[②] 次年东渡日本，进东京工业学校电气科学习。1908 年（清光绪三十四年）10 月回国后，接办电报局邮电学校，开办省电话局。同时，在湖南高等实业学堂、湖南优级师范学校任课。[③]

罗鼎 1904 年入中路师范（湖南一师前身），其于 1902 年童试中考取秀才。《株洲市志·人物》云：

> 罗鼎 攸县鸭塘铺人。清光绪十三年（1887）生。自幼勤奋好学，光绪二十八年童试中秀才，光绪二十九年入长沙明德学堂，光绪三十年转学长沙中路师范，光绪三十一年以湖南官费留学日本，先后在日本东京一高预科、日本仙台第二高等学

---

① 文席谋：《回忆先父文湘芷的一生》，载于中国人民政治协商会议湖南省醴陵市委员会文史资料工作委员会编《醴陵文史》第 7 辑，内部刊物，1990，第 6 页。

② 孙海林主编，湖南省第一师范学校编《湖南第一师范名人谱（1903～1949）》（内部刊物，2003）中记载，何炳麟"1903 年就读于湖南第一师范（时称湖南师范馆）"，见第 36 页。

③ 湖南省地方志编纂委员会编《湖南省志》第 30 卷《人物志》下册，湖南出版社，1995，第 33 页。

校、日本东京帝国大学攻读法学，通晓日、英、德 3 国语言文字。①

申悦庐 1906 年入学湖南一师简易师范，其已于 1904 年考取秀才。《湖南第一师范名人谱（1903～1949）》云：

> 申悦庐（1884—1970）字文龙，笔名行健。湖南石门人。教育教学专家。1906 至 1907 年，就读于湖南第一师范所属简易师范（时称湖南中路师范学堂所属湖南全省简易师范学堂）。
>
> 幼即入塾。1904 年中秀才。1906 年考入湖南全省简易师范学堂。一年后学习毕业，前往上海，考入留日预备学校数理科，经短期培训后赴日留学。②

1905 年入学的罗教铎也获得生员、举人称号，毕业时因成绩优异，还被称为"洋举人"。《湖南第一师范名人谱（1903～1949）》云：

> 罗教铎（1886—1951）字和善，号湘道。湖南新化人。平民教育家。1905 至 1908 年就读于湖南第一师范（时称湖南中路师范学堂）优级选科第 2 班（理科班）。毕业后留校任理化教员，直至 1918 年。
>
> 从小勤奋好学，12 岁获生员资格，17 岁中举人。后毕业

---

① 株洲市地方志编纂委员会编《株洲市志・人物》，湖南出版社，1997，第 276 页。
② 孙海林主编，湖南省第一范学校编《湖南第一师范名人谱（1903～1949）》，内部刊物，2003，第 26 页。

于湖南中路师范学堂，成绩优异，被誉为"洋举人"。[①]

还有一些学生，因在校期间表现优秀，毕业时也会被清廷授予一些光荣称号。如张干校长，因毕业时成绩优异被授予举人称号。张人丰《张干先生轶事》云：

> 张干先生别号次仑，班名攸凰，新邵县坪上乡黄土塬（原属新化县）人，1884 年 12 月 28 日诞生于一贫苦农家，十岁丧父，依母靠兄佃耕、卖豆腐糊口。虽度日艰难，母兄仍节衣缩食供其上学，指望跳出苦海。在家族的资助下，次仑不孚〔负〕众望，奋发向上，于 1904 年成为长沙师范的高材生，1909 年毕业时沿例荣获"举人"称号，随即留校任数学教员。因治学严谨，成绩斐然，1914 年该校更名为省立第一师范时被聘任为校长。[②]

《湖南第一师范名人谱（1903～1949）》亦云，"（张干）出身贫寒，学习刻苦，成绩优异，在湖南一师毕业时获学校授予的'举人'称号"，[③] 这是在湖南一师毕业时会被授予的功名称号。还有一些学生是从湖南一师毕业后，继续深造毕业时被授予功名，如符定一，其子符立达、周勉德云：

> 父亲符定一 1908 年毕业于京师大学堂，然后回湖南从事

---

① 孙海林主编，湖南省第一师范学校编《湖南第一师范名人谱（1903～1949）》，内部刊物，2003，第 47 页。

② 中国人民政治协商会议湖南省新邵县委员会文史资料研究委员会编《新邵文史资料》第 4 辑，内部刊物，1991，第 141 页。

③ 孙海林主编，湖南省第一师范学校编《湖南第一师范名人谱（1903～1949）》，内部刊物，2003，第 37 页。

教育工作。<sup>①</sup>

符定一在京师大学堂毕业时，就被授予举人称号，并暨中书科中书。<sup>②</sup>又如钟钟山，京师大学堂毕业时成绩优异，被授予举人，并被分派学部担任实业司行走一职：

> 自幼读私塾。1904年考入湖南一师，此年肄业，考入京师大学堂，1909年毕业，奏奖举人，分派学部任实业司行走闲职，其时仍在京师大学堂研读化学。<sup>③</sup>

罗正纬，毕业时成绩优异，被授予举人称号，并加中书衔：

> 相继就读于明德速成师范学校、中路师范学堂、湖南优级师范学堂，因成绩优异，清廷奖给举人加中事科中书衔。<sup>④</sup>

总之，早期学生特别是1909年前入学的学生，有一些因毕业成绩优异被授予举人称号。诚然，有的是在湖南一师毕业时取得称号，有的是在湖南一师毕业后继续深造再毕业时取得的（见表3-6），这些均反映出早期学生群体是一个优秀的群体。

---

① 符立达、周勉德：《师生情谊深——记毛主席和我的父亲符定一》，载西柏坡纪念馆编《西柏坡记忆》第7卷，河北人民出版社，2020，第15页。
② 中书科是明代洪武七年始设的，隶属于中书省，其职责主要是掌管书写诰敕、制诏等事情，清朝保留了这一职官及称呼。清末时，从京师大学堂毕业的成绩优异者除会被授予举人称号外，还会被尽先补用中书科中书。中书科及中书的具体设置及职责可见《明史》之《职官三·中书科》以及《清史稿》之《职官一·中书科》。
③ 孙海林主编，湖南省第一师范学校编《湖南第一师范名人谱（1903～1949）》，内部刊物，2003，第50页。
④ 孙海林主编，湖南省第一师范学校编《湖南第一师范名人谱（1903～1949）》，内部刊物，2003，第46页。

表 3-6　入学湖南一师前的部分学生身份统计（1903～1906 入学）

| 姓名 | 生卒年份 | 入学年份 | 入学年龄 | 科别 | 入学湖南一师前的身份 | 备注 |
|---|---|---|---|---|---|---|
| 文怀亮 | 1871～1927 | 1903 | 32 | 速成科第 1 班 | 县学生员 | |
| 周鲠生 | 1889～1971 | 1903 | 14 | 湖南师范馆 | 13 岁中秀才 | |
| 文斐 | 1872～1943 | 1903 | 31 | 速成科第 2 班 | 附生 | |
| 文启蠡 | 1878～1925 | 1903 | 25 | 速成科第 2 班 | 1900 年考取秀才,随后增补为廪生 | 1908 年京师大学堂毕业,授举人,分发邮传部 |
| 何炳麟 | 1877～1966 | 1903 | 26 | 速成科第 2 班 | 秀才 | |
| 符定一 | 1877～1958 | 1904 | 27 | 速成科第 2 班 | | 1908 年京师大学堂毕业,受奖举人暨中书科中书 |
| 钟钟山 | 1882～1970 | 1904 | 22 | 博物科 | | 1909 年京师大学堂毕业,奏奖举人 |
| 罗正纬 | 1884～1951 | 1904 | 20 | 优级选科 | | 因成绩优异,清廷奖给举人加中事科中书衔 |
| 罗鼎 | 1887～1979 | 1904 | 17 | 优级选科 | 秀才 | |
| 罗教铎 | 1886～1951 | 1905 | 19 | 优级选科 | 12 岁获生员资格,17 岁中举人 | 后毕业于湖南中路师范学堂,成绩优异,被誉为"洋举人" |
| 张干 | 1884～1967 | 1905 | 21 | 优级师范 | | 1909 年毕业时因成绩优秀被授予"举人"称号 |
| 申悦庐 | 1884～1970 | 1906 | 22 | 简易科 | 秀才 | |
| 魏焕吾 | 1886～1961 | 1906 | 20 | 速成科第 5 班 | 1904 年中秀才 | |

资料来源：孙海林主编，湖南省第一师范学校编《湖南第一师范名人谱（1903～1949）》，内部刊物，2003，第 21～57 页。

## 第四节　湖南一师早期学生的出国留学

按照当时师范教育的要求，师范生毕业后当服务于本省教育事业，即便工作于外省，也得与教育相关。而湖南一师的学子们，除了服务于教育业外，还有不少出国留学的情况，甚至有些人多次出国留学。

### 一　出国留学的出现及演变

清末出现出国留学的现象。1872 年 7 月，曾国藩、李鸿章就上奏清廷，请求派遣幼童赴美留学，其《奏选派幼童赴美肄业办理章程折》云：

> 窃臣国藩上年在津办理洋务，前任江苏巡抚丁日昌奉旨来津会办，屡与臣商榷，拟选聪颖幼童送赴泰西各国书院学习军政、船政、步算、制造诸学，约计十余年，业成而归。使西人擅长之技，中国皆能谙悉。且谓携带幼童前赴外国者，如四品衔刑部主事陈兰彬、江苏候补同知容闳皆可胜任等语。臣国藩深韪其言，曾于上年九月本年正月两次附奏在案。
>
> 臣鸿章复往返函商，窃谓自斌椿、志刚、孙家谷两次奉命游历各国，于海外情形亦已窥其要领，如舆图、算法、步天、测海、造船、制器等事，无一不与用兵相表里。凡游学他国得有长技者，归即延入书院，分科传授，精益求精。其于军政船政，直视为身心性命之学。今中国欲仿效其意，而精通其法，当此风气既开，似宜亟选聪颖子弟携往外国肄业，实力讲求，以仰副我皇上作育人才、力图自强之至意。[1]

---

[1]　曾国藩、李鸿章：《奏选派幼童赴美肄业办理章程折》，载舒新城编《中国近代教育史资料》上册，人民教育出版社，1981，第 161 页。

曾氏等人提出派遣儿童去国外，主要是学习西方各国的军政、船政、步算、制造等专业，而且明确指出"舆图、算法、步天、测海、造船、制器等事，无一不与用兵相表里"，其目的是"师夷长技以制夷"。此外，曾、李等还驳斥了那种认为不需要派遣幼童赴洋留学的看法：

> 或谓天津上海福州等处已设局，仿造轮船枪炮军火。京师设同文馆，选满汉子弟延西人教授。又上海开广方言馆，选文童肄业，似中国已有基绪，无须远涉重洋。不知设局制造，开馆教习，所以图振奋之基也。远适肄业，集思广益，所以收远大之效也。西人学求实济，无论为士、为工、为兵，无不入塾读书，共明其理，习见其器，躬亲其事，各致其心思巧力递相授师，期于月异而岁不同。中国欲取其长，此中奥窔，苟非遍览久习，则本源无由洞彻，而曲折无以自明。古人谓学齐语者，须引而置之庄岳之间。又曰：百闻不如一见，此物此志也。况诚得其法归，而触类引伸，视今日所为孜孜以求者，不更扩充于无穷耶？①

他们认为，"设局制造，开馆教习"，是国家振奋的基础，"远适肄业，集思广益"，是为了收取远大的效果，西方人学习的目的在于实际应用，中国要取其长处，必须亲自见见。该奏折还提出了具体办法，首先是派遣相关人士去挑选留学儿童，"拟派大小委员三员，由通商大臣札饬在于上海、宁波、福建、广东等处，挑选聪慧幼童年十三四岁至二十岁为止"，挑选儿童的数量是每年 30 名，"选送幼童，每年以三十名为率，四年计一百二十名驻

---

① 曾国藩、李鸿章：《奏选派幼童赴美肄业办理章程折》，载舒新城编《中国近代教育史资料》上册，人民教育出版社，1981，第 162 页。

洋肄业"，至于幼童所学的专业和书籍，有专门登记，并四个月考察一次，"赴洋学习幼童，入学之初所习何书，所肄何业，应由驻洋委员会列册登注，四月考验一次，年终注明等第，详载细册，赍送上海道转报"。①

1876年，沈葆桢、李鸿章上折，请求派遣福建闽厂学生出洋：

> 窃臣葆桢前于同治十二年（1873）十一月奏陈船工善后事宜折内，请于闽厂前后学堂选派学生分赴英法两国学习制造驾驶之方及推陈出新练兵制胜之理。速则三年，迟则五年，拟令船厂监督日意格详议章程经总理衙门议请敕下南北洋大臣会商熟筹等因；奉旨依议，钦此钦遵在案。旋因台湾有事，悾偬未及定议。
>
> 上年臣等筹议海防折内，于出洋学习一事，断断焉不谋同辞。及臣日昌、臣赞诚先后接办船政，察看前后堂学生内秀杰之士，于西人造驶诸法，多能悉心研究，亟应遣令出洋学习，以期精益求精。臣等往返函商，窃谓西洋制造之精，实源本于测算格致之学，奇才迭出，月异日新，即如造船一事，近时轮机铁胁，一变前模，船身愈坚，用煤愈省，而行驶愈速。中国仿造皆其初时旧式，良由师资不广，见闻不多，官厂艺徒，虽已放手自制，止能循规蹈矩，不能继长增高。即使访询新式，孜孜效法，数年而后，西人别出新奇，中国又成故步，所谓随人作计终后人也。若不前赴西厂观摩考索，终难探制作之源。至于驾驶之法，近日华员亦能自行管驾，涉历风涛。惟测量天文沙线、遇风保险等事，仍未得其深际。其驾驶铁甲兵船于大

---

① 曾国藩、李鸿章：《奏选派幼童赴美肄业办理章程折》，载舒新城编《中国近代教育史资料》上册，人民教育出版社，1981，第163～164页。

洋狂风巨浪中，布陈应敌离合变化之奇，华员皆未经见，自非日接身亲，断难窥其秘钥。①

该折也强调有必要派遣学生出洋留学，他们认为西方人制造的枪炮之所以精密，"实源本于测算格致之学"，即因为西方测量格致之学发达，其制造的枪炮也越来越精密。中国不能一味地仿造，否则又会"数年而后，西人别出新奇，中国又成故步"。折后又补充了选派船政生徒出洋肄业章程，规定选派制造学生 14 名、制造艺徒 4 名去法国学习制造，选派驾驶学生 12 名去英国学习驾驶兵船，如果另有学生愿学矿物化学及交涉公法的，由监督会商挑选。

上文所列均是派遣学子留学欧美的，1899 年总理各国事务衙门《奏遵议出洋学生肄业实学章程折》进行了总结，留学国家有英国、俄国、法国、德国、美国，其云：

> 伏查遴选学生出洋肄业，自前大学士两江总督曾国藩始。光绪十六年四月、二十二年九月，先后奏准出使英、俄、法、德、美五国大臣每届酌带学生二名，共计出洋学生十名。自同治以来，江督所派幼童百五十名往美国肄业，因年太幼稚，志气未定，多有通洋语而抛荒华语，并沾染习气之病。是以嗣后南北洋武备水师学堂，历派武弁学生赴各国船炮、机器厂、水师学校肄习新法，福州船政局先后派学生分批出洋肄习制造管驾等事。②

---

① 沈葆桢、李鸿章：《闽厂学生出洋学习折》，载舒新城编《中国近代教育史资料》上册，人民教育出版社，1981，第 165 页。

② 总理各国事务衙门：《奏遵议出洋学生肄业实学章程折》，载舒新城编《中国近代教育史资料》上册，人民教育出版社，1981，第 172 页。

　　19 世纪 90 年代，著名的戊戌变法开始，康有为等人提出向日本派遣留学生的构想，由维新派人物御史杨深秀①上奏。1899 年，总理各国事务衙门议定，经过清廷批准，中国留日运动开始。其云：

> 　　再准军机处钞交御史杨深秀片奏：泰西各学，自政治、律例、理财、交涉、武备、农工、商务、矿务莫不有学，日本变新之始，遣聪明学生出洋学习，于泰西诸学灿然美备，中华欲游学易成，必自日本始。闻日本大开东方协助之会，原智吾人士，助吾自立，招我游学，供我经费，以著亲好之实，经其驻使矢野文雄函告译署，伏乞下总署速议游学日本章程，选举贡生监之聪敏有才年未三十者，在京师听人报名，由译署给照，在外听学政给照等因；光绪二十四年四月十三日奉旨著总理各国事务衙门议奏。钦此。②

　　实际上，1896 年清政府就派遣了第一批官费留学生（13 名）留学日本，③ 到 1899 年已有 200 多人，到 1903 年，留日学生数已达到 1000 多人，而 1905 年至 1906 年，人数有七八千人之多。④

---

① 杨深秀（1849～1898），山西闻喜县人，"戊戌六君子"之一。
② 总理各国事务衙门：《奏遵议遴选生徒游学日本事宜片》，载舒新城编《中国近代教育史资料》上册，人民教育出版社，1981，第 170～171 页。
③ 这 13 名学生的具体名单有以下几种说法。一、早稻田大学教授实藤惠秀《中国人留学日本史》认为是：唐宝锷、朱忠光、胡宗瀛、戢翼翚、吕烈辉、吕烈煌、冯阎谟、金维新、刘麟、韩筹南、李清澄、王某、赵某。二、日本外务省外交史料馆所藏《在本邦清国留学生关系杂纂》裕庚五月初八日致西园寺公望书信所附名单为：韩寿南、朱光忠、冯阎模、胡宗瀛、王作哲、唐宝锷、戢翼翚、赵同颉、李宗澄、瞿世瑛、金维新、刘麟、吕烈煇。三、吕顺长教授认为是：唐宝锷、朱忠光、胡宗瀛、戢翼翚、吕烈辉、瞿世瑛、冯阎模、金维新、刘麟、韩寿南、李宗澄、王作哲、赵同颉。
④ 王晓秋：《中国人留学日本 110 年历史的回顾与启示》，《徐州师范大学学报》（哲学社会科学版）2006 年第 4 期，第 1～3 页。

## 二 湖南一师早期学子的出国留学

由于清廷多次提倡出洋留学，且颁布了不少政策文件，再加上 1905 年 8 月清政府颁布诏书，"停科举以广学校"，① 知识分子最重要的出路——科举被终止，因此出国留学自然而然就成了知识分子的另一个重要出路。湖南一师早期学生群体中有不少学生留学国外（见表 3-7），总结起来有以下几个特点。

**表 3-7 湖南一师早期学生留学统计（1903～1927）**

| 姓名 | 在校时间 | 留学时间 | 留学国家及学校 | 专业、方向 | 备注 |
|---|---|---|---|---|---|
| 文斐 | 1903～1904 | 1905～1906 | 日本东京铁道学校 | 铁路 | 留学期间曾回国应援萍浏醴起义 |
| 陈天华 | 1903 | 1903 | 日本东京弘文学院 | 师范科 | 官费 |
| 杨端六 | 1903～1904 | 1906 | 日本东京弘文学院、东京正则英语学校、东京第一高等学校、冈山第六高等学校 | | 自费，两年后获得官费 |
| 何炳麟 | 1903 | 1903 | 日本东京工业学校 | 电气科 | 官费 |
| 周鲠生 | 1903～1906 | 1906 | 日本早稻田大学 | 政法、经济等 | |
| 李剑农 | 1904～1908 | 1910 | 日本早稻田大学 | 政治经济学 | |
| 张秉文 | 1904～1905 | 1905 | 日本 | | 学校选送留学 |
| 罗鼎 | 1904～1905 | 1905 | 日本东京一高预科、仙台第二高等学校、东京帝国大学 | 法学 | 官费 |
| 唐星 | 1906 年毕业 | 1915 | 日本同文学校 | 军事 | |
| 傅安经 | 1906 年毕业 | 1906 | 日本早稻田大学 | 政治经济学 | 官费 |

---

① 《清帝谕立停科举以广学校》，载舒新城编《中国近代教育史资料》上册，人民教育出版社，1981，第 62～66 页。

续表

| 姓名 | 在校时间 | 留学时间 | 留学国家及学校 | 专业、方向 | 备注 |
|---|---|---|---|---|---|
| 方维夏 | 1906 | 1909 | 日本东京农业大学 | 农业科学 | |
| | | 1918～1920 | 日本东京农业大学 | 农业科学 | |
| | | 1928 | 苏联莫斯科中山大学 | | |
| 申悦庐 | 1906～1907 | 1908 | 日本 | 数理科 | 留学半年，因病回国 |
| 孙克基 | 1905～1908 | 1916 | 美国霍普金斯大学 | 文学、妇产科 | 获妇产科博士学位 |
| 熊焜甫 | 1910～1915 | 1920 | 法国勤工俭学，圣梅桑学校 | | |
| 萧子升 | 1911～1915 | 1919 | 法国勤工俭学 | | |
| 萧三 | 1912～1915 | 1920 | 法国勤工俭学，圣梅桑学校 | | |
| 蔡和森 | 1913～1915 | 1919 | 法国勤工俭学 | | |
| 张昆弟 | 1913～1918 | 1919 | 法国勤工俭学 | | |
| 欧阳泰 | 1913～1918 | 1919 | 法国勤工俭学 | | |
| | | 1925 | 苏联莫斯科中山大学 | | |
| 罗学瓒 | 1913～1918 | 1919 | 法国勤工俭学 | | |
| 侯昌国 | 1913～1918 | 1920 | 法国勤工俭学 | | |
| 贺果 | 1913～1918 | 1924 | 苏联莫斯科东方劳动者共产主义大学 | | |
| 曾以鲁 | 1913～1918 | 1919 | 法国勤工俭学，巴黎美术专科学校 | 美术 | |
| 陈书农 | 1914～1919 | 1926 | 法国巴黎大学 | 心理学 | |
| 刘汉之 | 1915～1920 | 1920 | 苏联莫斯科东方劳动者共产主义大学 | | |
| 白瑜 | 1916～1920 | 1926 | 苏联莫斯科中山大学 | | |
| | | 1935 | 英国伦敦政经学院、美国密歇根大学进修 | | 后又赴德、法考察 |
| 刘明俨 | 1916 | 1920 | 法国勤工俭学 | | |
| | | 1925 | 法国里昂中法大学 | | |
| | | 1926 | 苏联东方大学 | | |
| 李维汉 | 1916 | 1919 | 法国勤工俭学 | | |

| 姓名 | 在校时间 | 留学时间 | 留学国家及学校 | 专业、方向 | 备注 |
|------|---------|---------|---------------|-----------|------|
| 方壮猷 | 1919～1923 | 1929 | 日本东京大学 | 东方民族史 | |
| 杨浪明 | 1920～1925 | 1947～1949 | 美国明尼苏达大学医学院 | 医学 | |
| 罗士韦 | 1920～1925 | 1943 | 美国加利福尼亚理工学院 | 植物生理学 | |
| 何汉文 | 1922～1926 | 1926 | 苏联莫斯科中山大学 | 政治经济学 | |
| 唐有章 | 1922～1926 | 1928 | 苏联莫斯科中国共产主义劳动者大学 | 机械制造与自动化 | |
| | | 1946 | 苏联莫斯科市政通用机械工业学院 | | |
| 杨敬年 | 1924～1926 | 1945 | 英国牛津大学 | 政治经济 | |
| 陈一诚 | 1925～1926 | 1927 | 苏联莫斯科东方劳动者共产主义大学 | | 1928年转入中国共产主义劳动者大学 |

资料来源：孙海林主编，湖南省第一师范学校编《湖南第一师范名人谱（1903～1949）》，内部刊物，2003，第21～286页。

第一，留学的时间有所不同。第一种情况是，在湖南一师还未毕业，就肄业去留学的。例如，1903年入学的陈天华，还未毕业，就于当年留学日本；何炳麟1903年入学，1903年留学。第二种情况是，刚从湖南一师毕业就去留学的。如1903年入学的文斐，1904年从湖南师范馆毕业，1905年就去日本留学；再如罗鼎，1905年毕业，1905年留学日本。第三种情况是，从湖南一师毕业多年后再去留学的。如唐星，1906年从湖南一师毕业，1915年才留学日本同文学校；又如方维夏，1906年毕业，1913年留学日本。第四种情况是前后多次留学。例如，方维夏分别于1909年、1918年两次留学日本东京农业大学，1928年留学苏联莫斯科中山大学；白瑜1926年留学苏联莫斯科中山大学，1935年留学英国伦敦政经学院、美国密歇根大学；刘明俨 1920 年留学法国，勤工俭学，1925 年留学法国里昂中法大学，1926 年留学苏联东方大学。

第二，1910 年前入学湖南一师的学生大多留学日本，如除了孙克基于 1916 年留学美国、方维夏 1928 年留学苏联莫斯科中山大学外，文斐、陈天华、杨端六、何炳麟、周鲠生、李剑农、张秉文、罗鼎、唐星、傅安经、方维夏（1909、1918）、申悦庐均留学日本。而 1910 年及以后入学湖南一师的学生则以去欧美国家留学为主。表 3-7 中，除了方壮猷入日本东京大学外，其余学生留学的国家均为英国、法国、美国、苏联。例如，熊焜甫、萧子升、萧三、蔡和森、张昆弟、欧阳泰、罗学瓒、侯昌国、曾以鲁、刘明俨、李维汉赴法国勤工俭学（赴法勤工俭学具体内容见附录 2、附录 3），陈书农入巴黎大学，刘明俨又入里昂中法大学；贺果、刘汉之、陈一诚入苏联莫斯科东方劳动者共产主义大学，白瑜、何汉文入苏联莫斯科中山大学，唐有章入莫斯科中国共产主义劳动者大学等；杨浪明入美国明尼苏达大学医学院，罗士韦入美国加利福尼亚理工学院等；杨敬年入英国牛津大学。

第三，同一人多次留学，学校或相同，或不同。如杨端六 1906 年留学日本，先后入学日本东京弘文学院、东京正则英语学校、东京第一高等学校、冈山第六高等学校，学校不同；而罗鼎 1905 年留学日本，先后入学日本东京一高预科、仙台第二高等学校、东京帝国大学，学校也不同。再如，方维夏分别于 1909 年、1918 年两次留学日本东京农业大学，学校相同，而 1928 年他又留学苏联莫斯科中山大学，学校与前两次不同；白瑜 1926 年留学苏联莫斯科中山大学，而 1935 年留学英国伦敦政经学院、美国密歇根大学，这几次留学学校全不同；刘明俨 1919 年留学法国，勤工俭学，1925 年留学法国里昂中法大学，1926 年留学苏联东方大学，学校也不同。

第四，留学生所学专业因年代不同而有所不同。早期特别是 1919 年前，留学生所学均是与政治、经济、师范、工业相关的专业，如文斐所学专业为铁路，陈天华为师范科，何炳麟为电气科，周鲠生、李剑农、傅安经所学专业为政治、经济学，罗鼎所学专业为法学，方维夏所学专业为农业科学，这些专业均带有浓厚的经世致用、富国强兵的色彩，可视为晚清时期政策的一种延续。1919年以后，留学生出国留学与前期相比已经有了很大的不同。蔡和森等人赴法勤工俭学并非单纯地学习某种技术，而是考察法国整个社会，为改造社会做准备；其他如陈书农学心理学（1926）、方壮猷学东方民族史（1929）、罗士韦学植物生理学（1943）、杨浪明学医学（1947～1949），则更多的是从纯粹学术角度出发。这段时期内的留学行为已不再单纯是晚清政策的一种延续了，而是有更加丰富的内涵。

第四章

# 湖南一师早期学生群体的活动

　　湖南一师早期学子参与了多项活动，大致可以归纳为以下三类：一是参与学校组织的自治运动，主要包括教育实习、农场实习、工场实习、商场实习、志愿军、运动会、修学旅行、童子军研究会、学友会、附设夜学；二是积极组建革命性质的团体，如新民学会、星期同乐会、俄罗斯组织会以及创建中国共产党湖南小组；三是举办或改办革命刊物如《湘江评论》《新湖南》《湖南通俗报》等。

## 第一节　学生自治运动

　　辛亥革命后，南京临时政府成立，并于当年颁布了一系列民主教育的方针法令，湖南一师严格实施了该法令。1915 年 9 月以《青年杂志》（第二卷第一号开始改名为《新青年》）创刊为标志的新文化运动兴起，新文化运动倡导民主与科学，反对旧道德，提倡新道德，反对旧文学，提倡新文学。新文化运动迅速由北京、上海等大城市传播到长沙，湖南一师教师徐特立、杨昌济、黎锦熙等人积极引导学生接触新文化，同时，学校所推行的民主教育也在不断实践中发展与完善，最终于 1916 年后得到完善。此时湖南一师极为重视职业教育、人格教育和军国民教育。职业教育方面，提倡学生自动自治，其内容主要有如下几类。

## 一　管教实习

湖南一师是培养小学教师之所，故学生必须得有教学实习。湖南一师很早就制定了详细的教育实习制度。根据《湖南省立第一师范学校志》的记载，教学实习分为参观、教授、管理、批评四个环节。

第一个环节是参观。参观又分校内参观和校外参观两种，校内参观主要是去本校附属小学参观，校外参观则是在实习期内由实习主任或学监率队到附近各个小学参观。参观时必须详细记录并填好参观报告表，以供检查。

第二个环节是教授。每位学生须试教十小时以上。学生事先要了解课本内容，上课之前要写好教案并上交，以供检查。

第三个环节是管理。除了上述两个环节外，学生还需要学会班级管理。每个班或每个组轮流派遣二位实习学生值日，值日职责包括临时代替附属小学主任及科任教师的职务等。若要处分小学儿童，必须与校长及主任商量后再施行，同时，必须详细记载管理心得及困难，上交实习主任及小学校长检查，并在当晚的讨论会上提出、讨论。

第四个环节是批评。批评分本日批评和全期批评两种。其中本日批评在参观或试教完成后就进行，而全期批评则于试教期末举行一次或二次。同时，还举行全期批评会，由实习主任选派试教成绩优良者，让他们试教，然后全部实习学生参与学习。

## 二　农场实习

湖南为农业大省，学生既要学会相关的理论知识，又要学好相关的生产技能。湖南一师依据自身校园的特点，设置了详细的农场实习制度。据《湖南省立第一师范学校志》记载，湖南一师将校园区域进行划分，开辟出农场实习的场所。农场实习的区域均在校内，具体来说主要有三个：一是"农场"，其为学校前面的旧操场，农场具体又划分为 6 个区，主要有果树、葡萄架等作物；二是"学级园"，其为校内坪苑及后山禁蛙池坎下坎上，学级园具体划分为 11 个区，既有花卉，又有果树、蔬菜，还有谷菽；三是"公共苗圃"，其为禁蛙池坎下所划出的土壤二畦。至于所需农具的数量、实习所需经费等，亦有一定的规定。

除了上述划区等方面外，学校还详细制定了农场实习的分组规则。分组的好处是容易划分职责，分工明确，每组之间容易进行对比，确定其完成的快慢与好坏。实习时，每十人左右为一组，每组指定一人为组长，其有传达命令、领缴农具等职责，同时，还轮派服务生负责灌溉作物等，每周一次。各个班级的实习小组数量不一，视各班所负责土壤的面积而定。诚然，除了上述分组等工作外，实习需要明确职责，根据一定的规则来进行实习成绩的考核，实习时不得迟到早退或不到，否则便以缺课论处，同时，勉励学生要遵守秩序、勤奋实习、爱护公物。实习虽然不在教室课堂内，但仍极具严肃性。

《湖南省立第一师范学校志》以 1917 年在校的各个班级为例，详细展示了当时各班的实习情况。具体如下：1917 年 8 月，四年级第 6 班至第 10 班共五个班级在农场实习，负责的作物种类有"粟、膏〔高〕粱、落花生、蓖麻、青箱〔葙〕、马铃薯"；三年级第 11 班、第 12 班两个班级也在农场，负责的作物种类有九月豆、落花生；二年级第 13 班、第 14 班两个班在学级园（标本区），负责的作物种类有蓼蓝、甘蔗、苎麻、茶、三桠（雪花树）；一年级第 15 班在学级园（花卉区），负责的有"海棠区、芙蓉区、木犀〔樨〕区、葡萄区、石榴区、菊区"；预科第 16 班、第 17 班两班在学级园（树果区），负责的有"梅区、桃区、李区、梨区、苹果区、樱桃区、枇杷区、柑橘区、柿树区"。"管理收获"工作则有中耕、去草、灌溉、施肥等。而随着季节的不同，各个年级学生负责的作物种类也有所不同，如 9 月，各年级均负责的作物种类为白菜、芥菜；10 月时，二年级至四年级负责的仍然仅为白菜、芥菜，而一年级和预科学生除了负责白菜、芥菜外，还负责豌豆、蚕豆、麦；11 月，四年级负责荷兰葱、玲麦、大麦、小麦、冬苋、大蒜、雪里蕻、白菜、芥菜，三年级负责豌豆、蚕豆、芸薹、大蒜、冬苋、小麦、葱、白菜、芥菜，二年级负责冬苋、大蒜、菠菱、白菜、芥菜，一年级与预科学生和二年级相同。[①] 通过这些实习，学生不仅深入认识了这些蔬菜、瓜果，还深入了解了这些农作物的种植知识，因而实习既扩大了学生的知识面，又培育了学生的劳动品质。

此外，农场实习的各种作物均由各相关负责小组收获，收获后的产品除了留一小部分作为实习成绩外，其余均由商店售卖。售卖所产生的收益除了拿出一小部分作为给相关工作者的奖励外，其余均作为学校的校园基金。

### 三　工场实习

湖南一师还设置了工场实习。工场有木工工场、金工工场、普通工场与印刷工场四种。每种工场并不是独立的，而是相互联系的。工场的经费保有独立性，除了开办工场与提奖、手工教学消耗外，一概作为相关的基金。

工场实习时可分组，也可不分组，具体安排主要视教师及班级等情况而定。如果实行分组制，组数及每组的人数划分则按照实习人数与工作品的繁复程度来确定。每组由教师或事务室指定一人为

---

① 湖南省立第一师范学校编《湖南省立第一师范学校志》，内部刊物，1918，纪第二。

组长，履行传达命令、领缴工具等职责，其作用是协助教师管理工场制作。此外，制作时还需要遵守注意事项及工场制度，如手工制作需要在相应的场所，工场必须保持整洁，材料由教师分配，制作过程中学生要遵守秩序、勤奋作业，不能懈怠，要珍惜材料，不得损坏。实习考核也很严格，凡有不到或早退者以缺课论处。工作品做成后交由商店去售卖，收益除少部分用于奖励等事项外，其余均作为手工实践基金。学生的实践成绩由教员裁定。

## 四 商场实习

早期的湖南一师设置了商场实习，即设立商店进行贩卖、储蓄等，其目的是使学生加强职业实践训练。商店职员的设置参照了当时一般的商店以及外国公会。营业主要分为贩卖、储蓄两部，由主任、副主任、监理进行管理。贩卖部分别设立实习买进员、实习卖出员各二人，储蓄部分别设立实习保管员、实习出纳员各二人。贩卖部有对内、对外两种业务：对内业务主要针对本校师生，商品有教育用品、日常必用品等；对外业务主要针对校外人员，商品有手工图画品、印刷品等。储蓄部主要有储蓄、兑换业务，储蓄主要是按照当时银行的利率来储蓄师生的钱财，而兑换则是整钱、零钱换算。

对于每家商店，设立主任一人，由学校商业教师或经济教师兼任，全权处理商店一切事务，又设立副主任二人，由庶务会计兼任，协助主任处理事务，同时还聘请学监担任监理，监理贩卖部、储蓄部进出账目。不论是主任，还是副主任、监理，均为名誉职位，可以连任。除了上述教师作为管理者外，更多的是学生参与。每店设立实习长二人，由股东推举学生担任，其职责是沟通主任、副主任、监理与实习学生，处理贩卖部、售卖部一切事情。此外，每店还有调查员二人、庶务一人，亦由股东推举学生担任。实习长、调查员、庶务均可连任。其余实习生，均负责买进、卖出等具体事务。

商店采用西方传入之公司制度，设立股东，股东由教职工与学生担任，要求是每人必须入股十股以上，股东入股后既享受选举权、决议权，还享受入股所带来的红利及查账权。如入股教职工离职或入股学生毕业，必须退股。如同公司一样，商店会定期或不定期开会，会议分为股东会议与职员会议两种，主要讨论商店的兴废等重大事情。股东会议一年两次，职员会议则不定期召开。会议决议要以到会者过半人数通过才能确定。学生必须参加实习，不能规避或者放弃，在商店实习时需要遵守一定的规则。学校每周派遣八名学生实习，每名学生实习的次数视学生人数多少等情况而定。商店每学期期末进行结账，如有盈利，则提取十分之六，其中十分之二作为公共基金，用来补偿损失，十分之二作为实习学生的劳务费，剩下的十分之二作为学友会补助。总数余下的十分之四则按照股份来分红。

## 五 志愿军[①]

1916 年秋季，湖南一师按照南京临时政府教育部关于军国民教育的指令（1912 年 12 月）[②]，在校内组织了学生志愿军。志愿军以"激发爱国思想、提倡尚武精神、研究军事学术、实施军国民教育"为宗旨，以国庆日为志愿军成立纪念日，选择体格强壮、志愿入军的学生充当志愿军，编制为营、连、排、班，一营下辖两个连，一连下辖三个排，一排下辖三个班（见图 4-1），每班 14 人。

---

① 湖南一师有呈请试办志愿军之文，具体可见附录 4。
② 《注重尚武精神令》云："本部公布教育宗旨，以军国民教育为道德之辅。原期各学校学生重视体育，养成强壮果毅之风，惟学校教课，势难于体操一科，独增教授时数，凡办理学校人员，宜体此意。引导学生于体操正科外，为种种有益之运动。专门以上学校，体操不列正科，尤宜组织运动部，随时练习，以免偏用脑力。每年春秋二季应酌开学校运动会，互相淬励，以惰弱为耻，以勇健为荣，庶学生体躯日强，智德亦因以增进。处兹外患交迫，非大多数国民具有尚武精神，决不足以争存而图强也。此令。"载湖南省立第一师范学校编《湖南省立第一师范学校志》，内部刊物，1918，纪第二。

学生毕业时，视为退伍，再另选新班与预备军中的学生充当。校长督同各职员为本军总指挥，纠察员由学监担任，营长、营副由兵式体操教员担任，而连长、连副、司务长、上士、中士、下士、军医等均由志愿军中择任。如彭道良担任第一连连长，贺果担任第二连连长，罗驭雄担任第一连第二排第三班班长，毛泽东担任上士。

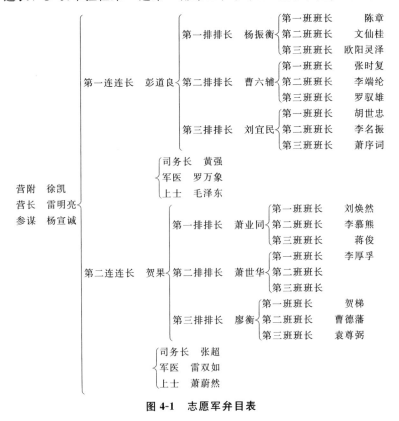

**图 4-1　志愿军弁目表**

资料来源：湖南省立第一师范学校：《湖南省立第一师范学校志》，内部刊物，1918，表第三。

　　志愿军进行军事训练，其训练科目有学科和术科。其中学科包括战术、兵器、地形等，而术科包括基本教练、应用教练等，这两种均为轮流讲授。军事学与行军一科，除了每周一下午两三点的正课训练外，还另外加课一次。志愿军纪律严明，制定了两种奖励和三等惩罚制度。军事学需要学监稽查，行军需要学监点名后与校长同时监视。

志愿军成立之后，起到了很好的作用，锻炼了学生的军事能力，扩充了知识面，强化了学生的身体素质。同时，由于湖南地处中部，南北军阀势力相争，湖南成为必争之地，政治势力更换频繁，志愿军为湖南一师及附近的治安做出了重要贡献，"湘省战争频年，每遇南北军退、匪风猖獗之时，本校由本军内组织警备队并设妇孺救济会，保卫一切，间或巡逻城内外，以维公安，盖颇著成效云"。[①]

## 六　运动会

湖南一师极为重视体育，因此设立了各种运动会。运动会一来可以锻炼体魄，提高体育成绩；二来又可以唤起爱国之心。运动会主要分为校内运动会和校外运动会，而校内运动会分为第几次运动会和课外运动会，校外运动会又分为全省联合运动会、远东运动会。全省联合运动会的项目有百码竞走、疾走远跳、疾走高跳、掷铁球、垂身屈肘；远东运动会的项目有100码竞走、220码竞走、440码竞走、880码竞走、1英里竞走、120码跳栏竞走、220码跳栏竞走、8英里竞走、半英里替换竞走、1英里替换竞走、15英里自由车竞走、掷铁饼、掷铁球、疾走高跳、疾走远跳、撑竿高跳、50码竞泅、100码竞泅、100码仰泅、220码竞泅、220码仰泅、440码竞泅、1英里竞泅、220码替换竞泅、水内潜泅。[②] 湖南一师学生除了参加校内运动会外，还积极参加湖南全省联合运动会、远东运动会，其参与人数及成绩在湖南都名列前茅（具体可见表4-1、表4-2、表4-3）。

---

① 湖南省立第一师范学校编《湖南省立第一师范学校志》，内部刊物，1918，纪第二。

② 具体可见附录5中"第六节、运动会"。

表 4-1　第四次运动会运动员当选名次（1917 年 5 月）

| 运动种类 | 当选名次 | | | | | |
|---|---|---|---|---|---|---|
| 百码竞走 | 贺果 | 文仙桂 | 曾传烈 | 张志成 | 刘培基 | 蒋俊 |
| | 彭道良 | 廖时旸 | 刘宜型 | 廖衡 | 皮国杰 | 王熙 |
| | 曹六辅 | 萧学湘 | 杨运泉 | 谢华 | 潘俊五 | 黄麟 |
| | 刘光演 | 袁尊弼 | 喻科进 | 胡世忠 | 夏自昭 | 李泽荣 |
| | 叶才机 | 盛鸣麒 | 周维新 | 徐道南 | 林镇海 | 李学斌 |
| | 邓贤佑 | 贺梯 | 黄守巍 | 李文炜 | 文泽清 | 罗驭雄 |
| 持竿跳高 | 彭道良 | 杨振衡 | 贺果 | 刘培基 | 何健 | 萧世华 |
| | 文仙桂 | 凌璧如 | 廖时旸 | 张志成 | 谢华 | |
| 跳远 | 贺果 | 彭道良 | 杨振衡 | 罗驭雄 | 叶才机 | 凌璧如 |
| | 文仙桂 | 刘焕然 | 夏自昭 | 刘宜型 | 张志成 | 刘宜民 |
| | 谢华 | 何健 | | | | |
| 跳高 | 彭道良 | 刘培基 | 林镇海 | 刘焕然 | 廖时旸 | 凌璧如 |
| | 贺果 | 陈章 | 喻科进 | | | |
| 拳术 | 夏树谟 | 曹德藩 | 萧业同 | 方蔚 | 李泽荣 | 钟华国 |
| | 邓德元 | | | | | |
| 泅泳 | 何式模 | 李安湜 | 匡文明 | | | |

资料来源：湖南省立第一师范学校：《湖南省立第一师范学校志》，内部刊物，1918，表第三。

表 4-2　湖南第四次联合运动会本校（湖南一师）当选名次（1916 年 11 月）

| 等第 | 分数 | 得奖总人数 | 本校得奖人数 | 本校得奖名次 |
|---|---|---|---|---|
| 最优 | 十五分以上 | 6 | 2 | 刘培基第一 |
| | | | | 彭道良第六 |
| 优等 | 满十四分 | 21 | 6 | 贺梯六、廖衡十一、罗驭雄十四 |
| | | | | 萧业同十六、杨振衡十八、彭荣芳二十 |
| | 满十三分 | 26 | 4 | 文仙桂二十二、刘焕然二十四 |
| | | | | 宋柱南二十五、萧世华二十六 |
| | 满十二分 | 36 | 9 | 刘宜民五、奉国英二十二 |
| | | | | 王熙二十四、张志成二十七、李仕勤二十九 |
| | | | | 廖时旸三十一、贺果三十二、曾传烈三十三 |
| | | | | 钟华国三十五 |

续表

| 等第 | 分数 | 得奖总人数 | 本校得奖人数 | 本校得奖名次 |
|------|------|------------|--------------|--------------|
| 优等 | 满十一分 | 50 | 9 | 伍洲二十一、黄守巍二十七、刘宜型三十二<br>曹六辅三十九、潘俊五四十二、夏自昭四十四<br>李学斌四十六、李端纶四十九、盛鸣麒五十 |
| | 满十分 | 52 | 9 | 徐道南六、胡世忠二十、蒋俊三十二<br>叶才玑三十三、彭家煌三十七、莫猷四十一<br>李泽荣四十七、夏时四十九、谭邦光五十 |
| 中等 | 满九分 | 45 | 7 | 彭修龄十一、萧序词十五<br>文泽清十七、刘光演二十九、陈章四十<br>夏殖民四十三、皮国杰四十五 |
| | 满八分 | 49 | 6 | 周维新七、龚汉龙二十、萧珍元四十三<br>刘国桢四十四、袁鹤皋四十五、薛瑞麐四十六 |
| | 满七分 | 47 | 6 | 匡文明二十、萧集贤四十三、刘振湘四十四<br>凌璧如四十五、刘长龄四十六、曹邦训四十七 |
| | 满六分 | 39 | 5 | 王寿春二、张功葵二十九、熊宏海三十<br>李厚涛三十一、谭入玄三十二 |
| | 满五分 | 34 | 4 | 李虞佐三十、聂昭良三十一、黄强三十二<br>蒙怀德三十三 |

资料来源：湖南省立第一师范学校：《湖南省立第一师范学校志》，内部刊物，1918，表第三。

**表 4-3　湖南初选远东运动会运动员表本校（湖南一师）当选名次（1917 年 4 月）**

| 等第 | 姓名 | 跳远 | 跳高 | 持竿跳高 | 百码竞走 | 跳栏竞走 | 一哩〔里〕竞走 | 掷球 | 二百码竞泅 |
|------|------|------|------|----------|----------|----------|----------------|------|------------|
| 第一名 | 彭道良 | 18 呎〔尺〕 | 5 呎〔尺〕 | 9 呎〔尺〕 | | | | 31.1 呎〔尺〕 | |
| 第三名 | 贺果 | 18 呎〔尺〕 | | 9 呎〔尺〕弱 | 12 秒 | 19 秒 | | | |
| 第四名 | 刘培基 | 18 呎〔尺〕 | 5 呎〔尺〕 | | | 20 秒 | | | |
| 第六名 | 陈绍休 | | | | | | | | 41.7 分秒 |
| 备注 | 此次共选六人，外甲种工业及第一县立联合中学校各一人 | | | | | | | | |

资料来源：湖南省立第一师范学校：《湖南省立第一师范学校志》，内部刊物，1918，表第三。

## 七　劳动会

1916 年 10 月，湖南一师发布"提倡劳动"的报告书。报告书提出，劳动在中国源远流长，为圣门之常事，世界各国除了极少数国家外，均重视劳动教育，中国国内江浙一带的学校，也极为重视劳动。其云：

> 事重服劳洒扫，垂〔垂〕圣门之教；仪娴加帚粪除，详《曲礼》之文。扫除之役，学者躬亲尚矣。方今盛倡劳动教育，凡农圃之学，工商各门，皆于课外余闲，自谋树立。矧夫求一室之清洁，不过举手之劳；锻一身之健康，当即投袂而起。世界四十余国，除奥外，均重扫除。中华五六年来，在各省视为要务。故两浙师校，划庭院为十区；南通学生，认整洁为正课。即至本校上年，亦征各班劳绩，兹再与诸生约：自下星期一起，凡教室、自习室、寝室，各轮流值日，自行扫除，并加检查，逐记分数。湔除旧染尘垢归消约之区，促进文明箕帚无横陈之象。效陶士行之书斋运甓，等第五伦之旅舍无尘簪〔彗〕。除旧以布新，事要终而贯始。大丈夫当扫除天下，姑作小地之迴〔回〕旋。愿诸生亟振奋学风，克树小学之模范，竭诚相告，期共勉旃，切切此布。（民国六年十月）①

湖南一师成立了劳动会，将校园操场前低湿地区划为劳动场所，具体由体操教师督率学生将后山之土运去低湿地区。劳动会以"实用教育、锻炼身体、养成劳动习惯"为主旨，教师与学生共同参加，

---

① 湖南省立第一师范学校：《湖南省立第一师范学校志》，内部刊物，1918，书第四。

分设四个小组，每组设立正副组长各一人，每天下午四点至六点为劳动时间。湖南一师这种重视劳动教育的做法，对当前教育仍有很好的借鉴价值。

## 八 修学旅行

民国时期最早提出在全国实行修学旅行的时间是 1917 年。这一年的 4 月，全国教育行政会议制定了假期修学旅行的办法，之后当时的教育部经体察对其加以订正，下发各级学校，令其实施，当年的媒体如《教育杂志》等多有报道。《教育部通行各直辖学校假期修学办法训令》云：

> 按查全国教育行政会议议决规定假期修学办法，多可甄采。经本部体察情形，复加订正。合亟令行各该学校切实施行可也。①

教育部提出要开展全国性假期修学旅行的原因在于：世界各国均利用假期增进学生的德业，而我国各级学校，假期一到，全校师生便均安居家中、虚度光阴，长此以往，贻误无穷。《教育部通行各直辖学校假期修学办法训令》云：

> 附钞原件
>
> 规定假期修学以资利用而图补救议
>
> 学校之有寒假暑假，曰卫生也，曰将息也，其理由人尽知之。然仅具此理由，则每届其时，学校员生相率安度于家。校中可无一人，不做一事，光阴虚掷，公款虚糜。校中课业，且

---

① 《教育部通行各直辖学校假期修学办法训令》，《教育杂志》第 9 卷第 5 号，1917 年，第 10 页。

随家庭社会不良之传导，同化于不知不觉之中，孟子言逸居无教，西哲言恶事发生于假日，滋可虑也。纵曰学生身体之爱护，最宜注意，试问学生家庭寒暖之度，是否较适于学校，农工商各实业，是否为服务于社会，徒养成一般畏寒畏暑怠惰骄佚之人，宁非于教育原理相背驰，更何论社会之对于学校信仰力薄，以放假为诟病乎。东西各国学校，莫不利用假期，谋学生德业之增进。乃吾国各处学校，几视假期一届，即与修学之事截然无关，大好光阴，任其空费，循此不改，贻误何穷，今为补救此失起见，特按我国现状，酌列大概办法于左。①

该法令实施范围广，对象包括专门以上学校、师范学校、中学校、实业学校、小学校五大类，同时，还按照不同的学校和各级学科的性质，对假期修学旅行的任务做了细致安排，每级学校均有所不同，《教育部通行各直辖学校假期修学办法训令》云：

一、假期修学，依各级学校及各种学科性质，应分别注意，略如左表②。

| 专门以上学校 | 调查、采集、旅行、研究、参订编著论文、讲演学术 |
|---|---|
| 师范学校 | 调查、采集、旅行、温习课业、讲演教育 |
| 中学校 | 调查、采集、旅行、温习课业、补充未完全之课程 |
| 实业学校 | 温习课业、农工商场参观或实习（实业学校应减少假期） |
| 小学校 | 温习课业或补修职业上之知能 |

其他有益学业事项。

---

① 《教育部通行各直辖学校假期修学办法训令》，《教育杂志》第 9 卷第 5 号，1917 年，第 10～11 页。
② "左表"理解为"下表"。

二、教员因讲习会等事留校者，应轮流休息。

三、严寒酷暑，得临时休息。

四、修学成绩，于假期届满时报告学校，由教员评定之。①

专门以上学校重在学术、研究，故除了调查、采集、旅行外，还有"研究、参订编著论文、讲演学术"；而师范学校的特色是教育，是培养中小学教师的，演讲、教育十分重要，故除了调查、采集、旅行外，还有"演讲教育"；实业学校则有很强的工业、农业、商业等性质，故有针对性的实习，即"农工商场参观或实习"。

此后不久，全国教育会联合会又呈送中等以上各校学生假期内进行调查的议案，并得到了批准，1918 年 12 月 31 日公布的《中等以上各校学生于假期内实行调查办法》训令云：

全国教育会联合会呈送决议案内关于中等以上各校学生应于假期内实行调查一案，所拟办法及调查种类等项均属切要可行。为此钞录原案，令仰该校参照办理。

一、凡中等以上各学校学生，应于假期内由校中给以各种调查表格，各就其乡里或旅行地点内作实地之调查。

二、调查成绩于假期届满时报告学校，由教员评定其优劣。

三、年间之调查成绩由学校摘重酌编调查汇报。

四、平时教员对学生当时时间其所调查各事项并令其述应兴应革之意见，选其可采用者附录调查汇报。②

中等以上学校学生必须于假期实行调查，调查的地点为其乡里或旅行

① 《教育部通行各直辖学校假期修学办法训令》，《教育杂志》第 9 卷第 5 号，1917 年，第 11 页。

② 李友芝等：《中国近现代师范教育史资料》2 册，内部交流，1983，第 259～260 页。

的地点。调查的主要内容为乡土历史、乡土地理、物产、职业、教育
状态及公共事业。《中等以上各校学生于假期内实行调查办法》云：

> 调查之种类如下：
>
> 一、乡土历史调查。乡邑之沿革，历史上之人物，历史上
> 之事业古迹。
>
> 二、乡土地理调查。山脉、河流、名胜、气候、土宜、村
> 落、人口、交通、街市、商店、商品。
>
> 三、物产调查。（甲）天然产（动植矿）：产品、出产地、
> 播种或采取方法、用途、价格、产额、输出额、与前年产额及
> 输出额之比较；（乙）制造品：品名、出产地、原料、制法、用
> 途、价格、出品额、输出额、与前年出品额及输出额之比较。
>
> 四、职业调查。职业种类、各种类男女人数，各种类每人
> 每日工值，每人每日之生活费。
>
> 五、教育状态调查。各校种类及校数，各校学生数及毕业
> 生数，毕业生之就业情形，各村市之学龄儿童，教育经费，社
> 会教育，现在外地学校肄业者，曾由外地学校毕业者。
>
> 六、公共事业调查。如公司工场会所局院等类。
>
> 以上各种调查由各学校视学校之性质与学生之能力，酌量
> 损益分别制表，以详晰为主。①

这些调查内容广泛，涉及政治、经济、社会、教育等多方面，学生
只要认真调查这些数据，就会很快获得对社会各个方面的深入
了解。

---

① 李友芝等：《中国近现代师范教育史资料》2 册，内部交流，1983，第 259～
260 页。

实际上，湖南一师早在 1916 年就开始实施修学旅行，鼓励学生在寒暑假进行，该校学生每学期修学旅行一次，或全体或分级分班，临时定之。修学旅行主要分为调查和采集两类。调查的主要内容为本县教育与乡土情况，以及本校毕业生的情况。除了调查外，修学旅行还需要采集如下数据：植物标本（种子类、纤维类、木材类、压榨类）、动物标本（液浸类、剥制类、干制类、圆壳类、卵种类）、矿物标本（矿物类、岩石类、土壤类、化石类）、古物标本等。此外，还要进行实物写生。这些采集内容十分详细具体，[①] 比1917年全国教育行政会议所制定的修学办法所列出的要详细得多。

据《湖南第一师范学校志》记载，湖南一师于 1917 年举行了两次修学旅行，并且对这些学生的成绩进行了评价，其中 6 人获得"采集"项目甲等成绩，5 人获得"调查"项目甲等成绩；10 人获得"采集"项目乙等成绩，24 人获得"调查"项目乙等成绩；25人获得"调查"项目丙等成绩，59 人获得"调查"项目丙等成绩（具体可见表4-4）。

表 4-4　假期修学当选名次（1917 年 8 月及 1918 年 1 月）

| （一）采集 | | | | | | | |
|---|---|---|---|---|---|---|---|
| 甲等六名 | 刘澹 | 童珍才 | 萧乃昌 | 匡怀瑾 | 曾广荃 | 张岷 | |
| 乙等十名 | 萧学湘 | 黄益智 | 田仁尊 | 李名振 | 郭毅钦 | 汤启铎 | 邹耀南 | 黎书涟 |
| | 阮心潭 | 袁礼让 | | | | | | |
| 丙等二十五名 | 马耀湘 | 张超 | 陈进科 | 唐言富 | 刘代崑 | 陈赞治 | 彭国干 | 刘肇龙 |
| | 左襄黼 | 陈章 | 高绍廉 | 何巍 | 王宏纶 | 傅斌 | 罗维纪 | 罗才劭 |
| | 胡良铨 | 罗正海 | 李镇兵 | 李光烈 | 谭浡兴 | 李裕祺 | 陈清和 | 罗球 |
| | 谢南岭 | | | | | | | |

① 具体可见附录 5 中"第八节、假期修学"。

（二）调查

| 甲等五名 | 彭运昌 | 马耀湘 | 萧镇湘 | 喻恒 | 周童帼 | | | |
|---|---|---|---|---|---|---|---|---|
| 乙等二十四名 | 萧学湘 | 欧阳栋 | 陈王前 | 张先谟 | 方蔚 | 吕遇文 | 姜心培 | 郭毅钦 |
| | 柳二吾 | 廖才晋 | 龚汉龙 | 左襄麟 | 邓树荣 | 邓星镡 | 周维新 | 汤启铎 |
| | 刘光寅 | 陈绍平 | 何巍 | 刘抱义 | 姜瑞瑜 | 曹振先 | 刘功炯 | 贺铭湘 |
| 丙等五十九名 | 萧业同 | 刘修颡 | 叶兆祯 | 姜兆龙 | 王德元 | 熊宏海 | 萧振汉 | 熊科易 |
| | 贺梯 | 盛鸣麒 | 田士清 | 曾正邦 | 李文明 | 王熙 | 夏明服 | 张世荣 |
| | 裴俊 | 奉国英 | 唐富言 | 陈赞治 | 夏树谟 | 郭周瑶 | 陈隋 | 刘肇龙 |
| | 夏自贻 | 谭邦光 | 袁子桂 | 刘民仰 | 夏殖民 | 夏时 | 曹中和 | 王宏纶 |
| | 欧阳泽 | 高绍廉 | 喻科进 | 刘明俨 | 刘抱义 | 徐道南 | 陈维岳 | 杨翼经 |
| | 罗维纪 | 罗才劭 | 曹上珍 | 彭国材 | 罗万象 | 周道弘 | 邹耀南 | 刘德隆 |
| | 刘惠畴 | 莫猷 | 徐济时 | 庄严 | 陈润棠 | 程星龄 | 廖光烈 | 李镇兵 |
| | 米超群 | 胡良铨 | 谭浡兴 | | | | | |

资料来源：湖南省立第一师范学校：《湖南省立第一师范学校志》，内部刊物，1918，表第三。

## 九 童子军研究会

童子军是一种让儿童接受军事训练的组织，来源于西方。民国时期，由于教育部颁布一系列教育法令，强调军国民教育，因而，让儿童接受军事训练就成了一件自然的事情。全国一些地方设了童子军，如 1917 年 5 月 17 日，江苏童子军联合会成立，暑假举办童子军研究会，[①] 上海青浦县 1917 年开始设立童子军，该年暑假，省教育会设立童子军研究会。[②] 湖南一师也于 1917 年成立了童子军研究会，组织 23 名学生参加，其中队长 1 人，纠察 2 人，会员 20 人。训练的主要内容有纪律、礼节、操法、结绳、

---

① 记工编著《历史年鉴（1917）》，吉林文史出版社，2006，第 98 页。
② 李景文、马小泉主编《民国教育史料丛刊（408）中国教育事业·地方教育》，大象出版社，2015，第 181～182 页。

旗语、侦察、救护、炊事、露营等。[①] 所有参与人员必须做好详细记录。

## 十　学友会

据《湖南省立第一师范学校志》记载，学友会成立于 1913 年秋季，正是孔昭绶任校长期间。该会原名"技能会"，1914 年改名为"自进会"，1915 年才改用"学友会"之名。该会的宗旨是"以砥砺道德研究教育、增进学识、养成职业、锻炼身体、联络感情"，会所设在本校内部，会员有普通会员、赞助会员、名誉会员三种，普通会员一般为学生，赞助会员为教职工，名誉会员是有特别贡献者。学友会分为 14 个部，具体为教育研究部、演讲部、文学部（内分国学、英语、日文三组）、书法部、图画部、手工部、音乐部、武术部、剑术部、架梁部、蹴球部、庭球部、野球部、竞技部，会员可任意加入一部或两部及以上。

学友会职员有会长（一般由校长担任）、纠察长（一般由学监担任）、部长（由部员担任）、组长、纠察、录事、总务、庶务、会计、文牍、审计员等。每一职员均有其具体职责，如会长总理本会一切事务，干事长（纠察长）监督各部一切事务，部长负责本部一切事务等。而且，每一职员均有任期，会长、干事长一般以任期为限，其他均每年改选，但可以连任。学友会有四种会议，分别为常年全体大会、通常职员会议、临时职员会议、临时各部会议。每种会议的目的不同，举行的时间也不同，有的是年初，有的是月末。学友会的经费来源主要有三种，分别是会费、入会金和捐助金，将这些存入银行，其所得利息也作为经费。普通会员，在校生入会时

---

① 《湖南第一师范校史》编写组编《湖南第一师范校史（1903～1949）》，上海教育出版社，1983，第 65 页。

要缴纳入会金五角，且每年还要缴纳常捐银二角；毕业生则于每学年初缴纳所得捐百分之一。赞助会员每年须捐助会金二元以上。名誉会员可自由捐助。

学友会有 14 个研究部，涉及面较广，涵盖了与学生学习相关的多个层面，学生在学友会中的活动是学生课堂学习的有益补充，在整个学友会活动过程中，均有教职员工参与其中，这些对提高学生素质水平有重要的作用。具体简述如下。

教育研究部主要以"研究教育、交换知识、联系情谊"为宗旨，主要研究教育原理、教育方法、教育制度、教育实习，每周由部长先拟定多个问题，一个星期前由会长审核宣布，部员们就这些问题各抒己见，同时也可以研究部长所拟问题之外的一些问题，研究自由，不加干涉，也欢迎非会员抒发己见。教育研究部所产生的各种著作，交部长按日检查，汇集成册，选择优秀者供大家浏览，稿本由干事保管，以备将来刊发杂志。

演讲部，其宗旨是"交换知识、练习言语"，演讲的内容主要为教育及其他各学科相关的事情，平时所见的时事新闻也可以作为演讲的内容。演讲一般分为两种，通常演讲和特别演讲。这两种演讲的时间不相同，通常演讲每星期一次，主要在星期六晚上进行；而特别演讲则随时视事情而定。演讲前一周，由部长和干事商量，预先拟定多个演讲主题，由会长审核后发布。特别的是，演讲部极为重视时事新闻，特设立"报告新闻员"一人，在开会时向大家报告"紧要新闻"。

文学部的宗旨是"增进知识、发表思想、涵养文学之兴趣、研习文学之技能"，其分为国文、英语、日文三个小组。国文组分为古文组（论辩、序跋、奏议、书启、赠序、诏令、传状、碑志、杂记、箴铭、颂赞、诗赋、哀祭）、小学组（字形、训诂、音韵）、杂录组（小说及各种杂著）三种。英语组又分为会话、演说、翻译、作文四种。日文组暂时只注重日文语法，能够翻译日文书籍即可。部员可以任选一组或数组，但必须得参与考核，除日文组外，其余两组的部员如果三周均未交成绩，则要退出。研习分为自由研习和制限研习两种，其中限制研习由教师出题。

书法部以"练习书法、启发美感"为宗旨。书法分为普通、特别两种。普通书法包括楷书、行书、草书等，特别书法包括隶书、说文、钟鼎等。一般以普通书法为主，特别书法则自由练习。练习有严格规定，每周每人大楷一张、小楷一张、行草二张，领取后还得如数写完这些纸张，每周汇集一次，由本校习字教师批改，择优传观。

图画部以"练习观察、注意、想象诸力及增进美感"为宗旨，主要以校中未授之各种图画为练习范围。练习分通常练习和特别练习两种。通常练习每星期一次，特别练习随时实施。成员每周上交作品，评定优异。

手工部以"发达心智、陶淑美感、练习技能"为宗旨，聘请一位教师任教。手工练习纸木工和金工等，其中纸细工又分甲乙两组，甲组用厚纸，乙组用织纸，金工随时确定。练习分为普通练习和特别练习两种。普通练习于每周日进行，特别练习则临时举行。成员必须每周上交作品，评定成绩。优秀者传观。

音乐部以"涵养德性、发达美感、实习音乐之技能"为宗旨。分校乐、军乐、雅乐三组，各组循环练习，若某个星期练习校乐，则下星期练习军乐或雅乐。练习分通常练习和特别练习。

武术部以"锻炼身体、发挥国技、养成坚忍勤劳之习惯、振奋尚武精神"为宗旨，聘请一位教师任教，练习地点在体操教室，星期四下午进行。若有三次缺席，则由部长呈明会长令其退出本部。

剑术部以"锻炼身体、娴习技击"为宗旨，聘请一位教师任教，练习分为刺剑、单剑、双剑、单刀、双刀等。练习不得无故缺席，三次缺席则会被要求退出本部。表现优异者会受到表扬。

架梁部以"锻炼身体、娴习技击、养成勇敢坚忍耐劳之习惯"为宗旨。聘请一位教师任教。练习时间为星期二、星期六下午。无故不得缺席，缺席三次者会被要求退出本部，表现优异者会被表扬。

蹴球部以"锻炼身体、联络感情"为宗旨，分为第一球团和第二、第三等其他球团，第一球团的物品由学友会置备，其余各球团物品自备。

庭球部以"锻炼身体、活泼手眼、养成勤劳习惯"为宗旨。分甲乙丙三组，练习时间相间隔。设定一裁判判定输赢。

野球部以"锻炼手眼、活泼身体、联络感情"为宗旨。分为甲乙两组，同时相对练习。练习分正式和平时两种。正式练习每周一次，每星期一下午进行。平时练习随时进行。

竞技部以"练习选手各技能、锻炼体躯"为宗旨，分为水技、陆技。水技设立游泳小组；陆技设备分组，主要练习竞走、跳高、跳远、持竿跳高、掷球、垂身、屈肘等。这些项目均聘请教练。

由表 4-5、表 4-6 可知，学友会历届会长由校长担任，总务、庶务、会计由学生担任，如 1917 年时，贺果担任总务，曾以鲁担任庶务，田士清担任会计，而毛泽东则担任文牍。各部部长刚开始由校长或教师担任，如孔昭绶校长担任演讲部部长，袁仲谦老师担任书法部部长，后来基本由学生担任，如 1917 年，毛泽东担任教育研究部部长，周世钊担任文学部部长，萧蔚然担任书法部部长等。在学友会任职的学生总数达到 115 人，在最大限度上调动了学生参与各种活动的积极性，增进了他们的见识和学识。

表 4-5 历年学友会职员一

| 年别 | 时期 | 会长 | 总务 | 庶务 | 会计 | 文牍 | 审计 | 图书司事 | 备注 |
|---|---|---|---|---|---|---|---|---|---|
| 民国二年 | 八月创办至十二月 | 孔昭绶 | （正）陈奎生（副）萧旭东 | 刘取元 黄守霞 李舜生 | 杨宗源 | | | | 庶务黄守霞因事退职。李舜生继任 |
| 三年 | 三月至十月 | 张干 | 黄纬 | 陈昌炽 | 陈绍休 | | | | |
| 三年至四年 | 十一月至四年十月 | 张干 武绍程 | 黄纬 | 胡志洋 | 杨启干 | | | | |
| 四年至五年 | 十一月至五年一月 | 尹集馨 孔昭绶 | 贺梯 | 贺果 | 熊廷杰 | 毛泽东 | | | 本年增文牍一人 |
| 五年 | 一月至十月 | 孔昭绶 | 张超 | 蒋俊 | 张时复 | 毛泽东 | | | |
| 五年至六年 | 十月至六年四月 | 孔昭绶 | 彭琮亮 | 熊科易 | 张时复 | 毛泽东 | | | |
| 六年 | 四月至十月 | 孔昭绶 | 毛泽东 | 曾以鲁 | 田士清 | 毛泽东 | 萧学湘 罗宗翰 梁鉴瑭 | | |
| 六年至七年 | 十月至七年八月 | 孔昭绶 | 张超 | 李声灏 罗宗翰 | 刘修勋 | 张超 | 喻恒 周惠惕 谭陶 皮文光 贺汉藩 | 张举贤 吴鸢凤 | |
| 附记 | 五年十月以前各部长干事无从稽考，十月以后者另列表如左 | | | | | | | | |

资料来源：湖南省立第一师范学校编《湖南省立第一师范学校志》，内部刊物，1918，表第三。

### 表4-6 学友会各部长职员二

| | 五年度(五年十月至六年十月) | | | 六年度(六年十月至七年五月) | | | | |
| --- | --- | --- | --- | --- | --- | --- | --- | --- |
| | 部长 | 干事 | 纠察 | 部长 | 组别 | 组长 | 干事 | 纠察 |
| 教育研究 | | | | 毛泽东 | | | 孙慕韩 | 吕遇文 |
| | | | | | | | 刘修黼 | 陈润棠 |
| 演讲 | 孔昭绶 | 彭踪亮 | 廖廷璇 | 李长极 | | | 曾以鲁 | 李端纶 |
| | | 方蔚 | 张先谟 | | | | 罗驭雄 | 张先谟 |
| 文学 | | | | 周世钊 | 国学 | 李声灉 | 张超 | 钟才谋 |
| | | | | | | | 宁纯宦 | 田士清 |
| | | | | | 英语 | 萧学湘 | 张时复 | 刘宜民 |
| | | | | | | | 周煌 | 言荣冠 |
| | | | | | 日语 | 陈王前 | 谭先烈 | 陈赞治 |
| | | | | | | | 周诵华 | 刘澹 |
| 书法 | 袁仲谦 | 萧蔚然 | 吕遇文 | 萧蔚然 | | | 欧阳栋 | 李鸿樾 |
| | | 欧阳栋 | 杨绍秉 | | | | 杨绍秉 | 罗宗翰 |
| 图画 | 黄澍涛 | 萧蔚然 | 陈书农 | 饶大可 | | | 张增益 | 高希舜 |
| | | 饶大可 | 邓树荣 | | | | 陈书农 | 陈冯云 |
| 手工 | 穆海鹏 | 熊科易 | 萧世华 | 萧世华 | | | 廖恒 | 熊科易 |
| | | 萧蔚然 | 向泰岳 | | | | 唐文渊 | 汤启铎 |
| 音乐 | 索隆建 | 姜心培 | 田士清 | 姜心培 | 号鼓 | 杨翼经 | 欧阳灵泽 | 李厚孚 |
| | | 姚承绂 | 文仙桂 | | | | 文仙桂 | 陈国器 |
| 拳术 | 李凤翔 | 夏树谟 | 皮国杰 | 夏树谟 | | | 皮国杰 | 夏自昭 |
| | | 李泽荣 | 李厚孚 | | | | 钟华国 | 黄强 |
| 剑术 | 冯福胜 | 贺果 | 李泽荣 | 萧业同 | | | 陈章 | 宋柱南 |
| | | 奉国英 | 夏树谟 | | | | 周维新 | 黄麟 |
| 架梁 | 徐凯 | 李泽荣 | 胡临川 | 彭荣芳 | | | 聂昭良 | 罗驭雄 |
| | | 罗驭雄 | 曾传烈 | | | | 廖时旸 | 邓宗禹 |
| 蹴球 | 李凤翔 | 文仙桂 | 贺果 | 张志成 | | | 杨振衡 | 彭家煌 |
| | | 张时复 | 萧世华 | | | | 李文炜 | 胡世忠 |
| 庭球 | 徐凯 | 曾传烈 | 周天健 | 曾传烈 | | | 曹六辅 | 王承运 |
| | | 凌璧如 | 邹耀南 | | | | 邹耀南 | 尹维垣 |
| 野球 | 陆枻 | 罗声发 | 杨俊 | 谢华 | | | 王德元 | 何健 |
| | | 李泽荣 | 邓贤佑 | | | | 罗声发 | 傅昌熙 |
| 水陆运动水手 | | | | 彭道良 | 游泳 | 单传世 | 何式模 | 匡文明 |
| | | | | | | | 张昆弟 | 李俊 |

资料来源：湖南省立第一师范学校编《湖南省立第一师范学校志》，内部刊物，1918，表第三。

## 十一　附设夜学①

1915 年发起的新文化运动迅速影响到湖南，越来越多的呼声反对特殊阶层的教育特权，提倡教育要平民化。而当时湖南一师附近有铜元局、黑铅炼厂、电灯公司等工厂，聚集着大量需要接受教育的产业工人、人力车夫、蔬菜小贩和其他劳动者。湖南一师将社会呼声及社会现实进行了良好的结合，于 1916 年 12 月开办工人夜学。夜学主要招收校内校外"职工徒弟"，授课教师主要为一师附小的教师。夜学招收学生 70 余人，分为甲乙两个班级，两个班级轮流上课（如甲周一晚、乙周二晚，甲周三晚、乙周四晚，甲周五晚、乙周六晚，周日休息）。开设国文（认字、写字、短文、便条、信札等）、算术（珠算、笔算）、常识（普通知识、精神安慰）、历史（历代大事及近年影响最大的事情），主要采用注入式和演讲式进行教学，但也夹杂采用启发式教学。夜学先由师范与附小教员任事，后由于一些教职员事务繁忙等没能坚持，故 1917 年下学期由学友会教育研究部负责（由三四年级学生主办）。在毛泽东等人的推动下，工人夜学于 1917 年 11 月 9 日又正式开学。②

上述自治运动组织均由学校发起创建，一师教师与学子们积极参与其中。这些团体组织活动内容丰富，涉及面广，一师学子从德智体美劳等多方面得到了很好的锻炼。这些活动，不仅帮助一师学子扩充了知识面，强化了课本知识，又帮助他们认识到了自己肩负的社会责任。不论一师学子后来以教育来救国，还是通过改造世界来救国，这些自动自治活动对他们的成长均功不可没。

---

① 夜学具体内容见附录 6。
② 《湖南第一师范校史》编写组编《湖南第一师范校史（1903～1949）》，上海教育出版社，1983，第 62～63 页；谭仲池主编《长沙通史（现代卷）》，湖南教育出版社，2013，第 231 页。

## 第二节　组建早期革命组织与社团

　　湖南一师学生从 1903 年至 1927 年组建了不少早期革命组织与社团，除了早期一师学子陈天华等组织华兴会、协助孙中山组织同盟会外，这些早期革命组织与社团基本上都是辛亥革命后组建的。这些早期革命组织与社团既有一般性质的社团，也有军事性质或革命性质的早期革命组织与团体。这些早期革命组织与团体在加强学生学业学习、扩充知识面、养成良好习惯、传播进步思想等方面起到了重要作用。特别是，一些革命性质的早期革命组织与团体如新民学会就直接主导并推动了湖南乃至中国的革命，新民学会中的会员如毛泽东、蔡和森、何叔衡等成为中国共产党的创始人。

### 一　普通社团

　　除了"学友会"外，湖南一师又组建了诸如"唯心学会""美术研究会""儿童文学研究会""小学教育研究会""文学研究会""博物研究会""英语研究会"等社团，几乎每门课程都有相关的研究会。这些研究会以研究该门学问为主，研究会的展开形式多样化，既有座谈、讨论、演讲、展览、创作、出刊物等形式，又有各种小字报（以社团或个人名义出）。而且，几乎所有的学生均参加了社团，有的学生还同时参加了多个社团。此外，一师学子还经常向长沙《大公报》、《国民日报》的副刊、《湖南通俗报》投稿，这增进了学术交流，传播了新文化。① 除上述社

---

　　① 《湖南第一师范校史》编写组编《湖南第一师范校史（1903～1949）》，上海教育出版社，1983，第 157 页。

团之外，还有一些特别的社团，如"爱社"，其由一些受托尔斯泰的"博爱"、克鲁鲍特金的"互助"精神影响的学生组建，他们标榜互助互爱，提倡生活简朴整洁，这些成员们集中居住在某几个寝室，他们的寝室也被打扫得十分干净。还有"明社"，[①] 其代表为一师学生刘梦苇、龚业光等人，他们主张"要民主，不要政府"，并出版《光明》小册子以宣传。总之，这些社团基本上以学业为主，其中极少数或与政治有一定关系，如"明社"，但这些社团并不涉及革命。

## 二 早期革命组织与革命社团

除了上述学校组建的一般性质的社团外，湖南一师学子还组建、参与了许多带有革命、军事性质的早期革命组织与社团（见表4-7），如学生课外志愿军、童子军研究会，这些是带有军事性质的社团。而更多的则是传播革命思想的早期革命组织与社团。这些早期革命组织与社团按时间先后顺序总结起来主要有如下数家影响较大。

表 4-7　学生组建或参与的革命、军事性质的早期革命
组织社团一览（含毕业后一师学生）

| 社团名 | 成立时间 | 发起人、重要成员 | 成立缘由或宗旨 | 活动开展情况 |
| --- | --- | --- | --- | --- |
| 学生课外志愿军 | 1917 | 一师 | 军阀混战，驻扎湖南，祸害湖南居民、师生，一师为此设立 | 特别是1917年护法运动后,组织警备队,设立妇孺救济会,到处布岗、巡逻,在保卫学校、救援市民等方面起到了积极的作用 |

---

① 《湖南第一师范校史》编写组编《湖南第一师范校史（1903～1949）》，上海教育出版社，1983，第158页。

| 社团名 | 成立时间 | 发起人、重要成员 | 成立缘由或宗旨 | 活动开展情况 |
|---|---|---|---|---|
| 童子军研究会 | 1917 | 湖南省教育会（湖南一师23名学生参加该会，队长1人，纠察2人，会员20人） | 使儿童接受军事化训练，内容包括纪律、礼节、操法、结绳、旗语、侦察、救护、炊事、露营等 | 1917年7月、8月间开展活动。10月10日，长沙童子军共9团200人聚集于教育会庆祝国庆 |
| 新民学会 | 1918 | 毛泽东、蔡和森、萧子升等 | 革新学术、砥砺品行，如何使个人及全人类的生活向上 | 中国共产党诞生前最大的革命团体之一，五四运动前后，对湖南的革命运动起了核心领导作用，为湖南建党做了思想上和组织上的准备 |
| 崇新学社 | | 毛泽东指导、第22班学生肖述凡负责 | 指导参与该社团的学生学习革命理论，参加革命活动，运用马克思主义去观察问题、研究学问 | 当时湖南最大的学生社团，参加人数约200人，通过订阅《新青年》《向导》等刊物，探讨政治时局和社会问题，聘请李维汉、李六如等进步人士作公开演讲 |
| 湖南学生联合会 | 1919年5月27日 | 选举彭璜为会长，应元岳为副会长，彭光球为评议部长，蒋竹如（湖南一师）为干事部长 | 以爱护国家，服务社会，研究社会，促进文明为宗旨 | 联手发动学生总罢课 |
| 救国团 | 1919年7月间 | | 调查国货，使市民知道国货与日货的区别，从而达到抵制日货 | 将青年学生的爱国运动扩展为包括各阶层的爱国运动 |

续表

| 社团名 | 成立时间 | 发起人、重要成员 | 成立缘由或宗旨 | 活动开展情况 |
|---|---|---|---|---|
| 俄罗斯组织会 | 1920 年 8 月间 | 由毛泽东、何叔衡、彭璜、方维夏、包道平组织成立。推举毛泽东、何叔衡、彭璜、包道平四人为筹备员，毛泽东为书记干事 | 在社会上宣传十月革命和马列主义 | 发行《俄罗斯丛刊》，载有会员个人或集体研究成果 |
| 文化书社 | 1920 年 8 月 | 毛泽东、何叔衡、彭璜、方维夏、朱剑凡、易培基等 | 张敬尧统治湖南期间，禁遏新思想，为传播新思想、新文化，毛泽东认为要引入新书新报 | 书社在省内设立分社，业务日趋发达，多处设立贩卖部，推动了地方党团的建立工作，对宣传马克思主义、党的组织工作起了重大作用 |
| 星期同乐会 | 1920 年 8 月 | 毛泽东 | 发动马克思主义的宣传教育 | 刚开始限于新民学会会员、马克思主义研究会会员，后来邀请无政府主义的青年参加。组织形式是利用星期天，参与者去天心阁、水陆洲、开福寺、碧浪湖、望湘亭、朱家花园等地，谈论某些主义、时事，诵诗词 |
| 马克思主义研究会 | 1920 年 9 月 | 毛泽东组织，参加者有何叔衡、陈章甫、熊瑾玎、郭亮、夏曦、肖述凡等 | 在思想上、组织上为建党做准备 | 参加者以湖南一师校友和学生为多，经常开会，毛泽东主持，学习马克思、恩格斯、列宁等人的著作，批判各种非马克思主义思潮，明确对马克思主义基本原理的认识 |

| 社团名 | 成立时间 | 发起人、重要成员 | 成立缘由或宗旨 | 活动开展情况 |
|---|---|---|---|---|
| 湖南共产党早期组织 | 1920 年 8 月 | 毛泽东、何叔衡 | 继上海、北京成立共产党早期组织，毛泽东、何叔衡在长沙建立湖南共产党早期组织 | 广泛发展党员，在湖南一师等校建立了党支部。1922 年下半年，湖南一师建立党支部，夏曦任支部书记 |
| 早期社会主义青年团组织 | 1921 年 1 月 | 毛泽东、肖述凡、夏曦、彭述之、郭亮等 | 积极宣扬马克思主义，号召以暴力夺取政权、建立无产阶级专政 | 许多新民学会的老成员成为早期团员。毛泽东还在湖南一师等校发现和培育积极分子，一师在校学生张文亮即为其一 |

资料来源：《湖南第一师范学校校史》编写组编《湖南第一师范校史（1903～1949）》，上海教育出版社，1983，第156～159页；周秋光、莫志斌本卷主编《湖南教育史》第2卷（1840～1949），岳麓书社，2002，第426页。另有一说，湖南学生联合会是无政府主义团体，1923年在湖南长沙建立，主要成员有刘梦苇等，出版发行刊物《洞庭波》，兼从文艺、理论两个方面进行无政府主义宣传。见朱学芸《中国社团党派辞典》，陕西人民出版社，1992，第155页。何平主编《毛泽东大辞典》，中国国际广播出版社，1992，第172页；中共党史事件人物录编写组编《中共党史事件人物录》，上海人民出版社，1983，第83页。

1. 新民学会。新民学会主要由毛泽东、蔡和森、萧子升等于1918 年 4 月 14 日组建，其成员有毛泽东、蔡和森、萧三、陈昌、罗章龙、何叔衡、罗学瓒、张昆弟、周世钊、李维汉、熊瑾玎、萧子升、陈绍休、邹彝鼎、熊光楚、傅昌钰、叶瑞龄、邹蕴真、陈书农、周名弟、彭道良、曾以鲁等。新民学会成立之初，以"革新学术、砥砺品行""如何使个人及全人类的生活向上"为宗旨。随着五四运动前后革命形势的深入发展，大多数新民学会会员支持革命，认为只有革命才能改造中国，新民学会也成为中国共产党诞生之前影响最大的革命团体之一，对湖南的革命运动起了核心领导作用，为湖南建党做了思想上和组织上的准备。成员中除了少数人外，基本上均为湖南一师的学子。新民学会发展到后期，开始分裂，大多数人主张革命，如毛泽东、蔡和森等，而还有一些人却走向了另外一条路，如萧子升等。

2. 崇新学社。崇新学社是当时湖南最大的学生社团，参加该社团的人数约为 200 人。学社由毛泽东指导、第 22 班学生肖述凡负责。崇新学社的主要宗旨是指导该社团学生学习革命理论，参加革命活动，运用马克思主义去观察问题与研究学问。该学社采取的活动形式主要以学习、演讲、讨论为主。学社成员通过订阅当时著名的刊物如《新青年》《向导》等，在深度阅读研究这些先锋刊物的基础上，探讨当前的政治时局以及社会问题。同时，学社还聘请了李维汉、李六如等进步人士来校作公开演讲，以传播马克思主义。

3. 湖南学生联合会。该联合会成立于 1919 年 5 月 27 日，联合会"以爱护国家，服务社会，研究社会，促进文明为宗旨"。联合会选举彭璜（湖南商业专门学校）为会长，应元岳（长沙湘雅医学专门学校）为副会长，彭光球（长郡中学）为评议部长，湖南一师学子蒋竹如为干事部长。联合会主要联手发动湖南学生总罢课。

4. 救国团。救国团成立于 1919 年 7 月间。该团成员广泛调查国货，使长沙市民了解国货与日货的区别，从而达到抵制日货的目的。救国团后来又将青年学生的爱国运动扩展为包括各阶层的爱国运动。

5. 星期同乐会。同乐会成立于 1920 年 8 月左右。组织者为毛泽东，主要目的在于发动马克思主义的宣传教育。同乐会刚开始时仅限于新民学会会员、马克思主义研究会会员，后来又发展为邀请无政府主义的青年参加。该会利用星期天的时间，所有参与者去天心阁、水陆洲、开福寺、碧浪湖、望湘亭、朱家花园等地，谈论某些主义、时事或者诵诗词。

6. 俄罗斯组织会。该会成立于 1920 年 8 月左右，由毛泽东、何叔衡、彭璜、方维夏、包道平等人组织成立。俄罗斯组织会成立的目的是在社会上宣传十月革命和马列主义。该会推举毛泽东、何叔衡、彭璜、包道平四人为筹备员，毛泽东为书记干事。组织会还发行《俄罗斯丛刊》，丛刊上载有会员个人和集体研究成果。

7. 文化书社。该社于 1920 年 8 月由毛泽东、何叔衡、彭璜、方维夏、朱剑凡、易培基等创建。张敬尧统治湖南期间，禁遏新思想，为传播新思想、新文化，毛泽东认为要引入新书新报，故创建了该书社。书社在省内设立分社，后来业务日趋发达，于是在多处设立了贩卖部。该社有力地推动了地方党团的建立工作，对宣传马克思主义、党的组织工作起了重大作用。

8. 湖南共产党早期组织。1920 年 8 月由毛泽东、何叔衡在长沙创建。湖南共产党早期组织与上海、北京等共产党早期组织鼎足而立。湖南共产党早期组织广泛发展党员，在湖南一师等校建立了党支部。1922 年下半年，湖南一师建立党支部，夏曦任支部书记。

9. 马克思主义研究会。该会成立于 1920 年 9 月，由毛泽东组织，参加者有何叔衡、陈章甫、熊瑾玎、郭亮、夏曦、肖述凡等人。马克思主义研究会在思想上、组织上为建党做了准备。该会参加者以湖南一师校友和学生为多，经常开会，由毛泽东主持，学习马克思、恩格斯、列宁等人的著作，批判各种非马克思主义思潮，明确会员对马克思主义基本原理的认识。

10. 早期社会主义青年团组织。该团于 1921 年 1 月由毛泽东、肖述凡、夏曦、彭述之、郭亮等建立。社会主义青年团积极宣扬马克思主义，号召以暴力夺取政权，建立无产阶级专政。许多新民学会的老成员均为早期团员。毛泽东还在湖南一师等学校发现和培育积极分子，如湖南一师在校学生张文亮即为其一。

由此可见，上述绝大多数早期组织团体或研究会基本上以传播新思想特别是马克思主义为出发点，其中早期组织团体的核心组织者和核心成员几乎全为湖南一师学子，或为在校学生，或为毕业生，校内校外紧密结合。而且，早期组织和社团中很多成员并非同学，他们年级或高或低，如陈章甫 1910 年入第一师范，比毛泽东、蔡和森等人年级高，他们构成一种错综交互的网，通过这种复杂的网状结构将革命思想传播出去。在时间上，这些早期组织和团体成立的时间极为密集，主要集中于 1918 年至 1920 年，正好发生于俄国十月革命之后。这些早期组织和团体中甚至有好几个成立的时间十分接近，如星期同乐会、俄罗斯组织会、文化书社、湖南共产党早期组织成立的时间集中于 1920 年 8 月。早期组织和团体开展活动的形式与内容也多样，或讨论，或调查，或贩卖进步书籍。

## 第三节　创办改办刊物

从 1903 年到辛亥革命这段时间内，湖南一师的教师与学生（含已毕业学生）几乎没有创办刊物，而辛亥革命以后，特别是 1919 年前后，湖南一师学子所创办的刊物剧增。学生们还成立了许多社团，而且几乎每门课都有研究会，许多研究会以出刊物的形式展开活动，每个团体在自己创办的刊物上发表论文。[①] 总结起来，一师学子创办改办的刊物具体如下。

---

① 《湖南第一师范校史》编写组编《湖南第一师范校史（1903～1949）》，上海教育出版社，1983，第 157 页。

一是湖南一师学子创办的刊物，主要有《湘江评论》《新民学会会员通信集》《新民学会会务报告》《同乡会会刊》《野火周刊》《俄罗斯丛刊》等。《湘江评论》于 1919 年 7 月 14 日创刊，执笔者有毛泽东、陈书农、萧三等人，该刊主要报道国内外要闻及湖南的重大事件，提倡新思想、新文化，鼓励人们向旧思想、旧势力作斗争。《湘江评论》共出刊五期（含一期增刊），于 1919 年 8 月被查封。《新民学会会员通信集》第一集、第二集编印于 1920 年底，第三集印于 1921 年初，由毛泽东编辑。第一集、第二集收录毛泽东致会友信十封，还有毛泽东起草的启事、前言、序和评述。第三集以讨论共产主义和会务为重点。《新民学会会务报告》1920 年冬由毛泽东编辑，第 1 号编印于 1920 年冬，主要记载新民学会从发起到 1920 年冬的会务及会员生活等情况；第 2 号编印于 1921 年春，主要记载 1921 年的新年大会和 1 月常会的情况。《同乡会会刊》创刊于 1920 年前后，由一师学生发起，联合其他学校的同学创办。主要揭露抨击县官与土豪劣绅的罪恶。《同乡会会刊》有力地推动了民主革命运动。《野火周刊》创刊于 1920 年前后，人员有肖述凡、汪馥泉等。《野火周刊》主要批判傅熊湘、章士钊反对白话文而复古的主张。《俄罗斯丛刊》创刊于 1920 年 9 月，组织者为俄罗斯研究会。主要研究俄罗斯的真实情况，列宁领导的苏维埃政府对华新政策等方面。

二是湖南一师学子改办的刊物，主要有《新湖南》《湖南通俗报》。《新湖南》于 1919 年 4 月 2 日创刊，原名《学生救国报》，最初由湘雅学友会创办，为周刊，由李振翩、龙伯坚等主编，6 月改名《新湖南》。该刊后由毛泽东接手举办，主旨变为批评社会，改造思想，介绍学术，讨论问题。《新湖南》共举办十期，1919 年被张敬尧查封。《湖南通俗报》创办于民国初年，由湖南通俗教育馆发行。1920 年，一师学子何叔衡为湖南通俗教育书报编辑所所长，谢觉哉任主编，熊瑾玎为经理，周世钊、邹蕴真为编辑。该报向一般群众进行教育，为赵恒惕所忌。1921年6月，何叔衡被撤职，10月编辑所改组，该报改名为《湖南通俗日报》。

三是湖南一师学子与其他学校学生联合创办的刊物，如《湖南学生联合会周刊》《救国周刊》。《湖南学生联合会周刊》创刊于1920年前后，是湖南学生联合会的机关刊物。湖南一师学生夏曦曾任编辑，复刊后的宗旨为滋补学生思想、知识，批判现实。《救国周刊》创刊于1923年。组织者为湖南学生联合会、湖南外交后援会。湖南一师学子郭亮为主席，夏曦、夏明翰为主要负责人。该刊鼓吹爱国运动，鼓吹新思潮，呼吁人们起来反抗帝国主义的侵略，决议对日经济绝交。

这些刊物主要有以下几个特点。

许多刊物创办者为湖南一师的老师、在校生或毕业生。例如，《湘江评论》执笔者为毛泽东、陈书农、萧三等；《湖南通俗报》由何叔衡任湖南通俗教育书报编辑所所长，谢觉哉任主编，熊瑾玎为经理，周世钊、邹蕴真为编辑；《野火周刊》创办人员为在校学生肖述凡及一师教师汪馥泉等。

在内容上或提倡新思想、新文化，或批判社会、呼吁革命，鼓励人们向旧思想、旧势力做斗争。大多数刊物都宣传革命思想，但同时也有一些刊物如"同乡会会刊"揭露抨击县官与土豪劣绅的罪恶，此类事件多发生在较长沙等为小的县城。此外，还有反对复古主义的期刊，如《野火周刊》。

形式上多样化。除了一般的报刊外，还有通信集（如《新民学会会员通信集》三集）、会务报告（如《新民学会会务报告》三辑）等形式。

传播途径上，主要以师生之间、学生与学生之间、校内与校外之间、校外与湖南、湖南与全国这样一张巨大而又错综复杂的网络进行传播。传播途径错综交互，有如一棵千年大树的根部，形成了一个极大的传播网络。

影响上，20 世纪 20 年代，除新文化运动、五四运动外，还有多种形式的运动，而相关刊物数量众多，既有湖南一师师生创办的，也有湖南其他学校师生创办的，尤以湖南一师师生创办的为多，且影响大。这些刊物，有的可能只出版了几期，如《湘江评论》出刊五期就被查封，《新湖南》出刊十期被查封，《湖南通俗报》被停刊改组，但这些刊物影响极大，不仅影响湖南，还在外省产生不小的影响，如《新青年》杂志就介绍并刊登《湘江评论》及毛泽东等人的文章，使之为上海、北京所知。湖南一师相关刊物详细情况见表 4-8。

表 4-8　湖南一师学生创办改办的刊物一览

| 刊名 | 创刊时间 | 发起者、主办者或执笔者 | 主要内容 | 期数或停刊时间 |
|---|---|---|---|---|
| 《湘江评论》 | 1919 年 7 月 14 日 | 执笔者毛泽东、陈书农、萧三等 | 报道国内外要闻及湖南的重大事件，提倡新思想、新文化，鼓励人们向旧思想、旧势力作斗争 | 出刊五期（含一期增刊），1919 年 8 月被查封 |
| 《新湖南》 | 1919 年 4 月 2 日创刊，原名《学生救国报》，6 月改名《新湖南》 | 最初由湘雅学友会创办，周刊，李振翩、龙伯坚等主编，后由毛泽东接手举办 | 毛泽东接手举办后，主旨为批评社会，改造思想，介绍学术，讨论问题 | 共举办十期，1919 年被张敬尧查封 |

| 刊名 | 创刊时间 | 发起者、主办者或执笔者 | 主要内容 | 期数或停刊时间 |
|---|---|---|---|---|
| 《湖南通俗报》 | 创办于民国初年 | 湖南通俗教育馆发行。1920年何叔衡为湖南通俗教育书报编辑所所长，谢觉哉主编《湖南通俗报》，熊瑾玎为经理，周世钊、邹蕴真为编辑 | 对一般群众进行教育 | 1921年6月何叔衡被撤职，10月编辑所改组，该报改名为《湖南通俗日报》 |
| 《新民学会会员通信集》 | 第一集、第二集编印于1920年底，第三集印于1921年初 | 由毛泽东编辑 | 第一、二集收录毛泽东致会友信十封，另毛泽东起草的启事、前言、序和评述。第三集以讨论共产主义和会务为重点 | |
| 《新民学会会务报告》 | 1920年冬 | 由毛泽东编辑 | 第1号编印于1920年冬，主要记载新民学会从发起到1920年冬的会务及会员生活等情况；第2号编印于1921年春，主要记载1921年的新年大会和1月常会的情况 | |
| 同乡会会刊① | 1920年前后 | 由一师学生发起，联合其他学校的同学创办 | 揭露抨击县官与土豪劣绅的罪恶，有力地推动了民主革命运动 | |
| 《野火周刊》 | 1920年前后 | 肖述凡、汪馥泉等 | 批判傅熊湘、章士钊反对白话文的复古主张 | |

① "同乡会会刊"为泛指，非某具体刊物名。

| 刊名 | 创刊时间 | 发起者、主办者或执笔者 | 主要内容 | 期数或停刊时间 |
|---|---|---|---|---|
| 《俄罗斯丛刊》 | 1920 年 9 月 | 俄罗斯研究会 | 俄罗斯的真实情况，列宁领导的苏维埃政府对华新政策等 | |
| 《湖南学生联合会周刊》 | 创刊于 1920 年前后 | 湖南学生联合会的机关刊物。一师学生夏曦曾任编辑 | 复刊后的宗旨为滋补学生思想、知识，批判现实 | 创刊后停刊，1922 年 12 月重新出版 |
| 《救国周刊》 | 1923 年 | 湖南学生联合会、湖南外交后援会。郭亮为主席，夏曦、夏明翰为主要负责人 | 鼓吹爱国运动，鼓吹新思潮，呼吁人们起来反抗帝国主义的侵略，决议对日经济绝交 | |

资料来源：湖南省地方志编纂委员会编《湖南省志》第 20 卷《新闻出版志·报业》，湖南人民出版社，1993，第 54～57、90～92 页；卢洁、谭逻松主编《毛泽东文物图集（1893～1949）》（上），湘潭大学出版社，2014，第 32 页；袁竞主编《毛泽东著作大辞典》，中国国际广播出版社，1991，第 715 页；《湖南第一师范校史》编写组编《湖南第一师范校史（1903～1949）》，上海教育出版社，1983，第 159 页；长沙市志编纂委员会编《长沙市志》第 16 卷，湖南人民出版社，2002，第 331 页；尚海、孔凡军、何虎生主编《民国史大辞典》，中国广播电视出版社，1991，第 127 页；叶再生：《中国近代现代出版通史》第 2 卷，华文出版社，2002，第 260～261 页；何平主编《毛泽东大辞典》，中国国际广播出版社，1992，第 171 页。

# 第四节　学潮运动

19 世纪中后期及 20 世纪初，列强入侵中国，清政府腐败无能，丧权辱国。1911 年武昌起义，辛亥革命爆发，清政府被推翻。然而，中华大地又上演了袁世凯称帝、张勋复辟、军阀南北混战等闹剧，政权更替频繁，中华民族危机深重。此时的人们，在思想上经历了维新运动、辛亥革命、新文化运动与五四运动等一系列洗礼，他们开始走上街头，游行示威，掀起了一波又一波的反帝反封建运动。而湖南一师的早期学子们深受时局影响，他们或组织游行，或深度参与，谱写了早期学子们的生命之歌。这些学潮运动既是学生群体思想转变的一个重要见证，也是中国社会发展和转型的一个重要标志。湖南一师的早期学子们在组织和参与学潮运动时，显示出了以下特点。

第一，湖南一师早期学生参与学潮运动的时间早，而且很频繁。从 1903 年湖南师范馆建立一直到 1927 年中等师范学校被取消，社会经历变革，在苏报案、辛亥革命、新文化运动、袁世凯称帝、张勋复辟、五四运动等大事件影响下，学潮运动时有发生。湖南一师早在 1903 年创立之初（湖南师范馆时期），就有了学生运动的萌芽。此时正值一代宿儒王先谦任湖南师范馆馆长。王先谦，湖南长沙人，学问渊博，撰作《汉书补注》《诗三家义集疏》《荀子集解》《庄子集解》等，中晚年时又仿效阮元刊刻《皇清经解》，组织学者刊刻《续皇清经解》。《续皇清经解》收集汇编了许多清代学者的经史著作，对传播传统学术做出了重要贡献。然而，王氏在担任湖南师范馆馆长时，仍然沿袭以往城南书院与岳麓书院的旧式教育管理模式，这已经远远不能满足当时新式教育的要求，因而最终造成了进步学生的不满，湖南师范馆也停办数月，馆长王先谦辞职。可以说，这是湖南一师学生运动的萌芽。从此之后，每隔若干年月，便有一师学生参与运动，如参与武昌起义、倒袁世凯、反军阀张敬尧等，在传播共产主义思想、创建中国共产党方面更是如此。湖南一师从而成为与上海、北京并列的早期共产主义发源地之一。

第二，湖南一师学生运动与时局密切联系。如 1906 年前后，学校欺压学生，周鲠生带头"闹事"，被开除学籍。[①] 陈天华蹈海日本，公葬岳麓山，一师学子参与其中。1911 年武昌起义发生后，湖南一师学子积极响应，全校在校学生停课，而一部分已毕业的一师学生如周鲠生、文斐、杨冕、李剑农、张秉文等人则更是直接参与武昌起义。这些学生入校时怀着有书可读、教育救国、教育兴国的理想，[②] 几年时间内就已经转变成革命者。再如 1915 年倒袁运动，袁世凯承认日本灭亡中国的"二十一条"，一师师生极为愤怒，进步教师编印《民耻篇》，用来教育学生。后袁世凯又指使成立"筹安会"，进步学生则收集反袁的文章，编成小册子《梁启超等先生对时局的主张》，四处散发，正确引导社会舆论。

第三，校内校外紧密结合。如 1915 年学生因不满学校收 10 元杂费而兴起"驱张"运动，校长张干辞职。这是第二次迫使校长辞职（第一次是王先谦）。其后 1916 年、1924 年、1925 年又发生三次驱逐校长事件。这些事情虽然很大程度上是学校内部事情，但实际上都与校外有很大关系。张干事件是因为上级要收杂费，李济民被驱逐是因为李为军阀赵恒惕的亲信，易培基被军阀赵恒惕撤职是因为一师学生参加反帝运动，这些都是从校内事务牵涉到校外政局，体现出校内、校外紧密结合的特点。1903～1927 年湖南一师学潮运动见表 4-9。

表 4-9　1903～1927 年湖南一师学潮运动统计

| 年份 | 事件 | 事情发展及结果 |
|---|---|---|
| 1903 | 王先谦主持之师范馆沿袭岳麓书院、城南书院旧式教育管理模式，一师学生不满 | 师范馆停办，王先谦辞职 |

---

[①] 周氏被开除学籍，但当时谭延闿认为周氏人才难得，后设法让周留学日本。

[②] 入校时学生并非人人都要教育救国、教育兴国，一部分人将入校读书当作谋生手段，只是到了一师后，因受国内外形势及教师影响而转向革命。

续表

| 年份 | 事件 | 事情发展及结果 |
|---|---|---|
| 1906 | 学校当局欺压学生,学生抗议学潮 | 周鲠生带头"闹事",被开除学籍 |
| 1911 | 10月,武昌起义,湖南立即响应,湖南一师参与其中 | 学校停课数月(一师不少毕业生直接参与武昌起义,如周鲠生、文斐等人) |
| 1915 | 驱张运动 | 张干辞职 |
| 1915 | 袁世凯欲称帝,承认"二十一条"。毛泽东、蔡和森以学友会名义组织一师学生游行,抵制日货,反对承认"二十一条" | 毛泽东、蔡和森等组织一师同学集资编印有关日本侵华的资料,题为"民耻篇",揭露日本侵略中国及袁卖国罪行 |
| 1915 | 袁世凯指使成立"筹安会",宣布实行帝制。蔡和森、毛泽东、萧子升等一师学生举行集会和游行,悼念彭超 | 进步学生收集反袁的文章,编成小册子《梁启超等先生对时局的主张》,四处散发 |
| 1916 | 学生反对校长彭政枢 | 彭政枢辞职 |
| 1919 | 一师学生响应五四运动 | 一师组织罢课斗争最得力、最坚决,1919年6月3日,长沙20多所学校罢课,很快湖南全省学生罢课 |
| 1919 | 驱逐张敬尧 | 1919年12月6日,一师学生全体罢课,后长沙73所公私学校教职员宣布1200人教员总罢课 |
| 1923 | 年初,反日运动蓬勃开展,湖南举行了6万人的反日游行示威,一师全体师生参加 | 同年度后续一系列对日经济绝交运动,湖南对日经济绝交运动达到高峰 |
| 1923 | 6月,日军杀死王绍元和黄汉卿,打伤数十人,制造"六一"惨案 | 一师学生参与游行请愿,进行全校罢课,组织演讲团到大椿桥、南门口控诉日军罪恶。军阀赵恒惕以一师校长易培基管理不力,1924年1月将其撤职 |
| 1924 | 军阀赵恒惕指使亲信李济民担任校长,学生罢课,后激化,学生罢课驱逐李济民校长 | 校长李济民被撤 |

续表

| 年份 | 事件 | 事情发展及结果 |
|---|---|---|
| 1925 | 12月7日，长沙爆发反对"关税会议"的游行示威活动，因《湖南通俗日报》协助赵恒惕政府镇压学生运动，被湖南一师及长郡的学生捣毁招牌及门前的公共阅报所 | 1926年1月校长彭一湖辞职 |
| 1926 | 3月，湖南各界举行反英讨吴驱赵的示威游行，一师学生参加了此次游行 | 一师学生与宪兵展开搏斗。不久，在各界群众的声讨下，加之吴佩孚北上、唐生智逼近长沙，赵恒惕逃离长沙 |
| 1926 | 一师校长熊梦飞诽谤共产党和农民运动，被师生揭发 | 熊梦飞被长沙人民逮捕，一师学生代表公审熊梦飞，与之展开斗争 |

资料来源：湖南省立第一师范学校编《湖南省立第一师范学校志》，内部刊物，1918，人事表；《湖南第一师范校史》编写组编《湖南第一师范校史（1903～1949）》，上海教育出版社，1983，第145～150页。

第五章

# 湖南一师早期学生的群像特征与分化

　　湖南一师早期学生群体具有鲜明的时代特征，也具备显著的个人特征，他们身处的时代风云变幻，外强入侵与内乱并行，国弱民贫，从一开始，这群学生的行为就与国家大事发生了联系，从而埋下了心系家国、志向远大的种子，这既是时代的选择，也是个人的意愿。他们有许多来自农村家庭，读书刻苦勤奋，传统文化功底深厚，进入湖南一师后，一师独特的教育又促使他们自动自治，五育并举，勇于实践，知行合一。对社会及其发展的不同认识，也最终造成了这群学生的观点分为教育救国与革命改造中国。

## 第一节　早期学生的群体特征刻画

　　湖南一师从 1903 年到 1927 年，一共培养毕业生 1787 人，其中 1903 年至 1912 年毕业生 440 人（不含辛亥革命后转入毕业的在校肄业生 190 人），1912 年至 1919 年毕业生 583 人（不含五四运动后转入毕业的在校肄业生），[①] 1919 年至 1927 年毕业生 764 人

---

　　① 《湖南第一师范校史》编写组编《湖南第一师范校史（1903～1949）》，上海教育出版社，1983，第 9、11 页。

（不含转入省立高级中学师范科在校肄业的 278 人），<sup></sup>此外，还有许多肄业生，如陈天华、周鲠生、张秉文、王湖、吕骥等，他们除了个性、专业、家庭、年龄等不同外，更重要的是具有极为独特的群体特征。

## 一 勤奋刻苦，自动自治

湖南一师是一所免费师范学校，管理严格。这不仅体现在招生及日常管理上，更体现在对学子学业的要求上。许多一师学子来自并不富裕的家庭，他们渴望读书，自年幼时就刻苦勤奋，进入第一师范后，更是抓紧机会刻苦学习。例如 1903 年入学的陈天华：

> 1896 年至 1897 年间，陈天华随父亲住进了县城。他一面沿街叫卖以维持生活，一面在资江书院藏书馆借书学习。书院里有 24〔二十四〕史，他尤其爱读。常常废寝忘食，而每当读到那些政治败坏、国家危亡的章节时，则掩书长叹不已。当时的维新运动在湖南正轰轰烈烈地开展。黄遵宪、梁启超、谭嗣同等在湖南创办刊物、学堂，宣传变革思想，培养变法新人。经过考试，陈天华被录取为时务学堂外课生。他刻苦学习西方的新科学与新思想，很快成为班里的优秀学生。<sup></sup>

陈天华家境贫寒，一边叫卖维持生活，一面借书学习，而且常常废寝忘食，自主学习。又如 1903 年入学的周鲠生。周如松《周鲠生先生传略》云：

---

① 《湖南第一师范校史》编写组编《湖南第一师范校史（1903～1927）》，上海教育出版社，1983，第 147 页。
② 龚世俊、蔡永贵、李宁主编《历代爱国文学家评传》，宁夏人民出版社，2010，第 198～199 页。

据他当年的同窗李剑农、杨端六和皮宗石等先生说，我父亲先天不足，后天失调，靠官费读书，衣不暖体，食不果腹，体质瘦弱，经常晕厥，然而他仍好学不懈，文赛必得奖。①

周鲠生因家境原因，先天不足，后天失调，常常衣不暖体，食不果腹，体质瘦弱，经常晕厥，然而，他却努力向学，自主学习。再如1913 年入学的毛泽东，更是学习勤奋，自主学习。《毛泽东年谱（1893～1949）》云：

> **（1912 年）秋**　由于第一中学课程有限，读了通鉴辑览以后，认为在校学习不如自学，便退学寄居在湘乡会馆，订了一个自修计划，每日到湖南省立图书馆读书。在自修的半年中，广泛涉猎十八、十九世纪欧洲资产阶级的社会科学和自然科学书籍。读了严复译的亚当·斯密《原富》，孟德斯鸠《法意》，卢梭《民约论》，约翰·穆勒《穆勒名学》，赫胥黎《天演论》和达尔文关于物种起源方面的书，还读一些俄、美、英、法等国的历史、地理书籍，以及古代希腊、罗马的文艺作品。在这个图书馆第一次看到一张世界大地图，引起很大的兴趣，反复细看，受到启发。②

毛泽东认为学校课程有限，于是制订了自修计划，既自主又勤奋。事实上，从《毛泽东年谱》中可以看到毛泽东读书极多，极为勤奋

---

① 周如松：《周鲠生先生传略》，载北京图书馆《文献》丛刊编辑部、吉林省图书馆学会会刊编辑部编《中国当代社会科学家》第 5 辑，书目文献出版社，1983，第 153 页。

② 中共中央文献研究室编《毛泽东年谱（1893～1949）》上卷，中共中央文献出版社，2013，第 12～13 页。

又自主，特别是对二十四史以及《资治通鉴》，用力极深，无论是
青年时代，还是后来担任国家领导人时，均是如此。再如 1916 年
入学的李维汉：

> 张昆弟、邹彝鼎考入湖南省第一师范，李维汉因没有正式
> 文凭，未能投考。1914 年，18 岁的李维汉求学无门，生活清
> 苦，常常每天只吃一顿饭，先后在县城华正小学和美算补习学
> 校听课。1915 年他父亲受聘到一所中学教国文，他随父亲补
> 习国文，业余和假期则跟二哥打袜子，据他后来回忆说，这一
> 年学习、生活很充实，得益不浅。1916 年春，李维汉借用同
> 乡一个同学的文凭，考入湖南省第一师范学校第二部。1917
> 年暑期以优异成绩毕业，留在一师附小教书。[①]

李维汉因为家境贫寒，生活清苦，常常每天只吃一顿饭，先后去县
城小学和补习学校听课，后来又随父亲补习国文，真正做到了勤奋
刻苦、自主自动。

## 二　立足传统，中西兼备

湖南一师早期学子具有扎实的传统文化功底，1912 年前入学
的学生，如周鲠生在长沙知府苏先烈家中伴读，文怀亮为县学生
员，陈天华 5 岁随父读书，杨端六 7 岁入私塾，李剑农幼读私塾，
张秉文 10 岁入乡间私塾读书，符定一入私塾读十三经文选，钟钟
山自幼读私塾，向朸 15 岁读完四书五经及古文诗赋，罗教铎 12 岁
获生员资格、17 岁中举，孙克基幼年读私塾 7 年，张干受族人资

---

① 中国中共党史人物研究会编《中共党史人物传：精选本·政治经济建设卷》
（中），中共党史出版社，2010，第 141 页。

助入私塾读书，申悦庐幼入私塾，魏焕吾 6 岁入私塾，李惠迪从小入私塾就读，吴起鹤 8 岁从父读四书五经，萧子升苦读私塾 8 个春秋。从他们读书的时间及科举功名，就可推知他们均具备扎实的传统文化功底。1912 年后入学的学生，如萧三苦读私塾 8 年，周世钊 7 岁由父教读四书，何叔衡陆续读私塾 8 年，毛泽东读私塾 8 年，田士清幼由父教读，刘绍樵 7 岁入私塾启蒙，李声灏自幼随父课读，刘汉之自幼随父读书，黎生洲 8 岁入私塾，匡非非读过私塾，王湖 6 岁入私塾，李佑如 7 岁入私塾，何汉文 6 岁入私塾并读经史 9 年，刘振国 8 岁入私塾，安邦入本地私塾，吕骥五六岁时其母教其古典诗词。这些学生也多经历过多年的私塾教育，传统文化功底相当扎实。湖南一师早期学子中还有不少人有功名，如周鲠生、文启蠡、何炳麟、罗鼎等人都是秀才。

同时，他们也具有开阔的视野，中西兼备。一师学子中有不少学生留学日本、欧美等国家，如文斐、陈天华、杨端六、何炳麟、周鲠生、李剑农、张秉文、罗鼎、唐星、傅安经、方维夏、申悦庐、方壮猷留学日本，熊焜甫、萧子升、萧三、蔡和森、张昆弟、欧阳泰、罗学瓒、侯昌国、曾以鲁、刘明俨、李维汉、陈书农等留学法国，贺果、刘汉之、陈一诚、白瑜、何汉文、唐有章等留学苏联，杨浪明、罗士韦等留学美国，杨敬年留学英国，这些留学的学生不仅具有扎实的传统文化功底，还具有广阔的国际视野。此外，虽然有些一师学子没有留学经历，但他们仍然具有国际视野。例如，毛泽东未出国留学，但他在青年时代就大量阅读国外著作，包括亚当·斯密《原富》、孟德斯鸠《法意》、卢梭《民约论》、约翰·穆勒《穆勒名学》、赫胥黎《天演论》和达尔文关于物种起源的书，还读一些俄、美、英、法等国的历史、地理书籍，以及古希腊、古罗马的文艺作品，这些阅读也培养了他的国际视野。

## 三　心系国家，志向远大

湖南一师学子心系国家，志向远大。许多学子青少年时代就已经表现出这一特征。如1903年入学的陈天华，《陈天华事略》云：

> 年三十一，尚未娶，或劝之娶，辄泫然曰："匈奴未灭，何以家为。"每读中西史志，于兴亡盛衰之感，则涕泗横流，其爱国之忱，发于天性如此。岁癸卯（一九〇三年）留学日本，时值俄兵入据东三省，瓜分之祸日迫，朝野皆束手无计，乃大悲恸，啮指血，成书数十幅，备陈灭亡之惨，邮寄内地各学校，读者莫不感动。[①]

陈天华31岁时尚未娶亲，有人劝他娶亲，他以"匈奴未灭、何以家为"回答，体现了他忧国忧民的品质。他在日本留学期间，虽然身处异邦，然而当他见到俄国军队侵占我国东三省，大为悲愤痛哭，咬破手指，血书数十条条幅，邮寄给国内学校，详细写明灭国惨状，引起大家的共鸣。又如文怀亮：

> 在校读书时，目睹清廷腐败无能，列强虎视眈眈，忧心如焚，向往孙中山提出的"驱除鞑虏，恢复中华，建立民国"的革命号召，于一九〇八年加入同盟会，回县主办玉潭、云山两学堂。[②]

文怀亮在校读书时看到清政府腐败无能，美俄等列强虎视眈眈，

---

① 邹鲁编著《中国国民党史稿》（下），东方出版中心，2011，第1243页。
② 宁乡人民革命史编写组：《宁乡人民革命史》，湖南人民出版社，1983，第266页。

要瓜分中国，忧心如焚，向往着革命的号召，希望以此拯救中国。再如 1913 年入学的蔡和森，年少时，母亲就用秋瑾献身革命的事迹教育他，辛亥革命推翻清政府，他十分向往他们的革命精神。他进入省城读书，常常以秋瑾"陆沉危局凭谁挽？莫向东风倚断栏"诗句警示自己要刻苦勤奋，早日实现崇高志向，后又以"击祖逖中流之楫，挥刘琨待旦之戈，殄灭凶残，铲除专制"来激励自己，要讨伐袁世凯、效命疆场。① 进入湖南一师后，他与毛泽东等同学经常一起读书、讨论，寻求真理，救国救民。1919年，他赴法国勤工俭学，凭所见所闻所感与国内毛泽东等商讨救国，最终确立了"改造世界"这一目标。

## 四　德智并举，全面发展

由于受维新运动及全国兴办师范的影响，在早期师范馆时期，学校教育仍然以读经为主，"旧学为体、新学为用"，学生读的书及其训练的方式仍深深打上了封建时代的烙印，讲究道德伦理的个人修炼。随着政治局势及执掌教育官员的变更，特别是1911 年辛亥革命之后，教育目标发生变化。在蔡元培的影响下，南京临时政府颁布了一系列改革法令，如教育部颁布《教育宗旨令》《学校系统令》《小学校令》《中学校令》《大学令》《师范教育令》《师范教育章程》等文件，而湖南一师贯彻执行了蔡元培的教育思想及南京临时政府颁布的一系列教育法令，重视对学生进行德（操行）、智（学业）、体（体格）三个方面的考核。做法如下：操行由教员根据考查要点对每位学生逐一评定，分为甲、乙、丙、丁四等，考核时间为每月或者期末；学业考查则分平时成绩、临时成绩，由教员依照平时授课与临时考试来记录学

①　李永春编著《蔡和森年谱》，湘潭大学出版社，2008，第 23 页。

生所得分数，校长等根据上述成绩来评定等级；而体格考查由校医、体操教员根据学生体格卫生等随时考查并记录，评定为甲、乙、丙、丁四等。[①] 以 1917 年第 6 班（共 41 人）、第 7 班（共 40 人）、第 8 班（共 29 人）、第 9 班（31 人）、第 10 班（共 27 人）本科三年的统计数据（见表 5-1）来看，总人数为 168 人，其中操行方面，甲等共 38 人（占比 22.6％），乙等共 95 人（占比 56.5％），甲乙合占比 79.1％，所占比例接近五分之四；学业方面，甲等共 65 人（占比 38.7％），乙等共 79 人（占比 47％），甲乙合占比 85.7％，超过六分之五；体格方面，甲等共 19 人（占比 11.3％），乙等共 108 人（占比 64.3％），二者合占比 75.6％，超过四分之三。而不及格的情况，操行方面，丁等 2 人（占比 1.2％）；学业方面，丁等 10 人（占比 6％）；体格方面，丁等 5 人（占比 3％），相比于甲乙二等来说人数很少，可见湖南一师学子无论是在学业还是在操行方面，优良者居多，不及格者少，学校的培育质量达到了一个很高的水平。造成这种现象的原因在于：一是湖南一师生源好，这些学生不仅有优秀的传统文化功底，而且进入一师前后在学习方面均极为勤奋刻苦；二是学校采取了先进的教育理念与教育管理模式，前期参考日本学制，结合自身特点，形成了带有日式学制特点的一师教育模式，辛亥革命后，学校执行当时政府所颁布的一系列教育政策，这些政策对推动学生素质发展起到了决定性作用；三是湖南一师有许多优秀的教师（含校长），他们善于启迪学生，严格要求学生。

---

[①] 甲等 80 分以上，乙等 70 分以上，丙等 60 分以上（及格），丁等为不满 60 分（不及格）。成绩及格者升级，不及格者留级，如果留级两次还不能及格则退学。

**表 5-1　学生操行学业体格统计**

单位：人，%

| 班次 | | | 操行 | | | | 学业 | | | | 体格 | | | |
|---|---|---|---|---|---|---|---|---|---|---|---|---|---|---|
| | | | 甲 | 乙 | 丙 | 丁 | 甲 | 乙 | 丙 | 丁 | 甲 | 乙 | 丙 | 丁 |
| 六班 | 预科 | | 7 | 30 | 4 | | 39 | 3 | | | | | | |
| | 本科 | 一年 | | 16 | 23 | 2 | 24 | 17 | 1 | | | | | |
| | | 二年 | 14 | 23 | 3 | 1 | 26 | 8 | 8 | | 6 | 24 | 8 | 1 |
| | | 三年 | 10 | 25 | 4 | 2 | 24 | 12 | 3 | 3 | 3 | 31 | 5 | 1 |
| | 统计 | | 31 | 67 | 34 | 5 | 113 | 40 | 12 | 3 | 9 | 55 | 13 | 2 |
| | 百分比算 | | 23 | 49 | 35 | 4 | 67 | 24 | 7 | 2 | 11 | 69 | 16 | 3 |
| 七班 | 预科 | | 8 | 32 | | | 34 | 6 | | | | | | |
| | 本科 | 一年 | | 20 | 19 | 1 | 32 | 8 | | | | | | |
| | | 二年 | 14 | 23 | 3 | | 20 | 7 | 9 | 4 | 9 | 20 | 9 | 1 |
| | | 三年 | 13 | 15 | 12 | | 20 | 13 | 5 | 2 | 8 | 21 | 6 | 1 |
| | 统计 | | 90 | 34 | 1 | 106 | 34 | 14 | 6 | 17 | 41 | 15 | 2 | |
| | 百分比算 | | 56 | 21 | | 66 | 21 | 9 | 4 | 23 | 55 | 20 | 3 | |
| 八班 | 预科 | | 4 | 20 | 4 | 1 | 8 | 18 | 2 | 1 | | | | |
| | 本科 | 一年 | | 12 | 16 | 1 | 16 | 12 | 1 | 1 | | | | |
| | | 二年 | 13 | 15 | | 1 | 17 | 5 | 6 | | 1 | 15 | 6 | |
| | | 三年 | 6 | 21 | 2 | | 12 | 16 | | 1 | 2 | 18 | 8 | 1 |
| | 统计 | | 23 | 67 | 22 | 3 | 53 | 51 | 9 | 4 | 3 | 33 | 16 | 2 |
| | 百分比算 | | 20 | 59 | 19 | 2 | 45 | 44 | 8 | 3 | 6 | 61 | 29 | 4 |
| 九班 | 预科 | | 2 | 25 | 4 | | 1 | 22 | 7 | 1 | | | | |
| | 本科 | 一年 | 1 | 10 | 20 | | 13 | 14 | 4 | | | | | |
| | | 二年 | 9 | 18 | 2 | 2 | 6 | 13 | 9 | 3 | 2 | 19 | 2 | 1 |
| | | 三年 | 3 | 20 | 8 | | 6 | 19 | 4 | 2 | 2 | 19 | 2 | 1 |
| | 统计 | | 15 | 73 | 34 | 2 | 26 | 68 | 24 | 6 | 4 | 34 | 6 | 1 |
| | 百分比算 | | 12 | 59 | 27 | 2 | 21 | 55 | 19 | 6 | 10 | 75 | 13 | 2 |
| 十班 | 预科 | | 3 | 20 | 2 | 2 | 4 | 14 | 9 | | | | | |
| | 本科 | 一年 | 1 | 8 | 16 | 2 | 6 | 16 | 5 | | | | | |
| | | 二年 | 9 | 143 | 1 | 4 | 12 | 6 | 5 | 2 | 14 | 3 | | |
| | | 三年 | 6 | 14 | 7 | | 3 | 19 | 3 | 2 | 4 | 19 | 2 | 1 |
| | 统计 | | 19 | 56 | 18 | 5 | 17 | 61 | 23 | 7 | 6 | 33 | 5 | 1 |
| | 百分比算 | | 19 | 57 | 18 | 5 | 16 | 56 | 21 | 7 | 13 | 73 | 11 | 2 |

续表

| 班次 | | 操行 | | | | 学业 | | | | 体格 | | | |
|---|---|---|---|---|---|---|---|---|---|---|---|---|---|
| | | 甲 | 乙 | 丙 | 丁 | 甲 | 乙 | 丙 | 丁 | 甲 | 乙 | 丙 | 丁 |
| 十一班 | 预科 | 5 | 26 | 3 | | 11 | 21 | 3 | | | | | |
| | 本科 一年 | 9 | 23 | 2 | | 24 | 4 | 5 | 1 | 2 | 14 | 15 | |
| | 本科 二年 | 7 | 15 | 9 | 3 | 16 | 17 | 1 | | 6 | 15 | 12 | 1 |
| | 统计 | 16 | 43 | 47 | 6 | 51 | 42 | 9 | 1 | 8 | 29 | 27 | 2 |
| | 百分比算 | 14 | 38 | 42 | 5 | 49 | 41 | 9 | 1 | 12 | 44 | 41 | 3 |
| 十二班 | 预科 | 14 | 22 | 5 | | 25 | 13 | 3 | | | | | |
| | 本科 一年 | 10 | 18 | 11 | 2 | 24 | 8 | 5 | 4 | 3 | 21 | 16 | |
| | 本科 二年 | 6 | 19 | 9 | 6 | 13 | 23 | 5 | | 8 | 18 | 11 | 1 |
| | 统计 | 16 | 51 | 42 | 13 | 62 | 44 | 13 | 4 | 11 | 39 | 27 | 1 |
| | 百分比算 | 13 | 42 | 34 | 11 | 51 | 36 | 10 | 3 | 14 | 50 | 34 | 2 |
| 十三班 | 预科 | 14 | 23 | 8 | 1 | 15 | 21 | 4 | 6 | | | | |
| | 本科 一年 | 10 | 20 | 8 | 7 | 25 | 17 | 4 | | | 22 | 17 | 3 |
| | 本科 二年 | | | | | | | | | 3 | 24 | 17 | |
| | 统计 | 24 | 43 | 16 | 8 | 40 | 38 | 8 | 6 | 3 | 46 | 34 | 3 |
| | 百分比算 | 26 | 47 | 18 | 9 | 43 | 41 | 9 | 7 | 4 | 53 | 40 | 3 |
| 十四班 | 预科 | 11 | 29 | 9 | 2 | 27 | 13 | 9 | 3 | | | | |
| | 本科 一年 | 13 | 28 | 8 | 3 | 26 | 20 | 5 | 1 | 2 | 19 | 29 | 1 |
| | 本科 二年 | | | | | | | | | 4 | 27 | 17 | |
| | 统计 | 24 | 57 | 17 | 6 | 53 | 34 | 14 | 4 | 6 | 46 | 46 | 1 |
| | 百分比算 | 23 | 55 | 16 | 6 | 50 | 32 | 14 | 4 | 6 | 46 | 46 | 1 |
| 十五班 | 预科 | 5 | 31 | 17 | 1 | 30 | 18 | 5 | 1 | | | | |
| | 本科 一年 | | | | | | | | | 2 | 35 | 14 | |
| | 统计 | 5 | 31 | 17 | 1 | 30 | 18 | 5 | 1 | 2 | 35 | 14 | |
| | 百分比算 | 9 | 57 | 33 | 2 | 56 | 33 | 9 | 2 | 4 | 69 | 27 | |
| 十六班 | 预科 | 4 | 26 | 22 | 8 | 10 | 38 | 11 | | 7 | 41 | 11 | |
| | 统计 | 4 | 26 | 22 | 8 | 10 | 38 | 11 | | 7 | 41 | 11 | |
| | 百分比算 | 7 | 43 | 37 | 13 | 17 | 63 | 18 | 2 | 12 | 69 | 19 | |
| 十七班 | 预科 | | | | | | | | | | | | |
| | 统计 | | | | | | | | | | | | |
| | 百分比算 | | | | | | | | | | | | |

注：表格中部分数据有误，保持原貌，未改动。

资料来源：湖南第一师范学校：《湖南第一师范学校志》，内部资料，1918，统计表。

除了教师评价学生之外，学生之间还相互评价。评价的方法是学生互相考查德育（敦品、自治、好学、克己、简朴、服务）、智育（文学、科学、美感、职业、才具、言语）、体育（胆识、卫生、体操、国技、竞技）三个方面。每位同学持有三票，每票限选一人，并且票上要列出所选项目（即上述敦品、自治等），被选者可以不限于本班同学。据《湖南省立第一师范学校志》记载的 1917 年人物互选（见表 5-2），全校共 12 班575 人，从中推选出 34 人，占比 5.9%。这 34 人中德育当选者有邹彝鼎等 21 人，体育当选者有彭道良等 4 人，智育当选者有萧蔚然等 15 人（这些人中，萧学湘、宁纯宦、毛泽东、周世钊、蒋竹如、胡希亮 6 人既有德育又有智育）。这些活动既记载了湖南一师学子在德智体方面的发展情况，又激励了其他学生积极发展自我。

表 5-2  人物互选当选名次（1917 年 6 月）

| 班级 | 姓名 | 当选总目 | 票数 | 细目 |
|---|---|---|---|---|
| 第六班三年级 | 邹彝鼎 | 德育 | 三五 | 敦品八、自治六、好学十六、克己五 |
| | 张昆弟 | 德育 | 三四 | 敦品九、自治九、好学十六 |
| | 彭道良 | 体育 | 一六 | 竞技 |
| | 萧学湘 | 德智育 | 一一 | 服务六、才具五 |
| | 刘修艶 | 德育 | 五 | 好学 |
| 第七班三年级 | 萧蔚然 | 智育 | 一三 | 书法、图画 |
| | 宁纯宦 | 德智育 | 一二 | 好学六、英算六 |
| | 林中鹤 | 智育 | 六 | 文学 |
| | 邓英华 | 德育 | 五 | 好学 |
| 第八班三年级 | 毛泽东 | 德智育 | 四九 | 敦品十一、自治五、文学九、言语十二、才具六、胆识六 |
| | 周世钊 | 德智育 | 四七 | 敦品五、自治九、好学十一、文学二十二 |
| | 贺果 | 体育 | 一〇 | 竞技 |
| | 姜心培 | 智育 | 五 | 音乐 |

续表

| 班级 | 姓名 | 当选总目 | 票数 | 细目 |
|---|---|---|---|---|
| 第九班三年级 | 唐富言 | 德育 | 八 | 好学 |
| | 刘澹 | 德育 | 五 | 好学 |
| | 裴俊 | 智育 | 五 | 英算 |
| 第十班三年级 | 刘培基 | 体育 | 十二 | 竞技 |
| 第十一班二年级 | 文仙桂 | 德育 | 七 | 服务 |
| | 周名第 | 德育 | 五 | 自治 |
| 第十二班二年级 | 周传琇 | 德育 | 六 | 自治 |
| | 罗宗翰 | 德育 | 五 | 好学 |
| 第十三班一年级 | 蒋竹如 | 德智育 | 十一 | 好学六、文学五 |
| | 周意惬 | 德育 | 九 | 好学 |
| | 易翔 | 德育 | 七 | 自治 |
| | 张国基 | 智育 | 六 | 图画、手工 |
| 第十四班一年级 | 高希舜 | 智育 | 十四 | 图画、手工 |
| | 姜瑞瑜 | 德育 | 九 | 好学 |
| | 钟秀 | 德育 | 七 | 好学 |
| | 杨翼经 | 智育 | 六 | 图画、手工 |
| 第十五班预科 | 胡希亮 | 德智育 | 二七 | 自治五、好学十五、图画七 |
| | 张志成 | 体育 | 十五 | 竞技 |
| | 袁铸仁 | 智育 | 五 | 文学 |
| 第二部第一班 | 李维汉 | 德育 | 五 | 自治 |
| | 姚承绂 | 智育 | 五 | 音乐 |

注：原表如此，未改动，表中部分细目票数未记录。

资料来源：湖南第一师范学校：《湖南省立第一师范学校志》，内部刊物，1918，人物表。

## 五　勇于实践，知行合一

实践与理论相辅相成，湖南一师学子勇于实践、知行合一。据资料所载，湖南一师学了的实践主要有如下几种。

一是学校所设置的教育实习、农场实习、工场实习、商场实习等。实践课的设置是师范教育所必备的，1912年公布的《师范学校规程》较为详细地规定了手工、农业等相关的实践目标和要求，[①] 但实践课也会考虑到时局的变换。1914 年第一次世界大战爆发，欧洲许多国家的经济遭受了巨大的破坏，而中国作为世界经济体系中的一员，也不可避免地发生了相应的变化。由于列强忙于欧战，自顾不暇，故对中国干预较少，中国得到了短期内的发展机会，此外，由于世界经济发生变革，中国的商业模式也由传统结构转变为公司所有制。因此，湖南一师又设置了相应的商场实习。

二是假期修学。修学旅行是一种较为特殊的教育模式，在东西方均发源较早。欧洲各国大学的学生毕业时，有余力则出游欧洲各国，此即早期的修学旅行。在东方，日本修学旅行也发源较早。1882 年，日本栃木县一中的学生参加东京上野第二届"实业发展促进展览会"，这次活动被视为日本修学旅行的萌芽。1886 年，东京高等师范学校举行从东京徒步至千叶的活动，历时 11 天，被视为真正的修学旅行。此后，日本一直将其作为常规教育活动。[②] 实际上，中国早在春秋战国时期的诸子游历各国，即是典型的修学旅行，[③] 只是在称呼与一些内容上有所不同。近代以来，随着中国近现代教育机构的开设以及对欧美、日本等国教育观念的引入，游学为修学旅行所替代。民国时期的修学旅行，在内容与形式上借鉴了欧美和日本。湖南一师于 1916 年开始实施修学旅行，该校学生每学期修学旅行一次，或全体或分级分班临时定之，主要调查本县教育与乡土以及本校毕业生的情况，此外，还要采集植物标本、动物

---

① 舒新城编《中国近代教育史资料》中册，人民教育出版社，1981，第 702～717 页。
② 陈大六、徐文琦：《研学旅行理论与实务》，华中科技大学出版社，2020，第 8 页。
③ 春秋战国时期，孔子、墨子、孟子等诸子带领其徒游历各国，向诸侯输出其政治主张，同时，孔子、墨子、孟子本人及其门徒也是在修学旅行，既有明确的目的，也可周知各国的山川地理风土人情。

标本、矿物标本、古物标本等，并进行实物写生。湖南一师于1917年举行了两次修学旅行，并对学生进行了评价，11人获甲等，34人获乙等，84人获丙等。1916年暑假，毛泽东与蔡和森到益阳等洞庭湖地区进行社会调查。而1917年暑假，毛泽东与萧子升两人不带一文钱，只携带一把雨伞和一个小包裹，途经长沙、宁乡、安化、益阳、沅江五县，他们历时一个多月的修学旅行，是湖南一师学子典型的修学旅行。①

三是志愿军与工人夜学。志愿军是在军阀混战、校内外不得安宁等特殊情况下成立的，选择一些体格强壮、有志愿的学生参加，一来可以保卫学校及救援市民，二来也是对当时所倡导的军国民教育的一个良好实践。通过参加志愿军，学生既掌握了军事理论，又进行了实际运用。此外，工人夜学也是一个很好的实践，参与者既有一师教师，也有一师学生，1917年后，工人夜学改由三四年级学生主办，由学友会负责，这不仅锻炼了学生的管理、授课能力，而且大为增强了学生的社会责任感。许多学生很好地实现了知行合一。

四是革命活动或教育活动，理想与实践相结合。许多学生有着远大的理想，面对列强入侵、清政府腐败无能或军阀混战，他们很早就树立了救亡图存、改造中国等理想。如陈天华因中国受俄国欺辱，组建华兴会，并协助孙中山组建同盟会；周鲠生面对列强欺辱中国，参加同盟会、辛亥革命；毛泽东、蔡和森等组建新民学会、创建中国共产党早期组织，这些均是勇于实践理想，知行合一。还有一些学子以教育救国，如文斐、杨冕、张秉文、方维夏、朱振黄、符定一、罗教铎、罗元鲲、方克刚等，基本上一辈子从事教育事业，实践自己救国救民的理想。

---

① 具体可见萧瑜《我和毛泽东的一段曲折经历》，陈重等编译，昆仑出版社，1989，第66～134页。

## 第二节　早期学生群体的分化：教育救国抑或改造世界

湖南一师学子在救国救民的理想和实践中，逐渐形成了两种不同的观点。一种观点是只有教育才能救国，如周世钊、萧子升等人持该种观点；另一种观点是教育是政治的附庸，只有先改造中国，再在此基础上改造教育，才能救国救民，如毛泽东、蔡和森等人持此种观点。持改造中国观点的人最终建立了新中国，而教育救国观点也对当时中国的教育发展起到了极大的推动作用。两种观点均对中国社会产生了深远的影响。

### 一　教育救国

教育兴国是晚清以来许多有识之士的共识。而湖南一师设立的初衷就是振兴教育，为国家培养相关的师资，并且在招生时就已经设置了毕业要为教育行业服务的要求。1909 年，湖南一师的教育统一为"以造就小学教员为目的"的模式，培养的毕业生主要为小学教师。本科第一部、第二部以及女子师范生毕业后为地方教育服务的时限不同。1912 年《师范学校规程》第五十七条规定：

> 本科毕业生应在本省小学校服务，其期限自受毕业证书之日起算，第一部公费生七年，半费生五年，自费生三年。第二部生二年。女子师范学校本科毕业生应行服务之期限，公费生五年，半费生四年，自费生三年。第二部生二年。①

---

① 湖南第一师范学校：《湖南省立第一师范学校志》，内部刊物，1918，部令纪。

可见，不论是公费生还是自费生，都必须为地方服务。虽然如此，也有例外，《师范学校规程》第五十八条规定，"本科毕业生有因特别情事，经省行政长官认可者，亦得就职于他省或华侨所居地，但以教育事业为限"，又《师范学校规程》第五十九条规定，"在服务期限内，欲入国立学校更求深造者，省行政长官得允许之"，① 如果学生居住在其他省份，或者入其他学校深造、出国留学，则可以不为本省服务，但必须要从事教育事业。由此可见当局及学校对于教育要服务社会的严肃性。湖南一师从 1903 年创办到 1911 年这九年间，共培养440 名毕业生，其中有 93 人升学全省优级师范继续深造以及 40 余人留学日本，还有许多学子从事教育事业，他们中的一些人成为湖南教育的中坚力量，如后来担任湖南一师校长的张干、文启蠡等。下面以第 1班（1913 年 12 月毕业）毕业生（见表 5-3）为例来进行分析。

表 5-3　本科第一班毕业生

| 姓名 | 别字 | 籍贯 | 毕业班次及年月 | 服务状况 | |
|---|---|---|---|---|---|
| | | | | 过去 | 现在 |
| 刘世珍 | 恺生 | 长沙 | 第一班,民国二年十二月毕业 | 城南教员,养成所、卫湘学校、公益小学、周南女校及本校附属小学教员 | 本校附属小学教员 |
| 李中一 | 忠益 | 同右 | 同右 | 卫湘小学、浏阳围山高小教员 | 湖北黄冈县、新州县佐署办事员 |
| 陈奎生 | 奎生 | 同右 | 同右 | 本校附属小学科任主任,城南教员,养成所修业学校及第二师范科任湖南第四路小学教员,检定会襄校委员 | 第二师范学校体操教员 |
| 杨潜德 | 顺荪 | 同右 | 同右 | 三育女学教员、豫章小学管理员及本校附小主任教员 | 本校附小科任教员 |

① 湖南第一师范学校:《湖南省立第一师范学校志》,内部刊物,1918,第 16 页。

| 姓名 | 别字 | 籍贯 | 毕业班次及年月 | 服务状况 | |
|------|------|------|------------------|----------|----------|
| | | | | 过去 | 现在 |
| 任新楚 | 阜舆 | 同右 | 同右 | 甲种商业职员 | 肄业湖南公立第一法政学校 |
| 任伟 | 焕琳 | 同右 | 同右 | 教育总会干事,农会干事,本校附小、豫章学校、培德女校、广益学校教员,办理教育会附设之通俗图书馆及夜学 | 攸县榷运局收支委员 |
| 刘尚义 | 斯盛 | 同右 | 第一班,民国二年十二月毕业 | 公益小学及湘阴任氏族学教员 | 湘阴刘氏族学教员 |
| 任嘉猷 | 堡诚 | 湘阴 | 同右 | | 历任株评铁路局庶务员 |
| 仇式邦 | 叔湿 | 同右 | 同右 | 平江县立高小及长沙私立金陵学校教员 | 本校附小教员 |
| 仇钟南 | 毓珊 | 同右 | 同右 | 平江启明女校及湘阴县高小国民教员 | 湘阴县高小教员 |
| 萧道藩 | 绍吾 | 同右 | 同右 | 湘阴高小教员,平江高小教员 | |
| 李云杭 | 舜生 | 同右 | 同右 | 卫湘小学、高等师范附属高小及长沙私立金陵学校教员,浏阳永和市暑假单级研究会教员 | 本校附小主任教员 |
| 李香蓴 | 衡熙 | 宁乡 | 第一班民国二年十二月毕业 | 本县小学教员 | 本邑县立复旦女学校教员 |
| 萧家笃 | 梅舫 | 同右 | 同右 | | 历任宁乡高小教员 |
| 萧岳岚 | 庆涵 | 宁乡 | 同右 | | 历任宁乡云山高小教员 |
| 杨维钧 | 莱襄 | 同右 | 同右 | 高等师范庶务员 | 肄业吏治研究所 |
| 袁忠 | 子茋 | 同右 | 同右 | 县城崇实高等小学校 | |
| 周毓璜 | 梐芬 | 同右 | 同右 | 宁乡县城立国民学校教员 | |

续表

| 姓名 | 别字 | 籍贯 | 毕业班次及年月 | 服务状况 | |
|------|------|------|----------------|----------|--|
| | | | | 过去 | 现在 |
| 周长元 | 自持 | 同右 | 同右 | 同右 | 益阳信义会小学校教员 |
| 范华杰 | 意诚 | 同右 | 同右 | 卫湘小学、浏阳围山高小、长沙第四高小教员。六年上期毕业稽征讲习所 | 长沙城区第十二校主任教员 |
| 成本嘉 | 炳仙 | 湘乡 | 第一班民国二年十二月毕业 | 浏阳围山高小、长沙第二高小、自治女子职业学校、新化储英高小教员 | |
| 熊光楚 | 焜甫 | 湘乡 | 同右 | 本校职员。六年六月毕业高等师范文史专修科 | |
| 钟国陶 | 楚生 | 浏阳 | 同右 | 浏阳围山高小教员、校长，浏阳县立高小教员、校长 | 本校附属高小主任教员 |
| 鲁服周 | 德兴 | 同右 | 同右 | | 历任浏阳围山高小教员 |
| 涂焕谷 | 仲诒 | 同右 | 同右 | | 同右 |
| 廖竞优 | 澂生 | 同右 | 同右 | 本校附小教员，城南教员，养成所管理员，周南女校修业高小主任教员 | ◎ |
| 刘取元 | 煦仙 | 益阳 | 同右 | 益阳县立高小及本校附属小学教员 | 益阳县立第二高小教员 |
| 熊祖鬻 | 录廉 | 同右 | 同右 | 城南教员，养成所、省立第五六七八校、本校附小、益阳县立高小教员，又两任本校附小庶务员 | |
| 张希良 | 桂荣 | 益阳 | 第一班民国二年十二月毕业 | | |
| 刘羽林 | 汉军 | 同右 | 同右 | 益阳县立高小教员 | 益阳县立第一高小庶务员 |

| 姓名 | 别字 | 籍贯 | 毕业班次及年月 | 服务状况 | |
|---|---|---|---|---|---|
| | | | | 过去 | 现在 |
| 张光柄 | 子淑 | 同右 | 同右 | 高师附小主任教员,省立第一中学会计员 | |
| 刘宝绅 | 珠润 | 茶陵 | 同右 | | ◎ |
| 张世英 | 愚真 | 安化 | 同右 | 安化高小及幼幼小学教员 | 修业小学主任教员 |
| 马颂芬 | 梅存 | 湘潭 | 同右 | 高等师范庶务员,省立第一中学监学及湘潭朱亭龙潭高小教员 | 郴县矿务公司 |
| 粟守中 | 墨江 | 宝庆 | 同右 | 本县南乡小学校教员 | |
| 萧健龙 | 小喆 | 同右 | 同右 | 六年六月毕业高等师范英语科 | ◎ |
| 陈镜清 | 清溪 | 宝庆 | 同右 | 本邑南乡图南团高小教员 | 本邑县立模范小学教员 |
| 杨恂 | 信孚 | 同右 | 同右 | 六年六月毕业高等师范英语科 | |
| 唐梧冈 | 林森 | 同右 | 同右 | 本邑高小教员 | |
| 马环 | 瀛初 | 同右 | 同右 | 民国三四五年充县南乡图南小学校教员 | 县立模范国民学校教员 |
| 唐吉武 | 毅如 | 新化 | 同右 | 曾任高等师范附属小学、城南教员,养成所、本校附属小学科任教员 | 甘肃第一师范科任教员 |
| 谢国信 | 特如 | 同右 | 同右 | 本邑小学教员 | |
| 谢遗直 | 古愚 | 同右 | 同右 | 私立宝善小学及私立金陵小学教员 | |
| 杨开业 | 士芸 | 同右 | 同右 | 曾入教会某学校专习英文 | |
| 晏忠宛 | 伟民 | 新化 | 第一班民国二年十二月毕业 | 城南教员,养成所体操教员 | |
| 谢光五 | 钟岳 | 同右 | 同右 | 南县高小教员,新化县立高小教员,铁路局职员 | |
| 袁国粹 | 毓材 | 同右 | 同右 | 新化县立高等小学教员 | 同上 |

| 姓名 | 别字 | 籍贯 | 毕业班次及年月 | 服务状况 | |
|------|------|------|------|------|------|
| | | | | 过去 | 现在 |
| 张戒三 | 调元 | 同右 | 同右 | 本县小学教员 | |
| 邹今熊 | 萍园 | 同右 | 同右 | 高等工业及第一中学文牍员，水利局庶务员 | |
| 袁庶钦 | 绍亨 | 同右 | 同右 | 城南教员，养成所，本校附小、新化储英高小修业学校高小部教员 | 本邑高小教员 |
| 杨开宪 | 焱安 | 同右 | 同右 | 本邑乡间小学教员 | |
| 易首乾 | 洁泉 | 武冈 | 同右 | 本邑乡立小学教员 | |
| 李邦焘 | 振海 | 同右 | 同右 | | 历任本县小学教员 |
| 米泽群 | 济世 | 同右 | 同右 | 本邑高小教员 | |
| 李同赓 | 虞廷 | 同右 | 同右 | 湖湘法政学校管理员 | |
| 田珍 | 国桢 | 临湘 | 同右 | 临湘县云溪高小教员 | 本邑县立高小教员 |
| 周静 | 昆生 | 宝庆 | 同右 | 民国三四五年充本县南乡图南小学教员 | 县立模范国民学校校长 |

注：原表为竖排，现为横排，表中省略词"同右""同上"，应理解为"同上""同左"。标识"◎"表示该人已去世。

资料来源：湖南第一师范学校：《湖南省立第一师范学校志》，内部刊物，1918，表第三。

　　第 1 班一共有 57 位同学，从学生生源地来看，长沙的有 7 人，湘阴的有 5 人，宁乡的有 8 人，湘乡的有 2 人，浏阳的有 4 人，益阳的有 5 人，茶陵的有 1 人，安化的有 1 人，湘潭的有 1 人，宝庆的有 7 人，新化的有 11 人，武冈的有 4 人，临湘的有 1 人。这 57 位同学在 1913 年毕业后至 1917 年四年时间内，除了任嘉猷[①]、萧家笃、萧岳岚、鲁服周、涂焕谷、张希良、刘宝绅、李邦焘 8 人记载空缺不详外，[②] 有 42 人服务于小学及小学相关层次的教育，有 1 人从事

---

① 1918 年记载为"历任株萍铁路局庶务员"。

② 然而，萧家笃、萧岳岚、鲁服周、涂焕谷、李邦焘五人的 1918 年记载为"历任某某高小教员或小学教员"，似乎可以理解为此五人一直在从事小学教育。

商业，有 1 人任职于高等师范学校，有 2 人升学高等师范学校，有 1 人升入教会学校，有 1 人入职政法学校任管理员，有 1 人任职高等工业及中学文牍员后为水利局庶务员，毕业后从事小学及小学相关层次教育的占比 73.68％，若将萧家笃、萧岳岚、鲁服周、涂焕谷、李邦焘 5 人计入，则占比为 82.46％，此外，如果仅扣除与教育无关的 1 人（任新楚）以及记载空缺的 8 人，则从事教育事业者所占比例为 84.21％。可见，绝大多数毕业生都在从事小学教育，在很大程度上实现了湖南一师最初设定的培养小学教员这一目标。诚然，这仅仅是个案。但事实上，如果检阅湖南一师校史、校志等书籍，可以发现，许多湖南一师毕业生在从事教育事业，他们有着浓郁的教育情怀。

虽然许多毕业生从事教育，坚持教育救国的理想，但也有不少毕业生受时局影响，在校期间或毕业后，萌生了革命思想，并且多次参加革命活动，他们在革命活动中甚至是骨干力量。但最后出于多种原因，很多人又回归了教育救国事业。1911 年前毕业的学生中就有不少这样的例子。例如 1903 年入学的周鲠生，虽然入校年龄很小，但在校期间就带头"闹事"，抵抗校方欺压学生。虽因学潮被开除，但后来他又参加同盟会、辛亥革命，1920 年又从事教育，成为国际法学家、外交史家、教育家。又如 1904 年入学的李剑农，在校期间就参加同盟会，1911 年参加了辛亥革命，最终成为著名教育家和学者（见表 5-4）。其他学子如文斐、杨冕、张秉文、方维夏、朱振黄、符定一、罗教铎、罗元鲲、方克刚等人也受到革命形势的影响，参与了相应的革命活动，但大部分学生此后主要还是从事教育事业。1911 年后毕业的一部分学生亦如此。例如 1910 年入校的文士员，在校期间受到徐特立和毛泽东的影响，参与相关活动，但最终仍从事教育工作，成为出色的地理学家。又如 1923 年入校的方觉民，受毛泽东的影响极大，1923 年冬毛泽东作

《东方文化》报告时，李维汉指定他作记录，但最终方觉民选择从事教育事业。他们的特点是，深受清末以来教育救国思想的影响，但也会随着外界时势变化而做出相应改变，参与其中，如1905年抵制美货运动、1911年辛亥革命、1917俄国十月革命等发生时，都有学生参与运动。1911年前后，学生受孙中山革命思想影响较大（如周鲠生），1911年后特别是1917年俄国十月革命后，一部分学生受马克思主义影响（如方觉民）。部分学生虽然萌生革命思想，甚至参与革命运动（如组建、或参与同盟会），但最终回归了教育事业。他们回归教育救国的原因是复杂的，最主要的原因可能在于两个方面。一方面，教育救国在当时是一种主流思潮，他们受教育救国影响极大，而且教育救国容易操作；另一方面，早期这些学生还没有找到改造世界的最终武器和形式，后期虽然有不少人受到俄国十月革命的影响，但对其了解不够深入，而且中国当时的局势极为复杂，暴力革命在短时期内难以实现。

表5-4　1911年前毕业之部分学生思想变化统计

| 姓名 | 生卒 | 在校年份 | 在校期间的表现及活动 | 毕业后的表现及活动 |
|---|---|---|---|---|
| 文怀亮 | 1871～1927 | 1903 | 受孙中山革命口号影响 | 1908年加入同盟会 |
| 陈天华 | 1875～1905 | 1903肄业 | 1903年号召国人拒俄御辱，与黄兴组织军国民教育会，反清 | 组建华兴会，发起组建同盟会 |
| 周鲠生 | 1889～1971 | 1903～1906肄业 | 1906年因领导学潮，被开除学籍 | 留日期间加入同盟会，辛亥革命前回国秘密从事革命活动，1912年参与创办《民国日报》，反对袁世凯专制统治，宣传民主革命思想 |

续表

| 姓名 | 生卒 | 在校年份 | 在校期间的表现及活动 | 毕业后的表现及活动 |
|---|---|---|---|---|
| 文斐 | 1872~1943 | 1903 | | 1905 年由黄兴介绍加入同盟会。1910 年重新组织同盟会湖南支部,任会长。1911 年组织应援广州黄花岗起义。响应武昌起义 |
| 杨冕 | 1885~1966 | 1903 | | 留日期间参加同盟会。武昌起义后参加海军陆战队,任秘书 |
| 李剑农 | 1880~1960 | 1904 | 1906 年在校期间加入同盟会 | 1911 年参加辛亥革命 |
| 朱振黄 | 1884~1967 | 1904 | | 任一师教务长、后任代理校长 |
| 张秉文 | 1880~1964 | 1904 | | 留日加入同盟会,1911 年回国参加武昌起义,1912 年与彭一湖、周鲠生在汉口创办《民国日报》,任经理。1917 年与林伯渠等密谋驱逐军阀傅良佐,后投身文化界 |
| 符定一 | 1877~1958 | 1904 | | 从事教育,任教于湖南一师等校 |
| 罗教铎 | 1886~1951 | 1905 | | 清末朝政腐败,国家民族濒临灭亡,罗氏进行教育救国 |
| 方维夏 | 1880~1936 | 1906 | | 1911 年在湖南一师从事教育工作,后任学监,参加倒袁(世凯)驱张(敬尧)运动。1920 年 8 月与毛泽东、何叔衡发起成立"俄罗斯研究会",宣传十月革命。1924 年入中国共产党,在湘军中积极开展革命工作,1926 年参加北伐,1927 年参加南昌起义 |

| 姓名 | 生卒 | 在校年份 | 在校期间的表现及活动 | 毕业后的表现及活动 |
|------|------|----------|----------------------|--------------------|
| 罗元鲲 | 1882～1953 | 1903～1906 | | 从事教育工作 |
| 方克刚 | 1884～1946 | 1907～1909 | | 从事教育工作 |
| 李惠迪 | 1893～1952 | 1907～1908 | | 从事教育。20 世纪 20 年代参加反日示威、反英讨吴驱张。1926 年由郭亮介绍加入中国共产党 |
| 张干 | 1884～1967 | 1908～1913 | | 从事教育工作，任湖南一师校长，后因"驱张"运动去职。后又长期从事教育 |

资料来源：桂堂：《文怀亮烈士》，载宁乡人民革命史编写组《宁乡人民革命史》，湖南人民出版社，1983，第 266 页；周川主编《中国近现代高等教育人物辞典》，福建教育出版社，2018，第 225～226、433 页；中国国家博物馆编，吕章申主编《中国近代留法学者传》，紫禁城出版社，2008，第 305 页；湖南省地方志编纂委员会编《湖南省志》第 30 卷《人物志》上册，湖南出版社，1995，第 645～647 页；湖南省地方志编纂委员会编《湖南省志》第 30 卷《人物志》下册，湖南出版社，1995，第 130～132 页；湖南省浏阳市地方志编委会编纂《浏阳县志》，中国城市出版社，1994，第 890～891 页；中共中央党史研究室第一研究部编著《中国共产党第一至第六次全国代表大会代表名录》（增订本），中共党史出版社，2014，第 63 页；方大铭、曹继肖：《方维夏》，载胡华主编，中共党史人物研究会编《中共党史人物传》第 46 卷，陕西人民出版社，1991，第 216 页；长沙市志编纂委员会编《长沙市志》第 16 卷，湖南人民出版社，2002，第 237～239 页。

## 二 改造世界

辛亥革命前，学生群体主要受清末以后洋务运动、维新运动思想以及孙中山革命思想和国内外时局影响。辛亥革命后，学生群体又有新的特点，主要表现在：许多人在校期间就受到革命思想的影响，如文士员、夏曦、陈作为、王湖等，他们或受社会思潮如新文化运动影响，或受到老师、同学如徐特立、毛泽东等人的影响，在这些因素的影响下，他们最终走上了革命道路，成为革命烈士或开国元勋（见表5-5）。而这些学生在接受革命思想时，年龄都相对较小，主要集中于14岁至18岁，他们接触了多种新思想，并最终进行了严肃的选择。许多学生已不再持教育救国的观点，也并非持革命萌芽

表5-5　1911年后毕业的部分学生思想转变统计

| 姓名 | 生卒年份 | 在校年份 | 在校期间的活动 | 毕业后至1927年的活动 |
|---|---|---|---|---|
| 李云杭 | 1894～1969 | 1908～1913 | | 长期从事教育工作。1919年11月16日参加新民学会 |
| 文士员 | 1893～1965 | 1910 | 受毛泽东、徐特立影响 | 从事教育工作 |
| 吴起鹤 | 1892～1969 | 1910～1913 | | 1928年开设湘芬书社,推销和承印各种进步书刊 |
| 马良骥 | 1893～1969 | 1910～1915 | | 任教五年,后入伍国民革命军 |
| 柳宗陶 | 1894～1939 | 1913～1918 | | 1923年加入中国共产党,组织学生开展反帝斗争。1927年举办农民运动讲习所 |
| 蔡和森 | 1895～1931 | 1913～1915肄业 | 与毛泽东、罗学瓒结为挚友,多次探讨救国救民 | 1918年组建新民学会。1919年创办《湘江评论》。1919年赴法勤工俭学,认真研读马克思主义著作,研究俄国十月革命的经验,成为坚定的马克思主义者。1920年提出"改造中国和世界"为新民学会的方针。1921年在法国组织中国共产主义青年团旅欧支部。1921年回国,加入中国共产党,成为党早期重要的理论家。1922年当选为中央委员,主编《向导》。1923年出席中共三大。1924年出版《社会进化史》。1925年参与并领导五卅运动,作《中国共产党史的发展》报告。1927年八七会议上支持毛泽东的正确主张 |

续表

| 姓名 | 生卒年份 | 在校年份 | 在校期间的活动 | 毕业后至1927年的活动 |
|---|---|---|---|---|
| 毛泽东 | 1893～1976 | 1914～1918 | 1918年组建新民学会 | 1918年组织新民学会。1919年创办《湘江评论》。1920年发起俄罗斯研究会,积极宣传马克思主义,在湖南创建中国共产党早期组织。1921年出席中共一大。1923年出席中共三大。1924年参与中共帮助孙中山改组国民党的活动。1926年主办农民运动讲习所。1927年发表《中国社会各阶级的分析》《湖南农民运动考察报告》,领导秋收起义,建立第一个农村革命根据地 |
| 何叔衡 | 1876～1935 | 1913～1914 | 与毛泽东、蔡和森志同道合 | 1920年参与驱张运动,与毛泽东发起俄罗斯研究会,与毛泽东发起成立湖南共产党组织。1921年出席中共一大,参与组建中共湖南支部 |
| 萧三 | 1896～1983 | 1914～1918 | 1918年参与组织新民学会。 | 1920年赴法勤工俭学,加入旅欧中国少年共产党。1922年加入中国共产党。1928年起任教于莫斯科东方大学 |
| 罗学瓒 | 1893～1930 | 1914～1918 | 与毛泽东、蔡和森等结为挚友,1918年作为首批会员加入新民学会 | 1919年赴法勤工俭学,学习马克思主义,坚定走俄国十月革命道路。1921年底回国加入中国共产党。1922年初,回长沙从事工人运动,发展了一批共产党员。支援北伐。1927年陪同毛泽东考察农民运动 |
| 邓中宇 | 1893～1928 | 1916 | 与夏曦共寝室,常与毛泽东、夏曦集会,参与革命活动。1920年加入中国社会主义青年团。积极宣传新文化、新思想 | 1923年在其举办的思思学校中建立中国社会主义青年团支部。1925年加入中国共产党 |

| 姓名 | 生卒年份 | 在校年份 | 在校期间的活动 | 毕业后至 1927 年的活动 |
|------|---------|---------|--------------|--------------------|
| 陈作为 | 1900～1925 | 1916 | 与毛泽东、陈昌相契。学生自治会干事。组织同学参加"驱张（敬尧）"运动，与陈清和等成立浏阳驻省学友会，主办进步刊物，宣传新思想、新文化 | 1922 年创办长沙楚才中学，任校长。1924 年入黄埔军校，参加进步组织"青年军人联合会"，主办《青年军人》刊物。1925 年入党 |
| 李维汉 | 1896～1984 | 1916～1917 | 经邹彝鼎、张昆弟介绍，与毛泽东、蔡和森结识 | 1918 年，与毛泽东、蔡和森组织新民学会。1919 年赴法。1922 年与周恩来等组建旅欧中国少年共产党。1922 年加入中国共产党。组织发展湖南地区党组织，参与帮助国民党改组、领导驱赵反吴 |
| 夏曦 | 1901～1936 | 1917～1922 | 积极参与驱张（敬尧）运动。1920 年加入俄罗斯研究会。1921 年加入中国社会主义青年团，后入中国共产党。1922 年下半年任第一师范党支部书记 | 1923 年加入中国国民党。1924 年当选为中共湖南区委委员。支持北伐。1927 年在长沙领导反蒋斗争，同年参加南昌起义 |
| 徐德嶙 | 1902～1978 | 1917 | | 1931 年任安徽《民国日报》主编。任中央大学教授 |
| 王湖 | 1900～1927 | 1918～1921 | 在校受到革命思想熏陶，追求真理，立志革命 | 积极参加安源工人运动各种斗争，1923 年加入中国共产党，1926 年回武冈从事农民运动 |
| 毛达恂 | 1906～1959 | 1919～1924 | | 1925 年任教于中共创办的湘江中学。1925 年加入中国共产主义青年团，同年冬加入中国共产党 |

续表

| 姓名 | 生卒年份 | 在校年份 | 在校期间的活动 | 毕业后至1927年的活动 |
|------|---------|---------|--------------|---------------------|
| 刘子载 | 1905～1972 | 1920 | 在校期间结识毛泽东等共产党人，被选为湖南学生自治会委员，参与驱逐军阀赵恒惕斗争 | 1925年冬加入中国共产主义青年团，1926年转为中国共产党党员 |
| 郭亮 | 1901～1928 | 1920～1922 | 与毛泽东过从甚密，1920年秋加入社会主义青年团，1921年冬加入中国共产党 | 毕业后创办工人夜校，发动长沙、岳州等地工人罢工，领导铜官陶业工人开展抗税斗争 |
| 刘畴西 | 1897～1935 | 1920～1924 | 1920年冬加入中国社会主义青年团，1922年夏转入中国共产党 | 1924年考入黄埔军校第一期。1927年参加南昌起义 |
| 安邦 | 1903～1932 | 1922～1925 | 开始接受进步思想，并参加过反对湖南军阀赵恒惕和抗议日本水兵制造"六一"惨案等一系列反帝反封建斗争 | 任教历史，注意联系当时政治形式，向学生宣扬爱国主义思想。1926年7月加入中国共产党 |
| 袁国平 | 1906～1941 | 1921～1925 | 受徐特立、田汉影响，积极参与学生进步运动，被推举为湖南省学联执行委员 | 1925年加入中国共产党。1926年，考入黄埔军校第四期，同年随军北伐。1927年先后参加南昌起义和广州起义 |
| 方觉民 | 1906～1989 | 1923～1927 | 方氏先后就读于毛泽东创办的湖南自修大学及其附设湘江中学，深受影响，1923年冬毛泽东作《东方文化》报告，李维汉指定他作记录 | 毕业后从事教育 |

| 姓名 | 生卒年份 | 在校年份 | 在校期间的活动 | 毕业后至 1927 年的活动 |
|------|----------|----------|----------------|------------------------|
| 段德昌 | 1904～1933 | 1924 肄业 | | 1921 年加入社会主义青年团，1923 年在毛泽东创办的文化书社宁乡分社担任推销协理，传播马克思主义。1925 年加入中国共产党。后入黄埔军校第四期学习，参加北伐，领导开展游击斗争，创建游击根据地。1933 年 5 月牺牲 |
| 吕骥 | 1909～2002 | 1925 | | 1931 年加入"左联"，1935 年开展抗日救亡活动，加入中国共产党。1937 年到达延安 |

资料来源：湘阴县志编纂委员会编《湘阴县志》，三联书店，1995，第 941 页；湖南省株洲县志编纂委员会编《株洲县志》，湖南出版社，1995，第 491～492 页；湖南省浏阳市地方志编委会编纂《浏阳县志》，中国城市出版社，1994，第 842～843 页；孙海林主编，湖南省第一师范学校编《湖南第一师范名人谱（1903～1949）》，内部刊物，2003，第 137～140、155、172～173 页；湖南省地方志编纂委员会编《湖南省志》第 30 卷《人物志》下册，湖南出版社，1995，第 916～917 页；刘继德：《湖南刘氏源流史》卷 2，天津科学技术出版社，2010，第 58 页。长沙市志编纂委员会编《长沙市志》第 16 卷，湖南人民出版社，2002，第 332～333 页；中国人民抗日战争纪念馆编著《抗战英烈谱》，团结出版社，2016，第 230～231 页；丁新约、王世奎主编《中国共产党英烈志》，青岛海洋大学出版社，1991，第 194～196 页。

时期的思想，而是逐渐向马克思主义靠拢，并以此为利器来改造中国。如毛泽东、蔡和森、何叔衡等，他们也曾持教育救国的观点，但在 1917 年俄国十月革命后，他们经过严肃认真的选择，找到了改造中国的思想武器，积极组建新民学会，为建党做准备，同时，又组织赴法国的勤工俭学，发现和培育思想先进的好苗子。特别是在法国勤工俭学时期，蔡和森如饥似渴地阅读并大量翻译马克思主义的相关著作，并且和国内毛泽东等进行相互探讨，他们坚信用马克思主义来改造世界与中国是正确的道路。最终，毛泽东于 1920

年在湖南创建中国共产党早期组织，1921 年出席中国共产党第一次全国代表大会。他们以一种更为彻底的方式改造中国，思想上显得更为成熟与坚定。

在思想转变的时间上，基本上以 1917 年俄国十月革命作为一个思想分界线。1917 年前学生基本上还是持教育救国的观点，虽然毛泽东、蔡和森等人那时已经意识到要改造中国，但蔡和森 1917 年毕业时还想去谋取一份教师职业，可以说，此时其救国之路仍然是教育，那时的他们还没有找到彻底改造中国的方式（诚然，他们在积极组建新的协会），直到 1917 年，俄国十月革命才使大家找到了一个彻底改造中国的模式。而真正实施这一模式，则到了 1920 年前后。蔡和森在法国认真研究马克思主义，研究俄国十月革命的经验，组建中国共产主义青年团旅欧支部，频繁与国内毛泽东等人交流，并提出中国共产党这一名称，而毛泽东则于 1920 年在湖南建立早期党组织。因此，1920 年也是一个关键时间节点。

此后，许多湖南一师学子则直接受到共产主义思想的影响，如毛达恂、刘子载、安邦、袁国平等人，他们加入中国共产党，直接领导或参与革命，不再持教育救国的观点。1918 年入学的王湖，积极参加安源工人运动等各种斗争，又于 1923 年加入中国共产党，1926 年回到武冈从事农民运动；1921 年入学的袁国平，于 1925 年入党，1926 年考入黄埔军校第四期，同年随军北伐，1927 年先后参加南昌起义和广州起义；1924 年入学的段德昌，于 1925 年加入中国共产党，后入黄埔军校第四期学习，参加北伐，领导开展游击斗争，创建游击根据地。这些学子最终成了彻底的革命者，为改造世界与中国、建立新中国做出了巨大的贡献。他们与教育救国者彻底分流，成为中国共产主义革命的先驱者。

总之，湖南一师早期学生群体，从一开始就受到教育救国思想的影响，而随着时局的变化，学生们的思想也有所变化。1911 年前，学生们的表现为激进与平和并行，许多学生以支持教育为主，也参与运动，有些学生则直接参与革命，但基于各种复杂的因素，大多数人又回归教育。1911 年后，更多的学生出现激进思想，最终转变为成熟的马克思主义者。而这一转变，经历了一个较长的酝酿时期，其中夹杂着教师与学生之间、学生与学生之间、学生与社会他人之间的相互影响以及国内国外时局的变化。

第六章

# 湖南一师早期学生群体对当前
# 教育的价值及启示

在波澜壮阔的百年发展历程中，湖南一师顺应时势，积极改革教学，探索出了一套极为有效的教育方法，培育出了一大批教育工作者和革命者；而湖南一师早期的学子们，在当年复杂的时局背景下，刻苦勤奋，年轻时期就树立了远大的理想，或以教育拯救国家，或以革命改造世界。不论是学校、教师的引导和教诲，还是学子们自身的奋斗和体验，虽已逾越百年，但仍对当前教育有重要的借鉴和参考作用。

## 第一节　对当前学校管理方面的价值及启示

培养什么样的人，是教育永恒的主题。与之相应，就会有不同的教育理念，从而可能会导致不同的教育管理模式。早期湖南一师的发展在这一方面给予了我们不少启示。

### 一　积极发展与完善教育理念和教育管理模式

一是明确学校定位。早期湖南一师在七年的发展过程中，逐渐明确了学校的定位。湖南一师从 1903 年湖南师范馆时期开始一直到 1909 年这七年时间内，开办有速成科、优级选科、简易科，它们学制年限不同，培养目标也不同，学校定位极不明确。到了1909 年，监督瞿宗铎将这些不同年限的办学模式全部统一为学制五年（预科一年）的师范本科，并且明确规定湖南一师（时称湖南中路师范学堂）"以造就小学教员为目的"的培养目标。自此以后，湖南一师明确了学校的定位，在其后百年的发展历程中，基本上秉持了这一目标，为社会培育了一大批优秀的小学教师，至今湖南一师的毕业生还深受用人单位的欢迎和好评。

二是完善教育管理模式。1903 年湖南师范馆创办时，基本上采取的是传统书院式的管理模式。1905 年谭延闿就任监督后，因考虑到以往的规章简陋，便开展了一些改革，主要表现在兴修礼堂和校舍，参用日本学制，并创立简易师范学堂等。1909 年瞿宗铎统一学制、明确培养目标。诚然，此时还处于艰苦创业时期，管理仍然不够完善。1912 年，南京临时政府颁布了一系列教育法令，湖南一师在这些法令的基础之上，制定了一系列自己的规章制度（《湖南省立第一师范学校志·校章纪》），使学校的管理更加完善。据"校章纪"记载，湖南一师制定了教育方针、校歌、校旗、制服、学历、课程、编制等学则制度，还有组织、责任、会议、巡回讲演等职务制度，以及礼仪、风纪、服务、时间、场所、自动等制度，此外，还有入校出校册、请假书、准假书、缺课册、点名册、训练册、觉悟册、操行考查册、学行考查册、体格考查册、服务检查册、成绩考查册、入调养室名册、素食册、诊察表、领锁钥证、阅书等级册、褒奖录、惩罚录等管理制度，基本上包括了学习、生活等各个方面。这些制度严密而又细致，紧密围绕着培养目标。管理模式的完善，大力促进了学校的健康发展。

三是不断更新、完善教育理念与教育方针。湖南师范馆、湖南全省师范学堂以及湖南中路师范学堂时期，教育理念基本上都是顺应清末洋务运动、维新变法的要求，开办新式教育，培育新式人才，特别是培养师资（1909 年统一为培养小学师资）。这种情况一直持续到 1912 年民国建立。1912 年 9 月，南京临时政府教育部颁布《教育宗旨令》，提出要"注重道德教育，以实利主义、军国民教育辅之，更以美感教育完成其道德"。① 而同年 12 月颁布的《师范学校规程》则进一步具体提出要按照如下要求教养学生："一、健全之精神宿于健全之身体，故宜使学生谨于摄生，勤于体育。二、陶冶情性、锻炼意志，为充任教员者之要务，故宜使学生富于美感，勇于德行。三、爱国家、尊法宪，为充任教员者之要务，故宜使学生明建国之本原，践国民之职分。四、独立博爱为充任教员者之要务，故宜使学生尊品格而重自治，爱人道而尚大公。五、国民教育趋重实际，宜使学生明现今之大势，察社会之情状，实事求是，为生利之人而勿为分利之人。六、世界观与人生观为精神教育之本，故宜使学生究心哲理而具高尚之志趣。七、教授时常宜注意于教授法，务使学生于受业之际，悟施教之方。八、教授上一切资料，务切于学生将来之实用，以克副高等小学校令暨国民学校令并其施行规则之旨趣。九、为学之道，不宜专恃教授，务使学生锐意研究，养成自动之能力。"② 在教育部这一系列法令颁布后，湖南一师的教育理念又发生了重大的变化。湖南一师严格遵循了教育部的这些教育法令，注重学生的人格教育，提倡德智体美劳五育并举。张干任校长时，提出以"诚"为中心的校训——"公诚勤俭"。孔昭绶任校长时，针对当时日本侵略中国，而袁世凯承认日本帝国主义提出的"二十一条"等时局形势，将校训改为"知耻"（见图 6-1），并进行公开演讲，实施爱

---

① 李友芝等：《中国近现代师范教育史资料》2 册，内部刊物，1983，第 144 页。
② 舒新城编《中国近代教育史资料》中册，人民教育出版社，1981，第 702～703 页。

国主义教育，激发了师生的爱国热情（见附录 8：国耻纪念日演说词），同时，又提倡学生自治，提高学生的自主能力，实施课外

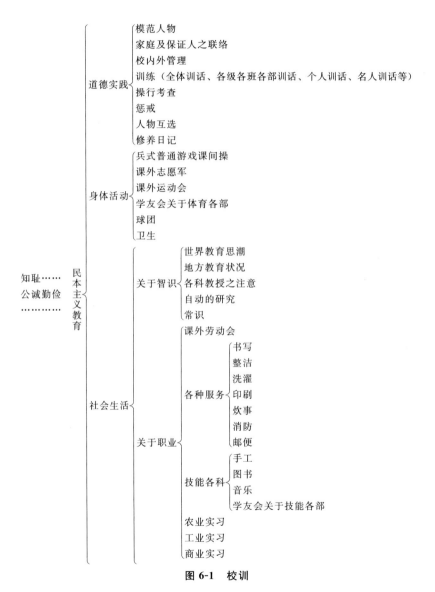

**图 6-1　校训**

资料来源：湖南省立第一师范学校：《湖南省立第一师范学校志》，内部刊物，1918，校章纪。

志愿军、童子军研究会等军国民教育。正是这一系列的措施，使湖南一师为国家培养了大量的优秀人才，实现了其"招考新班广告"所说的目标："国家之盛衰视人才，人才之消长视教育，教育之良窳视师范。师范者，教育之教育，固陶铸国民之模范，造就青年中国之渊泉也。"①

## 二 不拘一格引入人才，打造高水平师资队伍

湖南一师聘请了多位高水平的学者与管理者。1903 年至 1911 年湖南一师的管理者及教员有王先谦、俞诰庆、皮锡瑞、刘棣蔚、王达、周震鳞、颜昌峣、戴展诚、郭立山、曹典球、陈树藩（即陈炳焕）、谭延闿、马邻翼、陈嘉会、陈润霖、刘人熙、黎尚雯、贝允昕、瞿宗铎、彭镜夫、唐大圆、熊崇煦、刘宗向等人（见表6-1），他们均传统文化功底深厚，学有所长。王先谦进士出身，皮锡瑞为举人，均以传统经史研究闻名，戴展诚、郭立山、刘人熙均为进士，其他不少教师也有封建时代功名，传统文化积淀厚实，而其中尤以谭延闿影响最大。谭氏翰林出身，见识非凡且富有先进教育思想。此外，上述所列教师中还有不少留学者（主要留学日本），如俞诰庆、刘棣蔚、颜昌峣、戴展诚、马邻翼、陈嘉会、陈润霖、贝允昕、瞿宗铎、熊崇煦等人。这些人不管是学校管理者，还是某科教员，均阅历十分丰富，除了个别人如王先谦等较为保守、②俞诰庆压制学生外，其他人思想上极为活跃，积极关心与参与时事，而周震鳞、颜昌峣、陈嘉会、黎尚雯、瞿宗铎等更是加入华兴会或同盟会，赞同革命。这些教师的行为和观点对学生的影响极大，正如方克刚《湖南中路师范史略》所云："湖南自南学会后，风气日

---

① 湖南省立第一师范学校：《湖南省立第一师范学校志》，内部刊物，1918，纪第二。
② 王氏也赞同洋务运动，维新运动刚开始时，王氏也持赞同观点，只是后来越来越觉得康、梁等人走得太远，才开始反对的。

表 6-1　湖南一师早期部分教师名录（1903～1911）

| 姓名（生卒年） | 籍贯 | 任教时间（职务） | 功名身份 | 出国留学 | 专长 | 政治倾向 |
|---|---|---|---|---|---|---|
| 王先谦（1842～1917） | 湖南长沙 | 1903.2～1904.1（馆长） | 1865年进士 | | 经史 | 热心洋务，后反对康梁维新 |
| 俞诰庆（1879～1927） | 湖南长沙 | 1903（监督） | 1897年举人 | 1902年留学日本东京弘文学院速成师范科 | 教育 | 守旧，反对学生集会等爱国运动 |
| 皮锡瑞（1850～1908） | 湖南长沙 | 1903～1906（伦理学教员） | 1883年举人 | | 经史 | 言变法，1897年筹备组织南学会，戊戌变法后，被清廷革除举人身份 |
| 刘棣蔚（1880～?） | 湖南汉寿 | 1903.12～1904.2（监督） | 同监生 | 1902年自费留学日本东京弘文学院 | 蚕桑 | 赞同维新 |
| 王达（1872～1927） | 湖南长沙 | 1903.2～1910.4（教员）；1910.5～1911.2（监督） | | | 舆地 | 国弱，以西学教国学，与黄兴等同学，鼓吹革命 |
| 周震鳞（1875～1964） | 湖南宁乡 | 1903～1905（教员） | 1894年县诸生 | | 地理 | 1903年入华兴会，1905年入同盟会。后随孙中山、黄兴从事革命活动 |
| 颜昌峣（1868～1944） | 湖南涟源 | 1903～1906（历史教员）；1915（历史教员） | 廪膳生 | 1902年留学日本 | 经史 | 1904年入华兴会 |
| 戴展诚（?～1935） | 湖南常德 | 1904（监督） | 1895年进士 | 1902年自费留学日本东京弘文学院 | 教育 | 赞成维新，倡导新学 |

续表

| 姓名（生卒年） | 籍贯 | 任教时间（职务） | 功名身份 | 出国留学 | 专长 | 政治倾向 |
|---|---|---|---|---|---|---|
| 郭立山<br>（1870～1927） | 湖南湘阴 | 1904.8～1905.7<br>（监督） | 1903年进士 | | 经史 | 求学于时务学堂，参加戊戌维新，创办《政学征言报》，介绍西方先进思想 |
| 曹典球<br>（1887～1960） | 湖南长沙 | 1904～1906<br>（教员） | 北京经济<br>特科第一 | | 教育 | 湖南立宪派首脑之一 |
| 陈炳焕<br>（1860～1920） | 湖南湘阴 | 1905.2～1905.9<br>（监督） | 廪贡生 | | 教育 | 湖南立宪派首脑之一 |
| 谭延闿<br>（1880～1930） | 湖南荼陵 | 1905.9～1906.11<br>（监督） | 1904年进士 | | 教育、书法 | 湖南立宪派首脑人物。1912年加入国民党 |
| 马邻翼<br>（1865～1938） | 湖南邵阳 | 1905.9～1906.11<br>（副监督） | 1900年,1901年<br>并科举人 | 1904年留学日本东京弘文学院速成师范科 | 教育 | 留日时开始接触民主思想 |
| 陈嘉会<br>（1875～1945） | 湖南湘阴 | 1905～1906<br>（教务长） | 1894附生 | 1902年入日本东京法政大学 | 法政 | 加入华兴会、同盟会，热衷教育救国，积极参与革命活动 |
| 陈润霖<br>（1879～1946） | 湖南新化 | 1905～1911（教员） | 1898年<br>秀才 | 1901年留学日本东京弘文学院 | 教育 | 1906年创办楚怡小学,1914年创办楚怡工业学校。五四运动时期，支持学运 |
| 刘人熙<br>（1844～1919） | 湖南浏阳 | 1906.11～1908.11<br>（监督） | 1877年进士 | | 教育 | 推行民主教育，认为船山学说为教时良方，呈请成立船山学社，并成为第一任社长。 |

续表

| 姓名（生卒年） | 籍贯 | 任教时间（职务） | 功名身份 | 出国留学 | 专长 | 政治倾向 |
|---|---|---|---|---|---|---|
| 黎尚雯（1868~1918） | 湖南浏阳 | 1906~1909（教员） | 秀才 | | 教育 | 1898年协助谭嗣同，立南学会，时务学堂，参与唐才常等创立义。1906年入同盟会；1907年与李剑农成立同盟会湖南支部。 |
| 贝允昕（1865~1927） | 湖南浏阳 | 1907夏~1908冬（副监督及教务长）① | | 1904年留学日本东京法政大学 | 教育 | 振发民智 |
| 瞿宗铎（1867~1933） | 湖南湘阴 | 1908~1910（代理监督、监督） | | 日本早稻田大学攻读法学 | 教育 | 求学时务学堂、入同盟会 |
| 彭镜夫（1885~1970） | 湖南攸县 | 1908~1911（教员） | | | | |
| 唐大圆（1885~1941） | 湖南洞口 | 1909~1912（国文教员） | 1903年生员 | | 佛学 | |
| 熊崇煦（1873~1960） | 湖南南县 | 1910~1911（教育学教员） | 附生 | 日本早稻田大学师范部 | | |
| 刘宗向（1879~1951） | 湖南宁乡 | 1911（历史教员） | | | 教育学 | 喜谈洋务，主张变法应结合中国实际进行 |

注：既包含校长及其他管理者，也包含一般的教员。

资料来源：孙海林主编、湖南省第一师范学校编《湖南第一师范名人谱（1903~1949）》，内部刊物，2003，第1~21页；湖南省地方志编纂委员会编《湖南省志》第30卷《人物志》上册，湖南人民出版社，1992，第742~744页。

① 贝氏1906年9月代理监督、其身份当时为副监督。1906年10月，由刘人熙继任监督。

新，均知救国宜先图教育。当时西路如熊希龄、戴展诚，南路如曾熙，中路如谭延闿，均负一时之盛。陈树藩辞监督，乃由巡抚端方奏派谭延闿为中路师范监督，一时组织均负重望：如马麟翼（副监督）、陈嘉会（教务长）、李元植（庶务长）、黎尚雯（斋务长）、〔,〕教员如颜昌峣、石蕴山、胡景伊、言少舫、仇毅、吴继果、许奎元、美国盖保耐、日本掘井，均为明教授，而皮鹿门老师之经学，更为学子所崇敬。"[1]

　　1912年后，教师队伍更壮大，出现了一批优秀的教师，如孔昭绶、杨昌济、徐特立、袁仲谦、方维夏、张干、黎锦熙、易培基、杨树达、曾运乾、刘武、罗元鲲、王季范、罗教铎等，而其中尤以孔昭绶、杨昌济、徐特立、袁仲谦、黎锦熙、易培基等对学生影响最大。毛泽东、蔡和森等人即主要受这些教师的影响。这些教师中有不少人留学国外，如孔昭绶、杨昌济、石蕴山、吉光勋、杨树达、汤增璧、刘武等。也有不少人有封建时代的功名，如孔昭绶、杨昌济、石蕴山、吉光勋等（见表6-2）。他们的学识和见识，都大为促进了一师的教学。若仅以1918年在职的教师来看，亦能看出冰山一角。留学国外的有孔昭绶（日本政法大学）、方维夏（日本）、杨昌济（日本、英国）、陈时臬（日本东京帝国大学）、陆枍（日本东京府下体育学校）、王志群（东京题本体育会体操学校）、王元斌（日本东京高等工业学校）等，有封建功名的如姜祖望（清附生）、周震鹍（清恩贡生）、袁仲谦（清举人）、黄铭功（清拔贡生）、黄兆銮（清附生）、陈家瓒（清廪贡生）等。[2] 这些教师虽然各有所长，对待社会与时局的观点也不相同，有的甚至还

---

① 中国人民政治协商会议湖南省委会文史资料研究委员会编《湖南文史资料选辑》第20辑，湖南人民出版社，1986，第74～75页。

② 湖南省立第一师范学校：《湖南省立第一师范学校志》，内部刊物，1918，本校现任职员表。

表 6-2　湖南一师早期部分教师名录（1912～1927）

| 姓名（生卒年） | 籍贯 | 任教时间（职务） | 功名 | 出国留学 | 专长 | 政治倾向 |
|---|---|---|---|---|---|---|
| 曾沛霖（1878～1939） | 湖南洞口 | 1912.7～1913.4（校长） | | 日本东京高等师范学校 | 教育 | |
| 孔昭绶（1876～1929） | 湖南浏阳 | 1912.8～1913.8（校长）①　1916.1～1918.8（校长） | 秀才 | 日本（东京）法政大学 | 教育 | 推行民主教育，国民党少将参议 |
| 朱剑凡（1883～1932） | 湖南宁乡 | 1913（校长） | | 1902年入日本东京弘文学院 | 教育 | 教育救国 |
| 杨昌济（1871～1920） | 湖南长沙 | 1913.1～1918.6（修身与教育学教员） | 1889年中秀才 | 1903年入日本东京弘文学院，后入东京高等师范学校，1909年入英国勒伯定大学 | 教育 | 参加南学会，拥护康梁变法 |
| 袁仲谦（1868～1932） | 湖南保靖 | 1913.1～1919.8（国文教员） | 丁酉科举人 | | 国文 | |
| 徐特立（1877～1968） | 湖南长沙 | 1913.1～1919.6（教育学，教育法教员） | | 1910赴日本考察小学教育 | 教育 | 支持辛亥革命，以教育救国为职志，后转为革命教育 |
| 黎锦熙（1890～1978） | 湖南湘潭 | 1913春～1915秋（历史教员） | 秀才 | | 语言 | |

① 任教时间一说为 1913 年 4 月至 1914 年 1 月，见《湖南第一师范校史》编写组编《湖南第一师范校史（1903～1949）》，上海教育出版社，1983，第 249 页。

续表

| 姓名（生卒年） | 籍贯 | 任教时间（职务） | 功名 | 出国留学 | 专长 | 政治倾向 |
|---|---|---|---|---|---|---|
| 王立庵<br>（1867～?） | 湖南浏阳 | 1913.8～1920.7<br>（数学教员） | | | 数学 | 积极支持中共地下党活动，掩护、赞助革命师生 |
| 王季范<br>（1885～1972） | 湖南湘乡 | 1913～1916<br>（学监兼数学教员） | | | 数学、教育 | |
| 石蕴山<br>（1872～1948） | 湖南邵阳 | 1914.2～1916.8<br>（国文教员） | 拔贡 | 1903年入日本（东京）法政大学 | 教育 | 1905年入同盟会，组织湘学会，数收革命、策动学生反清。1915年作文反袁世凯 |
| 吉光蔚<br>（1877～1927） | 湖南安化 | 1914（化学教员） | 1901年补博士弟子员 | 1904年入日本早稻田大学 | 化学 | 在日期间，入同盟会 |
| 杨树达<br>（1885～1956） | 湖南长沙 | 1914～1915<br>（国文教员） | | 1905年留学日本 | 经史、语言 | 1919年成立健学会 |
| 汤增璧<br>（1881～1948） | 江西萍乡 | 1914.2～1915.1<br>（国文教员） | | 留学日本 | 历史 | 入同盟会，《民报》副主编 |
| 刘武<br>（1883～1957） | 湖南新邵 | 1915～1920（历史教员） | | 1905年留学日本 | 历史 | 入同盟会 |
| 易培基<br>（1880～1337） | 湖南长沙 | 1915秋～1920夏（国文教员）；<br>1920秋～1923冬（校长） | | 留学日本 | 教育 | 入同盟会，参加辛亥革命，参与驱张运动 |
| 姚孟宗<br>（1877～1933） | 湖南邵阳 | 1915～1923<br>（理化、教育、心理教员） | 清末师范科举人 | | 理化、教育 | 教育救国，提倡妇女解放 |

续表

| 姓名（生卒年） | 籍贯 | 任教时间（职务） | 功名 | 出国留学 | 专长 | 政治倾向 |
|---|---|---|---|---|---|---|
| 曾运乾（1884~1945） | 湖南桃江 | 1917 秋~1920 夏（国文教员） | 县学生员 | | 音韵学 | |
| 熊瑾玎（1886~1973） | 湖南长沙 | 1920 夏~1923 冬（庶务主任、秘书） | | | 会计 | 入新民学会，后加入中国共产党 |
| 舒新城（1893~1960） | 湖南溆浦 | 1920.8~1921.6 | | | 教育 | |
| 欧阳刚中（1886~1979） | 湖南武冈 | 1920~1922（化学教员） | | 1913 年入日本东京高等师范学校 | 化学 | 留日时，撰文阐明我国国名"中华"的意义，抨击日本侵华势力 |
| 陈启天（1893~1984） | 湖北黄陂 | 1920 秋~1921 夏（国文教员） | | | 教育 | 国家主义教育 |
| 余家菊（1898~1976） | 湖北黄陂 | 1920 秋~1921 夏（教员） | | 1922 年留学伦敦大学、爱丁堡大学 | 教育 | 国家主义教育 |
| 辛树帜（1894~1977） | 湖南临澧 | 1920 夏~1924 夏（生物教员） | | 1924 年后留学英国伦敦大学、德国柏林大学 | 生物 | 科学教育救国 |
| 匡互生（1891~1933） | 湖南邵东 | 1920.8~1921.8（教务长） | | | | 组织少年中国会，教育救国，1919 年后主张暴力行动 |
| 田汉（1898~1968） | 湖南长沙 | 1921 秋~1922 夏（国文教员） | | 1916 年入日本东京高等师范 | 音乐 | 五四运动期间，积极参与革命文艺活动 |

续表

| 姓名（生卒年） | 籍贯 | 任教时间（职务） | 功名 | 出国留学 | 专长 | 政治倾向 |
|---|---|---|---|---|---|---|
| 李六如<br>(1887~1973) | 湖南平江 | 1921~1923<br>（国文教员） | | 1912年入日本东京明治大学 | 政治经济 | 1908年入同盟会，1911年参加辛亥革命。1918年后变卖家产，实业救国，后又兴办学校，教育救国 |
| 孙俍工<br>(1894~1962) | 湖南邵阳 | 1921春~1924冬<br>（国文教员） | | 1924年,1931年两次留学日本 | 翻译 | 参与火烧赵家楼 |
| 王凤喈<br>(1896~1965) | 湖南湘潭 | 1922~1925<br>（教育学教员） | | | 教育 | 1919年入国民党 |
| 李达<br>(1890~1966) | 湖南零陵 | 1923.9~1926.9<br>（教员） | | 1913年入日本东京第一高等学校,1917年入苏俄 | 马克思主义哲学 | 中共一大代表 |
| 王鲁彦<br>(1901~1944) | 浙江镇海 | 20世纪20年代前期<br>（国文教员） | | | 文学 | 具有五四爱国精神 |
| 杨秩儔<br>(1894~1969) | 湖南宁乡 | 大革命时期<br>（教员） | | | 教育、编辑 | 参加五四运动游行，拆毁曹汝霖床铺 |
| 李肖聃<br>(1881~1953) | 湖南望城 | 大革命时期<br>（国文教员） | 1898年县学生员 | 1904年留学日本 | 文学 | 强烈的爱国爱民思想和反帝反封建的革命热情 |
| 彭一湖<br>(1887~1958) | 湖南岳阳 | 1924.8~1926.1（校长） | | 1912年留学日本，入早稻田大学 | 政治经济学 | 入同盟会 |

资料来源：孙海林主编，湖南省第一师范学校编《湖南省第一师范名人谱》，湖南人民出版社，1983，第58～137页；桂堂：《朱剑凡》，载宁乡人民革命史编写组《宁乡革命史（1903～1949）》，内部刊物，2003，第294页。

在人生后期趋于保守与反社会潮流，但他们在培育人才等方面做出了巨大的贡献。湖南一师在 20 世纪 20 年代易培基（校长）、匡互生（教务长）主校的时候，聘请李维汉、李达、陈昌、田汉、周谷城、夏丏尊、舒新城、辛树帜、陈奎生、赵景琛，并破格推举毛泽东任师范部国文教员，打造了一支德才兼备且年轻有为的教师队伍。湖南一师在 20 世纪 20 年代被誉为"一所新型的学校""湖南教育战线的一面旗帜"，是与打造优秀教师团队分不开的。

### 三 积极完善硬件设施，软件与硬件并行

湖南一师在更新并完善教育理念、加强师资队伍建设的同时，也积极完善学校各种教学硬件设施的建设。1905 年至 1906 年谭延闿主校期间，兴修了礼堂及南楼，扩大了学校的办学规模，改善了学校的硬件设施。1910 年长沙发生饥民抢米暴动，在愤怒的饥民烧毁巡抚衙门的时候，湖南一师也被烧成灰烬。校长王达等筹备学校恢复事宜，1912 年 5 月校舍复建完成。完工后的校舍有西式办公楼一栋（两层）、教学楼两栋、自修楼一栋、寝室一栋、食堂一栋。1913 年，新修寝室一栋。1914 年，新建礼堂，新修君子亭。1918 年，湖南一师教学设施可供培训 600 名学生，这些教学设施主要有事务室、教室、普通教室、特别教室、操场、自习室、图书室、器械标本室、阅报室、成绩室、电话室、应接室、食堂、饮茶室、寝室、箱笼室、盥室、理发室、调养室、厕所等。

湖南一师的图书在 1910 年长沙饥民暴动时被烧成灰烬后，到 1918 年又有了一定的规模，共有经史子集、宗教、哲学、教育、文学、语（言）学、历史、地理、政治、刑法、经济、社会、统计、数学、理学、医学、商业、工业、农业、兵事、美术、乐歌、丛书、杂志、高小、国民 29 类，1043 部，9462 册。器械标本室有物理、化学、博物、地理、数学 5 门 22 类器械标本模型 1765 组

件。正如一师学子所说，一师的图书馆"对五四运动以后的新书刊，包括各地方的进步报纸，也不遗余力地加以搜集"，[①]"借书不限日期，也不限数量"，丰富的藏书及报刊大力帮助学生了解新文化运动、五四运动中的各种思潮，而且"对老师的教学工作，都提供了极大的方便"。[②]

此外，湖南一师还于1917年将校园区域开辟出农场实习场所，主要有"农场""学级园""公共苗圃"。"农场"为学校前面的旧操场，又划分为果树、作物、葡萄架等六个区；"学级园"为校内坪苑及后山禁蛙池坎下坎上，又划分为花卉、果树、蔬菜、谷菽等十一个区；公共苗圃为禁蛙池坎下所划出的土壤二畦。这些为学生的实习与劳动锻炼提供了教学实践场所。

同时，湖南一师也建立了附属小学。1909年之前，湖南一师前身湖南全省师范学堂、湖南中路师范学堂就有附属小学堂。1912年9月，南京临时政府教育部公布《师范教育令》，提出"师范学校以造就小学校教员为目的"，同时又指出"师范学校应设附属小学校，高等师范学校应设附属小学校、中学校"。[③]1913年9月，湖南一师在新校舍内组建了附属小学高级部（修业三年），将接收的湖南省立第七初等小学校组建为湖南一师附属小学初级部（修业四年）。学校规模共七班300人左右。附属小学的组建，为湖南一师学子的教学实践提供了很好的场所，促进了学生教学能力的提高，培养了朱炎（1904～1905年就读于湖南全省师范学堂及湖南中路师范学堂附属小学堂）、陶峙岳（1904～1907年就读于湖南全

① 程星龄：《五四运动后湖南第一师范的教育改革》，载中国人民政治协商会议湖南省委员会文史资料研究委员会编《湖南文史资料选辑》第11辑，湖南人民出版社，1979，第50页。
② 《湖南第一师范校史》编写组编《湖南第一师范校史（1903～1949）》，上海教育出版社，1983，第155页。
③ 舒新城编《中国近代教育史资料》中册，人民教育出版社，1981，第700～702页。

省师范学堂及湖南中路师范学堂附属小学堂)、毛泽民（附小成年失学补习班）、毛泽覃（附属小学高小 14 班）、白天（1920～1921年就读）、许志行（1920～1922 就读于附小成年失学补习班）等军事家、革命烈士。

## 第二节　对当前教师施教与学生求学的价值与启示

教师如何教，教什么，学生如何学，学什么，历来都是教育热点和难点。教师关爱学生，采用良好的教育方法，学生积极主动学习，就会教学相长、相得益彰，学生最终就会成为社会栋梁。而早期的湖南一师，就存在这样一群教师与学生，教师关爱学生、因材施教，学生自主自动、胸怀天下，正因这样优秀的教学态度与学习态度，最终湖南一师培育出了改造中国的人才。虽然迄今已时历百年，但这些仍然对当前的教师施教与学生学习有重要的借鉴作用。

### 一　对当代教师的价值及启示

早期湖南一师的教师，学问渊博，具备扎实的传统文化功底，许多人又经历了戊戌维新运动、辛亥革命、新文化运动、五四运动、中国共产党成立、国共合作、北伐战争。在那个特殊的年代，他们或居桑梓，为国育才；或出国留学，探求真理。他们阅历丰富，见识卓绝，心忧天下，既严格自修，又积极引导学生将个人前途与国家命运联系起来。这些宝贵的遗产，对当前有重要的价值。总结起来，可以归为以下几点。

一是学高为师，身正为范。湖南一师的教师学识高，见识广，经历了多种政治运动，见识了急剧变化的国内外环境，他们传统文化功底扎实，一些人因学习优异而获得封建时代的功名（如进士、举人等），一些人出国留学，有的甚至在中年还出国学习考察，如徐特立在 42 岁还入法国马赛勤工俭学，46 岁赴德国考察教育，47岁赴比利时考察教育，体现出了学不知倦的精神境界。他们在任教时，严格要求自己。杨昌济注重自身修养，以"贵我"为第一要义，强调意志的磨炼，"对于己身，则能抑制情欲之横恣；对于社会，则能抵抗权势之压迫"，① 对毛泽东、蔡和森等人影响极大。徐特立任长沙师范校长，又任教于一师，两校相隔十里路左右，他每次都是步行，按时上课，阴雨天也不例外，极大地影响了师生。刘元定生活简朴，每次都是徒步出行，在省城教书 20 余年，从未乘坐人力车。正是这些学高为师、身正为范的教师，极大地影响了一批又一批的湖南一师学子。

二是家国情怀，积极探求救国真理。如 1903 年至 1910 年任地理教员、1910 年至 1911 年任湖南一师监督的王达，早年攻读传统经史，后来因国家屡弱，便放弃科举，转而攻读西学，以冀在西学中找到救国真理。又如匡互生，在求学年代就组织少年中国会，试图通过教育来改革社会，后来又成立同言社，宣传爱国思想，五四运动中，他走在游行队伍的最前列，火烧曹汝霖被褥。匡氏回湖南后，又积极开展湖南反日爱国运动及驱张运动。再如 1921 年至 1923 年任教于一师的国文教员李六如，早年加入同盟会，后来又参加辛亥革命，1912 年留学日本，学成回国，看到国家屡弱，他变卖家产创办救贫工厂，尝试实业救国。实业救国遭受挫折后，他又兴办平民学校，招收工农子弟入学，尝试教育救国。他们这种胸怀家国、舍身忘我的高尚情操，至今仍然值得我们学习。

三是关爱学生，因材施教。湖南一师许多教师极为关爱学生。如 1903 年入学的周鲠生因参与学潮被学校开除，但学校督学（校

---

① 王兴国编《杨昌济文集》，湖南教育出版社，1983，第 69 页。

长）谭延闿非常关心他，觉得他是可造之才，指引周氏东渡日本留学，[①] 周氏后来成为著名法学家。又如 1915 年湖南一师学子反对湖南当局增收师范生 10 元学杂费而发起驱逐校长张干的学潮，校方要开除毛泽东等人，后经方维夏、杨昌济、徐特立等人努力，毛泽东才免于被开除。再如 20 世纪二三十年代任教一师的刘元定，视学生为子弟，特别关注家境贫寒的学生，为无力上交学费的学生作担保，学生如生病，则请医生为学生治疗。此外，教师们还极好地做到了因材施教。毛泽东在一师求学时不喜欢数学，但对每门社会科学课程制订了详细的学习计划，且学习极为刻苦。时任数学教师王立庵并没因毛泽东不喜欢数学就疏远他，更没有向校长告状，反而对毛泽东不加干涉，甚至 1915 年暑假毛泽东在学校自修时，王氏还将自己家中的一间房腾出以供其学习居住。[②] 而孔昭绶任校长时，更是提出预科生在打好国文、历史、地理、算术等基本功底后，本科应实行分科教育。"师范学科多至二十余类，或偏于知识，或偏于技能，一人之精力有限，而欲求其兼收并蓄，细大不捐，亦戛戛乎难能之事矣。故不如用分科制，因材施教，使各依类进取，或于预科后即以文理分科，或以普通与职业分科，或于二、三年级依农工商之性质而分科，或减少授课时间，依个人之志愿与特长，专听其自习而分科研究。如是，则分道扬镳，并行不悖，较之多方涉猎反一无所成者，不啻有天渊之隔。"[③] 在当时师范推行全科型培养模式的背景下，孔氏提倡分科制与因材施教，尊重个人志愿与特长，是值得学习的。

① 周如松：《周鲠生先生传略》，载于北京图书馆《文献》丛刊编辑部、吉林省图书馆学会会刊编辑部编《中国当代社会科学家》第 5 辑，书目文献出版社，1983，第 153~154 页。
② 孙海林主编，湖南省第一师范学校编《湖南第一师范名人谱（1903~1949）》，内部刊物，2003，第 59 页。
③ 《湖南第一师范校史》编写组编《湖南第一师范校史（1903~1949）》，上海教育出版社，1983，第 77 页。

　　四是积极改革教学方法与教学内容。湖南一师的教师积极探索良好的教学方法。旧式教育常常采用灌输注入式教学，而湖南一师的教师抛弃这种陈旧的教学方法，采用启发式教学与讨论式教学，加强对学生在课堂和课后的启发和引导，而不仅仅是知识的灌输。而且，在工人夜学中也常常采用这种教学方法，可见这些新教育方法的余波所及之广。1922 年，湖南一师的部分学科还尝试采用"道尔顿制"，教师们对学生进行有针对性的辅导，以使学生集中精力于自学与培养学习能力之上。同时，又废除倡导封建道德教条的"修身"课程，采用《新青年》上的新内容来教育学生，[①] 极大地革新了教学内容。此外，学校又广邀海内外知名学者如章太炎、章士钊以及美国杜威、英国罗素等人来讲学，以作为学生课内外学习的有益补充。教师们又积极废除旧式教材，编写符合当时实际情况的讲义与新教材，如徐特立著有《小学各科教授法》《初等小学国文教授法》《教育学》，其中《小学各科教授法》是我国近现代教育史上第一部教学论专著。同时，学校还将国文课改革为用白话文教学。

　　五是教育情怀。如 1905 年至 1906 年任副监督的马邻翼，1906 年在邵阳创办偕进小学，以提高回民教育，为了办教育，他捐献三分之二田产作为基金。[②] 又如 1910 年至 1911 年任监督的王达，在 20 世纪 20 年代接任湖南孤儿院院长，他以孤儿院为家，将自家的财产作为办学经费，他的两个儿子年幼失母，并无特殊待遇，跟其他孤儿一样，在孤儿院住宿上课。[③] 再如 1913 年短暂兼任校长的

---

① 程星龄：《五四运动后湖南第一师范的教育改革》，载中国人民政治协商会议湖南省委员会文史资料研究委员会编《湖南文史资料选辑》第 11 辑，湖南人民出版社，1979，第 48 页。

② 孙海林主编，湖南省第一师范学校编《湖南第一师范名人谱（1903～1949）》，内部刊物，2003，第 1 页。

③ 孙海林主编，湖南省第一师范学校编《湖南第一师范名人谱（1903～1949）》，内部刊物，2003，第 2～3 页。

朱剑凡，变卖全部家产扩建校舍，办理周南女校。正是这一群极富教育情怀的教师，培育出了一批极具教育情怀的一师学子。

## 二 对当代学生的价值及启示

湖南一师早期教育的成功，特别是早期一师学子们的优良品质及其学习态度、学习方法、学识涵养、实践能力等方面，均对当代学生树立正确的人生观与价值观、提高实践能力与认知能力等有重要价值及启示，其可归结如下。

一是志存高远，胸怀天下。湖南一师的学子们身处列强入侵、国势屡弱的特殊年代，他们关心国家大事，热心社会活动，在年轻时代就树立了远大的理想。为了改变国家现状，他们积极努力，或以兴办教育来拯救中国，或以暴力革命来改造中国，自觉地将个人前途与国家命运相结合，毛泽东、蔡和森、周鲠生等人是这方面的优秀代表。当前我国正处于实现中华民族伟大复兴的关键时期，不论是科学技术、人文学科，还是经济、政治等方面，都在高速发展，我们的学子要学习先辈们的拼搏精神，年轻时树立正确的人生观与价值观，自觉地将个人发展与国家发展相联系，为我国的繁荣发展贡献自己的力量。

二是积极主动的学习态度。湖南一师早期时提出学生要"自动"，要求"各科教授应提倡自动主义"，"务使学生锐意研究，养成自动之能力"，[1] 这实际上就是提倡学生在学习上要主动学习，在课外要利用一切形式围绕课内教学内容进行自学，从而最终促使学生养成自学能力和自我钻研的精神。从湖南一师早期学子们的表现来看，他们达到了学校的要求。当前，存在部分学生消极怠学、学业难于提高等现象，湖南一师早期教育的一些做法很有借鉴价值。

三是正确的学习方法，良性的师生互动。湖南一师早期师生具

---

① 舒新城编《中国近代教育史资料》中册，人民教育出版社，1981，第 702～703 页。

有良好的学习方法。例如，徐特立不动笔墨不读书；杨昌济读书时反复细读，抄其大要，不在求速求多；毛泽东读《韩昌黎全集》时独立思考，既有浓圈密点加以肯定，又有划杠打叉加以批判。这些均对当前的学生学习有重要借鉴意义。此外，湖南一师在师生互动方面也可圈可点。毛泽东、蔡和森、张昆弟等人常去杨昌济家中请益，学生收获甚多。易培基主校时，湖南一师训育课采用导师制，学生可自由选择导师，实施后，绝大多数教师住宿学校，不论是普通教师，还是学校名师，师生之间均接触频繁，或晚餐后沿铁路两旁散步，三五成群，谈笑风生，或夜晚聚集于教师房内，自由谈论。[①] 这些对当前构建健康的师生关系均有较好的借鉴价值。

四是知行合一，优良的实践能力。湖南一师早期极为重视实践，不仅设置了教育实践，还有农业实践、商业实践、工业实践，这些均与课内教育相关。1917 年左右更是强调学生要进行假期修学旅行，以增强实践能力。而一师学子毛泽东先后与萧子升、蔡和森进行了有名的修学旅行，广为大众所知。湖南一师的这些实践活动极大地提高了学生的实践能力，扩充了学生的知识面，也极大地磨炼了人的意志力。而这一切，均对当前学校的实践教学、培养学生实践能力有较好的借鉴价值。

除此之外，还有学友会各学科研究会的自由开展活动，湖南一师的早期劳动教育，师生共同参与的工人夜学等，均是教育中的宝贵经验，对我们当前的学术研究、社团开展、劳动教育、社会服务等方面有重要的参考价值。学生理想远大、自主自动、刻苦奋发，教师富含情怀，不断改进教学方法，师生互动良好，一个强大的民族将屹立于世界。

---

① 舒新城：《我和教育——三十五年教育生活史（1893～1928）》，广东人民出版社，2016，第 119 页。

附 录

# 附录1 湖南全省教育一览表

## 民国五年度 (1916)

师范学校当知全省教育状况，故并列之

专门学校

| 类别 | 性质 | 校数 | 现有学生 | | 历年毕业人数 | 经费数 | 备考 |
|---|---|---|---|---|---|---|---|
| | | | 班数 | 人数 | | | |
| 高等师范 | 省立 | 一 | 六 | 二一一 | 五四八 | | |
| 政法 | 省立 | 一 | 五 | 二五一 | 一九○九 | 一六七四二 | |
| | 私立 | 二 | 六 | 三八二 | 七九五 | | 经费未详 |
| 工业 | 省立 | 一 | 一二 | 三四四 | 三二 | 一○六○八一 | 前清卒业五班，人数未详 |
| 商业 | 省立 | 一 | 一 | 五○ | 无 | 二七六四八 | |
| 合计 | | 六 | 三○ | 一二三九① | 三二八八 | | |

① 此处计算疑有误，应为1238人。

**续表**

中学、师范及师范讲习所

| 类别 | 性质 | 校数 | 现有学生 | | 历年毕业人数 | 经费数 | 备考 |
| --- | --- | --- | --- | --- | --- | --- | --- |
| | | | 班数 | 人数 | | | |
| 中学 | 省立 | 三 | 一九 | 三六五 | 二二六 | 六七七八七 | 第二三中学新设，人数未详 |
| | 县立 | 二九 | 一〇一 | 五一五四 | 四七二二 | 经费未详 | 经费未详 |
| | 私立 | 一六 | 五八 | 二二八五 | 一一九四 | 经费未详 | 内有教会立中学四校 |
| 师范 | 省立 | 六 | 三七 | 一七五六 | 二二六三 | 二一五四四五 | |
| | 县立 | 七 | 一五 | 四五一 | 五三七 | 经费未详 | 以上均为女师范 |
| | 私立 | 四 | 六 | 一一五 | 一七五 | 经费未详 | 内有四校班数人数未详 |
| 师范讲习所 | 县立 | 一三 | 九 | 四一五 | 一二 | 经费未详 | |
| 合计 | | 七八 | 二五三① | 一〇五四一 | 九二三三 | | |

甲乙种实业学校及职业学校

| 类别 | 性质 | 校数 | 现有学生 | | 历年毕业人数 | 经费数 | 备考 |
| --- | --- | --- | --- | --- | --- | --- | --- |
| | | | 班数 | 人数 | | | |
| 甲种工业 | 省立 | 三 | 一七 | 三三三 | 二七 | 一六二七五八 | 第二三工业新设，人数未详 |
| | 私立 | 一 | 三 | 八七 | 六八 | 未详 | 新设第二校学生未详 |
| 甲种农业 | 省立 | 二 | 七 | 一三九 | 三九 | 五五二五八 | |
| | 私立 | 二 | 四 | 一三三 | 一一四 | 未详 | |
| 甲种商业 | 省立 | 一 | 四 | 一五一 | 五二 | 未详 | |
| | 私立 | 一 | 未详 | 三一〇 | 未详 | 未详 | 附设商业专校内 |

① 此处班数合计应为 245 个。

续表

甲乙种实业学校及职业学校

| 类别 | 性质 | 校数 | 现有学生 | | 历年毕业人数 | 经费数 | 备考 |
|---|---|---|---|---|---|---|---|
| | | | 班数 | 人数 | | | |
| 乙种工业 | 省立 | 一 | 四 | 一二 | 三七 | 一三〇五三 | 附设甲种工校内 |
| | 县立 | 一 | 二 | 四〇 | 未详 | 未详 | 卒业一班,人数未详 |
| | 私立 | 二 | 二 | 五三 | 无 | 同右① | |
| 乙种农业 | 县立 | 三 | 四 | 八九 | 无 | 同右 | |
| | 私立 | 一 | 三 | 七八 | 无 | 同右 | |
| | 县立 | 二 | 五 | 一六三 | 四五 | 同右 | |
| 乙种商业 | 私立 | 一 | 一 | 三四 | 无 | 同右 | |
| | 省立 | 一 | 六 | 七八 | 七〇 | 同右 | |
| 职业学校 | 县立 | 一一 | 二二 | 四一一 | 九九 | 同右 | |
| | 私立 | 一二 | 四一 | 九四九 | 九四四 | 同右 | 以上均系女子职业学校 |
| 合计 | | 四五 | | 三一三三② | | | |

① 校志中表格原为竖排，现编为横排，"同右"应当理解为"同上"。下同。

② 此处人数合计应为 3142 人。

续表

高等小学校

| 类别 | 性质 | 校数 | 现有学生 | | 历年毕业人数 | 经费数 | 备考 |
|---|---|---|---|---|---|---|---|
| | | | 班数 | 人数 | | | |
| 高等小学 | 县立 | 三一九 | 六一七 | 一八二一五 | 未详 | 未详 | 县立女子高小占十六校,计卅班,共学生五六八人 |
| | 私立 | 九三 | 一四六 | 三○七八 | 未详 | 未详 | |
| 合计 | | 四一二 | 七六三 | 三一一二九三① | 三五九七 | | 内女生占二百四十二人 |

各县国民学校

| 县名 | 校数 | 在校学生总数 | 毕业生数 | 经费数 | 备考 |
|---|---|---|---|---|---|
| 长沙 | 六九七 | 一八一七五 | 二八四一 | 一七六九七八 | |
| 湘潭 | 一八二 | 七五六八 | 八七五 | 一六六九三 | |
| 浏阳 | 五二八 | 一五九○八 | 一○○六 | 三二○八八 | |
| 湘乡 | 二四○七 | 七○三四 | 六三○ | 三三八○五 | |
| 湘阴 | 八六 | 三二六九 | 未详 | 八四七○五 | |
| 益阳 | 八一 | 三二二○ | 四四四 | 一六二○三 | |
| 醴陵 | 一一三 | 一二一四 | 三四八 | 一六六三九 | |
| 宁乡 | 六四 | 一八○一 | 三六三 | 一一四二○ | |
| 收县 | 三七 | 一三九六 | 九 | 八六三四四 | |
| 安化 | 四九 | 一五六○ | 未详 | 七七八七 | |

① 此处学生人数合计应为 21293 人。

续表

各县国民学校

| 县名 | 校数 | 在校学生总数 | 毕业生数 | 经费数 | 备考 |
|---|---|---|---|---|---|
| 茶陵 | 六五 | 一三九六 | 一三二 | 一〇四九六 | |
| 宝庆 | 六一 | 一五五八 | 一七二 | 四五〇七 | |
| 新化 | 三七 | 一五二三 | | 六四〇七七 | |
| 武冈 | 三一 | 一〇七一 | 二〇五 | 七八一一 | |
| 新宁 | 一七 | 五七一 | | 二八六三 | |
| 城步 | 一五 | 三三〇 | | 一四二四 | |
| 衡阳 | 八八 | 三二九七 | 五四五 | 二四七七七 | |
| 常宁 | 一〇 | 三四九八 | | 三八四四五 | |
| 耒阳 | 四〇 | 一三五〇 | 六七 | 七六九五 | |
| 安仁 | 五 | 一三〇 | | 一八七〇 | |
| 酃县 | 三五 | 一〇七三 | 八六 | 六四一九 | |
| 零陵 | 四〇 | 一〇四八 | 一八一 | 五六五五六 | |
| 祁阳 | 七二 | 九四一 | 二一 | 一九一九 | |
| 宁远 | 三四 | 八三七 | 三三五 | 五四九六八 | |
| 新田 | 六八 | 一二八四 | | 八八七二 | |
| 东安县 | 四一 | 九二二 | | 二六六三 | |
| 道县 | 一六 | 三五一 | | 一〇四〇 | |
| 永明 | 三〇 | 七二〇 | 二四 | 一一五七 | |
| 江华 | 三九 | 三五一〇 | 一三六 | 一七六三八 | |
| 郴县 | 三四 | 一四〇五 | | 五八六三 | |

续表

各县国民学校

| 县名 | 校数 | 在校学生总数 | 毕业生数 | 经费数 | 备考 |
| --- | --- | --- | --- | --- | --- |
| 永兴 | 二〇 | 五六七 | 二四 | 一一〇〇 | |
| 宜章 | 四七 | 九七五 | | 三一二九 | |
| 资兴 | 一三八 | 四四二一 | 七六九 | 二六一八一 | |
| 桂东 | 八七 | 二三二五 | | 八七五一 | |
| 汝城 | 五六 | 一六五〇 | 二四一 | 四〇九九九 | |
| 桂阳 | 二九 | 一〇一三 | 一八 | 五五三八 | |
| 临武 | 六四 | 一三六七 | 九九 | 八五〇七 | |
| 蓝山 | 四六 | 一五〇九 | 一九九 | 一四四六 | |
| 嘉禾 | 一二 | 四三八 | | | |
| 常德 | 四九 | 一七一五 | 七七 | 八八七五 | |
| 桃源 | 二〇四 | 六三一一 | | 一八八五七 | |
| 汉寿 | 三九 | 三五一〇 | 八 | 七七一四 | |
| 沅江 | 八八 | 二六九 | 二一七 | 一〇四〇五 | |
| 岳阳 | 四八 | 一七五九 | 五九六 | 一〇三一八 | |
| 平江 | 四九七 | 二六九七 | 三四 | 三四〇七九 | |
| 华容 | 七六 | 二二九八 | 八二 | 八九〇二 | |
| 临湘 | 三五 | 九六八 | 三一 | 三九八七 | |
| 澧县 | 七〇 | 二九〇八 | | 二五五〇四 | |
| 石门 | 三三 | 八九四 | | 四六〇八 | |
| 慈利 | 四四 | 一五七八 | | 四七九三 | |

续表

各县国民学校

| 县名 | 校数 | 在校学生总数 | 毕业生数 | 经费数 | 备考 |
|---|---|---|---|---|---|
| 安乡 | 四六 | 一四四四 | 一二 | 三一八六〇 | |
| 临澧 | 三七 | 一二二三 | | 五八〇四 | |
| 南县 | 二八 | 一三一〇 | 一三 | 九七三〇 | |
| 大庸 | 二二 | 一一一二 | | 四八 | |
| 沅陵 | 七〇 | 二〇五三 | 四〇 | 三三四四 | |
| 芷江 | 八八 | 三二五八 | | 六五二八 | |
| 永顺 | 七 | 二五七 | 二四〇 | 二一〇〇 | |
| 靖县 | 二二 | 七五 | 二五 | 二一四〇 | |
| 辰溪 | 二〇 | 八一七 | 一五 | 五三二七 | |
| 溆浦 | 一九 | 八一五 | | 四一一四 | |
| 黔阳 | 二〇 | 五四〇六 | 四六 | 七六三五 | |
| 麻阳 | 二二 | 六五一 | 一四 | 一五二一 | |
| 保靖 | 一一 | 一四一一 | 二七 | 一七八八 | |
| 龙山 | 一八 | 六七一三 | 三一六 | 三一六〇 | |
| 绥宁 | 一一 | 二七九 | 一六 | 八三六 | |
| 会同 | 三九 | 一七〇 | | 一三四二 | |
| 乾城 | 一七 | 一〇九 | | 二九七四 | |
| 凤凰 | 五〇 | 一五〇六 | | 一一〇七 | |
| 永绥 | 三一 | 刘六一① | 一一 | 一二五八 | |

① 应为"六六一"。

267

续表

各县国民学校

| 县名 | 校数 | 在校学生总数 | 毕业生数 | 经费数 | 备考 |
|---|---|---|---|---|---|
| 晃县 | 二二 | 六三八 | 二一〇 | 一一七〇 | |
| 泸溪 | 二〇 | 五三〇 | | 一三三五 | |
| 桑植 | 一〇三 | 二八五七 | 一二 | 三一四六 | |
| 古丈 | 四一 | 一四一一 | 一 | 二六八二 | |
| 通道 | 三 | 九二 | 二九 | 一九五 | |
| 合计① | 五七〇五 | 一七一三八九 | 一三三五五 | 一〇六四一〇 | |

国民学校约计百校以上者十县，五十校以上者十九县，未满五十校者四十七县，未满十校者四县

省立各师范附属学校

| 类别 | 性质 | 校数 | 现有学生 | | 历年毕业人数 | 经费数 | 备考 |
|---|---|---|---|---|---|---|---|
| | | | 班数 | 人数 | | | |
| 中学 | 师范附属 | 一 | 二 | 一〇二 | 五五 | | 经费未详 |
| 高等小学 | 同右 | 七 | 一五 | 五六九 | 六七七 | | 第二第三女子师范附属小学人数均未详 |
| 国民学校 | 同右 | 七 | 二一 | 一〇五六 | 三三八 | | 高等师范附属小学经费人数未详 |
| 幼稚园及蒙养院 | 同右 | 二 | | | | 四三二〇〇 | |
| 合计 | | | | | | | |

资料来源：湖南省立第一师范学校：《湖南省立第一师范学校志》，内部刊物，1918，表第三。

① 合计校数应为5634个。合计经费数应为1106413元。

# 附录2  补纪法国招致华工事

去年（1916年）春间，法政府有招致华工之计划。先由陆军部派人赴北京办理，与交通部商议，在北京设一招工局，先招五千人，其所订合同，大略工价则小工每日一佛郎，瓦工一佛郎半，铁工二佛郎半，川费及食宿在外，订约五年，如未满五年而停工，则罚缴川费六百佛郎。而北京招工局，每招一人，约领酬金一百佛郎。其时在巴黎之招工局，又与留法俭学会书记李石曾君商议，拟由俭学会招致。李君提出要求条件。（一）工价与法人平等。（二）所招之工，须选其有知识而无恶习者。（三）招工之人，不经手川费与工价。（四）须设工人教育。其后即照此大纲订立合同，由李广安君亲诣云南广西等省招致。所招工人，皆托各省劝学所职员及小学校教员，于各乡村募集之，八九两月，华工到法者约五千人，在马赛登岸，分赴各处。

法国招致华工之方法有二：一间接之招工，即由天津惠民公司包办（即在北京办理者）；一直接之招工，由法国招工局为之，而托留法俭学会代招。此二方法，大有不同。惠民公司之合同，其条件与法国工人迥殊，而法国招工局之合同，其条件与法国工人无异。惠民公司所招之工人，交付工价与饮食起居，悉由公司支配，俭学会代招之工人，一切经济问题，皆由工人与厂家直接接洽。惠民公司之包办，为商务之经营，俭学会之代招，为义务之性质。

以上两种方法，现在皆系试办时代，各以五千人为限。以后须扩充至五万人。将来实用何种方法，抑两法并用，现尚未知也。

（《补纪法国招致华工事》，

《东方杂志》第14卷第2号，1917年2月）

# 附录3 北京留法俭学会简章

**留法俭学会预备学校**

**说明**

欲知本校之内容，不可不先知留法俭学会之性质及历史成绩与机关。兹先就此四端分述于左：

（一）俭学会之性质。俭学会乃一自由传达之机关，而非规章严密之组织，于义务能者为之，无会长等名目，经济由同志筹集，入会者无纳费之必须。凡欲自费留学，每年至少筹五六百元者，皆得为本会之同志。会之对于会员，既不助资，亦不索偿，惟以言论或通信指导旅行、介绍学校之义务而已。以上之意，即节取于本会原定之会约。至设会之初旨，照录其缘起如下：

> 改良社会，首重教育。欲输世界文明于国内，必以留学泰西为要图。惟西国学费，宿称耗大，其事至难普及。曾经同志筹思，拟兴苦学之风，广辟留欧学界。今共和初立，欲造成新社会、新国民，更非留学莫济，而尤以民气先进之国为最宜。兹由同志组织"留法俭学会"，以兴尚俭乐学之风，而助其事之实行也。又如女学之进化，家庭之改良，与社会关系尤切，而尤非留学莫济，故同时组织"女子俭学会"与"居家俭学会"。时在民国元年。

（二）俭学会之历史。民国元年，吴稚晖、汪精卫、李石曾、张溥泉、张静江、褚民谊、齐竺山诸君发起留法俭学会，并设预备学校于北京。齐如山、吴山诸君担任校中之组织，法文学家铎尔孟君担任教授。其时蔡孑民君为教育总长，力为提倡，并由部中假以校舍，在方家胡同旧师范学校。无何，朱芾煌、吴玉章、沈与白、黄复生、赵铁桥、刘天佐诸君发起四川俭学会，设预备学校于少城济川公学。吴晖稚〔稚晖〕、俞仲还、陈仲英、张静江诸君发起上海留英俭学会，并附留法俭学会招待所。民国二年，李石曾君与法校梅朋君组织留法预班，至今犹存。当二次革命时，俭学会颇为专制政府所嫉视，北京预备学校舍为教育部收回，遂移之于皮库营四川学馆，政府仍多方巡察，以致全体解散。民国六年，华林君自法归，抱扩充俭学会之志愿，适值马景融君创设民国大学于京都，遂由华、马二君与蔡公时、夏雷、白玉璘、江季子、时明苻、刘鼎生、罗伟章诸君重组北京留法俭学会预备学校。

（三）俭学会之成绩与经验。留法俭学会自民国元年至二年，一年之间，入会入校而赴法者不下八十余人，其他亦抱俭学会之宗旨，或留学，或居家自由汇集者，亦不下四十余人。是俭学会一年所得之人数，较十年公费之总数，有过之无不及，此其成绩显然易见者也。以上之人数，固足表明俭学会之成绩，然于将来之希望，犹沧海之一粟耳。是故俭学之成绩，不仅在已往而尤在将来。将来之成绩，究能与希望相符与否，无他，惟视赴法俭学之法果能实行与否，俭学之组织果能便利与否。此种问题，前于发起俭学会时固已言及，然仍多出于理想，既经有俭学会百余人之经验，尤为确当，足以适用于将来之同志，此亦成绩之要端。撮述于后：（一）〔（1）〕由西伯里亚火车赴法，发于京津，止于巴黎，途中换车共八九次，车行共二十日左右，至少每人百三十元，至多亦必在二百元以内。（二）〔（2）〕既到法，先入客寓，次日即赴择定之校。已通法文者，可独入一校；未通法文或法文太浅仍须预备者，则多人同入一校，以便特设专班，每日授一二钟法文。于专班之外并可随校中原有之法文或科学各班，以资练习。此法已行于巴黎近乡之"蒙达尔""木兰""芳丹白露"三邑之中学。每人每年学费及一切费用，六百元尽可足用。（三）〔（3）〕当欧战时，同学多避居西南各省，因得"三梅桑"邑之中学，与"望台"省之高等小学，其费尤廉，每人每月原定五十佛郎，战时加至六十佛郎（计二十余元），一切在内。此等价廉之校，法国外省甚多，此诚极便于俭学同人者也。（四）〔（4）〕农工商实习学校与高等小学，为法校之特色，极便于俭学同人。其所教授，皆学理与实习兼半，甚为切用。学期二三年，学费（食宿在内）每年不过五六百佛郎（计二百元左右，暑假两月在外）。此诸校毕业后，可操其职业，亦可考入高等之校。但法国之高等小学与中国之高等小学迥殊（中国之高等小学乃法国之小学高等班，而非高等小学也）。其中除设实业班外，并设师范班，毕业及格者，可充小学教员。此校实兼实业与师范之性质，学期不久，学费甚廉，极宜于俭学。（五）〔（5）〕法国高等专门学校与大学之正科，学费皆较昂，合校外食宿各费，每年用款须在六百元以上。食宿之支配能否节俭，其伸缩自难预计，然每年所需，由七百元至千元，当可足用。此虽过于俭学之预算，预定之六百元不能敷用，因所入学校与食宿在寻常俭学范围之外故也。（六）〔（6）〕法国高等专门学校与大学，亦有费廉者，如"柏第业"省大学中之农业、化学、电科等，又如各大学之文科及美术专校，与巴黎之社会学专校等，皆高等教育之适于俭学者，加以校外食宿各费，若支配得宜，每年六百元亦可足用。

以上数端，皆得之于数年来之实验与研究，战后有无更易，固难预料，然亦当无大异。由以上数端之参考，可为结论曰："赴法俭学之法果能实行，俭学之组织果能便利，多数同学赴法之事，定可扩充无疑也。"

（四）俭学会之辅助机关。由国内出发时，有须预备旅行不可少之事，国内各大邑有预备学校者，即由校中指导担任，其他处当另设招待员。既至法国，如招待与介绍入校等亦必不可少之事，由华法教育会指导担任。俭学会会员入校与入会之事，请径与该校该会接洽（北京预备学校与巴黎华法教育会接洽手续列后）。以免集中于俭学会，反生周折不灵之弊也。至学费汇寄，临行时指定法国银行接洽一切。

**北京预备学校条件**

一、宗旨。本校为俭学会员赴法留学者而说〔设〕。

二、学课。以法文为主科，附以留学须知之讲演，每日分上午下午两班（随时配定）。

三、地址。北京储库营民国大学。

四、职员。设干事一员，并教员与讲演者若干员。

五、资格。凡欲赴法留学者，不拘程度、年龄，男女皆可入校，惟必已通国文及普通知识，方能得留学之益，望学者自度之。

六、学额。无定额，至少必满二十，方可开班。

七、学期。至少一年，多则二年，随学者自便。

八、学费。每月每班收现费二元。

九、出发。本校学生赴法出发时之指导，一切由本校担任，不另取资。校外之人有欲结伴同行托本校指导及代领护照等事，每人纳费二元。

十、学会。未出发之前，由学会诸君自行组织同学会，以期出发时或到法后，有互助共济之益。同学会之组织，由诸君自为，校中可允赞助，而不加干预。

**巴黎华法教育会条件**

一、宗旨。赖中法两国之交通团，以法国之教育助中国之发展。

二、地址。在巴黎 Société Franco-Chinoise d'education. 8. rue Bugeand Paris （France）。

三、组织人。中国方面为现在国内者，为吴稚晖、汪精卫、吴玉章、李石曾、张溥泉、蔡孑民等。

四、会中可助学会员之点。到法在车站客寓之接待，与觅居、觅校之介绍，以及在公府报名，社会交游之接洽等事。

五、俭学会员对于会中义务。赞成本会之宗旨，入名为会员，每年纳会费五佛郎（计约二元）。

六、新会员与会之接洽。出发前一个月，由同学会开列中西文对照名单三份，每人入会书交组织人之一寄法。火车将到巴黎之前，由同学会发电告以到巴之日期，俾会中招待员届时至车站接洽一切。

（《新青年》第 3 卷第 2 号，1917 年 4 月）

# 附录4　呈报试办学生课外志愿军文*

## 孔昭绶

窃昭绶忝任为第一师范学校校长，迭奉训令，内开师范学校为养成小学师资普及国民教育之基础。第一师范设在省会，学界具瞻，关系尤为重大，仰即克日视事该校，内应行改良之处，务须认真整顿，不辞劳怨，竭力进行，等因仰见钧署，注重教育，陶铸师资之至意，悚佩莫名，即遵于前月到校，将视事日期呈报在案。自应勉竭棉〔绵〕薄诉之良心，积极改进整理计制，首应时势需要，确定教育方针，经众讨论，佥以人格教育、军国民教育、实用教育为现救国强种唯一之教旨，除人格教育、实用教育，业于各科教授加意提倡，并另组有训话会、学友会、课外劳动会、课外运动会等，以实施其教旨外，至军国民教育尤非仅揭橥主义，虚悬理想，即足以策进行而收实效，因就校内各班学生，择其体格强健、志愿入军者，编成学生军，于正课外酌添钟点，实地演习，名曰学生课外志愿军，曾将大概办法面呈钧署，

***

\* 湖南省立第一师范学校：《湖南省立第一师范学校志》，内部刊物，1918，书第四　报告书。

当邀尤准。惟事属创始，功慎初基，在东西各国，则自中校以上，兵式合操，异常注重，自二年级始即实行，演放击射等术，浸渍全国，垂〔垂〕为教育要旨，至瑞士国平日无一养兵之费，一旦有事，且可征集学生军至二十余万，实以学界兼军界之用，独中国以数千年文弱之邦，书生结〔皆〕习怯谈武备，一旦提倡尚武，以兵法部勒顽懦小儒，或且挢舌，引以为怪，用敢将试办志愿军各理由呈由省长核准实施，以确定方针而便遵循，姑举其要点如左。一、遵照教育部令，宜实施军国民教育也。查民国元年，中央政府颁布教育宗旨，曾以军国民教育首风示天下，嗣教育部有注重尚武精神之训令。去年，全国校长会议提出教育意见时，决定采用军国民教育，诚以国家者，国民之所积也，欲国民全体对外有独立之位置，须国民分子对内有独立之精神。我国教育向无一定旨宗，以故兴学十余年，耗费巨万万，卒莫得最圆满之结果。无他，宗旨不定，徒为无系统无精神之教育，枝枝节节，未确定根本上之大计划。今幸大部明定宗旨，表示决心，凡各学校均负有执行之责任，宜有以发皇而光大，以无负国家储才救国之至意，此志原〔愿〕军依照部令而有倡办之必要也。一、应世界潮流，宜采用军国民主义也。近世各国注全力于军国民主义，如何而可养成爱国尚武之精神，如何而可作育实质刚健之国民，其规划设备不遗余力。自欧洲大战争开幕以来，各国教育方针受战争之影响，愈带军事之色泽，教育思树念之一大变动，而为战争中心之德国，尤深感施军事教育于少年义勇围之灾励浡兴是也。虽以酷爱和平自由之英美，近亦注重军事教育，以促进国民之奋斗精神。而日本教育家尤以大和魂武士道贯彻，其实力发展主义。夫教育无上之价值，首贵顺世界之潮流而妙施其方法于国内，使之蔚成学风。我国民身体孱弱，教千年来，社会习惯厌薄军人，歌咏流传历以从军为苦，致东方病夫腾讥万国，大陆酣眠，日趋危险，欲为习惯之改良，即宜为教育之革命，而教育革命必先自军国民主义始此。又志愿军应时势之要求，而有倡办之必要也。一、感受国家刺激，宜提倡尚武精神也。我国历年外交失败，由无战斗，实力以为折冲后盾，前值共和新造，国势飘摇，日本乘间抵隙，提出严酷条件。其时朝野上下激昂慷慨，剑及履及，大有灭此朝食之概，究之匹夫，跳跃虚挢之气，无裨时艰，城下受盟，甘蒙国耻。谈外交者至今有余痛焉。世界惟铁血可以购公理，惟武装可以企和平。转瞬欧洲战局告终，列强视线将益集中于我国，来日大难，及今闲暇固宜首筹对付之策，则就学校而提倡尚武精神，诚为今日之要义，而不容稍缓者也。此又志愿军对于外界刺激而有倡办之必要也。一、注重师范教育，铸成青年中国，为异日实行征兵之准备也。世界军事编制有二大端，一徵兵制，二募兵制。召募之弊，人所共斥，已〔已〕成为历史上之僵物，无复存在。居今日而欲与列强势均力敌，计非实行征兵，无由储蓄。最大之战斗力，惟欲实行征兵，须先就全国之民，锻炼其当兵资格。师范者，教育之种子也。昔普之胜法，日之胜俄，均先以军事教育灌输于师范，再由师范灌输于国民，卒能一战定霸雄。视欧亚今以老大中国尤应陶铸多数青年，共肩艰巨，成为青年中国。故就师范生，而锻炼其当兵资格，使为小学校师，再散其军国民教育于全国青年，则人尽知兵，异日实行征兵，人人知有当兵之义务，自人人具有当兵之志愿，各愿出头颅颈血，以上卫国家，自无征兵不足，不肯纳血税以壮国防之虞。夫万人必死，横行天下，况以四万万之同胞均有一必死之心，更何难横行天下乎。此又志愿军对于国民教育与军制改良而有倡办之必要也。准此数端，故取集合校内各班学生，拟编一营，暂成两连，公拟规程，次第实施，但志愿军倡办之理由既如此，而其成立后之手续又当如彼，敢再为省长陈之。一请拨给枪械，以资练习。校中习用兵式体操，系照部定师范规程，惟枪械不备，凭虚讲演，终鲜实用。今既编成学生军，自应实行演习枪法，所需枪枝〔支〕，现值收束军队之际，缴存军库者，谅已不少，果系新式，即机械不全，尚足资学生练习，倘无新式，为不堪军用之废枪，然其重量形式，自与木枪迥殊，亦足以为演习之用，拟请照现编二连人数，饬军事厅照发，只领备用，其余皮带弹盒刺刀茶瓶等件，均请一律发给，以资应用。一请随时派员考察，以昭慎重。查教育部定考察军国民教育章程，一由中央行政长官，一由地方行政长官，诚以兹事体大，试办伊始，不厌求详，稍涉偏激，易滋流弊，自应于鼓舞之中仍寓裁制之意。除由校长督同，各教职员平时认真纠饬外，仍拟请钧署随时派员考察，以防弊害而资指导。校长为外审大局，内度国情，均须实施军国民教育起见，合将试办学生课外志愿军各缘由，备文详请核准备案，是否有当统候令遵施行。此呈省长兼督军谭。

## 附录5　自　动[*]

### 第一节　管教实习

（子）总则

第二百四十六条：管教实习事项，以本校实习主任学监及附属小学主食主任或科任等担任之。

（一）实习主任主持实习一切事务；

（二）学监主持实习时间，一切设存编制事项；

（三）小学主事主持在小学实习时一切设存编制指导批评事项；

（四）小学主任或科任主持在该级实习或实习该科时一切指导批评事项。

第二百四十七条：实习分为四项。（一）参观；（二）教授；（三）管理；（四）批评。

第二百四十八条：实习时须一律整齐制服。

---

[*]　湖南第一师范学校：《湖南省立第一师范学校志》，内部刊物，1918，校章纪。

第二百四十九条：实习时如有任意迟到或先退及不记录批评者，均按照教室授课规则处理。

（丑）参观

第二百五十条：参观分校内、校外两种。

（一）校内参观：实习之前后，每班均至本校附属小学参观，如遇缺课二小时以上，亦可自由往观。

（二）校外参观：实习期内，由实习主任或学监引导至附近各小学参观。

第二百五十一条：参观时学生应各备手折一本，详细记录填注参观报告表，送呈实习主任核阅。

第二百五十二条：校外参观应注意事项如左①。

（一）由事务室派定队长一人维持次序之责，同学须听其指挥；

（二）行抵他校时，须在外或在休息处静候；

（三）参观分组由他校引导员随时酌定之；

（四）该校学生已上课，即整队往指定之教室，俟闻下课铃，仍整队至休息处，不得任意出入（若分组轮观半小时，须双方同时互换，不得参差）；

（五）入教室后须正容静观，出教室后详细批记册内，以便归校研究，不得登时评论；

（六）关于管理训练养护及一切精神形式，均须择要批载；

（七）休息时宜静坐，不得至教室及学生游息处或学生整队处；

（八）在参观处须遵该处规则；

（九）违犯以上规则者，归校时照章处理。

（寅）教授

第二百五十三条：试教各生之分组及其时间之支配，由学监会

---

① 此处"如左"应理解为"如下"。下同。

同实习主任及小学主事定之。

第二百五十四条：试教各生既经派定，不得推诿（丙）①。

第二百五十五条：每人试教须十时以上，如高小四时，国民则六时以上。

第二百五十六条：试教时，指派各生须先日午后课毕，即往附属小学调查所课之教科及起讫，编订教案，呈主任核阅后，即膳〔誊〕交事务室付印（最迟以本晚八点为限）。

第二百五十七条：试教时，每午前八时半（摇铃）午后一时（鸣钟）均须整齐制服，集合轿厅，整队前往。

第二百五十八条：教生实习时须受该级主任及科任之指定。

（卯）管理

第二百五十九条：试教时，每班或每组须轮派教生二人值日，实习训练管理监护等事，并佩戴徽章。

第二百六十条：值日管理练习事务即代行附属小学主任及科任之职务。

第二百六十一条：值日管理对于小学儿童之处理，须商承主事及主任行之。

第二百六十二条：值日管理须于每日午前六时往，午后六时返。

第二百六十三条：值日管理须将管理心得及有无困难详细记载，呈实习主任及小学主事核阅，并于本晚批评会提出讨论。

（辰）批评

第二百六十四条：批评分本日批评及全期批评两种。

（一）本日批评：每于参观或试教毕举行之。

（二）全期批评：于试教期末举行一次或二次。

---

① 所标（甲）（乙）（丙）（丁）是指违反该条时所受何等惩罚。湖南一师当时的惩罚制度分为（甲）（乙）（丙）（丁）四等。下同。载湖南省第一师范学校《湖南省立第一师范学校志》，内部刊物，1918，校章纪。

全期批评会：由实习主任选派试教成绩之优良者，再令试教，合全部教生参见之始行开会。

第二百六十五条：实习各生均须缴批评录及与预批评会，不得参差（丙）。

第二百六十六条：开批评会之顺序。

（一）教生称述；（二）同学批评；（三）各教职员批评。

第二百六十七条：批评须按照学理事实，公允批评，不得挟私任意。

## 第二节　农场实习

（子）设备

第二百六十八条：本校前面旧操场一区辟为农场，学校围附之。

第二百六十九条：校内坪苑及后山禁蛙池坎下坎上均辟为学级园。

第二百七十条：农场之区划如左。（一）周围为果树畦；（二）中央为花坛；（三）花坛与果树畦之间概为作物畦；（四）东左侧为葡萄架；（五）东右侧为园丁住室及农具储藏室；（六）正东掘粪池一井一。

第二百七十一条：学级园之区划如左。（一）教员休息室后苑为第一花卉区；（二）手工教室前坪为第二花卉区；（三）礼堂前右苑为第一果树区；（四）礼堂右苑为第二果树区；（五）礼堂后右苑为第三果树区；（六）礼堂前右苑为标本植物区；（七）礼堂左苑为第一蔬菜区；（八）禁蛙池坎下为第二蔬菜区；（九）禁蛙池右侧为第一谷菽区；（十）禁蛙池左侧为第二谷菽区；（十一）自习室并事务室外苑为桑树区。

第二百七十二条：禁蛙池坎下划出土壤二畦为公共苗圃。

第二百七十二条：购置农具以学生之多寡为准，大约各具数目至少须达学生十分之一。

第二百七十四条：校园经费全为独立，除开办并提奖外，即为基金。

第二百七十五条：农具场总册由庶务室登记并保存之。

（丑）分组

第二百七十六条：各班分组实习约十人上下。

第二百七十七条：各班土壤之广狭组数之多寡支配之。

第二百七十八条：每组指派组长一人司左之职务。（一）传达命令；（二）领缴农具；（三）督率组员作业；（四）视察组员之勤惰并负报告之责；（五）轮派本组每周服务生；（六）填注栽培日志及农场薄〔簿〕记；（七）管理本组作物；（八）司作物之收获。

第二百七十九条：每组每周轮派服务生二人司左之职务。（一）作物之灌溉培壅；（二）杂草之义〔刈〕除；（三）土壤场围之整理；（四）害虫之驱除；（五）收获之监视及登记；（六）督促园丁勿使怠惰。

（寅）细则

第二百八十条：各班各组划定区域任耕治栽培除草除虫灌溉施肥管理收获之责。

第二百八十一条：农场实习须依农业教员指挥，不得违抗。

第二百八十二条：校园学级园实习须依各班博物教员或事务室指挥，不得违抗（乙）。

第二百八十三条：农场实习时所派各组须一律工作，有不到或先退者以缺课论（丙）。

第二百八十四条：校园学级园课后实习，各组划畦分治有不到或先退者，一次扣分，二次以缺课论（丙）。

第二百八十五条：各人所用农具须整理清洁，交由组长经还原处（丁）。

第二百八十六条：实习时宜谨守秩序，勤奋将事，不得怠惰或嬉笑（丁）。

第二百八十七条：场内及园内植物须加意爱护，不得折毁（丙）。

| 时期 | 班级 | 园别 | 作物种类 | 种植期 | 管理收获 | 耕治 | 备注 |
|---|---|---|---|---|---|---|---|
| 六年八月 | 四级六七八九十班 | 农场 | 栗、膏（高）粱、落花生、蓖麻、青箱（葙）、马铃薯 | 本年四月 | 中耕,去草,灌溉,施肥 | 本年三月耕治 | 本校上学期将前操坪辟为学级园,内设六、七、九、十、十二各班学生农园,各院及后山各坪为十三、十四、十五、第二部各班学级园。 |
| | 三级十一、二班 | 农场 | 九月豆、落花生 | 同右① | 中耕,去草,灌溉,施肥 | 同右 | 本学期二部叶果其园改为预科十六、十七两班学级园,又四、七、八、九、十班上学期在校园辟日本桃李杏梨园果树畦,栽日本桃李杏梨各种甚多,采整枝式,另载衣 |
| | 二级十三、四班 | 学级园（标本区） | 蓼蓝、甘蔗、苎麻、茶、三桠 | 同右 | 取刈苎麻、余同右 | 同右 | |
| | 一级十五班 | 学级园（花卉区） | 海棠区、芙蓉（棉）区、葡萄区、石榴区、菊区 | 同右 | 灌溉施肥去草整枝除虫 | 本年二月耕治 | |
| | 预科十六七班 | 学级园（树果区） | 梅区、桃区、李区、梨区、苹果区、樱桃区、枇杷区、柑橘区、柿树区 | 本年三月 | 灌溉施肥除虫剪枝整枝 | 同右 | 场日志。因树苗为炼厂浓烟场害,遂停止进行。又校前西边内长坪辟为卉园,八、九、十班实习接桑。 |
| 九月 | 四级六七八九十班 | 同上月 | 白菜、芥菜 | 本月播种 | 栗收获去草防鸟类豚食 | 耕治收获地 | 收获地改为蔬菜园 |
| | 三级十一、二班 | 同上月 | 余同上月 | | 同上月 | | |
| | 二级十三四班 | 同上月 | 同上月 | | 同上月 | | |
| | 一级十五班 | 学级园（花卉区） | 同上月 | | 同上月 | | |

① 此处"同右"应理解为"同上"。下同。

续表

| 时期 | 班级 | 园别 | 作物种类 | 种植期 | 管理收获 | 耕治 | 备注 |
|---|---|---|---|---|---|---|---|
| 九月 | 豫〔预〕科十六七班 | （标本区） | | | | 分组耕治 | 本校上学期将操坪前辟为学级园，内设六、七、八、九、十一、十二各班学生农场，又辟校内各院及后山各坪为十三、十四、十五、第二部各班学级园。 |
| | 学级园（果树区） | 同上月 | 同上月 | | 同上月 | | 本学期第二部果叶其园改为预科十六、七班上学期在校学级园，又六、七、八、九、十班上学期日本桃李杏梨各种甚多，采整枝式，另载农场日志。因树苗为炼乳厂浓烟波害，遂停止进行。又校前园边墙内长坪辟为井园，八、九、十班实习接桑。 |
| | | （标本区） | | | | 分组耕治 | |
| 十月 | 四级六七八九十班 | 同上月 | 同上月 | | 青〔菁〕（蒿）收获 | 耕治收获地 | |
| | 三级十一二班 | 同上月 | 同上月 | | 九月豆收获 | 同右 | |
| | 二级十三四班 | 同上月 | 同上月 | | 蔓蓝、甘蔗收获 | 耕治收获地 | |
| | 一级十五班 | 花卉园（标本区） | 同上月 豌豆、蚕豆、麦 | 本月播种 | 同上月。驱鸟类啄种子 | | |
| | 预科十六七班 | 果树区（标本区） | 同上月 豌豆、蚕豆、麦类 | 本月播种 | 驱鸟类食种子 | | |
| 十一月 | 四级六七八九十班 | 同上月 | 荷兰葱、麦、玲麦、大麦、小麦、冬苋、大蒜、雪里蕻 | 本月播种 | 落花生、马铃薯、蓖麻子、青箱〔葙〕收获 | 耕治收获地 | 收获地改为疏菜园。 |
| | 三级十一二班 | 同上月 | 豌豆、蚕豆、苫苕（薯）、大蒜、冬苋、小麦、葱 | 本月播种 | 落花生收获 | 耕治收获地 | |
| | | | 白菜、芥菜 | 本月移植 | 中耕、灌溉、施肥 | | |

续表

| 时期 | 班级 | 园别 | 作物种类 | 种植期 | 管理收获 | 耕治 | 备注 |
|---|---|---|---|---|---|---|---|
| 十一月 | 二级十三四班 | 学级园（标本区） | | | 苎麻疗圃、三椏灌溉 | | |
| | 一级十五班 | （蔬菜区） | 冬苋、大蒜、菠菜（棱） | 本月播种 | 中耕、灌溉、施肥 | | |
| | 预科十六七班 | 同上月 | 白菜、芥菜 | 本月移植 | | | |
| | 四级六七八九十班 | 同上月 | 同上月 | 同上月。金粟兰盆菊移植内 | 择类灌溉，中耕、去草、施肥 | | |
| | 三级十一二班 | 同上月 | 同上月 | 同上月 | 同右 | | |
| 十二月 | 二级十三四班 | 同上月 | 加植白菜，余同上月 | | 收甘蔗，留种。余中耕、去草、灌溉、施肥 | 耕治收获地 | 园主任同各班值周生处理。本学期收获之所入 |
| | 一级十五班 | 同上月 | 同上月 | | 中耕、去草、灌溉、施肥 | | |
| | 预科十六七班 | 同上月 | 同上月 | | 果树除虫、施肥，豆麦中耕、去草、灌溉 | | |

续表

| 时期 | 班级 | 园别 | 作物种类 | 种植期 | 管理收获 | 耕治 | 备注 |
|---|---|---|---|---|---|---|---|
| 七年一月 | 四级六七八九十班 | 同上月 | 同上月 | | 同上月 | | 因校前农场作物为浓烟梴害,将校后一级预科学级园改为十一、十二、十三、十四各班农场,将十三、十四、十六、十七原有园地分配为一级预科学级园 |
| | 三级十一二班 | 同上月 | 白菜换栽,余同上月 | | 白菜收获（留种） | 耕治收获地 | |
| | 二级十三四班 | 同上月 | 白菜换栽,余同上月 | | 白菜除种收获 | 耕治收获地 | |
| | 一级十五班 | 同上月 | 同上月 | | 中耕、去草、灌溉、施肥 | | |
| | 预科十六七班 | 同上月 | 同上月 | | 同右 | | |
| 二月 | 四级六七八九十班 | 同上月 | 葱移栽,余同上月 | | 冬荵摘心,收获里蔬,余同上月 | | |
| | 三级十一二班 | 同上月 | 葱移栽,余同上月 | | 同右 | | |
| | 二级十三四班 | 同上月 | 同上月 | | 同右 | | |
| | 一级十五班 | 同上月 | 花卉补栽,余同上月 | | 同上月 | | |
| | 豫〔预〕科十六七班 | 同上月 | 果树补栽,余同上月 | | 同上月 | | |

续表

| 时期 | 班级 | 园别 | 作物种类 | 种植期 | 管理收获 | 耕治 | 备注 |
|---|---|---|---|---|---|---|---|
| 三月 | 四级六七八九十班 | 同上月 | 瓜类、茄番椒、芸菜、余同上月 | 本月播种 | 收获白菜、芥菜、余同上月 | 耕治收获地 | |
| | 三级十一二班 | 同上月 | 瓜类、茄番椒、芸菜、余同上月 | 本月播种 | 同右 | 同右 | |
| | 二级十三四班 | 同上月 | 甘蔗、豆类、余同上月 | 本月栽种 | 中耕、去草、灌溉、施肥 | | |
| | 一级十五班 | 同上月 | 花卉补栽、余同上月 | | 同上月 | | |
| | 豫〔预〕科十六七班 | 同上月 | 果树补栽、余同上月 | | 同上月 | | |
| 四月 | 四级六七八九十班 | 同上月 | 瓜类 | 本月移植 | 择类中耕、去草、灌溉、施肥、收获白菜、芥菜 | 耕治收获地 | |
| | 三级十一二班 | 同上月 | 粟、薯〔高〕粱、落花生、蓖麻、余同上月 | 本月播种 | 同右 | 同右 | |
| | 二级十三四班 | | 同右 | 本月移植 | 收获菠薐〔菱〕白菜、芥菜、冬苋、余同上月 | 同右 | |
| | | | 瓜类 | | | | |
| | 一级十五班 | 同上月 | 甘薯及各种草花、余同上月 | 本月播种 | 收获豌豆、余同上月 | 同右 | |

续表

| 时期 | 班级 | 园别 | 作物种类 | 种植期 | 管理收获 | 耕治 | 备注 |
|---|---|---|---|---|---|---|---|
| 四月 | 豫〔预〕科十六七班① | 同上月 | | | 收获豌豆、余同上月 | | |
| 五月 | 四级六七八九十班 | 同上月 | 茄番椒 | 本月移植 | 收获麦类、苋菜、余中耕、去草、灌溉、施肥、瓜类作棚除虫 | 耕治收获地 | |
| | 三级十一二班 | 同上月 | 茄番椒、余同上月 | 本月移植 | 收获苦苔〔薹〕、余同右 | 同右 | |
| | 二级十三四班 | 同上月 | 茄番椒、余同上月 | 本月移植 | 中耕、去草、灌溉、施肥 | | |
| | 一级十五班 | 同上月 | 甘薯、余同上月 | 本月移植 | 收获蚕豆、麦类、余同上月 | 耕治收获地 | |
| | 豫科十六七八班 | 同上月 | 甘薯、余同上月 | 本月移植 | 收获蚕豆、麦类、余同上月 | 同右 | |
| 六月 | 四级六七八九十班 | 同上月 | 茄番椒、余同上月 | 本月补栽 | 中耕、去草、灌溉、施肥、除虫 | | |

① 原文作"豫科六七八九十班"，有误，今改。

续表

| 时期 | 班级 | 园别 | 作物种类 | 种植期 | 管理收获 | 耕治 | 备注 |
|---|---|---|---|---|---|---|---|
| 六月 | 三级十一二班 | 同上月 | 茄番椒，余同上月 | 本月补栽 | 同右 | | |
| | 二级十三四班 | 同上月 | 茄番椒，余同上月 | 本月补栽 | 收刈苎麻。余同右 | | |
| | 一级十五班 | 同上月 | 甘薯，余同上月 | 本月补栽 | 甘薯中耕，反蔓。余同上月 | | |
| | 预科十六班 | 同上月 | 甘薯，余同上月 | 本月补栽 | 甘薯中耕，反蔓。余同上月 | | |
| 七月 | 四级六七八九十班 | 同上月 | 同上月 | | 摘收瓜、茄番椒、蒜。余同上月 | | |
| | 三级十一二班 | 同上月 | 同上月 | | 摘收瓜、茄番椒、蒜。余同上月 | | 园主任同各班值周生处理本学期收获之所入 |
| | 二级十三四班 | 同上月 | 同上月 | | 摘收瓜、茄番椒、蒜。余同上月 | | |
| | 一级十五班 | 同上月 | 同上月 | | 甘薯中耕，反蔓。余同上月 | | |
| | 预科十六七班 | 同上月 | 同上月 | | 甘薯中耕，反蔓。余同上月 | | |

第二百八十八条：各组作物概由本组管理，惟年暑假期内则由庶务室负责。

第二百八十九条：学级园每班一区，或二区均按期轮换。

第二百九十条：校园作物每年由农业教员预造园历，实习即依次为准。兹附民国六年园历如左。（卯）收益

第二百九十一条：各种作物概由各组收获。

第二百九十二条：收获品以交商店贩卖为原则。

第二百九十三条：收获品可保存者，酌留若干为实习成绩。

第二百九十四条：各项收益除酌提若干奖给工作者外，余均为校园基金。

第二百九十五条：收获量及存卖情形概由组长填注农场簿记。

## 第三节　工场实习

（子）设备

第二百九十六条：木工教室即为木工工场，金工教室即为金工工场。

第二百九十七条：另设普通工场一所。

第二百九十八条：另设印刷场一所，并置印刷机全副。

第二百九十九条：各项工作除原有外，皆次第增置，以求完善。

第三百条：各种工场皆互相联络，其工具储藏室亦附属于其间。

第三百零一条：工场经费全为独立，除开办及提奖外，余为基金，但关于手工教授之消耗不在其内。

第三百零二条：工场总册由庶务室登记并保持之。

（丑）分组

第三百零三条：各班实习或分组或不分组，由教员及事务室指定。

第三百零四条：分组实习者其各组人数之多寡，视工作品之繁简为准。

第三百零五条：各组由教员及事务室临时指定组长一人，司左之职务。（一）传达命令；（二）领缴工具；（三）领取材料；（四）工作未完时负保管之责；（五）缴送工作品；（六）督率组员作业；（七）考察组员之勤惰并负报告之责；（八）填注工作簿记。

（寅）细则

第三百零六条：手工工作实习概在手工教室。

第三百零七条：非手工工作实习，除印刷外，或在手工教室，或在普通工场，由事务室临时定之。

第三百零八条：工厂宜力求整洁。

第三百零九条：工作时宜谨守秩序，勤奋将事，不得怠惰或嬉笑（丙）。

第三百十条：材料由教员或事务室支配分给，不得擅自取用（丙）。

第三百十一条：材料须加意珍惜，不得损坏或求补给（丙）。

第三百十二条：各项工具由各生或组长书条领取，限日缴还，如有损失，责令赔偿。

第三百十三条：各项工作品由教员斟酌繁简，限日完竣，不得迟延（丙）。

第三百十四条：每组实习时须同时出席，惟印刷则依次轮值。

第三百十五条：实习生有不到或先退者，以缺课论（丙）。

（卯）收益

第三百十六条：各项工作品以交商店贩卖为原则。

第三百十七条：工作品或留若干为实习成绩，由教员指定。

第三百十八条：工作品贩卖时，其原料应由工场经费开支。

第三百十九条：关于印刷品，适用前条之规定。

第三百廿条：各项收益除酌提若干奖给工作者外，均为工场基金。

第三百廿一条：收益量及存卖情形，概由组长填注工厂簿记。

## 第四节　商场实习

（子）缘起

第三百廿二条　本校欲使学生练习事务，注重职业，实践商业，特组设商店。

（丑）职员

第三百廿三条：本店参合通常商店及外国公会，暂定组织大纲如左。

（一）本店营业分贩卖、储蓄两部，兹定系统如左表。

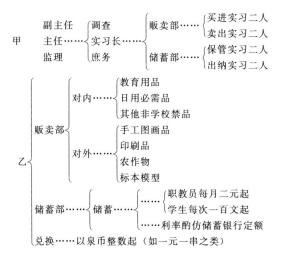

（二）本店主任一人，经理全店一切事务，由校长请商业或经济教员兼任之；

（三）本店副主任二人，辅助主任并分领贩卖储蓄两部事务，由校长请庶务会计兼任之；

（四）本店监理四人，监理两部一切银钱账目，并决定办事大纲，由校长请学监兼任之。以上各员均名誉职，任期六个月得连任；

（五）本店实习长二人，上承主任各员，下督实习各员，掌理两部一切事物，由股东选举学生任之；

（六）本店调查二人，稽查两部一切银钱账目及计算清理报告之事，由股东选举学生股额巨者任之；

（七）本店庶务一人，整理两部不属于营业之事，由股东选举学生任之；

（八）贩卖部买进实习二人，实习买进一切货物及调查之事；

（九）贩卖部卖出实习二人，实习贩卖一切货物及计算清理之事；

（十）储蓄部保管实习二人，实习保存一切银钱物品文件及调查之事；

（十一）储蓄部出纳实习二人，实习收付或兑换银钱及计算清理之事。

以上实习长调查庶务，均用复选制选举之，任期六个月得连任，实习生每水土曜日由主任协同监理指派之。

（寅）股东

第三百廿四条：本店股本纯由职教员学生热心分任，但每人最少限一零股以上，入股者统称股东。

第三百廿五条：本店股本不设定额，以每期收入之总数为总额，其入股数目暂定如左：一串文为一零股，十零股为一整股。

第三百廿六条：股东入股后得享有左之利益：选举职员或被选举权，建议及议决权，享有红利及查账权。

第三百廿七条：股东因退职或毕业时，得酌照原额退还股本。

（卯）会议

第三百廿八条：本店关于兴废重大事宜，由主任商承校长召集会议议决之。

第三百廿九条：会议分股东会议、职员会议两种。股东会议于每期职员改选时行之，年两次。职员会议有左列三项之一，随时行之，无定次。（一）校长或主任认为必要时；（二）副主任监理均认为必要时；（三）股东有十分之一以上建议时。

第三百卅条：会议均于午后课毕行之，但股东会议须前三日通告。

第三百卅一条：议长由校长任之，但有时得请主任代理。

第三百卅二条：会议议决以到会者过半数定之，两数同时由会长决定。

第三百卅三条：会议记录由议长指定实生习任之，录毕盖印保存，其议事细则另定之。

（辰）服务

第三百卅四条：本店为学生实习而设，每周指派实习生八人于授课前后分部服务，不得放弃或规避。

第三百卅五条：实习次数均照人数多寡，毕业远近另表定之。

第三百卅六条：实习生对于货物银钱须注意整理及保存，如有损失，责令赔偿。

第三百卅七条：商店日志及一览表等须逐日填注。

第三百卅八条：实习生如因特别事故会经准假时，由主任协同监理另派之。

（巳）收益

第三百卅九条：本店每期放假前结账一次，如有盈余或亏损，须照左列各条行之。

第三百四十条：每期余利须先提十分之二作为公积金，为填补损失之用。

第三百四十一条：每期余利除提作公积金外，再提十分之二为实习生酬劳金，十分之二为学友会补助金，其余红利概按股额摊分，有未在校者连同报告书送达之。

（午）附则

第三百四十二条：本店赏罚由校长协同主任监理定之。

第三百四十三条：本规程有必要修改时，由职员会议修改之。

## 第五节　志愿军

（子）缘起

民国五年秋，本校遵部令提倡军国民教育之旨，特呈奉省长兼督军核准组织学生志愿军。

（丑）总则

第三百四十四条：本军由本校呈奉省长兼督军核准，就各班学生组合而成，定名湖南省立第一师范学校学生课外志愿军。

第三百四十五条：本军以激发爱国思想、提倡尚武精神、研究军事学术、实施军国民教育为宗旨。

第三百四十六条：本军天职，凡对于各种命令指挥均须绝对服从。

第三百四十七条：本军定国庆日为本军成立纪念日。

（寅）编制

第三百四十八条：本军拟编一营，暂成两连，连分三排，排分三班，班为十四人。

第三百四十九条：本军由各班学生体格强壮、志愿入军者选充，其方法另定之。

第三百五十条：各班学生毕业作为退伍期，另以新班及原列预备军之学生补充。

（卯）职务

第三百五十一条：纠察员由校长请学监任之，营长、营副由校长选兵式体操教员任之，连长、连副、司务长、上士、中士、下士、军医等，均就本军内选任之。

第三百五十二条：校长督同各职员为本军总指挥。

（一）纠察员商承校长纠察本军一切应行事务；

（二）营长商承校长主任全营一切指挥教练事务；

（三）营副协助营长担任全营一切指挥教练事务，如营长有事故时，得代理其职权；

（四）连长承上级命令担任本连一切指挥事务；

（五）连附〔副〕递承上级命令担任本排一切指挥事务；

（六）司务长承上级命令担任本连军需事务；

（七）上士递承上级命令担任本连一切书牍事务；

（八）中士、下士递承上级命令担任本班一切指挥事务；

（九）军医递承上级命令担任本连一切诊断事务。

（辰）教科

第三百五十三条：本军设左之各科目。

（一）学科：凡战术、兵器、地形等学科均属之；

（二）术科：凡基本教练、应用教练等术科均属之。

（巳）军纪

第三百五十四条：本军限用本校制帽制服并加缀臂章绑腿青袜芒履。

第三百五十五条：凡关于武器各负有整理、保存之责务。

第三百五十六条：军事学及行军，限每周正课外加课一次。

第三百五十七条：有特别事故请假时，需开具事由，递经上级及纠察员核准。

第三百五十八条：凡遵守本规程所定而成绩优异者，依左列各节褒奖之。

（一）普通奖励：服从命令、操练勤勉、从未犯规及未缺课者，每期考成，酌加操行分数，或用相当方法奖之。

（二）特别奖励：（甲）服从命令、技能超众、维持军纪、迭著劳绩、曾受期考奖励者，退伍时再呈由官厅考成，给予特别褒奖状，并准其升考相当之海陆军学校，及投效军营，量予位置；（乙）服从命令、技术优著、曾受期考奖励者，退伍时再由本校考成，酌给褒奖状。

第三百五十九条：凡违背本规程所定者，依左列各节惩戒之。

一等罚：（一）违反规则及不服从各种命令指挥者；（二）不遵守临时禁令者；（三）借故要求者；（四）非休息时擅离行伍者；（五）因个人龃龉扰及行伍者；（六）自由行动，妨害全体名誉者；（七）与他团体冲突者；（八）任意缺课者；（九）训诫时强辩者；（十）毁坏器械者。

二等罚：（一）不整齐服装者；（二）不整理器械者；（三）不注意操练或谈笑及戏弄者；（四）迟到或早退者；（五）托故请假者。

三等罚：（一）不遵守礼节者；（二）不顾公益者。

第三百六十条：一等罚酌照乙丙罚行之，二等罚酌照丁罚行之，三等罚训诫及送注意条。

（午）效力

第三百六十一条：本规程非经本校教职员三分之二以上认为必要修改并经官厅核准时，当永继续有效，以保持前后教育方针统一。

按：本校志愿军成立以来，两更寒暑，其经历状况略叙于左。

（一）军事学或行军，每星期一午后二三时编为正课，学科术科轮为讲演，但遇雨时专讲学科。

（二）每课军事学须学监稽查存记；每习行军，学监点名后由校长同出监视。

（三）湘省战争频年，每遇南北军退匪风猖獗之时，本校由本军内组织警备队并设妇孺救济会，保卫一切，间或巡逻城内外，以维公安，盖颇著成效云。

## 第六节　运动会

（子）缘起

第三百六十二条：本校为提倡体育成绩起见，设有种种运动会。

（丑）种类

第三百六十三条：运动会分为校外，校内两种。

第三百六十四条：校外运动会又分两种，如左。

第三百六十五条：全省联合运动会。

（一）省教育会每次举行全省联合运动会，本校即派学生参加运动会，借促进步。

（二）民国五年十一月举行全省第四次选手联合运动会，其运动种类及记分法如左。

### 运动种类及分数表，中等学校以上适用

| 名称 | 等第 | | |
| --- | --- | --- | --- |
| | 最优等 | 优等 | 中等 |
| 百码竞走 | 十四秒 | 十四秒半 | 十五秒 |
| 疾走远跳 | 十四呎〔尺〕 | 十三呎〔尺〕 | 十二呎〔尺〕 |
| 疾走高跳 | 四呎〔尺〕 | 三呎〔尺〕八吋〔寸〕 | 三呎〔尺〕四吋〔寸〕 |
| 掷铁球 | 二十八呎〔尺〕 | 二十四呎〔尺〕 | 二十呎〔尺〕 |
| 垂身屈肘 | 六次 | 四次 | 二次 |
| 分数 | 三分 | 二分 | 一分 |

备注：右表竞争标准规定最低，当日选手超过远甚，实不适用。

第三百六十六条：远东运动会。

（一）亚东各国每二年举行远东运动会一次，本校应预备选手以期参加运动，唤起其爱国对外之心。

（二）民国六年五月在日本举行第三次远东运动会，先由省教育会预选各校选手，其运动种类及计分法如左。

### 远东运动会竞赛表（1）

| 径赛名目 | 时间及分数 | |
| --- | --- | --- |
| 100 码竞走 | 10 秒 | 3/5 |
| 220 码竞走 | 24 秒 | 1/5 |
| 440 码竞走 | 54 秒 | |
| 880 码竞走 | 2 分 6 秒 | 3/5 |
| 1 英哩〔里〕竞走 | 4 分 50 秒 | 4/5 |
| 120 码跳蘭〔栏〕竞走 | 17 秒 | 2/5 |
| 220 码跳蘭〔栏〕竞走 | 28 秒 | 1/5 |
| 8 英哩〔里〕竞走 | 47 分 16 秒 | |
| 半英哩〔里〕替换竞走 | 1 分 36 秒 | 3/5 |
| 1 英哩〔里〕替换竞走 | 7 分 42 秒 | 1/5 |
| 15 英哩〔里〕自由车竞走 | 10 分 13 秒 | |
| 田赛名目 | 距离及分数 | |
| 掷铁饼 | 104 呎〔尺〕5 吋〔寸〕 | |
| 掷铁球 | 35 呎〔尺〕9 吋〔寸〕 | 3/4 |
| 疾走高跳 | 5 呎〔尺〕6 吋〔寸〕 | 7/8 |
| 疾走远跳 | 21 呎〔尺〕9 吋〔寸〕 | 3/8 |
| 撑竿高跳 | 10 呎〔尺〕3 吋〔寸〕 | 5/8 |

备注：五项运动、十项运动，皆视分数之多寡为优劣。

### 远东运动会竞赛表（2）

| 泅泳竞赛 | 时间及分数 | |
| --- | --- | --- |
| 50 码竞泅 | 32 秒 | 2/5 |
| 100 码竞泅 | 1 分 9 秒 | 2/5 |
| 100 码仰泅 | 1 分 28 秒 | 2/5 |
| 220 码竞泅 | 3 分 27 秒 | 2/5 |
| 220 码仰泅 | 4 分 3/5 秒 | |
| 440 码竞泅 | 7 分 21 秒 | |
| 1 英哩〔里〕竞泅 | 31 分 5 秒 | 2/5 |
| 220 码替换竞泅 | 2 分 5 秒 | 2/5 |
| 水内潜泅 | 36 呎〔尺〕8 吋〔寸〕1/2 | |

备注：庭、足、队、垒、篮球，皆以分数之多寡为胜负。

第三百六十七条：校内运动会又分两种，如左。

第三百六十八条：第几次运动会。

（一）本会由学生于每年春秋佳日组织运动会，一次或二次，定名本校第几次运动会。

（二）本会以锻炼身体、活泼精神、养成其自动能力为主指。

（三）本会分团体运动、选手运动二种，其教材及程序临时另定之。

（四）各班推举服务生若干人，其职务如左。（子）运动前之服务：（一）布置会场；（二）准备物品；（三）筹备其他事项。（丑）运动时之服务：（一）纠正同班动作；（二）整理操具；（三）维持场规；（四）分设纠察招待庶务，音乐新闻贩卖等部；（五）其他临时发生事项。①

（五）学生应注意事项。（子）：（一）服从指挥；（二）遵行临时谕令。（丑）：（一）整集服装；（二）精神振奋；（三）尊重秩序。

（六）本会赏罚由会长斟酌处理。

第三百六十九条：课外运动会。

（一）本会由学生自动于每日课后练习种种运动，故名课外运动会。

（二）本会暂分陆赛、水赛两种，其部别另表定之，每员得兼习数部。

（三）本会陆赛、水赛各设指挥长一人，指挥若干人，均由体操教员兼任，其值日任务另表定之。

（四）每日午前六时至七时、午后三至五时为各部练习时间（但三至四时有课者不在此限）。

（五）本会会员须服从各种指挥命令，按时练习，求获最后之胜利。

（六）如指挥长及指挥员因事未到，即由部长率同会员自由练

---

① 此处序号排列原文如此，未改动。下同。

习，以免旷废。

（七）每期中就全体会员决胜一次。

## 第七节　劳动会

（子）缘起

民国五年秋，本校以面前操场地势卑湿且近炼厂，泥泞尘污甚妨操练，督请体操教员率学生组织临时课外劳动会，就后山空坪为操场，躬亲锄畚辇石推砂，阅一学期，记掘土八千六百五十立方米突而坪始夷坦。

（丑）细则

第三百七十条：本会以实用教育、锻炼身体、养成劳动习惯为主旨。

第三百七十一条：本会混合职教员、学生共习劳苦，无阶级之别。

第三百七十二条：本会暂分甲乙丙丁四组，每组六十人，每日轮派两组作业。

第三百七十三条：每组设组长一人、副组长一人，指挥本组作业。

第三百七十四条：每日午后四时至六时为作业时间，届时摇铃为号，齐集礼堂，各持工具，由正副组长督率入场，并不得迟到早退。

第三百七十五条：每组分掘土、上土、运土三种，以工作难易支配人数多寡，每一小时换组一次，每二十分钟换工作一次，均吹哨为号（运土重量限五十斤以上，八十斤以下）。

第三百七十六条：本工厂分天地玄黄四区，每组指定一区工作，不得任意更移。

第三百七十七条：凡运土路线，积土地点，经木牌指定，各组员不得逾越范围。

第三百七十八条：每日工作完毕，各组员妥将各具放还规定处所。

第三百七十九条：各组员勤怠由组长逐日汇记，工程毕，集合摄影借留纪念，并依左列各节奖励之。

（一）有特别成绩者，由本校酌给褒奖（如勤奋过人，为众所推服者）

（二）有普通成绩者，各于操行酌量加分（如工作勤勉，未经请假者）

第三百八十条：各组员需注意使用器具，免至脱落伤人。

第三百八十一条：掘土从下挖成空洞，上层自然崩松，有事半功倍之效。

第三百八十二条：轮换掘运以均手足之势。

第三百八十三条：小学生及旁观者由正副组长劝令远离工作处，免妨工作，且免受意外之损伤。

## 第八节　修学旅行

（1）调查

（子）调查本县教育及乡土状况

第三百八十四条：本校遵照部令制定调查教育乡土各表，分给学生，限于假期内实地调查，照式填注，以期精确而裨实用。

第三百八十五条：如有调查困难无以着手之处，可暂付阙如，不必臆造，以昭核实。

第三百八十六条：调查手续可借助于劝学所视学员教育会及各学校警察团保志乘等。

第三百八十七条：奖励方法限入校时将各表册汇缴事务室，各职员考查成绩，评定等第，并择尤揭示，或送杂志或汇编报告书。

附计算标准：甲等乙赏一次，乙等丙赏二次，丙等丙赏一次。

（丑）调查本校毕业生状况

第三百八十八条：调查本校毕业生状况，或就假归调查，或就在城各校友调查，随时录其事实。

第三百八十九条：凡本校毕业生服务或升学之时期、地点、成绩、薪赀〔资〕与任担科目、或死亡等项均须一一详记于表。

第三百九十条：各生将调查表册于到校时缴事务室或随时呈缴。

第三百九十一条：奖励方法同上。

（2）采集

（子）旅行采集

第三百九十二条：本校学生每学期修学旅行一次，或全体或分级分班临时定之。

第三百九十三条：旅行时须就便采取动植矿岩石木材种子等标本，或研究地理、历史、图书等学科，且有本科教员及职员同行。

第三百九十四条：豫〔预〕定旅行之目的地。

第三百九十五条：豫〔预〕备所需之器物（如植物采集蓝鸦嘴皮纸条、动物捕集器、画板及食物等类）。

第三百九十六条：采集物之督制（如压植物动物矿物各标本，由教职员督制分类签记）。

第三百九十七条：成绩之储藏保管，为将来博物馆之材料。

第三百九十八条：须各有最详之笔记。

（丑）假归采集

第三百九十九条：植物标本

（一）作物种子

（子）品种：如粳谷糯谷麦豆胡麻落花生油菜蓖麻及各种蔬菜种子等。

（丑）分量：最少一匙、最多一合。

（寅）包装及标志：以纸包裹，或用小瓶竹筒贮藏，各粘纸条，注明学名俗名产地、采集期及本人姓名。

以上每人至少须采集十种以上。

（二）纤维标本

（子）品种：如苎麻、大麻、棕叶、龙须草、水灯芯草、茳芏楮构（俗名谷皮树）、三桠（俗名雪花树）、柳皮、梧桐皮、麦秆、丝兰（俗名波罗）等料。

（丑）分量：以上各种或剥皮或全部各以线束为一组，大小长短不拘。

（寅）标志：各粘纸条注明学名、俗名、产地、采集期及本人姓名。

以上每人至少须采集五种以上。

（三）竹木标本

（子）品种：各就地方所出，不拘何种竹木。

（丑）式样

木样：或将圆木纵劈一半，或三分之，四分之，长三寸，圆径一寸至三寸。

竹样：或全部或断面，全部之大小不拘断面，宽一寸乃至三寸，其长皆为一尺。

（寅）标志：各粘纸条注明学名、俗名、产地、采集期及本人姓名。

以上至少须采集十种以上，且须并枝叶皮带来，又所裁尺码系用工部尺。

（四）压榨标本

取植物有花实者为佳，稍巨者则取枝叶压于粗纸中，俟干燥时，以纸条粘附厚纸上。

第四百条：动物标本

（一）浸液标本

（子）品种：如鱼虾蛙等及各动物内脏等。

（丑）装置：以瓶藏之，浸以酒（瓶仍退还）。

（二）剥制标本

（子）品种：如真正剥制，尚难办到，暂采兽之皮毛、鸟之翼尾羽毛、蚕之丝茧等料。

（丑）装置：以纸包裹。

（三）干制标本

（子）品种：如昆虫蜘蛛之类。

（丑）装置：以帽头针钉于木匣内，装入少许樟脑。

（四）贝壳标本

（子）品种：如田螺蚌蛤之类。

（丑）装置：去肉取壳，乘以木匣。

（五）种子标本

（子）品种：如蚕种、野鸟蛋、鸽蛋、鹅蛋等。

（丑）装置：以匣盛之，内实以纸或糠。

以上每人至少需采集五种以上，各粘纸条注明学名、俗名、产地、采集期及本人姓名。

第四百零一条：矿物标本

（一）矿物标本

（子）种类：各就地方所出矿产不拘何种。

（丑）样式：大小多少不拘，大约以裁入宽二寸，长三寸，深一寸之盒为佳。

（寅）标志：各粘条注明学名、俗名、产地、用途、采集期，已缺采，未开采及本人姓名。

（二）岩石标本

（子）种类：各就地方所出岩石，不拘何种。

（丑）样式：同矿物标本。

（寅）标志：各粘纸条注明学名、俗名、产地、用途、采集期及本人姓名。

（三）土壤标本如陶土之类

种类，样式，标志，同上岩石标本。

（四）化石标本

（子）种类：如石燕羊齿类化石等。

（丑）标志：同上岩石标本，惟样式需就自然形，不拘大小多少。以上每人至少需采集五种以上。

第四百零二条：实物写生

物体过巨不能携带，可给写图形，并注明缩小之比例。

第四百零三条：古物标本

品种：如古代砖瓶鼎爵之类，价格不贵，可由校酌买。

第四百零四条：奖励方法限入校时将各种标本缴事务室登记保存，由职教员考核成绩，评定等第，或汇编报告书。

第四百零五条：各物标志及木本剖断法并给定式如左，以昭划一。

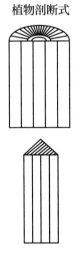

植物剖断式

标 志 纸 式

| 标 本 类 | |
| --- | --- |
| 学名 | |
| 俗名 | |
| 产地 | |
| 产额 | |
| 价值 | |
| 用途 | |
| 采集者 | |
| 采集期 | 民国　年　月 |

### 附表1：湖南省立第一师范学校学生假归调查表

班　　　级学生

县乡土表　　民国　　年　　月

| 类别 | | 状况 | 人数 | 经费 | 备考 |
|---|---|---|---|---|---|
| 知事公署 | | | | | |
| 议会 | | | | | |
| 自治 | 区域 | | | | |
| | 机关 | | | | |

| 类别 | | 状况 | 改良方法 | 备考 |
|---|---|---|---|---|
| 政治及风俗 | 人民习尚 | 勤惰<br>俭奢<br>婚丧<br>缠足<br>烟禁<br>匪盗<br>赌博<br>斗殴<br>迷信<br>诉讼<br>其他 | | |
| | 生活程度 | 金融<br>物价<br>其他 | | |
| | 慈善事业 | 桥梁<br>道路<br>育婴<br>积谷<br>其他 | | |

| 类别 | | 统计 | 类别 | 名称 | 状况 | | 采集标本种件 |
|---|---|---|---|---|---|---|---|
| 地理 | 面积 | | 山名 | | 高 | | |
| | | | | | 广 | | |
| | 人口 | | 大川 | | 发源 | | |
| | | | | | 流入 | | |
| | 岁入 | 田赋 | 古迹 | | 时代 | | |
| | | 杂项 | | | 保护方法 | | |
| | 岁出 | | 乡贤 | | 事实 | | |

| 职业 | 类别 | 状况 | 佣率 | 收益 | 输 | 入 | 采集标本种件 |
|---|---|---|---|---|---|---|---|
| | 农 | | | | | 出 | |
| | 工 | | | | | | |
| | 商 | | | | | | |

| 特产 | 类别 | 名称 | 产额 | 收益 | 输 | 入 | 采集标本种件 |
|---|---|---|---|---|---|---|---|
| | 动 | | | | | 出 | |
| | 植 | | | | | | |
| | 矿 | | | | | | |

　　资料来源：湖南省立第一师范学校：《湖南省立第一师范学校志》，内部刊物，1918，表第四。

### 附表 2：假期采集表

| 班级 | | 姓名 | | 期间 | 民国　年　月 | 件数 | |
|---|---|---|---|---|---|---|---|

**植物标本**

| | | 学名 | 俗名 | 产地 | 产额 | 用途 | 特性 | 形态 | | | | | |
|---|---|---|---|---|---|---|---|---|---|---|---|---|---|
| | | | | | | | | 根 | 茎 | 叶 | 花 | 果实 | 种子 |
| 植物标本 | 压榨类 | | | | | | | | | | | | |

| 种子类 | 学名 | 俗名 | 产地 | 产额 | 用途 | 纤维类 | 学名 | 俗名 | 产地 | 产额 | 用途 | 木材类 | 学名 | 俗名 | 产地 | 产额 | 用途 |
|---|---|---|---|---|---|---|---|---|---|---|---|---|---|---|---|---|---|
| | | | | | | | | | | | | | | | | | |

**动物标本**

| 动物标本 | 液浸类 | 学名 | 俗名 | 产地 | 剥制类 | 学名 | 俗名 | 产地 | 干制类 | 学名 | 俗名 | 产地 | 圆壳类 | 学名 | 俗名 | 产地 | 卵种类 | 名称 | 产地 |
|---|---|---|---|---|---|---|---|---|---|---|---|---|---|---|---|---|---|---|---|
| | | | | | | | | | | | | | | | | | | | |

续表

| | | 名称 | 产地 | 产状 | 产额 | 开采 | 价 | | 名称 | 产地 | 产状 | 用途 | | 名称 | 产地 | | | 名称 | 产地 |
|---|---|---|---|---|---|---|---|---|---|---|---|---|---|---|---|---|---|---|---|
| 矿物标本 | 矿物类 | | | | | | | 岩石类 | | | | | 土壤类 | 化石类 | | | | | |
| | | | | | | | | | | | | | | | | | | | |
| | | | | | | | | | | | | | | | | | | | |

| | 名称 | 说明 | 实物写生 | 物名 | 图之比例 | 说明 | 备考 |
|---|---|---|---|---|---|---|---|
| 古物标本 | | | | | | | |
| | | | | | | | |
| | | | | | | | |

资料来源：湖南省立第一师范学校：《湖南省立第一师范学校志》，内部刊物，1918，表第四。

## 第九节　童子军研究会

（子）缘起

民国六年，省教育会设童子军研究会，本校派学生二十余人，每星期三、六两日午后三时及星期日午前八时前往研究。内分队长一人，纠察两人，会员二十人。

（丑）细则

第四百零六条：队长负领队往返、传达命令及关于全队事务之责。

第四百零七条：纠察负维持秩序、整齐服色之责。

第四百零八条：每次出发，由队长吹哨为号，齐集事务室前廊整队，往返均需整肃，不得先后参差。

第四百零九条：对于该会一切规则宜确实遵守。

第四百十条：每次听讲，各带课本、铅笔，详为记录，以资研究。

第四百十一条：每周星期三、星期六两日午后三时出发，六时回校，星期日午前八时出发，十二时回校。

第四百十二条：除校中酌津贴学费外，所有关于该会费用品物均归自备。

## 第十节　学友会

（子）缘起

民国二年秋，创设技能会以养成种种生活技能。三年，改名自进会。四年，改名学友会。其部数时有损益，今确定为七部，细目详后。惟教育潮流时有变迁，兹之所设亦聊以应目下时势之要求云耳。

（丑）细则

第四百十三条：名称。本会定名为湖南省立第一师范学校学友会。

第四百十四条：宗旨。本会以砥砺道德研究教育、增进学识、养成职业、锻炼身体、联络感情为宗旨。

第四百十五条：性质。本会专为辅助学校教育而设，不涉及有碍学校规程及教育以外之事。

第四百十六条：会所。本会会所暂设本校内。

第四百十七条：会员资格及义务。

（一）本会会员分左之三种：普通会员、赞助会员、名誉会员；

（二）凡本校毕业生、肄业生，皆为普通会员；

（三）凡现任及曾任本校职教员皆为赞助会员；

（四）于本会有特别助益者为名誉会员，但须由会长推荐，经会员过半数之认可。

第四百十八条：会务。

本会设左之十四部，凡会员各自择其所好认习一部或两部以上。

（一）教育研究部；

（二）演讲部；

（三）文学部（内分国学、英语、日文三组）；

（四）书法部；

（五）图画部；

（六）手工部；

（七）音乐部；

（八）武术部；

（九）剑术部；

（十）架梁部；

（十一）蹴球部；

（十二）庭球部；

（十三）野球部；

（十四）竞技部。

各部细则由各部职员议决，经会长审查发布之。

第四百十九条：职员及选举。

本部置左之各职员。

（一）会长一人，校长任之；

（二）纠察长若干人，学监任之；

（三）每部部长一人，由各部部员选任之；

（四）每组组长一人，纠察一人，录事一人，由各组组员选之；

（五）总务、庶务、会计、文牍各一人，由各部职员互选之；

（六）审计员四人，由会长于会员中派充之。

第四百二十条：职员权限。

（1）会长总理本会一切事物〔务〕；

（2）干事长监督各部一切事物〔务〕；

（3）部长担任本部一切事物〔务〕；

（4）干事助部长分任本部一切事物；

（5）纠察任调查本部到会人数及维持会场秩序；

（6）总务受会长之指挥，负促进会务之责任；

（7）庶务司购置、保管物品及一切应行设备事项；

（8）会计司登记经费出入及保管会金存折事项；

（9）文牍掌管报告文件、造句〔具〕表册及开会速记事项；

（10）录事遇各部开演或进行各事记录事实交文牍汇存；

（11）审计负掌〔责〕审查会计事务。

九、职员任期。

（1）会长、干事长之任期，以在校之任期为任期；

（2）部长、干事、纠察、总务、庶务、会计、文牍、录事、审计员于每学年全体大会后改选一次，但得连任。

十、会议及会期。

（1）本会会议分左之四种：常年全体大会、通常职员会议、临时职员会议、临时各部会议；

（2）常年全体大会报告会务之成绩及财产之状况，并改选职员，议决其他重要事项，于每学年始业实行之；

（3）通常职员会议计划本会进行事宜及核算款项出入，于月终行之；

（4）临时会议遇有特别事故（如编制预算、汇造决算、筹备全体大会及欢迎、送别、庆吊等会）或职员有所陈请时，得临时召集举行之。

十一、经费。

（1）本会以会员入会金、捐助金及其利息为岁入，以一切支出为岁出；

（2）本会会金由会计会同总务庶务收集，以会长名义储存银行。其支出时，经审计员审查后报告会长，盖章赴银行领取支用；

（3）本会预算出入，改选后由各部职员开预算会议制定，审计员审查，经会长核定发布之（凡预算以外之特别支出，如公饯庆吊之类，须开临时职员会议议决，方照前条开支）；

（4）本会决算书于开常年全体大会前，由各部部长开决算会议汇造，审计员审查，经会长核阅公布之；

（5）本会经费不敷用时，得由会长酌拨公款辅助之；

（6）普通会员肄业者入会时纳入会金五角，每年纳常捐银二角，毕业生应纳所得捐百分之一，均于每学年始业时缴纳；

（7）赞助会员每年须捐助会金二元以上；

（8）名誉会员之捐助由自由认定之。

十二、附则。

（1）凡在本会具有劳绩或技能出众者，由会长用相当之方法褒扬之；

（2）凡会员有破坏本会名誉及不守会章者，由会长用相当之方法惩戒之；

（3）本会会章非得会员三分之二以上认为必须修改时，不得变更；

（4）本会会长〔章〕自发布之日施行。

**教育研究部**

一、本部分属学友（会），故定名为湖南省立第一师范学校学友会教育研究部。

二、本部以研究教育、交换知识、联系情谊为宗旨。

本部研究事项以关于教育之学理、方法、制度及教育实习为限。

本部职员及其权限均照学友会总纲第七项第3、4目及第八项3、4目办理。

每周由部长拟定问题数种，于先一星期内陈请会长核定宣布，各部员应即按照问题各抒己见。

问题外凡于教育有关者，各部员得自由研究，非部员而能以鸿著见赐者，备极欢迎。

凡关于本部一切著作，如教育理论及教案批评录等均交由部长按日检阅，汇集成帙，每周之末交会长鉴定，择尤〔优〕揭示，以供浏览，其稿本由干事保管，以备发刊杂志之用。

部员之毕业服务在外者，须于每学期末将其服务情形及所在地之教育状况报告本部，以供讨论。

部员之服务在外者，或有疑难问题，必须赴校研究时，应先期将意见函陈会长，经许可后，得于寒暑假内，自备费用来校研究。

寒暑假研究时间由会长临时酌定通告。

在校研究教育时，需遵守本校规则。

凡本部研究所得，由会长择尤〔优〕印刷，分给各会员，已资观感。

部员有成绩卓著，或对本部有特别劳绩者，于一学期终由部长呈请会长褒扬之。

附则：

（1）本细则不适用时，得多数部员同意，由部长呈请会长修改之；

（2）本细则自公布日施行。

### 演讲部

本部分属学友会，故定名为湖南省立第一师范学友会演讲部。

三[①]、本部以交换知识、练习言语为主旨。

本部演讲事项以关于教育与各种科学及平正之时事为限。

本部职员及其权限均照学友会总纲第七项第 3 目及第八项 3、

---

① "一、二"在前"教育研究部"。

4、5 目办理。

演讲分通常、特别两种。通常演讲每星期暂定一次，于星期六日晚行之。特别演讲随时宣布，但须经会长许可。

通常演讲每次暂定一处，但演员担任出席在十人以上时得分作两处。

每周设值周员一人，筹备开演各项事务，并司演员出席退席口令，以本部职员轮充之。

演题由部长商同干事，拟定数种，先一星期呈报会长核定，于先期开会时由部长通告之，其出席员姓名则于演期前二日由组长宣布。

出席员由部长按次轮派，不得推诿，有自愿出席者须于演期前三日去部长处报告。

出席员须预编演稿，后交干事保存，以为刊发杂志之用。此外有自愿投稿者，备极欢迎。

轮派员及自愿出席员演毕，尚有余暇时，各部员可自由出席，但不得涉及题外之事。

每周轮派报告新闻员一人，考察紧要新闻，于开会时报告，以资研究。该员得向本校事务室借用各报考察，开会程序如左：

（1）开会；

（2）各演员依次出席；

（3）报告新闻员报告新闻；

（4）自由出席；

（5）组长报告下周演题，并派定报告新闻员一人；

（6）闭会。

二十三①、会场规约如左。

---

① 序号接前，连排。原文如此，未改动。下同。

（1）开会闭会均以摇铃为号；

（2）开会时间自燃灯至点名为限；

（3）一人未演毕，他人不得争演。但一人演讲时间不得过二十分钟；

（4）不得喧哗及任意离坐〔座〕；

（5）无特别事故不得缺席（有事故不到须先向部长请假），未闭会时非经部长许可，不得自由出场；

（6）不得互相攻讦，并禁涉于暧昧之事，及有犯忌讳之语；

（7）不得携带食物和烟草；

（8）凡违反本项3至7各目时，纠察员得纠正之，不服纠正者由部长陈请会长处理。

二十四、开会时由录事记录演讲事项，另设旁听席，以待旁听者，但须遵守会场规约。

部员有成绩卓著或对本部有特别劳绩者，于一学期终由部长呈请会长褒扬之。

附则：本细则有不适用时，得多数部员同意，由部长呈请会长修改之；本细则自公布日施行。

## 文学部

一、本部分属学友会，故定名为湖南省立第一师范学校学友会文学部。

二、本部以增进知识、发表思想、涵养文学之兴趣、研习文学之技能为宗旨。

三、本部职员及其权限均照学友会总纲第七项第3、4目及第八项3、4、5目办理外，每组得设组长一人及加干事、纠察若干人。

四、本部研习暂以国文、英文、日文为限。

五、本部分国文、英语、日文三组。国文组又分为古文（凡论辩、序跋、奏议、书启、赠序、诏令、传状、碑志、杂记、箴铭、颂赞、诗赋、哀祭等属之）、小学（凡字形、训诂、音韵等属之）、杂录（凡小说及各种杂著皆属之）三种。英语组又分为会话、演说、翻译、作文四种。日文组暂注重文法，以能译书为度。

六、部员各因性之所好，择习一组或兼习数组，于一组或数组中分习一种兼习多种，均听自便。

七、国文组、英语组、日文组，暂时各聘教员一人担任教授批准事项。

八、练习地点，国文即在各部员自习室，英语之翻译作文亦然，唯会话、演说两种及课日文须在教室行之。

九、英文会话分教员与部员，会话部员互相会话，每周暂定一次，于星期三日午后四时行之，研习时，由教员批评指导。

十、国文、英文、日文研习分自由、制限两种。自由研习各部员随时随意为之，限制研习由部长请教员出题（但国文不出小学题）。

十一、成绩每周收集一次，各部员须于星期六日送文，部长请教员批评，除选优传观并藏收为开展览会及发刊杂志之用外，余均发还。

十二、本部备有国文、英文两种卷纸，各部员于星期六日在干事处领取。

十三、关于英文应用书籍由部备发，但部员需出价三分之二。关于国文、日文者，概归自备。

十四、凡国学、英语二部部员至三周以上无成绩者，由部长呈请会长令其出部。英语组部员并须追偿所领书价（有故自请脱部者亦然）。

十五、部员有成绩优美或有特别劳绩者，一期将满时由部长呈请会长褒扬之。

十六、附则。

（1）本细则本不适用时，得多数部员同意，由部长陈请会长修改之；

（2）本细则自公布日施行。

**书法部**

一、本部分属学友会，故定名为湖南省立第一师范学校学友会书法部。

二、本部以练习书法、启发美感为宗旨。

三、本部职员及其权限均照学友汇〔会〕总纲第七项第3、4目及第八项3、4、5目办理。

本部书法分为普通、特别两种。

凡楷书、行书、草书等属普通书法。

凡隶书、说文、钟鼎等属特别书法。

以普通书法为主，特别书法自由练习之。

练习地点即在各部员自习室，时间不规定，任课余自由行之。

本部置有特别法帖及习字纸，以备领用。惟普通法帖及笔墨等概归各部员自置。

法帖于每星期六日，问干事处领取（过时不领，每人不得过三叶）缴帖亦然。如有损失，须归领取人赔价。

习字纸规定每周每人大楷一张、小楷一张、行草二张，于每周月曜日在干事处领取。（过时不领，已领而不如数缴字者，不得再领）缴字亦然。

练习成绩每周汇集一次，由部长送请本校习字教员批评，择优传观，除最优者外，均即发还。

练习成绩之最优者，于一学期终由部长汇呈会长考核，予以相当之褒扬（有特别劳绩者亦然），并将此项成绩储藏，为开展览会时之用。

凡部员无故三周不领纸练习者，得由部长呈请会长令其出部。

附则：

本细则本不适用时，得多数部员同意，由部长陈明会长修改之；

本细则自公布日施行。

**图画部**

本部分属学友会，故定名为湖南省立第一师范学校学友会图画部。

本部以练习观察、注意、想象诸力及增进美感为宗旨。

本部演习以校中未授之各种图画为范围。

本部职员及其权限均遵照学友会总纲第七项第 3 目及第八项 3、4、5 目办理。

本部演习暂不分组，但部员如达百五十名以上时，得分组演习。

每周设值周员四人，由部长就部员中轮派充当，其职务如左。

（1）筹备本周演习事务及分发各项用品；

（2）司教员出席退席时之口令，及拂拭黑板桌案。

本部以教室为演习场，部员须遵守教室规则，否则当受纠察员之纠正。

部员有特别事故不能到会时，须先报告部长请假。

演习分通常、特别两种。

通常演习每星期暂定一次，于金曜日午后三时行之。

特别演习遇展览会及其他特别事项时，随时宣布，但须得会长许可。

画帖分普通、特别两种。

普通画帖教授所用者属之发给后不须缴还，特别画帖各种画帖属之领取后须缴还。

普通画帖由值周员在会场分发，未到会者不补，但请假者不在此限。

特别画帖由干事管理，以星期一晚为领取时期，星期六晚为缴还时期。

所领书帖如有污损，须规〔归〕领取人赔偿。

画纸由本部发给，此外各项物品须量情形酌宜规定，在规定外者概归各部员自备。

图画纸于星期一晚向干事处领取，但领纸时，需将前次成绩缴还，不缴成绩者恕不给纸。

各部员每周须缴成绩一张，能多缴更佳，由部长选优传观，交由部长保存，俟一学期终，除优者存储，学友会余均发还。无故不赴会演习及演习而不缴成绩至三周以上者，由部长陈明会长，令其出部。

部员有成绩卓著或有特别劳绩者，于一学期终，由部长呈请会长襃扬之。

遇本校开成绩展览会及各种特别事项时，非本部部员亦可领纸作画，但以可与展览会者为限。

本部教授时设有旁听席，非本部部员亦可听讲，但需遵守规则。

附则：

本细则本不适用时，得多数部员同意，由部长陈请会长修改之；

本细则自公布日施行。

### 手工部

一、本部分属学友会，故定名为湖南省第一师范学校学友会手工部。

二、本部以发达心智、陶淑美感、练习技能为宗旨。

三、本部职员及其权限均照学友会总纲第七项第 3 目及第八项

3、4、5 目办理。

四、本部演习事项以关于手工之学理实习为范围。

五、本部暂聘教员一人担任教授事项。

六、本部暂行练习纸木工、金工等，俟经费发达再行扩张。

纸细工分甲乙两组，甲组厚纸，乙组织纸，金工随时酌定。

七、工作材料概由学友会置备。练习时由干事给发各部员，如有污损，不再补给。

八、工作器具暂由公私分备。

公备者由本部向本校借用，由纠察收发管理。发给之后，如有损失，须归领取人赔偿，俟经费扩充，悉由公备。

九、本部演习分为普通、特别两种。

普通演习于每周日曜日午后三时在教室行之，特别演习遇庆祝、展览、追悼等会时，由部长陈请会长临时召集。

十、各部员须每周缴成绩一次，归干事收管，未缴者不给材料。特别成绩（即各人自由制作之成绩）尤所欢迎。

十一、每周所缴成绩由教员评定，甲乙分别传观，每学期终由部长择优呈请会长襃扬之。其有特别劳绩者亦然。

十二、附则。

（1）本细则有不适用时，得多数部员同意，由部长陈请会长修改之；

（2）本细则自公布日施行。

**音乐部**

本部分属于学友会，故定名为湖南省立第一师范学校学友会音乐部。

木部以涵养德性、发达美感、实习音乐之技能为宗旨。

本部职员及其权限均照学友会总纲第七项 3 目及第八项 3、4、5 目办理。

本部暂分校乐、军乐、雅乐三组。

各组循环演习，上星期校乐组，下星期军乐组或雅乐组。

各组演习时间均定星期六日午后七时至八时。

演习分通常、特别两种。

通常演习如第五、第六两条之规定。

特别演习遇运动、庆祝、追悼、圣诞等会时，由会长临时召集之。

演习地点，校乐组、雅乐组在音乐教室，军乐组在操场。

演习时，校乐组、雅乐组由部长及干事领率行之，军乐组另聘教员教授。

部员有特别事故不能到会演习者，须预向部长请假。

部员不得于定时之外在寝室及自习室随意演习，致碍公安。

本部器械由部长收管，遇有特别事故，部长得临时收集之。部员于开演前，向组长领取乐器（但每人不得兼领二种以上）如有损失，须归领取人赔偿。

部员有不遵守本细则及临时规约者，须受纠察员之纠正，不服，得由部长呈明会长处理。

部员有无故三次不赴演习者，得由部长呈明会长，令其出部。

部员有技能优异者，于一学期终由部长呈明会长褒扬之。

附则：

本细则有不适宜之处，得多数部员同意，由部长呈请会长修改之；

本细则自公布日施行。

### 武术部

一、本部分属学友会，故定名为湖南省立第一师范学校学友会武术部。

二、本部以锻炼身体、发挥国技、养成坚忍勤劳之习惯、振奋尚武精神为宗旨。

三、本部暂聘教员一人担任教授事项。

本部职员及其权限均照学友汇〔会〕总纲第七项第 3、4 目及第八项 3、4、5 目办理。

演习地点定在本校体操教室。

演习时间定星期四日午后四时。

部员应受教员之命令及部长干事纠察员之指导。

开演时部员须一律着制服赴演习场，不得无故逗留，任意喧闹。

部员有三次不与演习者，得由部长呈明会长令其出部。

部员有技能出众或对于本部有特别劳绩者，于一学期终得由部长呈明会长襄扬之。

附则：

本细则有不适用时，得多数部员同意，由部长呈请会长修改之；

本细则自公布日施行。

**剑术部**

本部分属学友会，故定名为湖南省立第一师范学校学友会剑术部。

本部以锻炼身体、娴习技击为宗旨。

本部职员及其权限均照学友汇〔会〕总纲第七项第 3 目及第八项 3、4、5 目办理。

本部暂聘教员一人担任教授事项。

本部演习分为刺剑、单剑、双剑、单刀、双刀诸种。暂行演习单刀、双刀，余俟置备器具时演习。

演习地点定在操场或游息场。

演习时间定星期四日下午四时。

演习时，部员均着操服，不得无故逗留，有事不能赴演者须先向部长请假。

部员有无故不赴演至三周以上者，得由部长陈请会长，令其出部。

部员有技能出众或有特别劳绩者，于一学期终得由部长陈请会长褒扬之。

附则：

本细则有不适用时，得多数部员同意，由部长陈请会长修改之；

本细则自公布日施行。

### 架梁部

本部分属学友会，故定名为湖南省立第一师范学校学友会架梁部。

本部以锻炼身体、娴习技击、养成勇敢坚忍耐劳之习惯为宗旨。

本部暂聘教员一人担任教授事项。

本部职员及其权限均照学友汇〔会〕总纲第七项第3目及第八项3、4、5目办理。

本部以校后操坪为练习场。

本部以星期二日及星期六日午后四时为演习时间。

演习时，部员须一律着制服，齐集演习场，不得无故逗留，任意喧闹。

部员须服从教员之命令及职员之指导。

部员有因重要事故不能演习者，先向部长请假，倘有无故不赴演习至三次者，得由部长陈明会长，令其出部。

本部应用器械由干事保管。

部员有技能出众或有特别劳绩者，由部长陈明会长褒扬之。

附则：

（1）本细则有不适用之处，得多数部员同意，由部长陈请会长修改之；

（2）本细则自公布日施行。

**蹴球部**

一、本部分属学友会，故定名写〔为〕湖南省立第一师范学校学友会蹴球部。

二、本部以锻炼身体、联络感情为宗旨。

三、本部职员及其权限均照学友会总纲第七项第3目及第八项3、4、5目办理。

本部组织暂分第一球团及第二、第三、第四、第五、第六、第七、第八、第九、第十以上等球团。

第一球团物品归学友会置备，其余各团财政独立，物品自备，各自使用，不得侵越。

第一球团部长、干事、纠察等员直接指挥，监督本团。其余各团除分配时间、召集选手归组长主持外，其物品、会金及练习时之指挥监督，由该团处理，部长干事纠察等员，不得干涉。

练习时间由部长斟酌编定，凡遇某团练习时，他团不得无故侵越，致肇衅端。

凡邀集十六人以上、二十二人以下组成一团，经会长许可者得随时加入本部，本部即按照加入之先后，命名为第几球团，其性质与第一球团相近者，应归部长指挥监督，其与第二、第三等球团相近者则否，但亦须请部长分配练习时间，不得争执。

凡与外校竞技，器物费用均由部长向学友会领取，往来函件亦由部长裁答保管。

本部遇有重大事务，可由部长召集各团团员开临时会议解决之。

部员有技能出众或对于本部有特别劳绩者，于一学期终由部长呈请会长褒扬之。

附则：

本细则有不适用之处，得多数部员同意，由部员陈请会长修改之；

本细则自公布日施行。

## 庭球部

本部分属学友会，故定名为湖南省立第一师范学校学友会庭球部。

本部以锻炼身体、活泼手眼、养成勤劳习惯为宗旨。

本部职员及其权限均照学友会总纲第七项第 3 目及第八项 3、4、5 目办理。

开演时设评判员一人以部长或干事纠察充之。

本部分甲乙丙三组。

演习时间，甲组定日曜木曜两日，乙组定火曜金曜两日，丙组定水曜、土曜两日。均于各曜日下午课毕后、晚餐前，在本校前面庭球演习场行之，其晚餐后及星期日则任自由演习。

演习方法及规则另行规定，其大要以四人对演，每小胜员一换，连胜三次者，亦须另换。

本部各种器物如有遗失，须归遗失人赔偿。

凡违反球场规则者，纠察得随时纠正之，不服，由部长呈请会长处理。

部员有技能出众或有特别劳绩者，于一学期终，由部长陈请会长襃扬之。

附则：

本细则有不适用时，得多数部员同意，由部长陈明会长修改之；

本细则自公布日施行。

## 野球部

本部隶属学友会，故定名为湖南省立第一师范学校学友会野球部。

本部以锻炼手眼、活泼身体、联络感情为宗旨。

本部职员及其权限均照学友会总纲第七项第 3 目及第八项 3、

4、5 目办理。

分为甲乙两组，同时相对练习。甲组攻则乙组守，乙组攻则甲组守。

练习分正式、平时两种。

正式练习每周一次，于星期一日午后四时举行。

平时练习得二人以上，可随时行之。

练习地点在本校前面马路坪。

本部器具归学友会置备，每学期始业由部长领出，归本部干事纠察保管。

部员有技能出众或有特别劳绩者，于一学期终，由部长陈请会长褒扬之。

附则：

（1）本细则有不合宜处，得多数部员同意，由部长呈明会长修改之；

（2）本细则自公布日施行。

**竞技部**

一、本部隶属学友会，故定名为湖南省立第一师范学校学友会竞技部。

二、本部以练习选手各技能、锻炼体躯为宗旨。

三、本部职员及其权限除照学友会总纲第七项第 3、4 目及第八项 3、4、5 目办理外，每组得加设组长一人及干事纠察若干人。

四、本部分为水技、陆技。水技设游泳组，陆技设各分组，练习竞走、跳高、跳远、持竿跳高、掷球、垂身、屈肘等项。

五、部员各因性之所好，择习水技、陆技数种或一种。

六、水技、陆技各聘教员担任教授。

七、练习地点，水技在橘洲浅滩，陆技在操坪各处。

八、本部器具归学友会置备，由部长领出，归组长或干事纠察保管。

九、部员有技能出众，对外获胜或特别劳绩者，于学期终由部长呈请会长特别褒奖。

十、附则：

（1）本细则有不合宜处，得多数部员同意，由部长呈明会长修改之；

（2）本细则自公布日施行。

## 第十一节　附设夜学

（子）缘起

民国六年二月，本校附设夜学，专收校内外失学之职工徒弟。尽教授之义务者，为师范附小两部职教员，编学生为甲乙两班。每班每周授课两晚，计学徒七十余人。暑假后由学友会职员分任其事，挨户传告，学徒达百廿余人。其招生广告如左。

一名称：附设夜学

二宗旨：本校因附近失学者众，谋授以日常知识生活技能，以实施社会教育为主旨。

三报告：凡营工习艺、年长失学、有志补习、遵守规则、不缺课者，准邀同确实保人来本校号房报名。

四班次：以识字多寡暂分两班，每班钟点限每周三晚，每晚两时，分授常识、国文、珠算。

五期限：某月内报名截止，另期开学。由本校给油印讲议〔义〕，并津贴灯油、茶水，不取分文，惟笔墨纸张概归自备。

六地址：附设书院坪国民学校内。

（丑）教授

（一）课程

分甲乙二班，每周除星期（日）外，各班交互隔晚上课二时，后并为一班，除星期（日）外，每晚上课二时。其课程如左表。

**分班授课时间表**

| 日 \ 班 时 | 班 | （一点半） | | （半点） | |
|---|---|---|---|---|---|
| 第一日 | 甲 | 国文 | 国文 | 地理 | 常识 |
| 第二日 | 乙 | 国文 | 国文 | 地理 | 常识 |
| 第三日 | 甲 | 算术 | 算术 | 历史 | 常识 |
| 第四日 | 乙 | 算术 | 算术 | 历史 | 常识 |
| 第五日 | 甲 | 国文 | 国文 | 理科 | 常识 |
| 第六日 | 乙 | 国文 | 国文 | 理科 | 常识 |

**并班授课时间表**

| 第一日 | 国文 | 普通 | 七时至八时二十分 | 常识 | 八时三十分至九时 |
|---|---|---|---|---|---|
| 第二日 | 国文 | 应用 | 七时至八时 | 算术 | 八时至九时 |
| 第三日 | 国文 | 普通 | 七时至八时二十分 | 常识 | 八时三十分至九时 |
| 第四日 | 国文 | 应用 | 七时至八时 | 算术 | 八时至九时 |
| 第五日 | 国文 | 普通 | 七时至八时二十分钟 | 常识 | 八时三十分至九时 |
| 第六日 | 国文 | 应用 | 七时至八时 | 习字 | 八时至九时 |

（二）教材

国文、算术编纂讲义，其教材一酌取两等小学教本、二酌取杂字课本。

常识之分类及时间，从六年十月至七年六月共九月，如左：

历史、地理、理科：首三月

修身、卫生、实业：中三月

政治、经济、教育：末三月

常识为与以普通之知识及精神之安慰，如历史教以历代之大势及近年关系最巨之事流，养其爱国心，注重内容与精神，择其重要且与学徒有密切关系者。讲义每次仅发一页（凡图表等均印刷）。每晚作为余兴，以半点钟，用演讲式，教授之国文内容分认字、写字（发纸）、短文、便条、信札等项，算术先期教珠算、入后稍加笔算。

（三）教员

每班国文二人、算术一人、常识三人。常识每人担任一门。再于一定期间分配细目。如历史一门在首三月，教授计有十二次，可教十二事之类。教授大部取注入式，间用启发式。

（四）讲义

讲义由教授其课之两人商酌，共编格式，一律由教者规定并留存底稿，分任付印保管之责。

（五）细则

（1）坐〔座〕位不限定，先来者坐前，后来者挨次坐满。

（2）时间每晚七点钟起，九点钟止。

（3）每过各科发讲义一次，第一日发普通文，第二日发应用文、算术。

（4）习字纸三五日发者，携回家写；六日发者，在校内写。

（5）每次教员到时，学生起立致敬，教员答礼，不必呼口令。

（6）休息，出教室游廊外，但不得过国民部事务室。

（7）茶水备置在教室外。

# 附录6  夜  学<sup>*</sup>

**（十月三十日）**

同日，教育研究部附属夜学着手进行印刷白话招学广告，并由本会名义致函文君博古，函云：博大学兄台鉴敬启者，敝会发起夜

---

\*  湖南省立第一师范学校：《湖南省立第一师范学校志》，内部刊物，1918，书第
　　四  报告书。

学，原欲灌输常识于社会，以尽师范天职，尊处工人极多，想不乏热心求学之人，兹特付上白话广告四张，望先生广为劝导，俾早来报名。

广告云：列位大家来听我说句白话，列位最不便益的是什么？大家晓得吗？就是俗语说的"讲了写不得"，"写了认不得"，"有数算不得"，都是个人，照这样看起来岂不是同木石一样？所以大家要求点知识，写得几个字，认得几个字，算得几笔数，方才是便益的。虽然如此，列位做工的人，又要劳动，又无人教授，如何能到这样，真是不易得的事。现今有个最好的法子，就是我们第一师范办了一个夜学，今年上半年学生很多，列位中想有听过来的，这个夜学专为列位工人设的。从礼拜一起至礼拜五止，每夜上课两点钟，教的是写信、算帐〔账〕，都是列位自己时刻要用的。讲义归我们发给，并不要钱。夜间上课，又于列位工作并无妨碍。若是要来求学的，就赶快于一礼拜内到师范的号房报名。列位大家想想，我们为什么要如此做，无非是念列位工人的苦楚，想列位个个写得、算得，列位何不早来报个名，大家来听听讲。有说时势不好，恐怕犯了戒严的命令，此事我们可以担保。上学以后，每人发听讲牌一块，遇有军警查问，说是师范夜学学生就无妨了。若有为难之处，我替你做〔作〕保。此层只管放心的快快来报名，莫再耽搁。

**（十一月六日）**

本日牌示夜学开学日期。

布告五 夜学诸位报了名，人数已齐，便须上学。今定阴历九月二十五日（即阳历十一月初九日礼拜五）晚上七点钟在下面国民学校讲堂内上学，各带砚池笔墨，齐到为要。

**（十一月七日）**

又午后七时，会议夜学事，并发布白话条，云夜学定期阴历九月二十五日（礼拜五）上学。己〔已〕报否〔名〕者于是日晚上六点半钟，各带笔墨至师范上首国民学校内上学为要。

**（十一月九日）**

本日午后七时，夜学开学。学生到者九十人，其仪式如左①。

一、试验

二、整队向国旗行三鞠躬礼，并向职教员行一鞠躬礼

三、致训词

四、分班

五、发听讲券并规则

六、解释规则，即鱼贯出校

试题。

一、姓名

二、年岁

三、住址

四、现作何事

五、随意书街名五个

训词。首由方先生维夏致词〔辞〕，次由周先生喟航致词〔辞〕，词多不载，次由毛君泽东解释规则如左。

规则。今夜开了学，分了班，你们就是这所夜学的学生了。再过两天，到下礼拜一日（即九月二十八日）便要上课。今将各事说明于下。

一、夜学分为甲乙两班。甲班上课在礼拜一、礼拜三、礼拜五，即阴历九月廿八日、三十日，十月初二日。乙班上课在礼拜二、礼拜四、礼拜六，即九月二十九日，十月初一日、初三日，以下照推。

---

① 本附录中"如左""如右"等应理解为"如下""如上"。

二、每夜上课两点钟，从七点钟起，九点钟止。

三、功课分国文、算术、常识三门。

四、讲义及抄本由本校发给。

五、上课需带笔墨。

六、每次上课衣服听便，不必求好。

七、每人发听讲券一张，带来上课。

八、本校已函请警察保护，来往只管放心。

## （十一月十日）

初十日星期六，议明日午后七时复试夜学。

布告八　　夜学已于昨日开学，共到九十人。因讲堂大小分作甲乙两班上课。其已报名未到者，尚有四十二人，限明日晚上六点半钟（即阳历九月二十七日礼拜日）来国民学校听候试验分班，一齐上课。以后再不得补。此布。

计开

甲班四十四人

乙班四十一人

未到者四十二人

十一日星期日，请决分担功课管理如左表

| 星期一甲班 | 国文邹彝鼎 | 地理萧学湘 | 管理 | 张昆弟 邓贤佑 |
| 星期二乙班 | 国文彭宗亮 | 地理刘大昆 | 管理 | 周世钊 曾以鲁 |
| 星期三甲班 | 算术罗宗翰 | 历史毛泽东 | 管理 | 李瑞纶 萧珍元 |
| 星期四乙班 | 算术方蔚 | 历史单传世 | 管理 | 郭毅钦 刘澹 |

星期五甲班　国文叶兆祯　理科张超　　管理　孙慕韩
　　　　　　　　　　　　　　　　　　　　　贺梯

星期六乙班　国文唐富言　理科周名弟　管理　李声澥
　　　　　　　　　　　　　　　　　　　　　黄乾生

右列各科，除国文、算术外，余均作常识，每晚教授三十分钟，采用演讲式。

又由学校图书室领来书籍如左。

高小新历史　六本　　珠算　　一本
　又教授法　六本　　高小国文教授书　六本
高小地理书　六本　　国民国文教授书　八本
　又教授法　六本　　中华国文教科书（高小）　九本
高小新算术　六本　　新制国文（国民科）　十二本
　又教授法　六本　　商务新国文　十六本
地理教授法　六本　　商务高小国文　十二本
理科教授法　二本

本日午后七时，补试夜学生，到者十八人，题同前。

十二日星期一，各部照表开演。夜学课学生到者甚多，以后关于夜（学）事务登载夜学日志。

……

夜学放假。将本年告一收束。其潜心听讲、缺课甚少之学生，分三等给予奖品，以示鼓励。本期因省城战事变化，受一顿挫，学生逐渐减少。然管教诸人率皆热心从事，虽遇风雨，往来国民小学，不敢告劳，殊为难得，其详载于夜学日志中。

# 附录7 管理训练一览表

| 管理 | 管理方针（注重积极方面） | | | |
|---|---|---|---|---|
| | 管理责任 | 分任 | 检查督察调制编置设备准备事项（学监庶务分任） | |
| | | | 分发课本讲义用品例载等项（事务员分任） | |
| | | 合任 | 监察 | 校长学监合任 |
| | | | 判定 | |
| | | | 处理 | |
| | | 轮任 | 例事（职员轮值） | |
| | | | 助理（学生） | 室长、组长 |
| | | | | 值周生 |
| | | | | 值日生 |
| | | | | 学友会职员 |
| | | 考查 | 全体考查 | 风纪、规律 |
| | | | 班级考查 | |

**续表**

| 管理 | 管理要项 | 考查 | 个性考查（心性气质体容言语行为学业） | | |
|---|---|---|---|---|---|
| | | | 场所（自习室教室寝室食堂阅书室食堂运动场运动场游息场实习场校外各处） | | |
| | | | 时间（仔细上课运动勤作游息试验寝食） | | |
| | | 实施 | 校内外 | 防范（招考编置设备起居偶发等事注意） | |
| | | | | 感化（觉悟记载及传诫） | |
| | | | | 劝戒（适用各种规则） | |
| | | | 赏 | 名誉奖 | 褒状 |
| | | | | | 揭示 |
| | | | | | 加分 |
| | | | | | 传奖 |
| | | | | 实物奖 | 徽章 |
| | | | | | 旗帜 |
| | | | | | 书籍 |
| | | | | | 物品 |
| | | | 罚 | | 分等 |
| | | | | | 扣分 |
| | | | | | 送注意条 |
| | | | | | 训诫 |

续表

| 管理 | 管理要项 | | | | | |
|---|---|---|---|---|---|---|
| | | 实施 | 出校 | 假期预防及稽查 | | |
| | | | | 假期修业规则 | | |
| | | | | 假期课业(限缴日记答案调查表采集标本) | | |
| | | | | 假期寄宿自治规则 | | |
| | | | | 家庭联络(通讯、报告、接洽) | | |
| | | | | 保证人联络 | | |
| | | | | 毕业生查记 | | |
| | | | 整洁 | 平时整洁 | 教室、自习室、寝室(学生轮值) | |
| | | | | | 其他各处(指派) | |
| | | | | 定期整洁 | 大扫除 | |
| | | | 运动 | 正式体操、课间操、课外运动 | | |
| | | | | 劳动、泅泳 | | |
| | | 卫生 | 校医 | 诊察簿、医案 | | |
| | | | 外医 | | | |
| | | | 准备应急药品 | | | |
| | | | 取缔食品用品 | | | |
| | | | 预防传染病 | 隔离(特别) | 调养室 | |
| | | | | | 厕所 | |
| | | | | | 盥浴所 | |
| | | | | 消毒药品 | | |
| | | 检查体格 | | | | |

**续表**

| 训练 | 训练方针（注重人格教育） | | | |
|---|---|---|---|---|
| | 训练责任 | 校内 | 校长 | 训练统一 |
| | | | 学监 | 事务室集权（合议制） |
| | | | 教员 | 变故时维持学校 |
| | | | 同学规戒 | |
| | | 校外 | 名人 | |
| | | | 家庭父兄 | |
| | | | 保证人 | |
| | 训练要项 | 考察 | 学生 | 德育 | 心术（纯正、阴险、温良、狡猾、绵密、粗放、快活、沉郁、笃实、执拗、刚毅、优柔、奢靡等） |
| | | | | | 行为（方正、不正等） |
| | | | | | 言语（明畅、讷涩、轻躁、庄重等） |
| | | | | | 举动（活泼、迟笨、肃静、狂躁、严谨、轻浮、粗野、朴实、奢靡等） |
| | | | | | 纪律（严守、违背、整饬、凌乱等） |
| | | | | | 感情（和缓、激烈等） |
| | | | | | 起居时限（起卧散步外出等时限） |
| | | | | | 习癖嗜好（好恶喜怒吸烟饮酒等） |
| | | | | | 娱乐（音乐图画手工书报运动游戏等） |
| | | | | | 对待家族（柔顺放纵和睦忤逆辅助家事或事放弃等） |
| | | | | | 对待朋友（忠信欺伪等） |
| | | | | | 对待仆役（宽严厚薄等） |

续表

**训练**

| 训练要项 | 考察 | | | | |
|---|---|---|---|---|---|
| | 学生 | 智育 | 学业勤怠 | 勤勉（上课自习注意如何注意何科科长于何科） | |
| | | | | 怠惰（好睡眠、游走、谈话等） | |
| | | | 才干长短 | 自动（程度能力） | |
| | | | | 纯御的、事务的、创业的、守成的 | |
| | | 体育 | 运动 | 击剑、古球、竞技、角力、散步、旅行、泅泳、服务等 | |
| | | | 卫生 | 饮食 | |
| | | | | 眠起 | |
| | | | | 衣服 | |
| | | | | 整洁（沐浴、洗濯、扫除、整理等） | |
| | 家庭 | 距校远近 | | | |
| | | 父兄职业 | | | |
| | | 生活状态（门第、资产、人数、忙闲等） | | | |
| | | 四邻状况 | 居住（城乡山水平原等） | | |
| | | | 习俗（繁华简朴等） | | |
| | | 家训宽严 | | | |
| | | 仆婢多寡 | | | |
| | 保证人 | 住居 | | | |
| | | 职业 | | | |
| | | 资望 | | | |
| | | 与学生之关系 | | | |

续表

| 训练 | 训练要项 | 实施 | 学校 | | | | |
|---|---|---|---|---|---|---|---|
| | | | | 校训（知耻—公诚勤俭） | | | |
| | | | | 训话 | 全体训话 | 始业休业毕业各种纪念庆祝 | 训话室礼堂游息场行之 |
| | | | | | 全级训话（关于一级事项） | 训话室、教室行之 | |
| | | | | | 全班训话（关于一班事项） | | |
| | | | | | 个人训话 | 事务室、训话室及他室行之 | |
| | | | | | 特别训话 | | |
| | | | | | 名人训话 | 常时 | 训话室、教室行之 |
| | | | | | | 变时 | |
| | | | | | 材料（训话录、训练事由底册） | | |
| | | | | 训示 | 全体训示 | | |
| | | | | | 全级训示 | | |
| | | | | | 全班训示 | | |
| | | | | | 个人训示 | | |
| | | | | 奖励（举行体育最优者给予褒奖、四级学生甲派特别实习） | | | |
| | | | | 训练的作业 | 勤俭及自动 | 举行仪式、训话、朝会、课间操 | 闻号令规律敏捷 |
| | | | | | | 上课、下课、教授、实习、寝食 | |
| | | | | | | 行军、旅行参观、合操 | |
| | | | | | | 自习［授业前后及早晚（除课外运动）入室自习］ | |
| | | | | | | 假出（齐着制服、依限出人） | |

续表

| 训练要项 | 实施 | 学校 | 训练的作业 | 勤俭及自动 | | |
|---|---|---|---|---|---|---|
| | | | | 农业实习（学生自辟学级园，农场耕作管理整洁农具） | | |
| | | | | 工业实习（各种工作整理工具汇缴成绩，练习印刷） | | |
| | | | | 商业实习（招股组织商店练习储蓄贩卖） | | |
| | | | | 课外运动（陆上分跳高，跳远，击球，掷球等，水上分俯泅，仰泅，侧泅等） | | |
| | | | | 学友会各部演习（各部聘员教授，补正课未逮） | | |
| | | | | 研究童子军（依时在省教育会研究） | | |
| | | | | 学习雅乐（春秋祀孔，在府学官演习） | | |
| | | | | 劳动（组织劳动队掘操坪，大扫除） | | |
| | | | | 整洁（教室，自习室，寝室各处，学生轮值整洁） | | |
| | | | | 每课笔记及各种日记 | | |
| | | | | 制服（质素夏白冬青，本国布） | | |
| | | | | 协同作业 | 学友会（设图书室编辑杂志等） | |
| | | | | | 运动会（组织装饰部，贩卖部，音乐部，新闻部等） | 充筹备员，招待员等 |
| | | | | | 成绩展览会 | |
| | | | | | 追悼会 | |
| | | | | 人物互选（拟定标准，投票选举） | | |
| | | | | 保护学校 | 叠（选）遭兵警，组织警备队自卫 | |
| | | | | | 遇火警，学生任消防职务 | |
| | | | | 假期勤业（调查各县教育状况，搜集标本，预备博物馆材料） | | |
| | | | | 注意卫生（勤冰浴运动，慎饮食起居，防传染病等） | | |

续表

| 训练要项 | 实施 | | | |
|---|---|---|---|---|
| | 学校 | 礼仪 | 大礼(举行各种仪式,奏乐,脱帽,三鞠躬或一鞠躬礼) | |
| | | | 敬礼(上课下课,早晚点名及外遇教职员,父兄,同学等行脱帽一鞠躬礼) | |
| | | 训练的作业 | | |
| | 家庭 | 通讯 | | |
| | | 访问 | | |
| | | 接洽(口述或通告) | | |
| | | 联络训练 | | |
| | 保证人(联络训练) | | | |

资料来源:《湖南省立第一师范学校志》,内部刊物,1918,人事表。

# 附录8　国耻纪念日演说词<sup>*</sup>

每〔每〕次训话，必令学生纪〔记〕录之，兹以国耻，当念勿忘，故特存之。

国耻纪念日演说词（民国六年五月七日）

中日交涉始末

校长孔昭绶口演　学生　李维汉　李学斌　黄纲钛　葛良周　等笔述

溯民国二年，余因政变避居东京，未几中日交涉起。我政府阴与磋商，内地同胞秘不得闻，日报则嬉笑怒骂，尽情披露。凡寓居倭土者无不洞悉底蕴，愤激莫遏，无如在祖国，既不许人民置喙，在彼国则处于强权迫压之下，虽欲求一哭而不可得，忍辱含垢，愤不欲生。然往事已矣，来日大难，天下兴亡，匹夫有责，况在青年，可不焦思尝胆，求为最后正当之防御，与根本上之解决乎？特将当日中日交涉，略举其颠末以相告，幸永永无忘国耻焉。

（一）中华民国之位置

我国为五千年声明文物之邦，在世界上之位置，以历史言，应居第一；以领土言，亦应第二；以人口言，尤应第一，而何以反居第三位，至日本区区三岛，土地仅占我国三十分之一，人口仅有我国八分之一，更何以朝鲜失，台湾割，旅大租让，而此最惨酷最痛苦之亡国条件，亦且俯首帖耳，伈伈俔俔，唯命是听，此诚吾人当引为奇耻大辱，而不可一日忘者也。

---

* 湖南省立第一师范学校：《湖南省立第一师范学校志》，内部刊物，1918，书第四　报告书。

（二）中华民国之名称

辛亥革命，我国本其历史上中土华夏之惯称，定名中华民国，原我国一固有之名词也。故以我国古训言，《公羊传》名从主人，第三者决不能变更主人之名词；以国际公法言，凡平等国，应具相当之敬礼，不能不尊重其国家。讵际改革之初，日本报纸首倡异议，大肆其簧，鼓挑拨之词，谓我夜郎自大，内中夏而外夷狄，自华其族而野蛮他人。于是各国徘徊观望，迟迟不承认者逾年。经各地方面疏通，且举满蒙五铁路权啖日，日虽正式承认，而其名要仍非中华民国也，乃支那共和国也。同胞不悉此中真相，当承认之日，方且通电全国，各界欢欣鼓舞，对国旗而狂呼中华民国万岁，外人已窃窃然笑之。迨交涉起，日辄以此侮辱我辈，每关吏或警兵调查国籍，吾以中华民国答之，则曰地球上固无此国也。试反唇稽之，则曰区区支那共和国耳。函面苟书有中华国等字，则邮差必故涂抹之也。呜呼！使此际果可以逞匹夫之私勇也，则吾且齿嚼欲碎，拳握欲裂，而发上指，欲求得一当也久矣。

（三）日本人之野心

日本自维新以来，实行内阁制。内阁，行动全国政策之代表也。自伊藤博文、桂太郎辈登阁，无非取极端之侵华政策，其进行方针约分二派：一南进派，主张由我西江流域着手；一北进派，主张由我南满内蒙着手。至福建山东，尤为日人垂涎之焦点。日俄战后，乃竭全力以图我满蒙。学校每谈本国地理，竟至指东南满内蒙强认为日本地理，以继朝鲜台湾之后。夫以我国行使最高主权之领土，乃默认他人之支配而不敢过问，此而可忍，孰不可忍！又凡博物教授，必云支那某地产某物，为我所未有，某地产某物，为我所必需，地大物博之支那，彼不能自治，吾必取而代之。又如音乐教授，则极言我国为乐土，以印入国民脑经，而坚其侵我之决心。至于社会教育，则更有令人难堪者，浅草公国塑多数活动泥偶人，表示英法日俄提携德奥失败，美人坐观，中妇红裙小足立其旁，盖等我于臣妾而无独立之能力也。又博物馆所见人物模型，无不加倍描写我社会，甚或以人饰我国孝子麻衣竹杖跪拜哭泣，以博人嘲笑，横肆其侮辱之意。又靖国神社，凡捕虏我国战利品，如刀、枪、干、矛、勇褂、万民伞、黄马褂、花翎、红顶之类，无不罗列其中，以示我国之易与，而促其侵略进取之心。见者辄抚掌大笑，而我过者非痛哭而返，则惟有俯首合涕而疾趋。吁，彼朝野上下方日夜淬厉于大亚细亚主义，大有灭我朝食之概，而我乃文恬武嬉，麻木不仁，歌舞于漏舟之中，娱乐于焚栋之下，自非丧心病狂甘作亡国奴，何以至此？

（四）条件之提出及承认

袁氏自癸丑之役，司马昭之心路人皆知，初秘与德约，存款五百万于青岛之德华银行，作帝制担保费。青岛既破，日窥其隐，乃乘机以帝制啖袁，且谓不需报酬，但求解决悬案。袁既挟大欲以临南方，又以德方有事西封，不暇东顾也，乃慨许之。不料日随以二十一条件，不由外交部，直接要袁。袁虽延宕不决，然刀柄人执，动则流血，而日报纸且谓袁如不承认，即将宣布密约。试闭目一思其密约果何如者，不待智者知之矣。而我外交次长曹汝霖岁受日贿五十万元，甘心卖国，最后通牒未到，曹即夜往日使馆作全部承认之答复。日政府方以本国人民之反对，与我国人心之愤激，恐不能得圆满结果，乃去其第五项太甚者，以为下台之计。迨曹承认时，通牒早至半途而已不能追加矣。不然，果尽依曹氏答复，吾等今皆牛马矣。事后日人愤伊政府失败，盖深知中国之内容而恨其减去条约也。当交涉之初起也，留日同胞群起而谋对待之策，然屈居权威之下，无处不肆其干涉禁止同人集会且运动。驻日公使陆宗舆解散留学生会，或派恶探以监视其言动。吉林王世选因作书备言日人不足畏，宜拒绝其要求。日警强索其印刷物不予，至批其颊。余亦曾草数万言，痛陈日本财政困难，兵备虚骄，国民反对，无宣战能力与决心，冀以觉醒同胞，乃均被查没。于是公推代表分赴内地，冀联合全国，竭群策群力，一致为坚忍之抵抗。讵袁氏大欲熏心，预为钳制，为虎作伥，侦探密布。北京代表刘文岛万钧既被捕于天津，黑龙江代表乔选之复就逮于大连，容伯挺则通电缉拿于各地，上海代表萧雨霖等均以分发印刷品下狱，而陆使署于日兵入国门时雀声，琴声尚铮铮然彻户外，丧国辱位，为外人所唾骂。吁！举国民气既消灭于内外权威武力之中，而空前绝后之大污点遂长留于中华民国第一篇历史上矣。亡国灭种之惨祸，遂造因结果于二三数卖国奴矣。更可耻者，陆建章、龙济光等辈函电交驰，谀词络绎，觍贺外交胜利。曹氏且以外交有功，而奖励勋位。而日本国民在昔反对此举，不欲与中国开衅者，兹且愤政府外交失败，痛诋大隈加藤为卖国奴，谓二十一条件曹氏拱手送之而不受。国会议员至，质问加藤，而卒以去职。日报纸谓第五项之作为悬案，全国应永抱为遗憾，而不可须臾忘。呜呼！杀人者以被杀者未速死至认为毕生遗憾，被杀者当复如何？且胜利不在日本而在中国，卖国贼不在中国而在日本，当永抱为遗憾者亦不在中国而在日本，天下之是非休戚，事事辄与实际相反，以彼较此，其相去岂啻天渊哉。

（五）苟我不承认，日本将如何

曹氏既口肆其卖国之手段，侈张日威，挟外寇以恫吓国民，即有一二宅心稍正者，又足未出户，盲从蛰伏，一若稍持坚硬，即祸至不测也者。侨汉日人见我民心难侮，争携眷返国，集中上海，而我汉口交涉使且前阻之，曰无论争持至若何程度，中国并无宣战之准备。呜呼！果真愚不可及耶？抑别有用意耶？顾何必翘其短以示人也。通牒限度本为五月九日，而我之答复已于八日晚面达矣。殊不悟日人之爱的美敦书皆恫吓手段也。盖日自日俄战后，其经济迄未恢复，外债之负担，每人平均三十元，不欲更作冒险之举，致人民再受痛苦，此其无宣战之决心者一。立宪国家以民意为主体。日俄之役，人民争欲为国死，故一战而胜。此次日民咸呈反对之态度，与我今对德宣战无异也。举国既不能一致，果何所恃以为政府之后盾乎？此其无宣战之决心者二。日本元老院为国家大政策源之地，而元老井上馨、山县有朋、西园寺、松方候四人对于人才、兵力、财力之观察，皆极端反对，并质问政府。政潮剧变，几至先为内部之宣战，此其无宣战之决心者三。有一于此，尚不足以言战，况日具此三因。吾国果能知己知彼，毅力坚持不为所动，可使其条件消灭降至零点，而我中华之民气国威或且由此远播，而示天下以不可侮。惜乎盗国之袁氏，卖园〔国〕之贼臣，狼狈而演此剧，重增我国民莫大之耻辱也。

（六）苟我继续排斥日货，日本又将如何

日本区区岛国，地狭人稠，供不应求，经济缺乏，日人所引为深忧者也。一国之经济，既不能独立，而对于欧美，又不能为国际的经济竞争，专恃我国为外府，而出其一切化妆品、奢侈品输入我国，攫取我大宗金钱，故对华贸易者着着进行，不遗余力，意欲操纵我金钱之流通，吸收我脂膏之外溢，使为印度埃及之续。交涉既起，我国民及华侨厉行排斥日货，而湖南为最激烈。有与贸易者罚其人，毁其货，热忱所致，三月之间而日本海外贸易之损失达一千六百余万元。商民恐慌，群起而质问政府。于时日人救济之策约分两派：一激烈派欲借此再以强权迫我完全承认第五项，一和平派多遣代表运动我国政商各界，以和缓其反对，其后卒以此奏成功。使我国能继续排日，坚持到底，吾知不出一年，日本商界必受绝大之影响，而足以制日人之死命。商战已足，奚必再事兵战乎？惜乎！政府摧残于上，人民萎靡于下，五分钟后，热度低降如故，冷落日商之门，复变味喧阗繁华之市矣。虽然，排斥外货之名词，惟我国则有之。若东西各国，国货充斥，绝对不用外货，固无所谓排斥也。理由有（二）。一、<sup>①</sup>由国民常识能提倡与制造国货，如日本五都之市所陈列者无一非本国货，即欲求一欧美之货且不可得，况吾国之货乎？试返观吾国国货之供给，既不足以应需要，而国民之所嗜与市招之所标揭，无一非东西洋货，且惟此个人足获重利，绝不顾国家利权之外溢，亦足征其无爱国之心也已。（二）由关税政策足以操纵商权，而隐有以杜绝外货，苟己国所必需之原料，则低其税以入之，否则必昂其税以拒之。尝有一友游学日本，挟水烟四包往日，吏每索税五元，友大愤，举而投之海。虽一时足傲日吏，而其留日，必仍吸以日之纸烟也，则适堕其计中矣。又王君文典尝自言衣一长衣往俄，吏取税三十二元。王诘之，则曰君衣值十六元，税率倍之，故必三十二元也。又我国酒如入日境，每瓶税数元，均寓禁于征，以实行其排斥外货之策，岂如吾国上下专嗜外国之货而欢迎之，而乐饮鸩以救渴乎。然则，吾国何不重征外货以禁之于平日也？曰吾国税率值百抽五，食品且不收税，早规定于条约，九洲〔州〕之铁，铸成大错，故今虽欲改正关税而未能也。烟酒为奢侈品，各国绝对不容外货之侵入，而吾反嗜舶来品，且不能税以惩之，宜中国之尪瘵欲死也。夫平日不禁外货，犹不足以立国，况以日之雠仇禁之而旋嗜之，谓非吾国民之大耻乎？

（七）中日政俗之比较

孙子谓，知己知彼，百战百胜。不知己知彼，百战百殆。辽主谓以辽视宋，洞若观火，宋视辽则如堕五里雾中。今日人固知己知彼如观火，我则不知己不知彼如坐雾中，此其所以危也。夫调查国性、探刺敌情，对外之要务也。日本谋我福建，中日交涉之际，一时抵闽调查者至五千人，即平居无事，吾道县无日不有日人之足迹，商贩游历皆其密探也，商店银行皆其机关也。又日人所著支那

---

① "理由有（二）。一、"应当作"理由有二。（一）"，正与后"（二）"相对应。

经济一书，凡我国门符及街巷祈神驱鬼呼童唤子之怪象，无不一一载之，他可知矣。我国国民脑筋简单，思不出户，国内之调查尚赖外人越俎为之，况国外之事乎？然平时既不注意事急，则又无所措手，彼秘密之谋，岂肯宣露？吾恐祸迫眉睫，而吾犹在梦呓中也。故将中日政俗，略比较其一二。

（甲）政治。首言国体，我国辛亥改革，建设民主国。日本自神武开国以来，二千五百七十余年，一姓承袭，宪法规定天皇万世一系，将来虽难推测，然已足以自豪矣。以名义上言之，日为君主，我为民主，此固国体之不同者也。然若论政体，则日虽君主，民权发达，实不逊我，盖日本纯为法治国也。天皇以下，皆须受法律上之制裁。凡大祭合操及行毕业式，天皇无不马车躬临，从臣不逾十数骑，人民欣欣载道，乐为观瞻。我国自建民国，总统总理固不轻出，出则武夫前呵，如临大敌。前逃将军汤某，车骑出署，交通为之断绝，气焰灸人，道路侧目，是较日天皇为尤尊也。袁氏柄政颛尚专制，不独非内阁制，并非总统制，直一袁术第二而已〔已〕。袁氏既覆，当道矫枉过正，则又有内阁而无总统，较前虽得其反，然专制流毒则殊途同归。故内阁不循正轨以驰国会可率尔捣乱，直一无法之国而已〔已〕。更安能望日本之项背乎。日本取内阁制，与我等也。然日本内阁之组织，其资望功绩学识必极一时之选，多系专门人才，足以发展其政见。民国建设已六年，惟唐内阁时代庶几近之，余则非前清官僚，即北洋武夫所谓亡国之大夫，不可与图存者也。至日本地方行政，亦必慎选其人，特别机关如朝鲜台湾关东州，各设总督一人，兼治军民，尤必文武兼资者为之。我国名为军民分治，然多以督军兼省长，或省长兼督军，否则必督军颛横，省长视同属吏，贤者不免争权，不肖者阿比以自容，虽有良法，莫能推行。以治军者治民，政绩不良，时虞跋厄，此近日各叛督之独立之所由来也。

（乙）军政。铁血者，国家之实力也。实力充足，谁敢侮余。前岁之辱，虽政府有以致之，然实力不足，何可讳言。兹（首）言陆军。查日本陆军止十九师十旅，合计不过二十九万人，我国自前清末拟设三十六镇，民国元年扩至八十师，二年退伍，尚余六十师，今犹在四十师以上，多于日本数倍。然而强弱相反者，实兵制之不同也。日本行征兵制，除师范中学止服兵六月或一年外，余则凡为男子均有服兵义务。平日分常备、预备、后备三种。常备服役三年，预备四年又四年，后备十年。每年检查体格，一等直接充兵，二等补充兵，三等国民兵，战时则可召集全国精兵至一百五十万。若我国行募兵制，人民亦贱视兵役，所谓好铁不打钉，好人不当兵是也。故除现有四十师外，不能得一卒，而此四十师中，又或因组织不完，或训谏〔练〕无方，或器械不足，其有战斗实力者不及十师。以十师与一百五十万兵较其胜负，宁待交绥哉。（次）言枪弹。德国工业盖世，有四十八珊巨炮，口径十六寸者无论矣，日亦有十二寸口径炮，我国无有也。日本兵器统一尽用三十八年式，若我则或用日枪或用德枪或用俄枪或用本国所制之枪，而甲枪不能装乙弹，甲弹不能装乙枪，甚者则腐朽不堪用，至子弹分配于四十师中，每人能射击若干分钟，言之尤合人短气，至全国兵工厂须制造六个月，方足供一师之用，他如军饷军装犹未计及也。（次）言海军。则世界海军，英第一，德次之，美又次之，日虽第五，然兵舰尚有五六十万吨。日俄之战，俄波罗底海舰队交战数小时，即歼焉，殊未可侮也。我国海军自败于黄海，今不过三万吨，虽足巡弋内江与沿海，然日人讥其不及一舰（德一巨舰四万余吨），且不足当一炮，虽言之太甚，亦当爽然自失矣。且二十世纪之战争，当上在天空，下在水底，中亦在地中，而陆面水面之争，殆将成为过去历史。况我并陆面水面之争，尚不足以抗人乎。日本潜航艇虽不逮欧西远甚，然正极端研究，至航空学校、航空协会，无日不以御风排云为识志，飞艇之翔于高空者触目皆是，其有殉于此者，政府特予恤金，故前仆后继，百折不回，以冀收最后之美果。我国潜艇无论矣。即航空界，北京一校仅有五人，广东初设，无甚成绩，军政如此，不亟加振刷而徒侈言报仇雪耻，其何异于欲前而反却走也哉。

（丙）财政。金钱者，世界万能之物也。故国家之强弱，专视金钱之多寡。吾与日本财政上之比较，相去不啻天壤。（一）租税也，日本五千万人，岁税至五万万，每人平均负担十元，我国四万万人，岁税二万万，每人平均五角，其反比例之等差如是，其故有四。首由历史上之观念，人民以终岁之勤动，仅出之以供皇室挥霍，以天下奉一人，而非以一人养天下，故不欲多朘其脂膏，以增长其骄奢之罪恶。习惯既成，今虽国体变为共和，而此观念尚未为根本的取消。次由生活程度既极困难，自谋不给，遑恤国家。再次则政府征收机关不良，人民汗血多归中饱。再次则无监督机关足以稽核政府之用途，纳税者不无怀疑之点。综上数因，岁收日绌。光绪以来，税入不足则借债，借债不足则破产，上下之势既相暌隔，更谁乐毁家以纾国难乎？若日本既有善良机关以慎收纳，复有监督机关以稽其支付，其取之于民者仍用之于民，故一犬之税二元，一自转车五元，一理发店十二元至二十元，一酒每石二十元至三十五元，一砂糖每百斤二元至十元，国家之岁入日多而人民之供应不绝。（二）贸易也，日本出口税最轻，或且不税而反津贴奖励之，运至某国，复有最惠国条约，税重者不过百分之二十，商民称便。海外贸易日形发达，岁入十一万万元，若我政府对于出口货，不独无奖，且节节抽税，如茶如丝，未至外国，已不胜其苛扰。迨至其国，彼复重税以遏之，轻者百分之六十，重者至百分之二百，成本既多，销路因以折阅，商务日落，海外贸易岁入仅数千万，而华侨之在南洋美洲者，商业又尽操纵于外人之手，消行中国货者不过百分之一二而已〔已〕。华工在美，初多以勤劳致富（美人生活程度高，洗衣者每周约得美金七十元），美人忌之，禁华工续往，有至者辄捕去，日给面包二枚，冷水一钟，苛暴侮辱，不堪言状。其先至者，既不能回国，又无妻孥，于是种种恶习，无所不为，既不能娶美妇，而女子住者又绝少，致男多女少，恒以械斗相争，夺胜者得妻，故种族日少，而贸易势力愈收缩。日则不然，人民留美者，设学校以育之，无妻者彼此交换相片，送女至美以婚之，子孙蕃育所在成殖民地，贸易遂日以膨胀而国家增加岁收。（三）金融也，金融为贸易之媒介物，日币制统一百铜元等于一银元，十银元等于一金磅〔镑〕，全国一致，无高低涨落之差，银行数百，惟国立日本银行始有发行纸币权，意在流通金融，便利商民而已。若我国纸币充塞，自国家机关下及小贩乞丐，无不发行纸币，甚有以竹片代之者，不独非金银本位，并非铜本位，盖一纸本位而已。价格紊乱，金融恐惶，日人遂乘隙出其国内被逐之洋元，由台湾朝鲜以流入中国，换我票银，持向政府兑现，吾人不知，且乐用之，迨持至彼国，乃一文不值，专用以骗中国之金钱，又彼台湾正金等银行，均滥发纸币以攫我利权，人民利其总换之信用，又恐本国银行之倒闭也，尤争与交易，于是汇水涨跌，一任其操纵，空拳持券即足以紊乱我之金融，而制吾死命。夫发行币制，乃吾国家最高主权，断不容外权之侵入，今乃主权旁落，坐视劫盗入室而莫能禁，此则由政府之不良，而人民之无识，遂陵夷至此极也。

（丁）交通。交通可分水陆二者言之。兹（首）言陆上交通。日本面积仅等于我四川，而铁路延长达七千余哩〔里〕，东京一市，电车千二百辆，日可行程一百一十余万哩〔里〕，每距五分钟即有一车，前后络绎无冲突中断之虞，价格极廉，往复仅铜元九枚。我国电车惟上海有之，价格时间均无定制，铁路则全国只四千哩〔里〕，其有完全主权者仅千哩〔里〕，当日之七分之一，一旦有事，日兵于廿四小时可集中于一点，不出三日，由朝鲜安奉直冲吾腹地，若我无论兵不足恃，即欲征兵于新疆蒙藏等处，已非数月莫能，兵贵神速，吾恐敌断不肯延期以待吾援兵之至矣。（次）言水上交通。交通便利，陆以铁路，水以汽船。日政府不惜投巨资津贴汽船公司，以促其进步，计有百十三万吨，往来航行，遍于欧美。我国虽设有招商局，然输船十数，止行驶于内江及沿海，去岁始有华侨陆咏卿购船设局航行于中美之间，为太平洋有中国汽船之破天荒，获利已六十万，苟能再事扩充，实民国前途之幸福，因贸易与军事均赖汽舰以为交通之管〔关〕键。如近日人运茶往欧仅取三十两运费，华茶则加取四五两，运费既重，成本自增，迟速均任彼操之，而贸易之权不得不归彼垄断矣。且中日之战，我无船运兵，出巨金赁英输送往平壤，中途为日击沉，英以犯中立而无如之何。去春，袁氏欲运兵往粤，卒被招商局拒绝，而孽龙终不得逞，汽船之关于商战兵战有如此者，又华工出洋，因坐外船辄苦苛待，广东福建时有猪仔案之发现国体人道两受其摧辱，尤可耻者，西江扬子江黑龙江航权均被外人侵占，而日人汽船之名称不以我省名名之，即以州县名名之。夫个人之代名词犹不容人侵犯，况为一国领土主权之所寄焉者耶。（次）言运送店。日本各埠均有之，足济铁道汽船之穷，故吾人居日京一月，尝数迁而不以为扰，以其输送之便利也，欲购货物，无论国内外，以一纸托其转输数千百里，限时即至，且无危险，是亦以人力补助交通机关之一。铁道汽船固须有绝大资本，若运送店不过一种营业，奈何亦不提倡之乎？

（戊）教育。日本教育可约分学校、社会二种。（子）学校教育。（一）学制。寻常小学六年，高等小学二年，中学寻常师范五年，高等专门四年，大学三年。寻常小学为义务教育。凡文化愈发达之国，则其义务教育之期限必愈长。（二）教旨即德育智育体育是也。德育可分道德、礼节、规则等言之。道德注重人格，礼节寓于修身，除教室授课外，须在礼堂实习礼仪，由教员按级编成细目，授以家庭、学校、社会相接之礼，无不循循指导，务期随处不逾规矩。学校除校长、教员外，仅事务员二三人，别无学监，管理训练教授一任之于主任教员，来宾参观不设招待，然学生遇之则致敬礼，习以为常，我国学生视此为奴隶性，殊不知敬人者，人固恒敬之也。规则异常严整，听讲时恒正襟危坐，目不旁瞬。有富士见丁小学者，设备完善，为该地最，计二十余班，千数百人，休息时最活泼，上课时最整齐，而花卉杂陈，绝无毁伤之者。曾见二生被罚立正约三小时，久无悲泣愤怨之态，亦不敢嬉笑，对立如木鸡，固无人无之监视也。课既毕，教员学生相率去，仅余工役一二人，二生之态度不变，久之，工役述教员休罚令，始从容归去。此种良习，诚不知其何由致也。智育要旨首注重劳动职业，劳动如清洁校舍，洗抹地板，则学生之服务也；校园种植，工厂操作，则学生之工作也；晨送报，暇供役，则学生之雇佣也。至大学生而拉车卖菜，中学生而负贩鬻物，尤足征其劳动神圣之精神。若我国青年，入学骄侈成性，为社会造游民，为家庭增败子，孑孑蠕蠕，不知倚赖之可耻，谁尸其咎欤。日本职业教育，种种制作，皆能曲应时势之需要，盲哑学生亦有业，按摩者为医病手术之一，盖药材极贵，就诊必于医院，故伤寒微病，讲按摩者摩抚之即霍然病已，亦两利之道也。体育除普通体育外，分射击、柔道、剑术、寒稽古、射击。自中学学二年以上即实行演习柔道，多互相角力，国家另设国技馆专养力士，每逢大相扑，扑场必座为之满。学校之柔道即力士之预备也。剑术略与我国相类，塞稽古则雪中操炼〔练〕之名词也，有北海道师范，位寒带下，每年雪平均深四五尺，土人虾夷日就消灭，乃于其地建学校，寒稽古为其校中特色之一，盖欲养成餐风饮雪之国民，将来殖民于我蒙满之地也。（丑）社会教育。东京有公园五，面积各数里，博物图书陈列丰富，更设体操场，器械毕具，各界得任意操练，动物园水族馆尤为所未见，即猿猴一种已不下百数。此外，三百余斤之巨蛇，四五尺高之驼马，皆陈列其中，以备社会之研究。吾国戏院，伤风败俗，众恶之源，日本异是，优孟之品识既高，警察之取缔复严，帝国戏场建筑费且数十万，戏子多毕业于欧美，观感于社会者，尤深且巨。

（己）国民性。外人称我为劣等民族，猝闻之，谁不勃然变色而大怒？然试近较诸日，则应汗流背浃矣。兹就彼之特点分别言之。（子）勤。民生在勤，古训昭然。日本教育普及，国无惰民，其无职业者，男子仅千分之五二，女子千分之五十，家庭商场皆女子服役，以男子自有正职，不能分担琐务故也。惟勤则生产富，生产富而后礼义兴，故夜不闭户，道不拾遗，孔子三月之治，复见于兹。若夫分产制兴，家庭组织简单而喧嚣诟谇之声绝，法律森严，警察得力，而赌博斗殴之陋习革，举国勤劳，各专所业以视。我游氓载道，乞丐充衢，盗匪满山，为世大患者，不可同日语矣。京沪陋习，民俗偷惰，日中始兴，午夜不寝，旷职废时，习于邪侈，言之可为寒心，故合全国计之，无职而食者，男当千分之六百，女尤千分之九百，生之者寡，用之者众，国焉得而不贫且弱乎？（丑）俭。俭，美德也，而我流俗薄之，一衣耗百金之资，一食破中人之产。袁皇帝百万一龙袍，十万一袜。端方女妻袁氏，赏费三万。孙某以三十万金饰女奁，而犹嫌其菲薄。而贫民婚丧祭葬，亦动耗数十金或数百金，其或有俭朴自持者，且咸以悭吝目之，故世界最奢侈之国，我实第一，法兰西次之。醉心欧化者且自诩以此为文明，夫安得不薪尽火绝也？俭之所包最广，然可以衣、食、住三者概之，即：（一）曰衣。日人和服，亦曰唐服，盖取法于我唐代也。棉织粗布，制作单简〔简单〕，不假缝工，不衣锦，不披裘，礼服专尚朴质，俗不着裤袜，即有之者亦极短，帽惟户外戴之。结婚衣如平时，无新鲜丽都之容。法律上虽许人民弱冠结婚，然实际上必中等以上学校毕业，两能独立始能成婚，故恒逾二十、三十以上者。女子未字，颇尚自由，嫁后则监督最严，但婚成于自由，亦离于自由，固势有所必至者。其俗男尊女卑，劳动耕作雇佣多委之女子，夫或出入，必备所需，甚有屈膝以迎送之者，故女子乐与我国结婚，南满东蒙日益增多，虽曰殖民教育怀我乐土，深印民脑，然亦未始非我男劳女逸苦乐悬殊之所致也。其结婚仪式简单，无车马喧阗、肩舆夹道之陋习。余居日时，尝见前宅易窗格以木，方诧异莫释，次日一女乘人力车至，问之，则行结婚礼也。故除二三角车费外，无媒妁，舆无送亲者，绝无消耗。我国虽普通结婚，亦须耗数十百金，而肩舆尤我南方陋俗，蹂躏人道，与八股、裹足为我国三大怪物。（二）曰食。结婚既无筵宴，即丧葬亦然。人死火葬之。富者瘗其灰，立石其上为纪念，冢与冢之距离不出一二尺。经济、土地两无妨碍，吊者必其亲族，片刻即去，无留饮食之者。夫西藏天葬，以鸟兽不食者为不祥，南洋土人至食死人肉，皆由一种习惯，久即安之，其野蛮不尤甚乎。新年惟各机关休息三日，余俱操作如故，以白纸及橘垂〔垂〕之门，首或以稻草为之，富者各植一松竹，取虚心比竹劲节师松之意也，别无宰杀宴乐，不如我国下箸且辄万钱，岁时伏腊烹羊炰〔炮〕羔而乐，极恶生淫，戏龙灯，纵时费日，不之惜也。我国民素牲饕餮，改革以来，百凡让人，惟宴饮为最发达，海陆厌口，继以番菜。吾湘一日平均约三千金，骄奢淫泆〔逸〕，视为固然。日本则西洋料理、本国料理，二三角即已果腹，且俗不用油，以酱代之。吾国谓食油足助身体之强健，殊不知日人固强于我也。现湘中油价五百，以每人岁六千计之，亦一巨款矣。吾人游倭贷家，间食猪油，贷间与旅馆绝对不用之，并未觉其苦也。平日交际，每相见有一最规则之语，全国均用之，即见时必曰"今日安否"，去必曰"再会再会"是也。有事门外立谈数分钟，不命之入不入，间有延入者，冷茶半杯，点心一碟，留餐则添肴一二，决〔绝〕无奢侈挥霍之事。试一回顾吾国，其相去为何如哉。又日人举官吏，学生工商出而服务，均自携便当，贮少许食品，几不能一饱，食毕以纸代，盥冷水代茶而已。生儿，仅于五月竿布鲤于外，取鱼龙变化之意，无庆贺之繁。日本海产最富，然专以输入我国，盖有口同嗜之说，殊不足据。如南方土人嗜蚱蜢，法人嗜蜗牛，所谓山海奇珍，专以嗜好为贵贱，安有一定之价值哉。（三）曰住。日本房屋除机关学校仿西洋建筑外，余均以板障成面积数方丈，内则糊以厚纸，壁耶纸也，窗耶门也，平铺以席，工作寝馈于其上。余曾戏易宋诗地占两弓，皆是纸楼，无一面不当风。盖纸屋飘摇，几无术以御寒也。苟欲移屋，以多数人舁之即去，洵可谓为浮家泛宅。日因席地之风，无桌椅床橙〔凳〕等。我国习俗，每人床一、橙〔凳〕一，数人棹一，八口之家，器具约须百金以上，以视日本之日用品，几不能一朝居矣。彼虽借口地震朴陋如此，然机关学校皆仿外国建筑，固未尝因地震而生危险。大抵日人生活，躯壳极觉痛苦，然为一等国民，乃有精神上之愉快，国家既富且强，个人虽感困苦，亦何乐如之。吾国政府贫苦极矣，人民之快乐则千万倍于日。素封之家，有田连阡陌大厦千间者矣，独不知国势贫弱，外人睥睨，一旦祸作，富于何有？不受躯壳最大之痛苦，安能得精神无上之愉快哉。余是以为吾民悲而更为吾民勖也。

（庚）风俗。然日本于六十年前，犹吾内地未开化之区域耳，因明治励精图治维新，进步一日千里，但陋俗今尚有存者。一樱花节也，三月交之樱花盛开，举国若狂，为日人最大之佳节。是时，艺妓酒馆杂陈其间，有警察为之保护，男女老幼杂遝往游，酒余歌罢，男女交嬉，颇有《周礼》奔者不禁之意。二盆堂也，日本沐浴必于盆堂，堂设大池一，满盛热水，浴者群入其中，旋出而涤之。昔男女同浴，今则进化而各有其所矣。三则文身也，以针刺纹涅，以染汁作种种奇观，此为不脱野蛮习气。我今江浙尚有文其臂者。

日本妇人昔尚黑齿，现年老女子尚有此现象，其与安南人赤唇、南洋酋花面、西藏女黑脸同一习惯，色即是空，空亦是色，色色空空，安可执一，又其历史上之野蛮惯性，言之多堪发噱。日美初通时，美使至日，约各从其习惯，及相见，美使坐用椅，日使席地，乃高叠蒲团以抗之，然时虞倾跌不能固也。又美船初至，向日求淡水，日使力士奉盈以进，美异之不能动，乃出机器吸之，立尽，日诧为神奇。一日宴客，己食笋而食人以竹，客疑，还以进之日，日亦不能食也。诸如此类，皆无意识之野蛮人行动耳，乃四十年来长足进步，早与欧美抗衡，不有君子，其何能国日能如此。我胡不亟步其后尘耶。虽然，今非者〔昔〕比，列强虎视，集中我国，待机而发，谁更假以长久之岁月而能予我以闲暇，俾得优游自适有犹豫之余地耶。吾滋为吾国前途惧矣。

（九）① 现在之悲观

（甲）对外

（子）日本政府。现日本寺内阁大政方针。（一）为统一满鲜交通机关。试问满洲主权谁属，乃公然宣布统一交通机关，等我领土于朝鲜，封豕荐食，宁俟智者推测（一）为添设殖民省。日近殖民，于我内地视同属国，现且拟设专部以理其事，与其谓为殖民省，毋宁谓为理藩院，此又其野心之易见者也。（一）为扩张军备。日自增为二十一师后，近又日言扩张军备，试问是何居心，无非欲实行其大亚细亚主义，而并吞我国也。②（五）日本国民。近日本朝野上下举国一致，其以我为目的物，昌言不讳所谓支那分割论、支那分割之运命、并吞中国论、支那合并论，及对支有志会，对支研究会，对支同盟会等。日狂吠于国中而初无有忘悼之心。

---

① 该部分序号原文如此，无"（八）"。
② 序号原文如此，未改动。下同。

（乙）对内

对外之危险既如此，而反顾内部又何如，则尤令人痛哭流涕扼腕而不能已。（一）总统无能力也。黎总统处袁氏积威之下，诵经祷佛，绝不与闻天下事状，态极为可敬。袁氏既覆，照约法继位，方期宽仁慈厚，足以拯民水火之中，讵未及一载，位同守府，一言一动已不能自由，况有统治天下之能力乎？（二）武人颛横也。自袁氏植党营私，专豢养犷悍无知识之徒以为其爪牙，帝制取消，余孽尚盘踞要津，拥兵据地，互为声援，视国法如弁髦，等国民于土芥，吾恐唐藩镇之祸、六朝五代之分裂其祸将复演于今日耳。（三）民党自杀也。辛丙以还，一旧势力与新势力奋斗之秋也。民党既事事退让，而对于政见之上之主张，或未足以餍人人之心理，又不能集合团体具一种强毅之奋斗精神，所以民党愈失败而若辈则横行一时也。

（十）将来之推测

（一）第五项之迫认。中日交涉时，日外相加藤答某议长之质问，谓第五项虽暂搁浅，将来结果自有把握。俟有相当时机再提出，而强其承诺。旋袁遣周自齐，欲以第五项为交换条件。日拒之而不受者，非爱我也，时机尚未至也。然则我国民可不及早觉悟之乎。（二）借内乱用兵干涉。日人既怀抱野心，故对于我国每肆其离间挑拨，冀我党派分歧，政争剧烈，然后坐收渔人之利。而甘心卖国者，或且引狼拒虎，迎盗入室，他日日人借以武力干涉我内政，直意中事耳。（三）仍用日韩合邦之手段。昔朝鲜李容九李完用等创一进会，标举促进一等强国之主义，以诱惑会员，卒联络三十余万人，上书日皇，请日韩合邦而韩遂亡矣。此种灭国方法开历史上之新纪元。上年青岛李村有某某等上寿日皇，其文中亦有日新日新日日新，皇建有极，万岁万岁万万岁，圣寿无疆等字。呜呼！吾国之李容九辈。且不仅三十余万人也。呜呼！余言至此，余欲无言矣。

（十一）救亡方法

（一）知耻。有个人之耻，有国家之耻。德守不坚、学识不优、身体衰弱，无补于社会国家，个人之耻也。纲纪扫地、燕雀哄堂、主权外移、疆土日蹙，国之耻也。孔子曰："知耻近乎勇"，天下，惟勇者乃能贯彻其目的。昔少康一旅而兴夏，勾践五千而沼吴，齐襄九世而复仇，夫差使人立庭而呼曰，而忘越人之杀汝父乎？波斯王饭，使人呼其侧曰：大王无忘雅典。近法国罗侧林根二州割于普国人，终身以黑沙绕臂而势必雪耻。吾国人苟时时能以报仇雪耻为事，毅力决心团结不解〔懈〕，何难踢翻三岛，奴彼倭奴？岂仅救亡云乎哉。仅刷五月七日之国耻云乎哉。（二）不怕死。岳武穆曰：文官不要钱，武官不怕死，则天下太平矣。若今日文官要钱不怕死，武官怕死又要钱，又何怪天下之不能治平耶。惟日人则日以武士道、大和魂相激劝，使人人有一不怕死之心，故能出颈血、捐头颅以死国事。吾人正宜感国家之多难，誓九死以不移。虽刀锯鼎镬有所不辞，枪林弹雨有所不惧，而后能鼓其大勇，戡大难，雪大耻，以生存于竞争激烈之中，尤宜及今闲暇准备实力，求为最后之根本解决。德育也，智育也，体育也，皆吾个人之实力也。必人人之实力充足，而后国家之实力充足。将历万劫而不挠，百折以不回，以铁血购公理，以武装障和平，而后有真公理、真和平。夫万人必死，横行天下，况吾有四万万之同胞乎。愿各努力前途，毋忘国耻，毋忘国耻。

中国救亡之法，须从根本上解决。前清之季，老庆当国，督抚司道，悬价卖缺，贿赂公行，廉耻道丧，以致众畔〔叛〕亲离，土崩瓦解，辛亥革命如摧枯拉朽，自古历史上之亡国，未有如斯之易也。袁氏以雄桀之姿，始借共和推翻清室，继谋篡窃，赂托强邻，自伐人伐，五七之耻，咸本自贻，而复利用枭獍，广布机关，帝制之颁，人神共愤，奸人末路，渐台同讯。黎大总统继任，责任内阁，方冀重新日月，五族同光，乃性赋仁柔，事多牵制，余孽未尽，凡百因循阁员赂案，日见不鲜，各省大吏，不失之跋扈，即失之敷衍，上行下效，风靡一时。以淫佚为文明进步，以运动为美满名词，举国若狂，恬不知耻。虽学校林立，而醉心欧化者，买椟还珠，试即报纸所登载，耳目所见闻，朝野上下，道揆法守何在乎？不有君子，其何能国，邦国殄瘁，职此之由。管氏曰：四维不张，国乃灭亡。孔子曰：自古皆有死，民无信不立。使管仲、孔子为愚人也，其言固不适世用。使非愚也，则国于天地必有与立。根本既悴，虽日灌其枝叶，庸有济乎？此次叛督称兵，条件要挟，纲纪扫地。然叛督之罪不容诛，而国会亦未尝不授人以口实。彼亦一是非，此亦一是非。相持不下，利收渔人，谁不知之，即彼等亦岂不知之。徒挟意见之争，与其见挫于党派，无〔毋〕宁奉送于强邻，引盗入室，将演成事实。悲夫！悲夫！不幸言中，欲涕无从。我辈置身学校，虽有兴亡之责，实无挽救之权，然遂徒为旁观之太息，自渝于侏儒与绿瞳乎？则国家所以广设学校者何心？吾人置身学校也何事？则所谓根本解决，责有攸归，固当抱定目的，以报仇雪耻。作民气以开源节流，裕民财以礼义廉耻，厉民俗，人人自治，社会必良。社会改良，人材必盛。真才既出，国势必张。日本之强，强于明治与伊藤博文、桂太郎等也；德意志之强，强于威廉第一与俾斯麦也。故吾敢为最后之解决，曰使我国能从此社会优良、人才辈出，今月即危，迫于强邻，或至终亡于强邻。然人心不死，多难兴邦，少康复夏，光武兴汉，我国历史言之綦详。即日德之所以盛，岂绝人以攀跻。《易》曰："其亡其亡，系于苞桑"，否终则倾也，使长此社会腐败，人才凋零，今日即侥幸不亡于强邻，而每况愈下，学得胡儿语，还来骂汉儿。哀莫大于心死，处竞争之世天淘汰，与印度三韩沉沦万劫而不可复，谁为为之？孰令致之？呜呼！六国之亡，岂独始皇之罪哉。

国耻纪念日后三十追记

# 参考文献

## 一　中文文献

### （一）古籍

[1] 班固：《汉书》，中华书局，1962。

[2] 洪亮吉总纂，李德淦主修《泾县志》（下），黄山书社，2008。

[3] 孔颖达正义《左传正义》，台北艺文印书馆影印清嘉庆二十一年南昌府学刊《十三经注疏》本，2007。

[4] 《胡宏集》，中华书局，1987。

[5] 李林甫等：《唐六典》，中华书局，1992。

[6] 欧阳修、宋祁：《新唐书》，中华书局，1975。

[7] 司马迁：《史记》，中华书局，1959。

[8] 脱脱：《宋史》，中华书局，1985。

[9] 王夫之：《船山全书》，岳麓书社，1992。

[10] 《魏源集》上下册，中华书局，1976。

[11] 魏征等：《隋书》，中华书局，1973。

[12] 萧统编，李善注《文选》，中华书局影印清胡克家重刻宋淳熙本，1977。

[13] 《张栻集》，中华书局，2015。

[14] 张廷玉：《明史》，中华书局，1974。

[15] 赵尔巽等：《清史稿》，中华书局，1977。

[16]《左宗棠全集》，岳麓书社，1987。

### （二）中文译著

[1]〔美〕费正清编《剑桥中国晚清史（1800～1911 年）》，中国社会科学院历史研究所编译室译，中国社会科学出版社，1985。

[2]〔美〕海斯、穆恩、韦兰：《世界史》，中央民族学院研究室译，生活·读书·新知三联书店，1975。

[3]〔美〕刘力妍：《红色起源：湖南第一师范学校与中国共产主义的起源（1903～1921）》，王毅译，河南大学出版社，2019。

[4]〔法〕韦伊：《数论——从汉穆拉比到勒让德的历史导引》，胥鸣伟译，高等教育出版社，2010。

### （三）中文著作

[1] 北京图书馆《文献》丛刊编辑部、吉林省图书馆学会会刊编辑部编《中国当代社会科学家》第 5 辑，书目文献出版社，1983。

[2]《蔡元培选集》，中华书局，1959。

[3] 长沙市志编纂委员会编《长沙市志》第 16 卷，湖南人民出版社，2002。

[4] 长沙师范学校校志编写委员会编写《湖南省长沙师范学校校志（1912～1992）》，湖南教育出版社，1993。

[5] 陈大六、徐文琦：《研学旅行理论与实务》，华中科技大学出版社，2020。

[6] 丁新约、王世奎主编《中国共产党英烈志》，青岛海洋大学出版社，1991。

[7] 董尚：《陈天华传》，北京时代华文书局，2016。

[8] 冯象钦、刘欣森、孟湘砥主编《湖南教育简史》，岳麓书社，2004。

[9] 龚世俊、蔡永贵、李宁主编《历代爱国文学家评传》，宁夏人民出版社：2010。

[10] 何炳松：《欧洲全史：从 5 世纪到 20 世纪》，台海出版社，2019。

[11] 何平主编《毛泽东大辞典》，中国国际广播出版社，1992。

[12] 怀化大辞典编辑委员会编《怀化大辞典》，改革出版社，1995。

[13] 胡华主编，中共党史人物研究会编《中共党史人物传》第 46 卷，陕西人民出版社，1991。

[14] 《湖南第一师范校史》编写组编《湖南第一师范校史（1903～1949）》，上海教育出版社，1983。

[15] 湖南省地方志编纂委员会编《湖南省志》第 30 卷《人物志》，湖南人民出版社，1992。

[16] 湖南省地方志编纂委员会编《湖南省志》第 20 卷《新闻出版志·报业》，湖南人民出版社，1993。

[17] 湖南省地方志编纂委员会编《湖南名人志》，中国档案出版社，1999。

[18] 湖南省革命烈士传编纂委员会编《三湘英烈传》第 4 卷，湖南人民出版社，1988。

[19] 湖南省革命烈士传编纂委员会编《三湘英烈传》第 5 卷，湖南出版社，1989。

[20] 湖南省革命烈士传编纂委员会编《三湘英烈传》第 6 卷，湖南出版社，1990。

[21] 湖南省革命烈士传编纂委员会编《三湘英烈传》第 8 卷，湖南人民出版社，1991。

［22］湖南省革命烈士传编纂委员会编《三湘英烈传》（中华人民共和国成立后）第 3 卷，国防科技大学出版社，2006。

［23］湖南省教育史志编纂委员会编《湖南近现代名校史料》，湖南教育出版社，2012。

［24］湖南省浏阳市地方志编委会编纂《浏阳县志》，中国城市出版社，1994。

［25］湖南省平江县志编纂委员会编《平江县志》，国防大学出版社，1994。

［26］湖南省志编纂委员会编《湖南省志》第 1 卷《湖南近百年大事记述》（第二次修订本），湖南人民出版社，1980。

［27］湖南省株洲县志编纂委员会编《株洲县志》，湖南出版社，1995。

［28］湖南图书馆编《湖南古旧地方文献书目》，岳麓书社，2012。

［29］胡显章、曾国屏主编，李正风主持修订《科学技术概论》第二版，高等教育出版社，2006。

［30］记工编著《历史年鉴（1917）》，吉林文史出版社，2006。

［31］晋阳学刊编辑部编《中国现代社会科学家传略》第 3 辑，山西人民出版社，1983。

［32］李剑农：《中国近百年政治史》，商务印书馆，2017。

［33］李景文、马小泉主编《民国教育史料丛刊（408）中国教育事业·地方教育》，大象出版社，2015。

［34］李蒲星编著《湘籍近现代文化名人·音乐家卷》，湖南师范大学出版社，2011。

［35］李永春：《蔡和森年谱》，湘潭大学出版社，2008。

［36］刘继德：《湖南刘氏源流史》卷 2，天津科学技术出版社，2010。

［37］卢洁、谭逻松主编《毛泽东文物图集（1893～1949）》，湘潭

大学出版社，2014。

［38］ 罗训森主编《中华罗氏通谱》第 2 册，中国文史出版社，2007。

［39］ 宁乡人民革命史编写组：《宁乡人民革命史》，湖南人民出版社，1983。

［40］ 饶怀民、〔日〕藤谷浩悦编《长沙抢米风潮资料汇编》，岳麓书社，2001，

［41］ 尚海、孔凡军、何虎生主编《民国史大辞典》，中国广播电视出版社，1991。

［42］ 沈小丁：《湖南近代图书馆史》，岳麓书社，2013。

［43］ 舒新城编《中国近代教育史资料》上中下册，人民教育出版社，1961～1981。

［44］ 舒新城：《我和教育——三十五年教育生活史（1893～1928）》，广东人民出版社，2016。

［45］ 宋则行、樊亢主编《世界经济史》（修订版），经济科学出版社，1998。

［46］ 谭仲池主编《长沙通史（现代卷）》，岳麓书社，2016。

［47］ 田正平主编《中国教育通史（中华民国卷）》，北京师范大学出版社，2013。

［48］ 王兴国编《杨昌济文集》，湖南教育出版社，1983。

［49］ 王政明：《萧三传》，四川文艺出版社，1992。

［50］ 文史资料选辑编辑部编《文史资料选辑》（合订本）第 17 册，中国文史出版社，1989。

［51］ 西柏坡纪念馆编《西柏坡记忆》第 7 卷，河北人民出版社，2020。

［52］ 湘阴县志编纂委员会编《湘阴县志》，三联书店，1995。

［53］ 萧瑜：《我和毛泽东的一段曲折经历》，陈重等编译，昆仑出

版社，1989。

［54］新宁县县志编纂委员会编《新宁县志》，海南出版社，1995。

［55］徐辉主编《简明外国教育史》，西南师范大学出版社，2020。

［56］寻霖、龚笃清编著《湘人著述表》，岳麓书社，2010。

［57］杨牧、袁伟良主编《黄埔军校名人传》，河南人民出版社，2005。

［58］杨学为、朱仇美、张海鹏主编《中国考试制度史资料选编》，黄山书社，1992。

［59］叶再生：《中国近代现代出版通史》第2卷，华文出版社，2002。

［60］袁竞主编《毛泽东著作大辞典》，中国国际广播出版社，1991。

［61］张静如主编：《从一大到十七大》第2册，万卷出版公司，2012。

［62］中共党史事件人物录编写组编《中共党史事件人物录》，上海人民出版社，1983。

［63］中共中央党史研究室第一研究部编著《中国共产党第一至第六次全国代表大会代表名录》（增订本），中共党史出版社，2014。

［64］中共中央文献研究室编《毛泽东年谱（1893～1949）》，中央文献出版社，2013。

［65］中国国家博物馆编，吕章申主编《中国近代留法学者传》，紫禁城出版社，2008。

［66］中国人民政治协商会议湖南省委员会文史资料研究委员会编《湖南文史资料选辑》第11辑，湖南人民出版社，1979。

［67］中国人民政治协商会议湖南省委员会文史资料研究委员会编《湖南文史资料选辑》第20辑，湖南人民出版社，1986。

［68］中国人民政治协商会议湖南省委员会文史资料研究委员会编《湖南文史资料》第28辑，湖南人民出版社，1987。

［69］中国人民抗日战争纪念馆编著《抗战英烈谱》，团结出版

社，2016。

[70] 中国新四军和华中抗日根据地研究会编《新四军和华中抗日根据地人物辞典》，中共党史出版社，2016。

[71] 中国中共党史人物研究会编《中共党史人物传：精选本·先驱卷》，中共党史出版社，2010。

[72] 中国中共党史人物研究会编《中共党史人物传：精选本·政治经济建设卷》（中），中共党史出版社，2010。

[73]《周勃文集》，长江出版社，2019。

[74] 周川主编《中国近现代高等教育人物辞典》，福建教育出版社，2018。

[75] 周秋光、莫志斌本卷主编《湖南教育史》第 2 卷（1840～1949），岳麓书社，2002。

[76] 周溯源编著《毛泽东评点古今人物》（修订版），上海人民出版社，2012。

[77] 朱学范：《中国社团党派辞典》，陕西人民出版社，1992。

[78] 朱有瓛主编：《中国近代学制史料》第 1 辑，华东师范大学出版社，1986。

[79] 株洲市地方志编纂委员会编《株洲市志·人物》，湖南出版社，1997。

[80] 邹鲁编著《中国国民党史稿》，东方出版中心，2011。

（四）内部刊物

[1] 湖南省第一师范学校：《湖南省第一师范校友录（1903～2003）》，内部刊物，2003。

[2] 湖南省立第一师范学校：《湖南省立第一师范学校志》，内部刊物，1918。

[3] 湖南省体育文史工作委员会主办，湖南省体育文史办公室编辑《湖南体育史料》第 4 辑，内部刊物，1984。

［4］李友芝等：《中国近现代师范教育史资料》1～4册，内部刊物，1983。

［5］刘美炎主编，湖南省岳阳市政协文史资料委员会编《岳阳文史》第10辑《岳阳籍原国民党军政人物录》，内部刊物，1999。

［6］孙海林主编，湖南省第一师范学校编《湖南第一师范名人谱（1903～1949）》，内部刊物，2003。

［7］中国人民政治协商会议常德市鼎城区委员会文史资料研究委员会编《常德县文史资料》第6辑，内部刊物，1990。

［8］中国人民政治协商会议湖南省宁乡县北区政协文史资料委员会编《宁乡文史资料》第5辑，内部刊物，1988。

［9］中国人民政治协商会议湖南省宁乡县北区政协文史资料委员会编《宁乡文史资料》第6辑，内部刊物，1989。

［10］中国人民政治协商会议湖南省醴陵市委员会文史资料工作委员会编《醴陵文史》第7辑，内部刊物，1990。

［11］中国人民政治协商会议湖南省醴陵市委员会文史资料委员会编《醴陵文史》第8辑（纪念辛亥革命八十周年专辑），内部刊物，1991。

［12］中国人民政治协商会议湖南省鄞县委员会文史资料研究委员会编《鄞县文史资料》第1辑，内部刊物，1987。

［13］中国人民政治协商会议湖南省隆回县委员会文史资料研究委员会编《隆回文史资料》第3辑，内部刊物，1987。

［14］中国人民政治协商会议湖南省炎陵县委员会编《炎陵文史》第7辑，内部刊物，2010。

［15］中国人民政治协商会议湖南省新邵县委员会政协文史资料研究委员会编《新邵文史资料》第4辑，内部刊物，1991。

［16］中国人民政治协商会议邵阳市委员会文史资料研究委员会编《邵阳市文史资料》第10辑，内部刊物，1988。

### （五）期刊文章

［1］《教育部通行各直辖学校假期修学办法训令》，《教育杂志》第 9 卷第 5 号，1917 年。

［2］石清：《湖南省立第一师范男女同校底经过》，《妇女周报》第 23 号，1924 年 1 月 23 日。

［3］徐彦之：《北京大学男女共校记》，《少年世界》（上海 1920）第 1 卷第 7 期，1920 年。

［4］张洪萍：《何以为先生？——湖南一师早期的教师群体及其精神特质》，《湖南第一师范学院学报》2022 年第 6 期。

## 二 外文文献

［1］ André Weil, *Number Theory：An Approach Through History from Hammurapi to Legendre*，Birkhäuser，1983.

［2］ Bernhard Riemann, *Bernhard Riemann Gesammelte Mathematische Abhandlungen*，Springer-Verlag，1991.

［3］ David Hilbert, *David Hilbert Gesammelte Mathematische Abhandlungen*，Springer-Verlag，1973 Reprint.

［4］ Felix Klein, *Felix Klein Gesammelte Mathematische Abhandlungen*，Springer-Verlag，1973 Reprint.

［5］ George David Birkhoff, *George David Birkhoff Collected Mathematical Papers*，American Mathematical Society，1950.

［6］ Hermannn Weyl, *Hermannn Weyl Gesammelte Abhandlungen*，Springer-Verlag，1968.

［7］ Lejeune Dirichlet, *Lejeune Dirichlet Mathematische Werke*，Chelsea Publishing Company，1969.

［8］ Teiji Takagi, *Teiji Takagi Collected Papers*（Second Enlarged Edition），Springer，1970.

**图书在版编目(CIP)数据**

胸怀天下与砺志笃行:湖南一师早期学生群体研究:
1903—1927 / 李文武,李含波著. ——北京:社会科学文
献出版社,2024.4

(湖南第一师范学院红色学术文库)

ISBN 978-7-5228-3226-5

Ⅰ.①胸… Ⅱ.①李…②李… Ⅲ.①湖南第一师范
学院-学生-群体-研究-1903—1927 Ⅳ.
①G659.286.41②G655

中国国家版本馆 CIP 数据核字(2024)第 027061 号

湖南第一师范学院红色学术文库

# 胸怀天下与砺志笃行

## ——湖南一师早期学生群体研究(1903—1927)

著　　者 / 李文武　李含波

出 版 人 / 冀祥德
组稿编辑 / 邓泳红
责任编辑 / 陈　颖
文稿编辑 / 卢　玥
责任印制 / 王京美

出　　　版 / 社会科学文献出版社·皮书分社 (010) 59367127
　　　　　　地址:北京市北三环中路甲 29 号院华龙大厦　邮编:100029
　　　　　　网址:www.ssap.com.cn
发　　　行 / 社会科学文献出版社 (010) 59367028
印　　　装 / 唐山玺诚印务有限公司

规　　　格 / 开　本:787mm × 1092mm　1/16
　　　　　　印　张:24　字　数:310 千字
版　　　次 / 2024 年 4 月第 1 版　2024 年 4 月第 1 次印刷
书　　　号 / ISBN 978-7-5228-3226-5
定　　　价 / 138.00 元

读者服务电话:4008918866